Report on the Development of Science Education in China

中国科学教育发展报告

胡卫平 编著

河北出版传媒集团
河北人民出版社
石家庄

图书在版编目（CIP）数据

中国科学教育发展报告 / 胡卫平编著. -- 石家庄 : 河北人民出版社, 2025. 4. -- ISBN 978-7-202-17429-6

Ⅰ. G40-05

中国国家版本馆CIP数据核字第2024DG4040号

书　　名	**中国科学教育发展报告**
	ZHONGGUO KEXUE JIAOYU FAZHAN BAOGAO
编　　著	胡卫平
责任编辑	王　岚　张静中　吕思雅
美术编辑	李　欣
封面设计	郝灵慧
责任校对	余尚敏
出版发行	河北出版传媒集团　河北人民出版社
	(石家庄市友谊北大街 330 号)
印　　刷	河北新华第一印刷有限责任公司
开　　本	787 毫米×1092 毫米　1/16
印　　张	23
字　　数	305 000
版　　次	2025 年 4 月第 1 版　　2025 年 4 月第 1 次印刷
书　　号	ISBN 978-7-202-17429-6
定　　价	75.00 元

序言

在世界百年未有之大变局加速演进、国际竞争日趋激烈、世界格局深刻变革、新一轮科技革命与产业革命蓬勃发展的时代大背景下，世界各国都将培养科技创新人才、突破关键技术作为抢占国家未来发展制高点的核心战略。科学教育是提高全民科学素质、培养科技创新人才、提升国家科技竞争力的重要基础，更是建设科技强国的重要根基，关系到我国的核心竞争力和中华民族伟大复兴，是一项具有战略性和紧迫性的事业。党的二十大报告首次将教育、科技、人才进行“三位一体”统筹部署，并对“着力造就拔尖创新人才”提出要求。习近平总书记在主持中共中央政治局第三次集体学习时强调“要在教育‘双减’中做好科学教育加法，激发青少年好奇心、想象力、探求欲，培育具备科学家潜质、愿意献身科学研究事业的青少年群体”，在第五次集体学习时强调“进一步加强科学教育、工程教育，加强拔尖创新人才自主培养，为解决我国关键核心技术攻关提供人力支撑”。为深入贯彻习近平总书记的重要讲话精神，切实提高科学教育质量，教育部等十八部门联合印发了《关于加强新时代中小学科学教育工作的意见》，系统部署科学教育改革发展。2025 年 1 月，中共中央、国务院印发《教育强国建设规划纲要（2024—2035 年）》，将具有强大的“科技支撑力”作为教育强国的重要特质，突出教育科技人才一体统筹部署，推出一系列创新举措，提出完善拔尖创新人才发现和培养机制。在基础教育阶段，面向中小学生实施科学素养培育“沃土计划”，面向具有创新潜质的高中学生实施“脱颖计划”等。2025 年 1 月 14 日，教育部办公厅印发《中小学科学教育工作指南》。

面对新形势下科学教育面临的挑战，亟须对我国科学教育发展历程进行系统的回顾与反思，对科学教育现状进行深入的评估与分析，以明确我国科学教育取得的成绩、存在的问题及发展方向，为国家制定科学教育政策和学校推进科学教育改革提供依据。基于这样的考虑，中国教育学会科学教育分会与现代教学技术教育部重点实验室联合开展了系统的研究，完成了《中国科学教育发展报告》(以下简称《报告》)。《报告》通过坚实的理论梳理与实证调研，对中国科学教育的发展状况进行了系统、客观的分析并形成了系列主题报告，内容涉及三个层面：一是政策层面。对中华人民共和国成立以来我国科学教育政策、科学教育学科建设与课程发展历史脉络进行了回溯，并深刻剖析了政策演变的背景动因及当时的体系架构，有助于从全局性视角认识我国科学教育发展中的重大问题并制定前瞻性政策；二是实践层面。系统调研了我国科学教师队伍建设、科学课程实施和中小学生科学素养发展现状，用数据客观描述了我国科学教育取得的成效。在此基础上，结合政策分析结果，从不同视角对我国科学教育发展现状进行审慎反思，洞悉问题发生的根本原因并提出针对性的解决方案；三是研究层面。简要概述了我国科学教育研究平台建设和项目支持，系统分析了我国科学教育研究的热点主题与研究方式，明确我国科学教育研究取得的成效、存在的问题，并提出优化路径。

总体来看,《报告》体现了以下特点：一是聚焦要点，系统架构。《报告》以中国科学教育为核心关注点，是我国首个从政策发展、学科建设、教师队伍建设、科学课程实施、学生素养发展、科学教育研究等多个视角展示我国科学教育全景的报告。调研对象覆盖东北、华北、华东、华南、华中、西北、西南七大区域，并从乡镇、县城和市区三个行政级别分层抽样，共回收有效教师问卷10万余份，学生问卷87万余份，确保了调研的代表性与科学性；二是回溯历史，跟踪进展。《报告》既有理论层面对科学教育政策与课程改革的历史脉络进行纵向回溯，又有实证层面对我国科学教育发展现状的横向研究，以数据形式客观展示我国科学教育进展；三是宏微结合，深刻剖析。《报告》不仅在宏观层面分析我国科学教育取得的成效与亟待解决的关键问题，同时注重在微观层面揭示现状的复杂特征和问题的形成机制，进而探明我国科学教育改革的未来走向。

《报告》既能为政府决策者制定政策提供参考，也能为专业研究者进行理论创新与选择研究方向提供启发，还能为实践工作者推进科学教育改革、实施国家科学课程、反思教学实践、优化教学方法等提供方向。

在具体的研究与《报告》撰写过程中，我们组建了由高校教师、教研员与研究生组成的团队，完成了项目确定、框架建构、问卷设计、资料收集、数据分析、《报告》撰写等多项工作。

胡卫平担任项目负责人，负责《报告》的整体规划和实施，在《报告》的框架搭建、问卷设计、数据收集、数据分析、《报告》撰写、统稿和定稿中起主要作用。胡卫平团队成员郭习佩、王红艳、李雪参与了问卷设计工作。中国教育学会科学教育分会秘书长黄海旺、胡卫平团队成员郭习佩共同组织了数据收集。

各省科学教研员及胡卫平思维型科学探究实践基地负责人组织了本省（市、自治区）的数据收集工作，具体名单如下（按工作量由高到低排序）：

杨新瑞（河南）、席学荣（云南）、张素先（河北）、岑俐（广西）、邱伟华（江西）、张敏（湖南）、张娟（新疆）、曹引航（新疆兵团）、尚秀芬（山西）、刘天成（辽宁）、姜卫英（浙江）、吴凤虎（湖北）、卢巍（山东）、郭伟（吉林）、钟能政（安徽）、李想（福建）、曹雷（重庆）、邵发仙（重庆）、张鑫（青海）、杨计明（广东）、童海云（深圳）、王伟晔（黑龙江）、吴书正（黑龙江）、邬靖芸（四川）、王雅琴（宁夏）、李凯（西藏）、吴忠喜（海南）、贾欣（北京）、范颖（北京）、张建武（西安）、岳磊（甘肃）、龙立新（贵州）、卢新祁（江苏）、娄立新（天津）。

胡卫平团队成员郭习佩博士、科研助理塔若琪，以及研究生窦赏、李雪、白惠之、吕元婧、李凯伦、彭程、孟祥茹、郭洋、陈诗雨参与了数据处理和分析工作。

《报告》的撰写由胡卫平整体负责，重庆师范大学林长春教授以及胡卫平教授团队成员郭习佩、邵发仙（现为重庆市小学科学教研员）、李雪参与了《报告》撰写工作。具体分工：第一章、第四章、第五章、第六章由胡卫平、郭习佩撰写，第二章由胡卫平、邵发仙撰写，第三章由林长春撰写，第七章由胡卫平、李雪撰写。

本书能够顺利出版，是全体人员共同努力的结果，同时得到中国教育学会科学教育分会、陕西师范大学现代教学技术教育部重点实验室和科学教育研究中心的大力支持；受中国教育学会委托，韦志榕、罗星凯、任学宝老师审查了《报告》并提出了宝贵建议；河北人民出版社领导和编辑为本书付出了辛勤的劳动，在此一并表示感谢！由于研究水平所限和资料收集局限，《报告》所提出的观点还有不足之处，所呈现的数据还需进一步完善，恳请广大读者批评指正。

胡卫平

中国教育学会科学教育分会

现代教学技术教育部重点实验室

陕西师范大学科学教育研究中心

2025 年 3 月 1 日

目录

第一章 中国科学教育政策发展报告

当前世界创新格局深度调整，大国博弈日趋激烈，世界各国都将提升科学教育水平作为应对新一轮科技革命和产业变革、提升国际竞争力的共同战略选择。科学教育政策则是科学教育实施的方向引领与根本保障。对我国科学教育政策发展历程进行回溯分析，有助于总结经验教训和变迁规律，明确我国科学教育的未来发展趋势。自中华人民共和国成立以来，我国科学教育经历了萌芽、探索、深化、调适、创新发展五个阶段，形成了一元的社会主义核心价值观统领下的多元价值取向体系，建成了以党的全面领导为核心的多元主体参与结构，探索出了以点线面结合推动科学教育高质量改革的实施路径。然而，我国当前科学教育政策的独立性、系统性与结构性仍需进一步强化，未来可以从完善独立的科学教育政策体系、明晰多主体协同机制、建立横纵贯通的科学教育标准等多个视角强化我国科学教育政策的支撑力度。

一、中国科学教育政策发展的历史脉络

基于关键节点和不同时期的政策特征、社会背景与经济背景，以及已有的中国科学教育政策相关研究，将我国科学教育政策划分为五个历史阶段。

（一）科学教育政策萌芽发展期（1949—1977 年）

中华人民共和国成立初期到改革开放之前，我国正处于快速改造旧中国教育制度并建立社会主义教育制度的发展初期，各行各业百废待兴，尚未形成成熟完整的教育体系。为了有序推进教育体系的重构与秩序建设，我国发布了一系列教育政策以回答“培养什么样的人”的问题。1949 年 9 月，就在中华人民共和国成立的前夜，中国人民政治协商会议第一届全体会议通过的《中国人民政治协商会议共同纲领》中明确规定：“人民政府的文化教育工作，应以提高人民文化水平，培养国家建设人才，肃清封建的、买办的、法西斯主义的思想，发展为人民服务的思想为主要任务。”[1] 1949 年 12 月，教育部召开第一次全国教育工作会议，确立了新中国教育工作“以老解放区新教育经验为基础、吸收旧教育某些有用经验、借助苏联经验、建设新民主主义教育的政策基点”[2]。1958 年 9 月，中共中央、国务院发布的《关于教育工作的指示》中明确党的教育工作方针是“教育为无产阶级政治服务，教育与生产劳动相结合”[3]。基于以上政策引导，该时期的科学教育政策如表 1-1-1 所示，主要表现出以下特征：

---

[1]《中国人民政治协商会议共同纲领》，中国人民政治协商会议第一次会议，1949 年。

[2] 张力：《新中国 70 年教育事业的辉煌历程》，《中国教育报》2019 年 9 月 14 日。

[3]《关于教育工作的指示》，中共中央、国务院，1958 年。

1. 学习苏联经验，重视自然科学体系的完整性

由于该时期我国对怎样建设社会主义还处于探索阶段，苏联是国际上第一个社会主义国家，因此我国包括教育在内的各方面制度建设都借鉴参考了苏联的经验。此外，苏联在自然科学教育方面相比美国占很大优势，其中科学课程内容与范围几乎超过了其他所有国家，因此中华人民共和国成立初期的科学教育体系建设工作以借鉴苏联先进经验为主。1954 年，人民教育出版社明文规定“自然科学教科书应以苏联最新出版的教科书为蓝本”。因此，针对中学阶段，我国参考苏联引进了“学科中心课程”，重视科学体系的完整性，并出版了中学《物理》《化学》《自然地理》《植物学》《动物学》《人体解剖生理学》等教材。然而，由于过于强调科学学科体系与课程内容的完整性，同时受单一教材资源的影响，导致当时的科学课程内容“繁、难、偏、旧”。针对小学阶段，我国 1952 年颁布的《小学暂行规程（草案）》中规定 1—3 年级的自然常识教育要渗透在语文及其他各科教学中，独立的自然课仅从高年级开始设置。

2. 重视科学知识的传授与普及，与政治思想和劳动教育相结合

1949 年中华人民共和国成立，标志着我国彻底结束了旧中国半殖民地半封建社会的历史。为了彻底消灭在中国大地上存在几千年的剥削制度，使民众思想意识和生活习惯朝着更加科学化的方向发展，该时期科学教育期望通过科学知识的普及和推广来帮助人民群众克服传统迷信。同时，我国面临着内忧外患的严峻形势，须通过政治思想教育调动人民力量，参与国家建设，因此该时期实行科学教育与政治思想教育、生产劳动相结合的方针，鼓励全国各地中小学的教师和学生主动投身到三大革命当中，期望学生未来成为一个合格的社会主义制度下的劳动者。

1949 年 9 月，中国人民政治协商会议第一届全体会议召开，将“普及科学知识”写入《中国人民政治协商会议共同纲领》。1950 年 8 月，“中

华全国科学技术普及协会”正式成立，编辑出版了大量科普读物并印发科学讲座的讲演稿、科普挂图等。1958年，“中华全国自然科学专门学会联合会”和“中华全国科学技术普及协会”合并为“中国科学技术协会”，其主要工作包括促进科学技术的普及和推广。1956年，我国颁布了第一个《自然教学大纲》，规定自然教学的目标是：“教给儿童一些初步的自然科学知识。”随后，1963年颁布的《自然教学大纲》、1977年12月教育部发布的《全日制十年制学校小学自然常识教学大纲（试行草案）》，均强调“扩大学生的知识领域”，同时强调通过自然常识教学对学生进行政治思想教育，为参加劳动作准备。

表 1-1-1　萌芽发展期的科学教育政策

颁布年份	颁布机构	文件名称
1949	中国人民政治协商会议第一届全体会议	《中国人民政治协商会议共同纲领》
1949	中央人民政府政务院	设立中国科学院和文化部科学普及局（简称科普局）
1956	教育部	学习苏联的第一个《自然教学大纲》
1963	教育部	第二个《自然教学大纲》
1966—1976		各地自编《科学常识》，无统一的教学计划和教材
1977	教育部	《全日制十年制学校小学自然常识教学大纲（试行草案）》

（二）科学教育政策探索发展期（1978—1998年）

1978年3月，全国科学大会召开，邓小平同志提出“四个现代化关键是科学技术的现代化”，标志着科学教育春天的到来。1978年12月，十一届三中全会的召开，标志着我国进入改革开放与深化全面大发展时期。为落实有关文件精神，在1978—1998年间，党中央、国务院制定了一系列科技工作的方针政策，逐步形成正式化、现代化的中小学科学教育体系，并开始在借鉴国际经验的基础上进行本土化探索。该时期的科学教育政策如表 1–1–2 所示，主要包含以下两个方面特征：

1. 注重科学教育与经济发展相适应

由于十一届三中全会后，全党把经济建设作为工作重点，经济发展则以科技人才培养为基础，因此，我国在该时期多个文件中着重强调教育对经济发展的支撑作用。1985 年发布的《中共中央关于教育体制改革的决定》中提出要培养具有现代科学技术知识，能够适应现代科学文化发展和新技术革命要求的工作人员和专业人才，要培养他们具有实事求是、独立思考、勇于创造的科学精神。[1] 1994 年，中共中央、国务院发布的《关于加强科学技术普及工作的若干意见》中提出要把提高全民科技素质，保障国民经济持续、快速、健康发展作为科普工作的中心任务。[2] 1995 年，中共中央、国务院发布的《关于加速科学技术进步的决定》中首次提出“科教兴国”战略，提出“把科技和教育摆在经济、社会发展的重要位置，提高全民族的科技文化素质，把经济建设移到依靠科技进步和提高劳动者素质的轨道上来”[3]。

此外，为了应对世界新技术革命所带来的挑战，促进我国经济发展，我国从改革开放时期开始关注英才教育。1978 年，中国科技大学创办了我国首个少年班，以我国发展需求为导向，以“多出人才，快出人才和出好人才”为目标，培养我国科技领域所需的杰出人才。另一方面，教育事业依赖于经济发展。1985 年，《中共中央关于教育体制改革的决定》出台，明确指出“必须使教育事业在经济发展的基础上有一个大的发展”，首次提出由地方制定自己的教育政策并安排教育财政，这为调动地方教育的积极性，有效实施包括科学教育在内的中小学教育提供了保障。[4]

---

[1]《中共中央关于教育体制改革的决定》，中共中央，1985 年。

[2]《关于加强科学技术普及工作的若干意见》，中共中央、国务院，1994 年。

[3]《关于加速科学技术进步的决定》，中共中央、国务院，1995 年。

[4]《夯实千秋基业　聚力学有所教——新中国 70 年基础教育改革发展历程》，《中国教育报》2019 年 9 月 26 日。

2. 初步形成系统的中小学正式科学教育体系

在1966年到1976年间，我国并无统一的学制、教学计划和教材。为恢复科学教育的系统性，1977年底，教育部发布了《全日制十年制学校小学自然常识教学大纲（试行草案）》。1981年，教育部发布了《全日制五年制学校小学教学计划（修订草案）》，将“自然常识”课改名为“自然”课，从小学三年级开始开设。[1] 1986年9月28日通过的《中共中央关于社会主义精神文明建设指导方针的决议》，将“发扬尊重科学、追求知识的精神，全民科学文化的普及和提高”作为主要任务。[2] 与此同时，我国在1986年以立法形式确立普及义务教育制度，并于1992年颁布《九年义务教育全日制小学自然教学大纲（试用）》。由于该时期我国仍面临着有超过两亿的人口处于文盲或半文盲状态的情况[3]，因此在内容上虽然开始关注科学态度与方法的培养，但仍侧重于科学知识的传授，强调通过倡导科学的生活方式帮助公民克服社会风俗习惯中还存在的愚昧落后的东西。

表1-1-2　探索发展期的科学教育政策

颁布年份	颁布机构	文件名称
1978	全国科学大会	邓小平同志提出“四个现代化关键是科学技术的现代化”
1986	中国共产党第十二届中央委员会第六次全体会议	《中共中央关于社会主义精神文明建设指导方针的决议》
1986	第六届全国人民代表大会第四次会议	《中华人民共和国义务教育法》
1992	教育部	《九年义务教育全日制小学自然教学大纲（试用）》
1993	中共中央、国务院	《中国教育改革和发展纲要》

❶ 苏效民：《忆小学自然改革的峥嵘岁月》，《中华读书报》2020年11月4日。

❷《中共中央关于社会主义精神文明建设指导方针的决议》，中国共产党第十二届中央委员会第六次全体会议。

❸《夯实千秋基业 聚力学有所教——新中国70年基础教育改革发展历程》，《中国教育报》2019年9月26日。

续表

颁布年份	颁布机构	文件名称
1994	中共中央、国务院	《关于加强科学技术普及工作的若干意见》
1995	中共中央、国务院	《关于加速科学技术进步的决定》

（三）科学教育政策深化改革期（1999—2011年）

伴随着经济全球化的日益发展，我国经济快速发展与公民科技素质普遍偏低的矛盾日益突出，制约两个根本性转变与科教兴国、可持续发展战略的实施，亟须提升公民的科技素质。此外，我国2000年已初步实现“两基”战略目标，且科技发展对人类社会生活的影响越来越广泛，因此公民对科学教育质量需求开始逐渐提升。与此同时，国际上的科学教育改革均转向关注全体学生科学素养的发展。基于此，我国该时期的科学教育开始关注公民科学素质提升。1999年，以“深化教育改革，全面推进素质教育”为主题的第三次全国教育工作会议在北京召开，同年，中共中央、国务院颁布《关于深化教育改革全面推进素质教育的决定》，这标志着素质教育成为我国教育的核心战略，对青少年科学素养的培养在政策上得到了较高程度的保障，我国科学教育也进入深化改革阶段。[1]该时期的科学教育政策如表1-1-3所示，主要表现出以下特征：

1. 强调以人为本，从知识与技能传授转向科学素养提升

素质教育将科学精神与人文精神相结合，强调以人为本的教育本质，关注全体学生综合素质的培养。在素质教育全面推进的时代背景之下，科学教育也从知识传授转向培养个体的科学素养，关注学生的创新意识、思维能力、实践能力、态度与价值观的培养等。1999年教育部发布的《关于高等学校国家重点实验室和教育部重点实验室向中小学生开放的意见》中明确将培养学生科学观念、科学思维能力、创造能力、

[1]《关于深化教育改革全面推进素质教育的决定》，中共中央、国务院，1999年。

科学精神与科学兴趣、动手能力作为高校实验室开放的主要目标任务。[1] 2001 年 7 月，教育部颁布了《全日制义务教育科学（3—6 年级）课程标准（实验稿）》和《全日制义务教育科学（7—9 年级）课程标准（实验稿）》，这也是中华人民共和国成立后我国从“自然”转向“科学”后颁布的第一个中小学科学教育课程标准。两个课程标准都以培养学生的科学素养为宗旨，提倡科学教育要“体现科学本质，突出科学探究，反映当代科学成果”[2]。2006 年 6 月，第十届全国人民代表大会通过《中华人民共和国义务教育法》（主席令第五十二号），素质教育被正式纳入国家法律，明确提出“教育要注重培养学生独立思考能力、创新能力和实践能力，促进学生全面发展”[3]。2010 年，国务院印发《全民科学素质行动计划纲要实施方案（2011—2015 年）》，以保障实现全民科学素质工作 2020 年的目标。

2. 拓宽教育路径，关注校外科普教育与校内教育相衔接

虽然我国从中华人民共和国成立之初就高度重视科普工作，但大多数政策面向全体公民的素养提升，关注普适化的科普活动开展。在步入 21 世纪后，我国围绕青少年科普活动、科普基地建设、科研院所与高校实验室开放、科技馆进校园等出台了系列相关政策，对青少年科普活动的参与主体、活动内容、活动方式等方面提出了指导意见，大力推进校外科普工作，期望调动学校、家庭、社会等多方力量共同支持中小学生的科学素养全面发展。例如，1999 年，科技部等九个部门发布实施《2000—2005 年科学技术普及工作纲要》，将广泛开展青少年科学技术普及活动作为重要任务之一。[4] 2000 年，科技部等五个部门共同组织

[1]《关于高等学校国家重点实验室和教育部重点实验室向中小学生开放的意见》，教育部，1999 年。

[2]《全日制义务教育科学（3—6 年级）课程标准（实验稿）》《全日制义务教育科学（7—9 年级）课程标准（实验稿）》，教育部，2001 年。

[3]《中华人民共和国义务教育法》（主席令第五十二号），中华人民共和国中央人民政府，2006 年。

[4]《2000—2005 年科学技术普及工作纲要》，科技部等九个部门，1999 年。

有关专家制定《2001—2005年中国青少年科学技术普及活动指导纲要》，结合国外优秀经验与国内实际情况，从目标、原则、内容、类型、部门职能等多个方面针对青少年群体的科普活动作出了明确规定。[1]值得一提的是，2002年我国首次将科普工作纳入立法，颁布了《中华人民共和国科学技术普及法》，大力推动了我国科普事业的发展。

除了对青少年科普活动的聚焦与加强外，在该阶段我国开始在顶层设计层面关注校内科学教育与校外科普活动的衔接，以期实现学生科学素养的全面发展。1999年，教育部发布《关于高等学校国家重点实验室和教育部重点实验室向中小学生开放的意见》，以培养学生的创新精神和实践能力为目标，强调将参观高校实验室作为中小学科技教育的重要内容。[2]中央文明办、教育部和中国科协于2006年联合下发了《关于开展"科技馆活动进校园"工作的通知》(科协发青字〔2006〕35号)，2017年发布了《科技馆活动进校园工作"十三五"工作方案》(科协发青字〔2017〕15号)，提出要"结合中小学科学课程标准，使校内外科学教育有效衔接"[3]。2011年，教育部、科技部、中国科学院、中国科协联合发布《关于建立中小学科普教育社会实践基地开展科普教育的通知》，进一步推动科技人才培养机制体制的创新。[4]

3. 完善教育体系，支撑中小学科学教育改革与质量提升

虽然我国在改革开放后已经逐步建成了中小学科学教育体系，但在课程内容、教学方式、科学教师队伍建设方面仍存在较多不足。因此，在步入21世纪后的多个政策文件中，都对中小学科学教育体系的完善

---

[1]《2001—2005年中国青少年科学技术普及活动指导纲要》，科技部、教育部、中宣部、中国科协、共青团中央，2000年。

[2]《关于高等学校国家重点实验室和教育部重点实验室向中小学生开放的意见》，教育部，1999年。

[3]《科技馆活动进校园工作"十三五"工作方案》，中国科协办公厅、中央文明办秘书局、教育部，2017年。

[4]《关于建立中小学科普教育社会实践基地开展科普教育的通知》，教育部、科技部、中国科学院、中国科协，2011年。

提出了指导意见。2006 年 3 月，国务院印发并颁布实施我国第一个《全民科学素质行动计划纲要（2006—2010—2020 年）》，将“完善基础教育阶段的科学教育”作为重要任务之一。[1] 2007 年，科技部、中宣部等部门联合发布《关于加强国家科普能力建设的若干意见》，将“完善中小学科学教育体系，提高科学教育水平”作为主要任务之一，强调要提供满足教学需求的学校实验室与实验室仪器设备，体现“以科学探究为核心”的科学教育理念。[2]

除了对科学教育体系的整体完善外，我国在该时期同时注重对基础教育阶段英才教育的体系化架构。虽然从改革开放之初，我国即一度兴盛英才教育并创建了大学少年班，但由于早期教育方法缺乏科学性等系列问题导致部分大学少年班陆续停办。青少年时期是拔尖创新人才成长的关键期，为了适应我国现代化建设进程加快的新形势，有效稳步推进我国拔尖创新后备人才的体系化培养，2005 年，教育部、北京市人民政府共同发布《关于共同推进教育现代化实验城市建设的决定》，将高水平创新人才培养作为重要内容。为落实这一决定，北京市教委于2008年3月31日正式成立北京青少年科技创新学院并启动让高中生“在科学家身边成长”的翱翔计划，开启了高中、高校联合培养拔尖创新人才的创新育人实践。根据党的十七大关于“优先发展教育，建设人力资源强国”的战略部署，2010 年 5 月，国务院常务会议审议并通过《国家中长期教育改革和发展规划纲要（2010—2020 年）》，将“创新人才”培养模式作为人才培养体制改革的重要内容，探索高中阶段、高等学校拔尖学生培养模式，期望形成“各类人才辈出、拔尖创新人才不断涌现的局面”[3]。

---

[1]《全民科学素质行动计划纲要（2006—2010—2020 年）》，国务院，2006 年。

[2]《关于加强国家科普能力建设的若干意见》，科技部等八个部门，2007 年。

[3]《国家中长期教育改革和发展规划纲要（2010—2020 年）》，中共中央、国务院，2010 年。

表 1-1-3　深化改革期的科学教育政策

颁布年份	颁布机构	文件名称
1999	中共中央、国务院	《关于深化教育改革全面推进素质教育的决定》首次正式提出实施“科教兴国”战略
1999	科技部	《2000—2005年科学技术普及工作纲要》
1999	教育部	《关于高等学校国家重点实验室和教育部重点实验室向中小学生开放的意见》
2000	科技部、教育部、中宣部、中国科协、共青团中央	《2001—2005年中国青少年科学技术普及活动指导纲要》
2001	国务院	《关于基础教育改革与发展的决定》
2001	教育部	《全日制义务教育科学（3—6年级）课程标准（实验稿）》《全日制义务教育科学（7—9年级）课程标准（实验稿）》
2002	中华人民共和国第九届全国人民代表大会常务委员会	《中华人民共和国科学技术普及法》
2003	中国科协、国家发改委、科技部、财政部、建设部	《关于加强科技馆等科普设施建设的若干意见》
2005	教育部、北京市人民政府	《关于共同推进教育现代化实验城市建设的决定》
2006	国务院	《国家中长期科学和技术发展规划纲要（2006—2020年）》
2006	国务院	《全民科学素质行动计划纲要（2006—2010—2020年）》
2006	科技部等	《关于科研机构和大学向社会开放开展科普活动的若干意见》
2006	中国科协等	《关于开展“科技馆活动进校园”工作的通知》
2007	科技部、中宣部、国家发改委、教育部、国防科工委、财政部、中国科协、中国科学院	《关于加强国家科普能力建设的若干意见》
2007	农业部、中国科协	《农民科学素质教育大纲》
2010	国务院	《全民科学素质行动计划纲要实施方案（2011—2015年）》

续表

颁布年份	颁布机构	文件名称
2010	中共中央、国务院	《国家中长期教育改革和发展规划纲要（2010—2020 年）》
2011	教育部、科技部、中国科学院、中国科协	《关于建立中小学科普教育社会实践基地开展科普教育的通知》

（四）科学教育政策渐进调适期（2012—2021 年）

2012 年，中国共产党第十八次全国代表大会在北京成功召开，中国特色社会主义进入新时代。党的十八大以来，习近平总书记提出了一系列关于科技创新的论述，强调科技创新对增强综合国力、提升民生福祉的重要性，将加强科学教育，提升公民科学素质，加强创新型科技人才自主培养质量视为促进我国经济发展方式转变的核心战略。党的十九届六中全会提出：推动科技自立自强。科技创新在我国现代化建设全局中处于核心位置，关系到中华民族伟大复兴。科技创新人才则是驱动科技创新的原动力，以习近平同志为核心的党中央一直把教育事业、科技事业、人才培养放在优先和突出位置，高度重视科学教育和基础学科人才培养，使得中小学科学教育事业在新时代十年的伟大变革中取得了显著进展和辉煌成就。颁布的具体政策如表 1-1-4 所示，体现出以下两个方面的具体特征：

1. 加强创新型科技人才培养的纵向连贯性

如前所述，我国从改革开放之初就开始探索拔尖创新人才的培养，并在中国科技大学、清华大学、北京大学等多所重点高校推广少年班模式。2002 年，党的十六大首次明确提出“拔尖创新人才”这一概念，要求“造就数以亿计的高素质劳动者、数以千万计的专门人才和一大批拔尖创新人才”。然而，我国早期的拔尖创新人才培养主要聚焦在高等教育阶段。党的十八大作出了实施创新驱动发展战略的重大部署，并将“创新人才培养水平明显提高”作为全面建成小康社会的目标之一。在党的全面部署下，我国开始探索并加强多学段纵向衔接的科技拔尖创新人才培养模式，按照人才成长规律改进科技创新人才培养机制。2012年科技部发布的《国家科学技术普及“十二五”专项规划》将“培养和提高青少年的科技创新能力”作为重点任务。❶ 2013 年开始，为贯彻落实《国家中长期教育改革和发展规划纲要（2010—2020 年）》，教育部联合中国科协共同实施“中学生科技创新后备人才培养计划”，建立高校与中学联合发现和培养青少年科技创新人才的有效方式。❷ 2017 年《国家教育事业发展“十三五”规划》明确提出将“继续推进中学生科技创新后备人才培养计划、全国青少年高校科学营等活动，积极试点探索大学先修课程”❸。2018 年，教育部等六部门发布《关于实施基础学科拔尖学生培养计划 2.0 的意见》，指出要围绕顶尖科学家成长规律、拔尖学生培养模式与体制机制改革等方面开展专题研究，并加强中学阶段的科学选才鉴才。❹ 2021 年，国务院印发《全民科学素质行动规划纲要（2021—2035 年）》提出要实施科技创新后备人才培育计划。❺

2. 加强实践教学与科学思维培养

加强科学教育与实践教学、劳动教育之间的紧密联系，是我国从中华人民共和国成立之初实施科学教育以来就一直贯彻执行的重要理念。然而，由于中华人民共和国成立初期我国的主要教育任务是扫盲教育，以及受苏联教育和后来应试教育的影响，我国的中小学科学教育一直侧重于科学知识的体系化传授。随着信息传播技术的快速发展，相比于碎片化的已有科学知识掌握，科学思维能力、探究实践能力、科学本质理解等素养的重要性开始逐步凸显。实践教学被认为是帮助学生建立科学知识与社会生活之间的内在联系，激发学生的内在动机，培养学生

❶《国家科学技术普及“十二五”专项规划》，科技部，2012 年。
❷《国家中长期教育改革和发展规划纲要（2010—2020 年）》，国务院，2010 年。
❸《国家教育事业发展“十三五”规划》，国务院，2017 年。
❹《关于实施基础学科拔尖学生培养计划 2.0 的意见》，教育部等六部门，2018 年。
❺《全民科学素质行动规划纲要（2021—2035 年）》，国务院，2021 年。

创新精神和实践能力的重要途径。科学思维则是帮助学生适应现代实践活动方式和现代科技快速发展的关键素养。国务院《国家教育事业发展“十三五”规划》认为实践教学是深化教学改革的关键环节，强调丰富实践育人有效载体，“注重激发学生学习兴趣、科学兴趣和创新意识，加强科学方法的训练，逐步培养学生逻辑思维与辩证思维的能力”[1]。《义务教育小学科学课程标准（2017年版）》提出要“突出强化教学实践环节，加强实践探究过程的指导，注重引导学生动手与动脑相结合”，并将学生的思维能力培养作为主要目标之一。[2]

表 1-1-4　渐进调适期的科学教育政策

颁布年份	颁布机构	文件名称
2012	科技部	《国家科学技术普及“十二五”专项规划》
2013	教育部、中国科协	《中学生科技创新后备人才培养计划》
2015	中国科协	《中国科协关于加强科普信息化建设的意见》
2016	国务院	《全民科学素质行动计划纲要实施方案（2016—2020年）》
2016	科技部、中宣部	《中国公民科学素质基准》
2017	国务院	《国家教育事业发展“十三五”规划》
2017	教育部	《义务教育小学科学课程标准（2017年版）》
2017	中共中央办公厅、国务院办公厅	《关于深化教育体制机制改革的意见》
2017	教育部	《中小学综合实践活动课程指导纲要》
2018	教育部等六部门	《关于实施基础学科拔尖学生培养计划2.0的意见》
2019	中共中央、国务院	《中国教育现代化2035》
2019	教育部	《关于加强和改进中小学实验教学的意见》

❶《国家教育事业发展“十三五”规划》，国务院，2017年。
❷《义务教育小学科学课程标准（2017年版）》，教育部，2017年。

续表

颁布年份	颁布机构	文件名称
2020	中共中央	《中共中央关于制定国民经济和社会发展第十四个五年规划和二〇三五年远景目标的建议》
2021	国务院	《全民科学素质行动计划纲要实施方案（2021—2035 年）》

（五）科学教育政策创新发展期（2022 年至今）

在国内外双重压力下，我国科学教育也面临着前所未有的挑战。从国内形势来看，我国正面临从“人口红利”向“人才红利”的转向。2023 年 5 月 5 日，二十届中央财经委员会第一次会议指出，“当前我国人口发展呈现少子化、老龄化、区域人口增减分化的趋势性特征”。随着人口结构的变化和经济的发展，依赖高素质人才的“人才红利”则是激发经济可持续增长、支撑中国式现代化的新动力源泉。科学教育是提高人口素质、培养科技拔尖创新人才的重要途径，也是推动“人口红利”向“人才红利”转变的关键。

从国际形势来看，我们正处于新一轮科技革命与产业革命加速发展，世界创新格局深度调整的战略发展机遇期。培养高质量的创新型科技人才，突破前沿核心技术，是我国提升国家综合国力，掌握未来科技发展先机与占据新一轮科技革命与产业革命制高点的核心战略。科技人才竞争正在成为大国博弈的主战场，加强科学教育是“以习近平同志为核心的党中央统筹国内国际两个大局，站在党和国家事业兴旺发达、后继有人的战略高度作出的重大决策部署”[1]。为适应国家发展与个体发展需求，我国聚焦科学教育发布了多个创新政策以提高科技人才自主培养质量，《义务教育科学课程标准（2022 年版）》的发布，标志着我国新一轮基础教育课程改革拉开序幕，为我国进一步深化科学教育改革提供

[1] 王嘉毅：《开辟新时代中小学科学教育新赛道》，《中小学科学教育》2024 年第 1 期。

了基础。[1] 该阶段科学教育政策如表 1–1–5 所示，具体特征如下：

1. 形成多主体协同、全社会参与的发展格局

虽然我国一直将加强科技人才培养置于国家战略地位，但针对科学教育的专门政策数量很少，以科学教育课程标准为主，大多关于科学教育的政策描述整合于《全民科学素质行动计划纲要》与科普相关法律政策文件中。这与科学教育在培养科技创新人才、支撑社会主义现代化建设方面的重要地位不相称，进一步导致我国中小学科学教育受重视程度不够。2023 年，习近平总书记在主持中共中央政治局第三次集体学习时强调“要在教育‘双减’中做好科学教育加法”。为深入贯彻习近平总书记在二十届中共中央政治局第三次集体学习时的重要讲话精神，教育部等十八部门发布《关于加强新时代中小学科学教育工作的意见》(以下简称《意见》)，这也是我国首个专门对科学教育的落实进行阐述的政策。[2]《意见》明确提出要建立多部门协同机制，统筹调动多方社会资源，建立健全大中小学及家校社协同育人机制，形成多主体协同、全社会参与的科学教育发展新格局。为落实《意见》内容，我国随后发布了《“院士师范院校行”活动》和《“科学家（精神）进校园行动”实施方案》。

2. 建立中央权威领导、地方细化落实的实施机制

中华人民共和国成立以来，我国高度重视教育事业的统筹规划，为确保教育的方向性、公平性与高质量发展，由中央政府直属机构制定并实施了一系列科学教育方针、政策与法规。然而，由于缺乏具体的机制与措施，导致很多科学教育政策尚未落实到一线科学教育实践当中。近两年，为推动科学教育改革的深入实施，我国一方面在国家层面发布了《关于加强小学科学教师培养的通知》《“院士师范院校行”活动》等具体活动方案，另一方面河北、山西、浙江、重庆、陕西等多个地区引

[1]《义务教育科学课程标准（2022 年版）》，教育部，2022 年。

[2]《关于加强新时代中小学科学教育工作的意见》，教育部等十八部门，2023 年。

领，均结合本省科学教育的实际情况与地域特色，制定并发布本省科学教育实施政策，区域科学教育开始走向深化细化实化。

表 1–1–5　创新发展期的科学教育政策

颁布年份	颁布机构	文件名称
2022	教育部	《义务教育科学课程标准（2022 年版）》
2022	科技部、中宣部、中国科协	《“十四五”国家科学技术普及发展规划》
2022	中共中央办公厅、国务院办公厅	《关于新时代进一步加强科学技术普及工作的意见》
2022	教育部办公厅	《关于加强小学科学教师培养的通知》
2022	教育部	《关于进一步做好“优师计划”师范生培养工作的通知》
2023	中共中央	中国共产党第二十次全国代表大会
2023	中共中央	习近平总书记在中共中央政治局第三次、第五次集体学习时的重要讲话
2023	教育部等十八部门	《关于加强新时代中小学科学教育工作的意见》
2023	教育部	《基础教育课程教学改革深化行动方案》
2023	教育部、中国科学院、中国工程院、中国科协	《“院士师范院校行”活动》
2023	教育部、中国科协	《“科学家（精神）进校园行动”实施方案》
2023	教育部	《关于推荐首批全国中小学科学教育实验区、实验校的通知》
2023	教育部办公厅、中国科学院办公厅、中国科学技术协会办公厅	《关于做好 2023 年下半年全国中小学教师科学素质提升培训工作的通知》

二、中国科学教育政策演变的特征趋势

中华人民共和国成立之初，我国的科学教育政策较为单一，主要集中在基础教育普及与高等教育发展方面，确保了公民基本文化素质的

提升，满足了我国经济恢复与建设对大量高素质劳动者和专业人才的需求。随着我国社会经济的迅猛发展、科学技术的全面进步与日趋激烈复杂的国际竞争，传统的单一政策已经难以满足国家与公民发展需求，我国科学教育政策开始从“单一发展”走向“多元融合”，表现出层次性、协作性、灵活性等基本特征。

（一）政策价值：一元的社会主义核心价值观统领下的多元价值取向体系

我国一直坚持将“为人民服务”作为根本价值观。《中华人民共和国教育法》第五条明确规定，教育必须为社会主义现代化建设服务、为人民服务，必须与生产劳动和社会实践相结合。[1]科学教育作为我国教育体系中的重要组成部分，同样坚持以“为人民服务”为根本宗旨。然而，受不同历史发展时期国家政治、经济、文化等背景的影响，我国科学教育政策的价值导向也在不断发生变化，形成了一元的社会主义核心价值观统领下的多元价值取向体系。具体涉及以下三个方面：

1. 从社会本位转向人的发展本位与社会本位有机统一

从中华人民共和国成立初期到20世纪末，我国科学教育政策以社会本位为主导价值，关注通过“育才”适应国家政治发展与经济发展的需求。中华人民共和国成立初期我国的科学教育表现出较强的政治目的，改革开放后我国的科学教育则强调与经济发展相适应，在此期间发布的《关于加强科学技术普及工作的若干意见》《关于加速科学技术进步的决定》等政策均强调科技人才培养对经济建设的支撑作用。21世纪以来，随着我国经济发展进入新阶段，社会发展对人才的需求也从单一的知识技能转向全面的综合素质。与此同时，社会生产力与经济文化水平的提升引发了人们精神需求的不断提高，我国科学教育政策价值取向

[1]《关于修改〈中华人民共和国教育法〉的决定》（第三次修正），第十三届全国人民代表大会常务委员会，2021年。

开始转向人的发展本位与社会本位相互融合，不仅将科学教育作为满足社会发展需求的重要工具，同时注重培养个体的科学思维能力与自主学习能力，使个体能够成为具有独立思考和行动能力、适应现代科技快速发展的人，实现个体及社会精神生活的和谐富裕，实现“育才”与“育人”目标的有机整合。《义务教育科学课程标准（2022年版）》即以“培养学生适应未来发展的正确价值观、必备品格和关键能力”为指导思想。[1]

2. 民主主义教育价值观与英才主义教育价值观的平衡

民主主义教育强调科学教育的普及性和公平性，希望通过科学教育发展所有学生的科学素养。英才主义教育主张选拔性教育，期望通过教育来发现和培养科技拔尖创新人才。在“为人民服务”的价值观导向下，我国科学教育一直坚持面向全体公民。然而，从20世纪50年代开始，科技创新人才越来越成为国家与地区之间竞争的关键因素。在2018年的两院院士大会讲话中，习近平总书记就我国拔尖人才问题予以强调，指出“当前，我国高水平创新人才仍然不足，特别是科技领军人才匮乏”，“顶尖人才和团队比较缺乏”。《中华人民共和国国民经济和社会发展第十四个五年规划和2035年远景目标纲要》实施中期评估报告中指出“关键核心技术”“卡脖子”影响凸显。[2]科技拔尖创新后备人才的培养对于我国实现高水平科技自立自强和建设世界科技强国具有重要意义。因此，在进入21世纪以来，我国在面向全体公民的科学教育基础之上围绕科技拔尖创新后备人才培养开展了积极探索。1978年3月8日，中国科学技术大学少年班作为中华人民共和国第一个本科拔尖创新人才实验班正式开班，标志着我国科技拔尖创新后备人才培养的实践探索拉开了帷幕。2002年，党的十六大报告提出教育要“造就数以亿计的高

---

[1]《义务教育科学课程标准（2022年版）》，教育部，2022年。

[2]《中华人民共和国国民经济和社会发展第十四个五年规划和2035年远景目标纲要》，中共中央，2021年。

素质劳动者、数以千万计的专门人才和一大批拔尖创新人才”。2009 年，教育部牵头，联合中组部、财政部等有关部门启动实施“基础学科拔尖学生培养试验计划”。2021 年，国务院印发《全民科学素质行动规划纲要（2021—2035 年）》，提出实施科技创新后备人才培育计划，强调建立科学、多元的发现和培育机制，开展英才计划、少年科学院、青少年科学俱乐部等工作，探索从基础教育到高等教育的科技创新后备人才贯通式培养模式。[1]《关于加强新时代中小学科学教育工作的意见》中将“统筹拔尖创新人才项目，探索选拔培养长效机制”作为主要行动之一。这表明我国将科技拔尖创新后备人才纳入国家战略统筹规划。[2]

3. 从知识本位转向以科学思维发展为核心的素养本位

在中华人民共和国成立初期，我国实施科学教育的主要任务之一是通过科学知识传授肃清封建的、买办的、法西斯主义的思想。改革开放初期，为了满足经济发展对大量专业技术人才的需求，科学知识传授依然是我国科学教育的主线，同时应试教育促使科学知识被浓缩为一系列“知识点”。然而，随着科技的快速发展及其在人类日常生活中的广泛渗透，社会经济、产业结构、工作类型、知识形态等各个方面都在经历着前所未有的变化。20 世纪五六十年代开始，Hurd 首次提出“科学素养”一词作为科学教育的目标。[3]随着社会背景的不断变化以及教育研究的不断发展，当前包括中国、美国、加拿大、英国、日本等在内的世界大部分国家和国际经济合作与发展组织（Organization for Economic Co-operation and Development，以下简称 OECD）等国际教育组织均在更为宏观的层面提出了将核心素养作为科学课程目标。我国《义务教育科学课程标准（2022 年版）》中将核心素养划分为科学观念、科学思维、探

[1]《全民科学素质行动规划纲要（2021—2035 年）》，国务院，2021 年。

[2]《关于加强新时代中小学科学教育工作的意见》，教育部等十八部门，2023 年。

[3] Bybee R. Scientific Literacy //GUNSTONE R. Encyclopedia of Science Education. Dordrecht; Springer Netherlands. 2015.

究实践、态度责任等方面。[1]其中，科学思维是核心素养的核心，所有核心素养的形成都依赖积极主动的思维。《基础教育课程教学改革深化行动方案》将科学素养提升作为重要任务之一。[2]

（二）政策主体：以党的全面领导为核心的多元主体参与结构

政策主体包括政策制定主体与政策执行主体。政策制定主体是指拥有决策权力的组织、机构或个体，对政策的目标、方向、内容工具和策略起着直接影响作用。从制定与发布主体的构成来看，我国早期的科学教育政策以中共中央、国务院与教育部为主。进入21世纪后，我国开始形成了中共中央、国务院、中国科协、科技部、教育部、中宣部、国家发改委、国防科工委、财政部、中国科学院等多个主体参与的网状结构。政策实施主体是指负责组织、实施、评估和监督政策过程的实体，协调各方资源和行动。推动科学教育高质量发展是一项复杂的全局性、系统性工程，为推动我国科学教育整体范式变革，政策实施主体开始从中小学“单兵作战”转向大中小学、社会组织与科学界专精协同，形成了一元政府主导下的多元主体全面参与机制，推动建构“大科学教育”格局。从20世纪末开始，我国就强调科技馆、科研机构、高校等在科普教育中的重要作用。2023年，《关于加强新时代中小学科学教育工作的意见》指出要坚持“重在融合，内外联动”“重在协同，系统设计”的工作原则[3]。具体而言，当前我国科学教育政策多元主体协同主要涉及以下两个方面：

1. 政府部门的横向协同

科学教育的政策制定与实施涉及教育部、科技部、中国科协、中央宣传部等多个政府部门。教育部在制定相关政策和指导原则，推动学校

[1]《义务教育科学课程标准（2022年版）》，教育部，2022年。

[2]《基础教育课程教学改革深化行动方案》，教育部，2023年。

[3]《关于加强新时代中小学科学教育工作的意见》，教育部等十八部门，2023年。

科学课程的改革和创新中起主导作用。科技部与中国科协在科学教育中主要承担科学普及责任，通过举办科普活动、建立科普基地等方式，提高公众的科学素养。中央宣传部则在通过新媒体对科学教育进行宣传引导，推进科学教育传播创新，营造全社会重视支持科学教育浓厚氛围方面起着重要作用。例如，《关于建立中小学科普教育社会实践基地开展科普教育的通知》中强调“各级教育、科技部门要进一步加强协作、相互配合，探索建立有效的合作机制”[1]。《关于加强新时代中小学科学教育工作的意见》中指出，不同政府部门之间的联动是提升科学教育实施效能，有效建立立体多维、多元互补的科学教育新局面的重要保障。

2. 家庭、社会、学校的横向协同

从20世纪80年代开始，我国就已开展家校社协同育人的机制探索。党的十九届五中全会、《中华人民共和国家庭教育促进法》《中华人民共和国国民经济和社会发展第十四个五年规划和2035年远景目标纲要》和2022年《政府工作报告》、党的二十大报告均将“健全学校家庭社会协同育人机制”摆在了重要位置。2023年1月，教育部等十三部门联合印发了《关于健全学校家庭社会协同育人机制的意见》。由此可见，“家校社协同育人”是落实党的教育方针的必然选择与实现我国教育质量提升的内在诉求。因此，构建科学教育“家校社协同育人”模式，是响应新时代教育改革发展要求的重要举措，有助于整合家庭、学校和社会三方的优势资源，形成教育合力，共同推动科学教育高质量发展。家庭是学生的第一课堂，学校是科学教育的主要场所，科技馆、博物馆、科普教育基地、高校、科研机构、企业等社会资源是科学教育的重要资源。家校社一体化机制的建立能够加强校外科学教育资源对校内教师数量短缺、实验资源不足等问题的补充支持作用。国务院印发的《全民科学素质行动规划纲要（2021—2035年）》《关于加强新时代中小学科学教育工

[1]《关于建立中小学科普教育社会实践基地开展科普教育的通知》，教育部、科技部、中国科学院、中国科协，2011年。

作的意见》中均将“推动学校、社会和家庭协同育人”作为重点内容[1]。2024 年，教育部召开的全国中小学科学教育工作部署推进会也强调，发挥各行各业积极作用，强化家校社协同育人，构建科学教育新体系。

（三）政策实施：以点线面结合推动科学教育高质量改革

政策实施是具体的机构或人员为了实现教育目标而采取的具体措施，是政策落实的过程。建设高质量科学教育体系是一项涉及政府、学校、家庭、社区、科研机构、社会团体、企业、场馆等各类主体，包含学科建设、课程建设、师资培养、资源开发等多种内容的复杂的全局性、系统性工程。中华人民共和国成立后，为了快速提升全民科学素质，我国一直致力于构建学校教育与校外科普教育并行的多主体科学教育实施路径。随着我国集权式教育行政体制的建立，学校科学教育质量得到了快速提高，建立了成熟的体制机制。1994 年 12 月，中共中央、国务院颁布了中华人民共和国成立以来第一个科普方面的纲领性文件《关于加强科学技术普及工作的若干意见》，强调充分调动各科技机构、高等院校和科技工作者等不同社会力量，参与全民科学素质提升行动，科学教育的校外社会力量开始逐渐加强[2]。在新时代背景下，为进一步深化科学教育改革，解决科学教育资源供给不足、分布不合理等问题，我国正致力于通过“点线面”结合的方式推动科学教育高质量改革。具体特征包括以下几点：

1. 实验区与实验校试“点”先行

如前所述，科学教育是一项涉及多类主体、多种内容的复杂性、系统性工程。当前我国虽然有相对完善的中小学科学教育学校实施体系，但在教学方式改革、师资队伍建设、优质资源供给等方面仍存在突出问题。为了深入挖掘并解决我国科学教育在实施过程中的痛点难点，为科

[1]《全民科学素质行动规划纲要（2021—2035 年）》，国务院，2021 年。

[2]《关于加强科学技术普及工作的若干意见》，中共中央、国务院，1994 年。

学教育改革实施提供典型经验，我国开始推行科学教育实验区与实验校试“点”先行工作。2023 年 5 月，教育部等十八部门发布的《关于加强新时代中小学科学教育工作的意见》中，提出要设立实验（示范）区、实验（示范）校和示范性基地，引领全国中小学科学教育改革发展[1]。2023 年 12 月，教育部办公厅发布《关于推荐首批全国中小学科学教育实验区、实验校的通知》，把开展科学教育实验区、实验校作为落实区域发展战略的重要抓手，从工作机制、保障体系、课程建设、教学改革等不同视角明确了实验区与实验校的主要工作任务[2]。

2. 大中小一体化衔接的“线”性发展

从对学习的早期研究开始到现代的学习心理学都指出学习者的认知结构是一个不断发展变化的过程，认为学习是在原有认知的基础上理解和建构新的认知结构的过程。因此，当前世界各国都以学习进阶为科学教育课程设计、教学实践以及评价体系建立的重要指导理念，关注科学教育的大中小一体化设计，支持学生素养的连贯发展。2010 年，我国在《国家中长期教育改革和发展规划纲要（2010—2020 年）》中首次提出要改革人才培养体制，树立系统培养观念，推进小学、中学、大学有机衔接[3]。我国《义务教育科学课程标准（2022 年版）》首次对 1—9 年级的科学课程进行了系统布局[4]。2023 年 5 月，教育部等十八部门发布的《关于加强新时代中小学科学教育工作的意见》（以下简称《意见》）中提出要重视体系化设计安排，助力不同阶段有机衔接。在该《意见》的指导下，2024 年多个省市的科学教育工作部署中均将大中小一体化实施作为提升科学教育质量的重要抓手。

3. 兼顾全民科学素养提升与拔尖创新人才培养的全“面”发展

为适应国家经济发展需求与个体发展需求，我国科学教育从改革开

[1]《关于加强新时代中小学科学教育工作的意见》，教育部等十八部门，2023 年。
[2]《关于推荐首批全国中小学科学教育实验区、实验校的通知》，教育部，2023 年。
[3]《国家中长期教育改革和发展规划纲要（2010—2020 年）》，国务院，2010 年。
[4]《义务教育科学课程标准（2022 年版）》，教育部，2022 年。

放时期开始一直坚持全民科学素养提升与拔尖创新人才培养全面兼顾。针对全面科学素养提升，我国一方面通过加强面向全体学生的中小学学校科学课程体系建设与教学改革，提升学生的科学素养，增强其适应社会生活与个人终身发展所需能力，另一方面以《全民科学素质行动规划纲要》、国家科学技术普及相关政策为指导，针对学生、农民、产业工人、领导干部和公务员等不同群体提出具体的素养发展行动与目标，充分利用不同的社会资源开展全民科普行动，营造良好的社会氛围，提升全民科学素质[1]。聚焦青少年群体，我国颁布了《关于开展“科技馆活动进校园”工作的通知》《关于建立中小学科普教育社会实践基地开展科普教育的通知》《“科学家（精神）进校园行动”实施方案》等多个具体方案，以期实现校内正式科学教育与校外非正式科学教育的一体化实施。针对拔尖创新人才培养，我国从 1978 年高校少年班的试点先行，到 2013 年《中学生科技创新后备人才培养计划》，再到 2018 年《关于实施基础学科拔尖学生培养计划 2.0 的意见》，我国拔尖创新人才培养正在从早期的政府与高校主导转向开始探索多部门、多学段协同的拔尖创新人才培养体系，标志着党和国家对拔尖创新人才自主培养水平提升的高度重视。

三、中国科学教育政策的发展前瞻

（一）中国科学教育政策发展的主要问题

1. 缺少独立的科学教育政策体系

从政策体系与内容来看，我国 2023 年前的科学教育政策大多是整合于《国家中长期科学和技术发展规划纲要》《全民科学素质行动计划纲要》等政策中，仅《义务教育科学课程标准》《中学生科技创新后备人才培养计划》《关于加强和改进中小学实验教学的意见》《关于加强

[1]《全民科学素质行动规划纲要（2021—2035 年）》，国务院，2021 年。

小学科学教师培养的通知》等具体政策是聚焦于中小学科学教育的。然而，此类政策文件大多是从课程、实验教学等单一侧面对科学教育的实施提出具体要求，且主要集中在课程与教学改革领域，在科学教育内容的各学段衔接、社会多主体协同上缺乏体系和标准遵循，缺乏统一领导、顶层设计和制度保障。仅2023年我国颁布了首个相对系统的科学教育政策——《关于加强新时代中小学科学教育工作的意见》。从具体的政策构成体系来看，教育质量政策、教育体制政策、教育经费政策、教师政策被认为是国家教育改革与发展所必需的基本的教育政策，但我国当前针对科学教师与科学教育经费保障的政策较少。尤其在经费保障方面，相比于国际上的主要发达国家，我国对科学教育的经费投入占比较低。

2. 正式与非正式科学教育的政策相互独立

广义的科学教育既包括在学校内实施的正式科学教育，也包括在家庭、科技馆与博物馆、社区等实施的非正式科学教育。两者的共同目标都在于培养学生的核心素养。因此，非正式科学教育与正式科学教育的紧密衔接有助于学生素养的系统培养。对我国已经颁布的科学教育政策进行梳理可以发现，我国当前针对校内科学教育颁布的政策以小学或义务教育阶段的综合性科学课程标准、中学的分科科学课程标准为主，围绕非正式科学教育发布的政策则主要体现在科普类的政策体系中，例如2011年发布的《关于建立中小学科普教育社会实践基地开展科普教育的通知》。然而，在活动目标、内容与方式上如何形成正式科学教育与非正式科学教育的系统衔接，仍缺少相关的活动方案或计划，导致当前的非正式科学教育活动以参观为主，难以支持学生的素养发展。例如，1999年发布的《关于高等学校国家重点实验室和教育部重点实验室向中小学生开放的意见》中仅提出“大中城市的中小学校，要把有计划地组织中小学生（小学四年级以上、含四年级）参观高等学校重点实验室，作为对学生进行科技教育的一项重要内容，纳入学校教育计划”[1]。

3. 大中小幼科学教育一体化的系统规划不足

大中小幼科学教育一体化实施既是国际科学教育改革的主要趋势，也是科学教育适应学生认知发展特点与学习规律的重要举措。2010 年，由美国各州政府联合倡导并制定的美国首部《共同核心州标准》正式发布，旨在为全美学生在 K–12 阶段提供相同的课程标准，重点培养学生批判性思维、解决问题和分析技能。然而，我国当前的科学课程标准是各学段独立编排。虽然《义务教育科学课程标准（2022 年版）》对小学与初中的综合性科学课程进行了一体化的进阶设计，但我国绝大多数地区在初中与高中实施分科科学课程，且初高中的科学学科分科课程标准均为独立设计。然而，综合性的科学课程是适应科学教育改革和社会发展需求的主要趋势之一。综上，如何打破现有的学科界限，建立大中小幼一体化的综合性科学课程体系，培养学生综合运用不同学科的知识、方法、技能等解决真实复杂问题的能力是我国未来科学教育亟须解决的重要问题。

（二）中国科学教育政策发展的意见建议

1. 将科学教育纳入立法并制定科学教育发展战略规划，增强政策支撑力

建立独立的科学教育政策体系，增强科学教育政策支撑，首先要将科学教育纳入立法，依法促进和保障科学教育的发展。这不仅是我国教育改革的有效经验，也是国际科学教育改革与发展的重要举措。从国内经验来看，教育立法是我国引领教育改革方向、推动教育改革进程、巩固教育改革成果的关键保障，也是国家对教育工作进行依法管理的根本依据。中共中央、国务院印发的《中国教育现代化 2035》中明确提出

[1]《关于高等学校国家重点实验室和教育部重点实验室向中小学生开放的意见》，教育部，1999 年。

要“推进教育治理体系和治理能力现代化，提高教育法治化水平，构建完备的教育法律法规体系”[1]。我国虽然先后颁布了《中华人民共和国义务教育法》《中华人民共和国教育法》《中华人民共和国教师法》等多部教育法律，但都是关于教育的一般法律，并未强调科学教育。2002 年颁布的《中华人民共和国科学技术普及法》虽然将实施科教兴国战略和可持续发展战略，提高公民的科学文化素质作为首要原则纳入立法，但该法律聚焦于科学技术普及工作。对于系统化的科学教育，我国暂未出台针对性的法律。

从国际经验来看，美国、法国、日本等国际上的主要发达国家均制定法律作为推动科学教育改革的主要依据。美国从 20 世纪 50 年代美苏冷战期间开始科学教育改革，并于 1958 年颁布《国防教育法》保障科学教育改革实施质量，2001 年通过《不让一个孩子掉队法案》，2015 年颁布《STEM 教育法》。日本则早在 1953 年便颁布了《理科教育振兴法》，1995 年颁布了《科学与教育基本法》，2021 年对此法进行了修订，改为《科学技术创新基本法》，依据此法发布了《第六期科学技术创新基本计划》，旨在大力普及科学与技术教育，促进科学教育改革。英国 1988 年通过《1988 年教育改革法》，将科学和数学、语言并列为三大“核心学科”。法国 2005 年颁布的《教育指导法和未来学校计划》将数学与科学技术作为七大核心素养之一，2013 年《教育指导法和重建共和国的学校计划》提出要改革普通高中、科技高中和职业高中，2015 年修订了《教育法典》，颁布了《知识、能力和文化的共同基础》，将自然与科技系统作为五大领域之一。综上，我国在未来的科学教育政策体系改革中应着重从法律层面保障科学教育的地位，制定相关法律法规，推动科学教育优先发展战略，加强各级政府对科学教育的依法改革，提高全社会对科学教育的价值认识与重点关注。

除加强立法外，我国还应当重视加强在科学教育政策方面的顶层设

[1]《中国教育现代化 2035》，中共中央、国务院，2019 年。

计，制定国家战略计划、政策和配套标准，规划科学教育发展整体目标与路径，明确目标任务、途径方式、推进步骤、组织和经费保障、工作机制等。在国家层面明确科学教育总体要求和整体规划后，由各级政府依据本省市的实际情况，制定科学教育质量提升规划，并对规划实施情况进行定期督查评估，确保各项任务的落实。例如，美国在 20 世纪 80 年代发布《2061 计划：面向全体美国人的科学》，这项长达 76 年的美国科学教育发展规划细致分析了全面改革美国教育体系的设想、步骤、目标和科学依据。此后，美国先后发布《科学教育改革领导力和援助行动》（1998 年）和《联邦政府 STEM 教育战略规划（2013—2018 年）》（2013 年），加大科学教育实施力度。与之相似，20 世纪 90 年代末以来，德国、英国、西班牙、爱尔兰、荷兰、奥地利和挪威等近 20 个欧洲国家分别制定了促进本国科学教育发展的战略和计划，鼓励更多学生积极参与科学学习。

2. 明确多主体协同的各方权责与边界，促进政策系统整合

我国正在致力于构建多元主体协同的科学教育育人体系，鼓励各级人民政府、行政机构、大学与科研机构、企业及科技场馆、社区、家庭等各类主体积极参与科学教育提质行动，营造全社会重视科学文化的良性生态。根据多中心协同治理理论，通过引入多个主体参与的多方共治，一方面可以充分考虑不同利益主体的需求，制定更加符合实际需求的科学教育政策和服务，满足多元主体需求，另一方面有助于优化科学教育资源的配置，促使家庭、学校和社会多方主体有效进行信息共联、资源共享、协作共通，实现资源共享与公共利益最大化。然而，在目前我国的科学教育体系中，各个主体均根据本部门的定位和资源自主地推动科学教育事业发展，仍未建立起国家层面的科学教育统筹协调体制机制，各职能部门权责不明晰、不同类型主体之间的合作通道未打通、激励机制缺乏等问题影响着科学教育政策的有效落实。

为了解决新公共管理带来的“零碎化”现象和政府职能“空洞化”

等问题，产生了整体性治理理论，以协调、整合、责任为治理机制，目前已被广泛运用于美国、澳大利亚等多个国家政府治理改革运动中。例如，美国为了能够有效地综合谋划以及体系性推进科学教育，成立了包括 14 个单位在内的 STEM 教育委员会（Committee on STEM Education，CoSTEM），系统开展制定美国科学教育“五年战略规划”、定期开展项目审查和评估、建立信息公开机制和问责机制等工作，推进科学教育的有效发展。因此，我国未来必须对合作体制的系统性进行调整和创新，以尽快适应科学教育深化改革面临的新挑战与新要求。

第一，建立协调机制，明确各部门主体权责。一方面，建立合作性的网络关系，明确教育部、发改委、科技部、科学院、工程院、中国科协等不同部门的职责任务，建立整体目标与部门目标之间的协调统一关系，构建协同推进工作的机制体制；加强不同部门之间的定期交流，实现信息共享，推进具体项目；统筹相关资源，推动各参与主体之间相互支持、合理分配资源，以实现科研任务的共同完成，深化战略合作，以高水平合作加快建设高质量科学教育体系。另一方面，明确我国各大学、科研院所一线科学家参与科学教育等公共服务的职责要求，为科学家、工程师等科技人才参与科学教育提供通道和制度保障。此外，可通过建立协调组织机构或联盟，实现各主体分工协同、相互促进，形成完备的科学教育支持体系，明确各级政府、中小幼各级学校、大学与科研机构、企业及科技场馆等在科学教育中的社会责任。

第二，建立激励机制，激发各主体内生动力。制定激励政策，有效调动科学家、教育家、家长、社会等参与科学教育的积极性。一方面，遴选和组织有水平、有意愿、有热情的院士和一流专家，通过成果转化与成果认定的体制机制改革，让他们深度研究科学教育和科技创新人才成长规律，积极参与科学课程体系建设、科学教师和科技创新人才培养等工作，开展创新人才培养模式探索。在科学课程标准制定、科学课程开发、科学教材编写、科普作品出版、科学教师培养、科学实践能力锻炼等方面进一步深化合作内容、拓展合作方式，广泛提升青少年科学素养和科技创新素质。另一方面，通过明确社会责任、税收减免、专项资金支持等多种手段，激励科研院所、科技企业、科技场馆、媒体等积极投入，开展跨界合作，共同打造我国科学教育的新格局，促进科学教育资源的开发与共享。

3. 制订系统综合的科学教育实施标准，保障科技人才的一体化培养

科学教育既包括学校正式学习环境中的科学教育，也包括校外非正式学习环境（如家庭、工作场所、博物馆、社区等）中的科学教育。以科学类课程为依托的中小学学校科学教育，以系统的科学内容架构为载体，以学生的科学素养培养为核心目标，是实施科学教育的主阵地。校外非正式科学教育以兴趣培养、科学知识的拓展与应用为指向，为学习者提供科学体验、科学学习和科学参与的多元和灵活机会，是对学校科学教育的重要补充，也是全面提升科学素质的重要途径。

从正式教育来看，课程标准是正式教育体系中教材编写与教学实施的指导性文件，是规定课程性质、课程目标、内容目标、实施建议的统领性文件。我国目前围绕中小学正式科学教育体系颁布了多个科学课程标准，但各学段独立编排，教学内容和学生能力发展的进阶性体现不明显，同时在课程标准和教材设计过程中科学家群体参与不足，导致科学课程的系统性、整体性和前沿性未能周全考虑。从非正式教育来看，虽然当前我国颁布了《关于高等学校国家重点实验室和教育部重点实验室向中小学生开放的意见》《关于开展"科技馆活动进校园"工作的通知》等多项政策，但相对忽视中小学非正式教育与正式教育之间的衔接，对于非正式科学教育的活动目标、活动内容、活动方式等缺少体系化的标准设计，进一步导致我国现有的大多数非正式科学教育互动流于参观、聆听讲解等形式，未能达到培养学生核心素养的目的。

综上，我国未来应进一步加强科学教育相关的标准制定。第一，启

动研制综合性的K–12课程标准，整体规划科学教育与工程教育体系，加强科学教育幼小初高大实施的连贯性。成立由科学家、科学教育专家、科学教研员和优秀教师组成的修订组，根据各学段学生认知特点和学习规律，统筹幼儿园、小学、初中和高中阶段的科学课程设计，统筹科学教育与工程教育，启动研制下一代K–12科学课程标准，用统一的科学课程标准取代分科课程标准，保证K–12课程理念、教学思想的一致性，课程目标、课程内容的进阶性，以及幼儿园、小学、初中、高中的连贯性。第二，综合考虑非正式科学教育活动的基本特征与《义务教育科学课程标准（2022年版）》，研制非正式科学教育活动标准。成立由科学家、科学教育专家、高校实验室负责人、科技辅导员等组成的专家队伍，在权衡不同利益相关者的基础上，研发并颁布面向培养学生核心素养，并与正式科学教育内容相衔接的非正式科学教育活动标准与指导手册，提升非正式科学教育的质量。

第二章

中国科学课程发展报告

随着社会生产力的发展，科技、经济、文化、教育也发生了变化，中国科学课程经历了从无到有，从简单到完善的过程。不同时代背景下对科学教育的价值意蕴的多样化理解，是影响课程理念和内容变化的根本因素。在不同价值取向下，科学课程的目标也相应地发生变化。课程标准是最能体现课程变化的直接文本，分析各历史时期的课程标准文件，有助于理解真实的课程发展脉络。历史分析能帮助我们明确当前科学课程所处的环境与未来的发展方向。因此，本章主要从科学课程的价值、目标、形制等方面探究中国科学课程的历史演变过程，并结合国际科学教育研究前沿对未来我国科学课程的发展作出展望。

一、科学课程价值的演变

（一）从生存到理性知识的价值

原始社会，人们依靠狩猎、采集、刀耕火种等方式维持生活，生产技术在日常劳作中凭言传身教代代相传，这种原始形态的科学教育并未从生产生活中分化出来。这个时期的自然科学，被称为“有用学科”，是下等人用以谋生的手段，或是上等人借以接近神的工具。[1]我国西周时期的“国学”和“乡学”，分别招收大奴隶主贵族子弟和中下层奴隶主子弟，教授六艺——礼、乐、射、御、书、数，数学知识及其应用被排在末位。春秋战国时期是中国由奴隶社会向封建社会过渡的变革时期。铁器的发明和使用再度提高了劳动生产力，出现了思想解放、百家争鸣的局面，大批科学技术成果涌现，如《墨经》中包含数学、力学和光学知识，其中的光学实验，可以说是世界上最早的以认识自然为目的的科学实验。[2]孔子整理的《诗》《书》《礼》《乐》《易》《春秋》等古代文化典籍中，包含着当时的各种自然知识。此外，《管子》《禹贡》《吕氏春秋》《黄帝内经》等科技著作也点缀着当时可与古希腊媲美的科技盛世。隋唐时期，我国在数学、医学、化学、农学、天文学、地理学等方面比较发达，学校教育处于世界前列，吸引了众多国家的留学生前来学习。宋代科学技术也取得了巨大的成就，印刷术、指南针和火药进一步发展，范仲淹、王安石等学者也强调各种实用知识的传授，主张但凡可以为国家所用的知识都应列入学校教学内容。宋代还出现了少数由科学家开办和主持的书院，科技教育占据重要地位，培养了一大批人才。中国古代文化中更崇尚传统的宗法人伦，强调天人合一、人伦秩序和伦理道德，忽视对自然的探究，科学教育仍以知识传承和经世致用为

[1] 樊琪:《科学学习心理学：科学课程的教与学》，中国轻工业出版社，2002 年版。
[2] 廖伯琴:《科学教育学》，科学出版社，2013 年版。

目的。

（二）强调实用价值和工具价值

从19世纪下半叶开始，一段时期内东方一直承受着西方先进科技的冲击。在西方宗教改革中失去优越地位的传教士，到东方传教的过程中也拉开了“西学东渐”的序幕。他们在传教的同时，也把西方的科学技术介绍到了中国。1840年，鸦片战争彻底惊醒了国人“天朝上国”的美梦。洋务派终于悟出拥有坚船利炮才能不挨打，于是发动了以学习西方科学技术为中心内容的洋务运动。此时的科学教育贯彻“中学为体，西学为用”的思想，目的是维护日渐颓败的封建统治。洋务运动时期的科学教育，有着强烈的救亡图存诉求，试图利用科学教育来维护旧的伦理价值观念，用科学教育的实用性来促进民族振兴。在教育中重视科学知识的传授和学习，在一定程度上实现了科学教育物质层面的个人生活实用价值和民族救亡工具价值。然而，科学教育一经兴起，不仅显示了社会救亡实用价值，而且对传统的伦理价值观产生了冲击[1]，这为日后的科学思想启蒙奠定了基础。

（三）实用价值和人文价值并重

20世纪初，中国步入思想启蒙时代。1898年实现了科技考试与科举考试并举，科学教育愈渐得到重视。从1901年起，晚清政府在维新派的努力下开始实施“新教育”，1904年颁布了《奏定学堂章程》（癸卯学制），在大学、中学和小学开设科学领域的学科课程，小学称为“格致”，科学教育开始进入小学，走向系统化。在对科学的理解方面，维新派思想家与洋务派的“器”与“技”认识不同，他们更倾向于与世界观、价值观和思维方式等融合来理解科学。如，严复受斯宾塞和赫胥黎等西方学者强调科学教育人文价值的影响，认为科学教育具有转换观

[1] 刘德华：《科学教育的人文价值》，四川教育出版社，2003年版。

念的思想启蒙价值，科学方法有“冶炼心能”的作用，科学具有改变“心习”（价值观念和思维定势）的作用，而这是救亡图强的前提。因此，严复认为科学教育不但要重视科学知识，更要重视科学方法和思维训练，重视学生的独立思考能力和通过实验获得知识的能力，注重思想观念的开化，以开民智，培养新民。严复所代表的维新派，已将科学教育的价值从物质世界开始转向精神世界。

20 世纪初，科学在中国不断地被泛化和提升至文化的各个层面，指向生活世界与社会领域，科学开始影响和支配人生观，内化于各种形式的政治蓝图设计。对西方自然科学的崇拜，泛化为一种科学主义思潮。这种思潮推崇科学方法，并意识到科学的精神价值。瞿菊农就认为科学中科学精神和科学方法最重要，欲借科学教育进行思想启蒙，促进人的精神发展；任鸿隽认为除科学知识外，更要重视科学方法与科学态度；胡适指出，科学方法一要注重事实，二要注重假设，三要注重证实，已对科学思维和科学探究有所关注。丁文江等人指出，这一时期人们所说的科学万能，其实就是指的科学方法。1919 年五四运动前后是人们追求民主和科学的时期。新文化的倡导者们将科学提升为一种价值体系，他们提倡理性的独立思考，反对盲从权威，表现出对转换思维方式和革新社会价值观的努力，却也过度强调科学外在的社会功能。此时的科学教育，以自然科学知识为主，同时重视科学精神，教学方法采用观察、实验、笔记、操作等。20 世纪 20 年代，受杜威教育思想的影响，科学教育也更强调儿童本位，尊重人的个性发展。虽然此时的科学课程得到发展和壮大，但各科知识比较分散，系统性不强，教材内容广泛，涉及面宽，对教师要求高，因此实施时遇到困难，在观念上人们提倡科学方法的教育，但在实践上仍只重视科学知识的教学。

总之，这一时期中西方文化之间逐渐交流与碰撞，教育思潮和科学教育观念逐渐趋同，对科学教育的认识已从物质工具价值取向转向实用价值与人文价值并重的向度，意识到科学教育的精神价值。此时的科学教育价值取向既指向个体的物质生活与精神需求，又指向社会的物质生产发展与思想观念转变。科学教育的价值得到有力的辩护，但科学教学相对薄弱，先进的科学教育思想难以落实到实践中去，观念的变革领先于实践的改变。

（四）强调社会功能价值

中华人民共和国成立初期，百废待兴。《中国人民政治协商会议共同纲领》（1949 年 9 月 29 日）为科学教育的性质作了规定："中华人民共和国的文化教育为新民主主义，即民族的、科学的、大众的文化教育。人民政府的文化教育工作，应以提高人民的文化水平，培养国家建设人才，肃清封建的、买办的、法西斯主义的思想，发展为人民服务的思想为主要任务。"[1] 科学教育服从和服务于国家的政治形势和经济建设的需要。1958 年之前，我国的教育全面学习苏联，制定了教学大纲，科学教育的目标是基本知识和基本技能（"双基"），促进学生德、智、体、美、劳全面发展。科学课程的系统性、科学性得到加强，理论加深，内容与生产实际联系紧密，强调科学知识在生产建设中的作用。1958—1962 年，"教育与生产劳动相结合"迅速蔓延。这本是对照搬苏联的教育模式后学校教育与社会分离的教育反思，但片面地把劳动理解为"体力劳动"，在教劳结合的方式上大搞形式主义，使教育活动在这一时期出现了混乱的局面。

1966—1976 年，科学教育走上了以产品带教学的道路，生产知识凌驾于科学基础知识之上，教材也缺乏严格的知识水准要求，造成大批青年学业荒废。此后，教育工作开始走向正常，科学教育又回到教育的中心。"教育要面向现代化、面向世界、面向未来"的提出，强化了教育促进生产力发展的经济功能。在"科学是第一生产力"的影响下，科学教育继续强调"双基"，让学生爱科学、学科学、用科学，养成实事

[1] 瞿葆奎主编：《教育学文集 · 中国教育改革》，人民教育出版社，1991 年版。

求是的科学态度，注重对学生辩证唯物主义、爱国主义等思想品德的教育。

总的来看，这一时期我国科学教育的价值主要是促进社会生产的发展，满足社会生产需要和政治实用需要是放在第一位的。这一阶段的科学教育目标主要是在科技进步的刺激下所作出的回应，在传统科学教育目标的基础上提出了适应现代化培养科技人才的目标，是一种在社会本位科学教育价值观之下以学术为中心的改革和探索。

（五）强调以人为本

20 世纪末，我国科学教育开始倡导面向全体学生的全面发展，从以往过度追求升学率的“英才教育”向“大众教育”转变，明确提出科学知识、科学方法和科学态度的科学素养目标。2001 年《基础教育课程改革纲要（试行）》中指出，基础教育新课程要“使学生具有初步的创新精神、实践能力、科学和人文素养及环境意识”，明确了教育的目标是培养学生的科学素养，确立了“知识与技能”“过程与方法”和“情感态度与价值观”三位一体的课程目标。

20 世纪末的科学教育从培养未来的科学家向发展公众对科学的理解目标转变（Millar，1996），人们开始为公众理解科学而作出努力，科学教育的目标越来越多样化和扩大化。此时科学教育的价值也被普遍认为应当同时满足个人与国家发展的需要。个人的幸福生活与科学素养息息相关，具有良好科学素养的公民也与国家的强大正相关，强调科学教育对个人与国家的实用价值和人文价值。随着科学教育改革的不断发展，人们对科学教育的价值理解越来越深入，科学教育不再只是培养少数科技精英，而是面向全体学生，提高全体学生的科学素养，让学生拥有高品质的生活，适应未来社会的发展，为国家储备高素质的人才。

（六）兼顾个人、社会与未来

21世纪以来，随着“现代社会”及“后现代社会”的到来，传统的能力（Ability）、技能（Skill）、知能（Literacy）等概念已经难以适应复杂多变和快速变迁的信息化时代的需求，人们对科学教育的目标进行了扩展与升级，联合国教科文组织（UNESCO）、欧洲联盟（European Union，缩写EU）、经合组织（OECD）等继续对素养的内涵进行了深化，提出了同时包括知识、技能、能力、态度的“核心素养”的教育目标，强调核心素养才是培养能自我实现与社会和谐发展的高素质的未来世界公民之基础。[1]“素养（Competence）”一词最初用于职业教育和培训，以描述劳动力市场完成某种任务或职能所需的技能和态度。21世纪以来，“素养”一词越来越多地用于基础教育中。

中国也在为培养适应21世纪的人才作准备。2014年《教育部关于全面深化课程改革落实立德树人根本任务的意见》提出，要“统筹小学、初中、高中、本专科、研究生等学段”“统筹各学科”“统筹课标、教材、教学、评价、考试等环节”，着力推进学生发展核心素养体系和学业质量标准的研究与制定、课程方案和课程标准的修订等。[2]2016年，由北京师范大学林崇德教授主持的近百名专家对核心素养进行的系统调查和研究的成果发布，最终界定中国学生发展核心素养框架包括自主发展、社会参与和文化基础三个领域、六项核心素养指标。[3]2017年，教育部印发《义务教育小学科学课程标准》，强调小学科学课程对培养学生科学素养所发挥的重要作用，规定小学科学课程起始年级调整为一年级[4]，并明确指出，“小学科学课程的总目标是培养学生的科学素养，并为他们继续学习、成为合格公民和终身发展奠定良好的基础”，并从

[1] 林崇德：《21世纪学生发展核心素养研究》，北京师范大学出版社，2016年版。
[2]《教育部关于全面深化课程改革落实立德树人根本任务的意见》，教育部，2014年。
[3] 林崇德：《中国学生核心素养研究》，《心理与行为研究》2017年第2期。
[4]《义务教育小学科学课程标准（2017年版）》，教育部，2017年。

“科学知识”“科学探究”“科学态度”和“科学、技术、社会与环境”四个方面阐述了具体目标。[1]这一课程目标被认为是上一次课程改革所提出的“三维目标”（科学知识与技能、过程与方法、情感态度和价值观）的升级版。[2] 2022年，教育部发布《义务教育科学课程标准》，聚焦中国学生发展核心素养，提出科学课程要培养学生的科学观念、科学思维、探究实践和态度责任。

可见，在新时期，科学教育的目标也由20世纪末的科学素养（Scientific Literacy）逐渐聚焦到核心素养（Key Competencies），它同时兼顾了学科知识、能力和态度的发展。科学教育的实用价值和人文价值都已得到普遍的认同，新时代科学教育目标更多地取决于各国的文化传统和对科学教育的期望，呈现出多元化发展的特点。

（七）小结与启示

对科学教育目标的回溯分析发现，人们对科学教育的价值判断在一定程度上影响了各个时代科学教育的主要目标，由表2-1-1可以看出，科学教育的价值随着时代发展和科学技术的进步不断深化和发展，从最初普通民众为了生存而世代相传和统治阶层对理性思想的追求，到为了获得合法的学科地位而从科学教育的实用价值出发，强调科学教育对人的未来生活和社会救亡的价值；随着科学被人们逐渐认识和接受，需要突出科学教育的人文价值来为其辩护，强调了科学教育对个人和社会的实用价值与人文价值；在国家之间军备竞争激烈的时代，科学教育的价值体现了社会本位的取向，即为了满足社会生产和政治的需要；在科学的实用价值已广为人知的年代，个人的发展开始成为教育的重要问题，科学教育的价值出现了双重取向，不仅要满足国家发展的需要，更要满

[1]《义务教育小学科学课程标准（2017年版）》，教育部，2017年。

[2] Yao, J. X., & Guo, Y. Y. Core competences and scientific literacy: the recent reform of the school science curriculum in China. International Journal of Science Education, 2018, 40(15), 1913–1933.

足个人发展的需要；在人力资本竞争愈演愈烈的当今社会，在国际学生学业质量测评的影响下，各国都在反省各自的科学教育，寻找符合本国国情和未来社会所需的科学教育。

表 2-1-1　科学教育的价值取向与目标演进

时代	科学教育价值观	科学教育目标
工业革命以前	人文价值：理性思想	进行正确的思维、理解、判断，获得身心自由发展
18 世纪—20 世纪以前	为人的未来生活作准备，以及社会救亡价值等实用价值	心智、技能训练，强调科学知识
20 世纪上半叶	实用价值与人文价值并重，既指向个体的物质生活与精神需求，又指向社会的物质生产发展与思想观念转变	从知识唯上开始强调方法、思维、精神、态度、能力等方面的目标
20 世纪中叶	社会本位，为满足社会生产需要和政治实用需要	培养科学家和科学精英。使学生能够进行一般的调查和探索自然现象，强调科学探索过程而不是零碎的知识内容，强调问题解决和批判性思维等
20 世纪末	面向全体大众，同时满足个人与国家发展的需要	科学素养。给予每一个人适应改善生活质量所急需的知识、技能和态度
21 世纪以来	多元价值。个人、社会和未来	核心素养。培养个人整合心理和社会资源知识、技能和态度来处理个人生活和社会发展面临的复杂问题的能力

科学教育的价值观念之争，本质上是科学对人类社会的实用价值和人文价值之争。“英才教育”与“大众教育”之争、知识中心和过程中心之争、学科中心与儿童中心之争等，追根到底还是实用价值与人文价值之争。当代科学教育的发展已经表明，科学教育不仅具有实用价值，而且具有人文价值。科学技术在推动人类社会物质文明进步、保障人类生存与发展方面具有显性的实用价值和工具价值；科学研究方法、科学思想、科学认识和应用及其显示出的科学精神等对个人和社会发展的塑造作用又体现了其隐性的人文价值。科学教育的实用价值与人文价值并非全然对立和分离的。Wellington（2001）就认为科学教育不应过分强

调其中的任何一个因素而忽视其他方面的目标，不应该过分强调对未来公民的“科学素养”而牺牲了当下与科学的实用价值、内在价值或发展“科学态度”的重要性相关的同等重要目标[1]。

我国基础教育课程改革中，核心素养这一概念[2]在目标上，指向的是对“教育应该培养什么样的人”这一问题的回答；在性质上，是所有学生应具备的共同素养，是最关键、最必要的共同素养；在内容上，是正确价值观、必备品格和关键能力等的综合表现；在功能上，同时具有个人价值和社会价值；在培养上，是在先天遗传的基础上，综合后天环境的影响获得的，可通过接受教育来形成和发展；在评估上，需结合定性与定量的测评指标进行综合评价；在架构上，是兼顾个体与文化学习、社会参与和自我发展的关系；在发展上，具有终身发展性，也具有阶段性；在作用发挥上，具有整合性，每个核心素养都具有独特的重要价值，不存在孰轻孰重的问题。

二、科学课程目标的演变

虽然有学者认为中国有文字记载的自然科学课程始于夏商周三代的教育[3]，但真正有文字记载的课程作为学校教育中一门正式学科的是1904年颁布的《奏定初等小学堂章程》《奏定高等小学堂章程》。1904年的科学课程以“格致”命名。此后，“格致”科曾易名为“理科”“博物”，或“理化”“博物”。[4] 1923年颁布的《新学制课程标准纲要小学自然（包括自然园艺）课程纲要》始称“自然”。2001年《全日制义务教育科学（3—6年级）课程标准（实验稿）》改称“科学”。其间，

---

1. Jerry Wellington (2001). What is science education for?, Canadian Journal of Science, Mathematics and Technology Education, 1:1, 23-38, DOI: 10.1080/14926150109556449.
2. 林崇德:《21世纪学生发展核心素养研究》，北京师范大学出版社，2016年版。
3. 李华:《中国小学科学课程改革历史简析》,《科学课》2003年第1期。
4. 刘默耕:《小学自然四十年的几点反思》,《课程 · 教材 · 教法》1988年第12期。

1966—1988 年和 2001—2017 年低段小学科学课程遭到中断。本书选取自 1904 年以来发布的 20 份科学课程标准或大纲[1]，关注各标准或大纲文件中对于培养什么样的人、如何培养人等表述内容，借鉴扎根理论的研究方法，采用开放编码—主轴编码—选择编码的编码流程，确保正确反映文献的内容，在此基础上逐步对文献概念化和收敛化。同时使用 NVivo11 软件为编码工具，将 20 份文件分别导入内部资料进行编码和聚类分析。

（一）课程目标的维度变化

通过对 20 份文件进行开放式编码，共获得 192 个初始节点。对这些节点进行初步合并，得到 18 个范畴。运用语义相似性和文献综述中对科学素养的分类依据，将 18 个范畴联系起来，对开放编码获得的自由节点和父节点进行重新归类，最后得到 4 个主范畴，分别是科学知识、科学探究、科学思维和科学态度。各主范畴对应的具体范畴和意义见表 2-2-1。

表 2-2-1　主轴编码形成的主范畴

主范畴	对应范畴	编码关键词举例
科学知识	知识理解	启发对于自然物和自然现象的基本知识
	生产生活常识	逐渐养成各种良好卫生习惯
	获取知识的方法	学习与日常生活密切相关的知识与研究方法
	知识的应用	指导儿童培养利用自然以解决人类生活问题的知能

[1] 课程教材研究所:《20 世纪中国中小学课程标准 · 教学大纲汇编》（自然 · 社会 · 常识 · 卫生卷），人民教育出版社，2001 年版；中华人民共和国教育部:《全日制义务教育科学（3—6 年级）课程标准（实验稿）》，北京师范大学出版社，2001 年版；中华人民共和国教育部:《义务教育小学科学课程标准》，北京师范大学出版社，2017 年版。

续表

主范畴	对应范畴	编码关键词举例
科学探究	探究技能	观察、测量、实验、制作、调查、种植畜养等
	探究活动	科学探究活动、实践活动、科学探究、科学探究能力等
	探究过程	解释和结论、制订计划、猜想与假设、提出问题、表达与交流等
科学思维	科学推理	分析、综合、分类、比较、推理、模型思维、语言和逻辑思维能力
	思维方式	科学思想、思维方式、思维能力
科学态度	学习兴趣	乐于探究、好奇心、探究兴趣、热爱科学、兴趣爱好
	科学、社会与环境	物与人的关系、人和自然的关系、利用自然、改造自然、保护自然、与环境和谐相处、资源环境、社会责任感、伦理和道德
	质疑与创新	想象力、创造精神、敢于质疑、独立思考、勇于探索
	实事求是	尊重事实、实事求是、破除迷信和偏见、尊重自然规律
	家国情怀	爱祖国、爱家乡、祖国自豪感
	合作分享	与人合作、乐于合作交流
	科学精神	科学精神、研究态度、实验精神
	科学本质	科学本质

从整体上看，课程标准对科学探究、科学态度、科学知识强调得较多，对科学思维不够重视。科学探究方面，对具体的探究技能强调得较多，笼统提及探究活动的也较多，具体的探究过程仅在2017年以后课标中系统提出；科学态度方面，强调最多的是学生的学习兴趣，对人与自然、社会、环境的关系也给予了持续的关注；科学知识方面，重点关注的是知识理解，对获取知识的方法和知识的应用提到的次数不多；科学思维方面，主要强调科学推理，此外只笼统地提及思想或思维。

（二）课程目标的价值变化

从历年发布的科学课程标准和教学大纲来看，科学课程目标具有不同的价值倾向。结合 NVivo11 聚类分析的结果，深入材料和编码中发现与教育价值的编码吻合度非常高。因此，我们将我国科学课程目标发展划分为 5 种类型，具体对应见表 2–2–2。

表 2–2–2　我国科学课程目标的类型

阶段	科学教育价值	文件年份	典型表述
第一阶段	实用价值	1904（初）、1904（高）、1912、1942、1948	“以备日用生计之用”“可适于日用生计及各项实业之用”“理科务授以适切于农工、水产、家计等事项”……
第二阶段	实用价值与人文价值并重	1923、1929、1932、1936	科学知识：“对于自然物和自然现象的基本知识”“获得基本的自然科学常识”。 科学方法与实践：“增进利用自然以解决物质和精神生活问题的知能”“改进国民生活、国家经济等的知识和能力”“指导儿童探求科学知识的基本方法”“增进用科学的思想方法和态度，以观察、研究、实验、创造的兴趣和能力”。 科学态度和兴趣：“欣赏自然，研究自然和爱好田野生活的兴趣”“养成对于科学的研究态度和试验精神”“克服对自然的神秘迷信”。
第三阶段	社会功用价值为主	1950、1956、1963、1977、1978	“双基”（基础科学知识、基本科学技能）兼顾态度和方法：“教给学生一些浅近的自然科学知识，指导学生初步认识自然界和人对自然界的利用改造，扩大学生的知识领域”“培养儿童的观察力，发展儿童的语言和逻辑思维的能力”“了解人能征服自然，使自然为人类服务”“培养儿童的辩证唯物主义世界观的基础，破除迷信和偏见”。
第四阶段	强调以人为本	1986、1988、1992	创新精神、实践能力、科学和人文素养、环境意识：“自然课是对小学儿童进行科学启蒙教育的一门重要基础学科……提高全民族的科学文化素质”（1986 年首次提出）；“指导儿童初步认识自然界，初步了解人类对自然界的探

续表

阶段	科学教育价值	文件年份	典型表述
			索、利用、改造和保护”；“培养学生学科学、用科学的能力，主要是观察能力、实验能力、动手能力、逻辑思维能力和想象能力，启发他们的创造精神”。
第五阶段	兼顾个人、社会和未来	2001、2017	综合能力、实践能力、科学探究能力、模拟实验和建构模型、科学本质、参与公共事务的能力、批判和创新意识、环境保护意识、社会责任感、人与自然和谐相处、实事求是、基于证据和推理发表自己的见解；能运用科学探究方法解决比较简单的日常生活问题；理解什么是可以研究的科学问题，什么是好的实验设计，什么样的结论是可靠的，什么样的论证过程是合理的，什么样的数据是可靠的，什么样的知识是可信的。

1. 强调实用价值

文件中被提取为科学教育价值的关键词为“日用所需”。其科学学科核心素养都在围绕满足日用所需的价值取向，科学知识、科学探究和科学态度都有明显的实用价值意味。

这类课标中，科学教育以实用价值取得了科学学科在学校教育中的合法性地位，与当时的国际和国内科学教育的发展趋势密切相关。19世纪下半叶，清朝正承受着西方先进科技的冲击。鸦片战争后，洋务派发动了以学习西方科学技术、引进机器制作为中心内容的洋务运动。西方科学主要被理解为“器”和“技”，科学只具有工具层面“用”的价值，此时的科学教育具有一种社会救亡意义上的实用工具价值，用科学教育的实用性来促成民族振兴，有着强烈的救亡图存诉求，为科学教育在中国近代教育系统中争得了一席合法之地。

1904年颁布的《奏定学堂章程》，是我国近代由中央政府颁布并首次得到施行的全国性法定学制系统。它的颁布标志着近代科学教育体制在我国的正式建立。在我国科学教育体制建立的初期，科学教育是在“中体西用”的思维框架中被引入的。在这种背景下，科学尚未摆脱实用的“技艺”和“知识”的层面，对初等小学堂和高等小学堂，强调“生计”和“实业”之用。而五四运动掀起的思想启蒙只在中学和大学有所体现，并未真正落实到小学科学教育中。因此，最初的小学科学课程，其教育目标也往往局限于基础知识的传授和基本技能的掌握上。1942 年和 1948 年颁布的自然课程标准，在抗日战争和解放战争的背景下，救亡图存的诉求和实业、生计的需求同样对当时的科学教育有着深切的期望。因此，不难理解这些科学课标主要强调科学知识，尤其是生产生活常识方面的知识。

2. 知识、能力与态度共同发展的实用价值与人文价值并重

这些课标文件中科学教育价值的关键词开始增多，以物质建设为主，精神生活中的破除迷信、正当的宇宙观和人生观的培育也被提及，体现出实用价值和人文价值并重的倾向。

20 世纪初，国际科学教育更加强调“人的发展”的人文价值取向，科学教育的目标从知识唯上开始转变为强调方法、思维、精神、态度、能力等方面的目标。此时，中国正经历着新文化运动，是人们追求民主和科学的时期，人们的科学观和教育观发生了深刻的变化。在科学观方面，人们对科学的认识已经由技艺、器物、制度层面深入到心理观念层面，不仅对科学内蕴的方法和精神有了深入的把握，也对科学的思想启蒙功能和社会改造效用有了更为深刻的体察与认同。新文化运动的倡导者们将科学提升为一种价值体系，他们提倡理性的独立思考，反对盲从权威，表现出转换思维方式、革新社会价值观的努力。科学教育的目标由单纯强调基础科学知识和基本科学技能的掌握转向对包括科学知识、科学方法与实践、科学态度等在内的学生综合科学素质的较全面培养。课程文件中的教育目标都或多或少提及要培养儿童与社会生活有关的各种知识与能力，如，1929 年：增进利用自然以解决物质和精神生活问题的智能；1932 年：指导儿童利用自然以解决人类生活问题的知能；1936 年：指导儿童明了人和自然的关系，并增进儿童利用自然，改进国民生

活、国家经济等的知识和能力等。此时的科学教育价值取向既指向个体的物质生活与精神需求，又指向社会的物质生产发展与思想观念转变。因此，这些科学课程文件中体现出知识、能力和态度共同发展的素养特征。

3. 强调基本知识和技能的社会功用价值

这类课标的科学教育价值关键词主要与社会生产建设有关，如建设强国、征服自然、改造自然、为人民服务等多次被提及，体现出社会功用价值的倾向，尤其重视培养为社会服务的基本知识和基本技能。

这一时期全球的科学教育目标都较为功利，科学课程改革强调学科的基本概念和基本原理，关注课程内容的及时更新和现代化。中华人民共和国成立初期，科学教育服从和服务于国家的政治形势和经济建设的需要。科学教育的目标是基本知识和基本技能（“双基”），促进学生德、智、体、美、劳全面发展，内容与生产实际联系紧密，强调科学知识在生产建设中的作用。1976 年后的课程文件中还特别强调让学生爱科学、学科学、用科学，养成实事求是的科学态度，注重对学生辩证唯物主义、爱国主义等思想品德教育。

无论是美苏军备竞赛下的科技力量角逐，还是我国从百废待兴到科教兴国，科学教育的价值主要是促进社会生产力的发展，满足社会生产需要和实用需要是放在第一位的，是一种强调社会功用的科学教育价值观取向。

4. 强调以人为本

这些课标中科学教育价值关键词涉及的方面较多，如四有公民、全民族科学文化素质、美育等均有提及，全面发展、身心健康、科学启蒙、审美情趣、日用所需等也有部分涉及，首次出现科学启蒙、保护环境、创造精神等关键词，可以看出改革开放对科学课程的影响，体现出了以人为本的全面发展的价值取向，具有同时满足个人与国家发展需要的育人功能。

20 世纪 80 年代和 90 年代，全球普遍把科学教育的目标从为了培养科学家转向面向全体学生，而不管他今后是否从事科学工作。科学教育的价值也被普遍认为应当同时满足个人与国家发展的需要。个人的幸福生活与科学素养息息相关，具有良好科学素养的公民也与国家的强大正相关，因此，良好的科学素养强调科学教育对个人与国家的实用价值和人文价值。这一时期，我国处于改革开放的初期，科学教育的价值导向也开始逐渐由社会功用向满足个人与国家发展的需要转变，让学生拥有高品质的生活，适应未来社会的发展，为国家储备高素质的人才。在学科核心素养上体现出多样性，对科学态度的认识也更加深入和具体。

5. 兼顾个人、社会和未来

这类课标中科学素养广受重视，终身学习和全面发展也多次被提及。课程标准中明确指出："科学课程的内容要满足社会和学生双方面的需要"，"面向全体学生"，以面向全体学生培养科学素养为宗旨，是以个人、社会和未来职业发展为共同价值取向的。

随着科学教育改革的不断发展，人们对科学教育的价值理解越来越趋同，科学教育不再只是培养少数科技精英，而是面向全体学生，提高全体学生的科学素养。我国科学课程标准也在 21 世纪明确提出科学知识、科学方法和科学态度的科学素养目标。2001 年《基础教育课程改革纲要（试行）》中指出，基础教育新课程要"使学生具有初步的创新精神、实践能力、科学和人文素养及环境意识"，明确了教育的目标是培养学生的科学素养，确立了"知识与技能""过程与方法"和"情感态度与价值观"三位一体的课程目标。2017 年，教育部印发《义务教育小学科学课程标准》，强调小学科学课程对培养学生科学素养所发挥的重要作用。《义务教育小学科学课程标准》明确指出，"小学科学课程的总目标是培养学生的科学素养，并为他们继续学习、成为合格公民和终身发展奠定良好的基础"，并从"科学知识""科学探究""科学态度"

和“科学、技术、社会与环境”四个方面阐述了具体目标。[1] 2022 年版《义务教育科学课程标准》中指出，科学课程要培养的核心素养主要是指学生在学习科学课程的过程中，逐步形成的适应个人终身发展和社会发展所需要的正确价值观、必备品格和关键能力，是科学课程育人价值的集中体现，包括科学观念、科学思维、探究实践、态度责任等方面。可见，进入 21 世纪，我国科学教育在改革开放后逐渐与国际科学教育趋同，强调面向全体学生的科学素养目标，对科学素养的内涵进行了全面的吸收和内化。因此，这一阶段的科学学科核心素养表现出共同关注个人、社会与未来的价值倾向。

纵观百年来我国小学科学课程标准，其倡导的课程改革方向与路径都大致与世界科学教育课程改革趋势同步，国际和国内环境的变化在小学科学课程标准中的反映虽有迟滞但仍未能阻挡小学科学课程改革的发展。在新时期，科学教育的目标更加强调个人、社会和未来职业的协调发展，由 20 世纪末的科学素养（Scientific Literacy）逐渐聚焦到核心素养（Key Competencies），兼顾了学科知识、能力和态度的发展，强调个人的品格和能力发展，同时强调公民属性，鼓励学生积极参与社会科学议题，培养对科学事业的兴趣和热爱。

（三）我国科学课程目标的传承

我国百年来的小学科学课程目标中，基本都出现了人与自然方面的目标（详见附录 1）。不过在各个历史时期，人与自然的关系表述不尽相同。清末民初时期的科学课程目标中对人与自然的关系只强调知晓“相互关系”；新学制时期科学课程目标中的人与自然更多的是从实用主义的视角出发，“利用自然以解决人类生活问题”“利用自然改进生活”；“向科学大进军”时期，则强调“征服自然”“利用和改进自然”；“科学技术是第一生产力”论断时期，强调“科学自然观”；“科教兴国战略”

[1]《义务教育小学科学课程标准（2017 年版）》，教育部，2017 年。

以后，环保意识便顺理成章地写进了小学科学课程标准中。虽然由于时代的发展与历史的局限性，人与自然的观念在不断发生变化和演进，但探索人与自然的关系始终是我国小学科学教育的目标之一。这与我国传统文化中强调人地和谐、天人合一的自然观是一脉相承的。

科学教育的目标具有全球共同的发展趋势，但是并没有一个完全统一的表达。科学教育的实用价值和人文价值都已得到普遍的认同，新时代科学教育目标更多地取决于各国的文化传统和对科学教育的期望，呈现出全球化聚焦发展的特点。对聚焦后的核心素养的看法和解释与每个国家或地区的历史和文化背景密切相关。[1]

从我国百年来的小学科学课程标准或教学大纲的演变过程可以看出，各主要目标都在不断丰富和具体化，科学态度目标更是得到了极大的深化。在科学态度目标中，自始至终都受到重视的是人与自然的关系。我国人地关系的演变过程先后经历了“混沌未知、天人合一、人地相称、人定胜天、人地和谐共生”的演变历程[2]，我国小学科学课程标准中对人与自然关系的表述也大致经历了“人地相称、人定胜天、人地和谐共生”的历程：第一阶段强调热爱自然，探索人与自然的关系；第二阶段强调热爱自然，利用自然来改进生活；第三阶段强调利用自然、改造自然、征服自然，并为人服务；第四阶段强调科学自然观和人类对自然界的利用和保护；第五阶段强调热爱自然，与自然和谐相处。可持续发展的理念既是当前国际科学教育的显著特征，同时也是我国的优秀传统文化，在小学科学学科核心素养体系的建构过程中应给予足够的重视。

[1] Tiana A , Moya J , Luengo F. Implementing Key Competences in Basic Education: Reflections on Curriculum Design and Development in Spain. European Journal of Education, 2011, 46(3):307-322.

[2] 李小云、杨宇、刘毅：《中国人地关系的历史演变过程及影响机制》，《地理研究》2018 年第 3 期。

三、科学课程标准的演变

1904—1912 年的科学课程文件只包含格致科目教育要义、教学方法、科目程度和课时安排。1923—1994 年间的科学课程都称为“自然”课程。课程标准中主要包括课程目的、课程内容、教学方法和毕业最低标准，对课程内容进行了学年设计和安排。2001 年以后，自然课程更名为科学课程，教学大纲更名为课程标准。这一时期，课程标准的内容越来越丰富，包括“课程性质”“课程理念”“课程目标”“课程内容”“课程实施”“附录”等部分。2022 年版的课标还增加了“学业质量”部分。从 1904 年颁布《奏定初等小学堂章程》和《奏定高等小学堂章程》起，我国科学课程一百多年的课标不断演变，直至今日渐趋完善，还将继续臻美。从百年课标中梳理发展轨迹和逻辑，有助于我们在未来制定出更好的课程标准。

（一）课标板块的变化

如表 2-3-1 所示，从 1904 年《奏定初等小学堂章程》对格致科目的说明仅包括“要义”和“程度”及“周课时”，到 2022 年版科学课标包括“课程性质”“课程理念”“课程目标”“课程内容”“学业质量”“课程实施”和“附录”7 个部分，课标的内容越来越丰富。

表 2-3-1　我国 21 个版本课标板块统计

课标年份（年）	课程性质	课程理念	课程目标	课程内容	学业质量	课程实施						附录	周课时
						教学建议	评价建议	教材编写	课程资源	教学研究	教师培训		
1904（初）			√	√									√
1904（高）			√	√									√
1912			√	√									√

续表

课标年份（年）	课程性质	课程理念	课程目标	课程内容	学业质量	课程实施						附录	周课时
						教学建议	评价建议	教材编写	课程资源	教学研究	教师培训		
1929			√	√	√	√							√
1932			√	√		√							√
1936			√	√		√							√
1942			√	√		√		√	√				√
1948			√	√									√
1950			√	√		√		√	√				√
1956			√	√		√							√
1963			√	√		√							√
1977			√	√		√							√
1978			√	√		√							√
1986	√		√	√		√							
1988	√		√	√		√		√					√
1992	√		√	√		√		√					√
1994	√		√	√		√		√					√
2001	√	√	√	√		√	√	√	√			√	
2017	√	√	√	√		√	√	√	√			√	
2022	√	√	√	√	√	√	√	√	√	√	√	√	

从最初只有关于课程意义价值的目标和内容程度的寥寥数语，到现在 186 页 15 万字的课标，科学课标文件的内容越来越丰富。从结构上看，无论课标内容如何变迁，“课程目标”和“课程内容”这两大部分是从始至终都必须存在的。这说明，课程标准从诞生到现在，明确目标和内容的功能始终未曾改变。自从 1923 年的课标中出现教学指导后，几乎每版课标都包括教学建议，以使课程目标和课程内容能够顺利落实。1942 年和 1950 年单独把教材编写和课程资源作为需要重视和具体指导的部分，体现了对课程实施过程中的问题研究。1956—1978 年的课标重点关注课程目标、课程内容和教学建议，可见当时课程实施的主

要困难还处在开齐课程阶段。1986 年以后，开始明确课程性质，为科学课程的地位正名，尤其是 1988 年以后，从教学、教材等方面确保了开足科学课。2001 年以后，科学课程的地位得到很大的提升，人们已不满足于开齐、开足科学课，还要开好科学课。这一时期，教育界对科学课程和教学的研究也逐渐兴盛，对课程实施的保障措施已不再局限于教学和教材，还从评价和一切能为科学教学服务的课程资源方面进行了研究，为课程标准的编写提供了大量研究基础。2022 年版课标还新增了学业质量和教学研究等内容，体现了教育科研对课程教学的支撑作用。

（二）课程结构的变化

课标的结构演变与课标的功能变化相关。最初的课标主要是为了圈定教学内容，如 1904—1912 年的课标只包括“要义”和“程度”，即意义价值目标和课程内容。随后开始对落实目标和课程内容提出了更多的保障措施，如 1923 年，课标有了“方法”和“最低限度的标准”，此后的课标中对教学方法提出了越来越多的要点。1942 年的课标出现了对教学要点的分类整理，从教材、教学、设备三个方面分别列举要点；1988 年以后，教材编写便作为独立于教学方法之外的重要部分，不再作为教学要点出现；从 2001 年起，教学建议、评价建议、课程资源开发与利用、教材编写等就并列成为课程实施建议的一分子，整个课标明确地分为目标、内容和实施三大主要板块，再加上前言、附录和学业质量等，让课标的内容更加完善。从中可以看出，课标每次都在进化，通过多年的探索，课标的结构越来越清晰，各个部分各司其职，有不同的功能和定位，共同支撑起课标对教学的指导作用。

表 2-3-2　各版本课标的结构比较

课标年份	整体结构	实施部分结构
1904	第四节　要义 第五节　科目程度及每星期教授时刻表	无

续表

课标年份	整体结构	实施部分结构
1912	第七条 “理科要旨”“宜授”“务授” 第十八条 教授程度及每周教授时数	无
1923	（一）目的 （二）程序 （三）方法 （四）毕业最低限度的标准	方法两条
1929	第一 目标 第二 作业类别 第三 各学年作业要项 第四 教学方法要点 第五 最低限度	教学方法十六大点
1932	第一 目标 第二 作业类别 第三 各学年作业要项 第四 教学要点	教学要点十三大点
1936	第一 目标 第二 作业类别 第三 作业要项 第四 教学要点	教学要点十三大点
1942	第一 目标 第二 教材大纲及要目（附教材要目单元排列顺序举例） 第三 教学要点	教学要点含教材方面三大点，教学方法方面六大点，教具设备和运用方面四大点
1948	第一 目标 第二 纲要	无
1950	第一 目标 第二 教材纲要 第三 教学要点	教学要点含教材方面七大点，教学方法方面十五大点，教学设备方面七大点
1956	说明（目的、方法和途径、教学要求和注意事项） 大纲	教学要求类似学业要求
1963	一、教学目的和要求 二、教学内容 三、确定教学内容的原则 四、教学内容的安排 五、教学中应该注意的几点 六、各年级的教学内容	教学要点中主要是关于教学的建议，共五条
1977、1978	（前言） 一、教学目的和要求 二、确定教学内容的原则 三、教学内容的安排 四、教学中应该注意的几个问题 五、各年级的教学内容	教学问题六条

续表

课标年份	整体结构	实施部分结构
1986	（前言） 一、教学目的和要求 二、教学内容的确定和编排 三、教学中应该注意的几个问题 四、各册的教学内容和要求	教学问题七条（增加一条关于教学设备的指导）
1988	（前言） 一、教学目的要求 二、教学内容的确定 三、教学内容 四、教材的编写 五、教学中应该注意的几个问题	教学问题七条（增加一条学习效果考查相关的指导，教学设备合并到观察和实验条目）
1992、1994	（前言） 一、教学目的和要求 二、教学内容 三、教材的编写 四、教学中应该注意的几个问题	教学问题七条
2001	第一部分　前言（一、课程性质；二、基本理念；三、设计思路） 第二部分　课程目标（一、总目标；二、分目标；三、各部分目标的相互关系） 第三部分　内容标准（一、科学探究；二、情感态度与价值观；三、生命世界；四、物质世界；五、地球与宇宙） 第四部分　实施建议（一、教学建议；二、评价建议；三、课程资源的开发与利用；四、教材编写建议；五、教师队伍建设建议；六、关于科学教学设备和教室的配置） 附录（一、关于具体目标中行为动词的定义；二、教学活动的类型与设计；三、案例）	实施建议包括六个方面
2017	第一部分　前言（一、课程性质；二、课程基本理念；三、课程设计思路） 第二部分　课程目标（一、科学知识目标；二、科学探究目标；三、科学态度目标；四、科学、技术、社会与环境目标） 第三部分　课程内容（一、物质科学领域；二、生命科学领域；三、地球与宇宙科学领域；四、技术与工程领域） 第四部分　实施建议（一、教学建议；二、评价建议；三、教材编写建议；四、课程资源开发与利用建议） 附录教学案例	一、教学建议 二、评价建议 三、教材编写建议 四、课程资源开发与利用建议

续表

课标年份	整体结构	实施部分结构
2022	一、课程性质 二、课程理念 三、课程目标（核心素养内涵、总目标、学段目标） 四、课程内容（13个核心概念） 五、学业质量（学业质量内涵、学业质量描述） 六、课程实施（教学建议、评价建议、教材编写建议、课程资源开发与利用、教学研究与教师培训） 附录（附录1　核心素养的学段特征，附录2　课程内容中使用的行为动词，附录3　教学案例，附录4　学生必做探究实践活动）	（一）教学建议 （二）评价建议 （三）教材编写建议 （四）课程资源开发与利用 （五）教学研究与教师培训

（三）内容标准的变化

课程标准中非常重要的部分是内容标准。从内容标准的呈现方式上看，大部分课标都是分段描述内容标准，有的按学期描述学习内容，有的按学年描述，有的按学段描述，还有的没有区分学段或学年。从呈现的效果来看，按学期呈现内容标准的（如1963年和1977年的课标），基本按主题将相似内容集中在某一个学期学习，如1963年课标安排五年级上学期学习水、空气、土壤的内容，下学期学习动物、植物；六年级上学期学习人体保健、矿物，下学期学习机械、电、宇宙的相关内容。且不论这些内容的深度和广度是否适合这个年级的学生，这些内容只能在规定的学期学习，教材的灵活性和教学弹性较难体现。按学年呈现内容标准的课标（如1904—1923年和1942—1956年的课标），课程内容体系有了一定的结构，能够按学科领域和一定的类别进行学年划分。如1950年的课标，将内容标准分为自然现象自然物、浅易物理、简单生产制造、生理卫生四个类别，各个类别又分了多个项目，每个项目就是一个集中的单元主题，将这些主题根据难易程度等划分到不同的学年。这样做便于集中学习相同主题的相关知识，但仍然难以解释为什么这些知识只能在固定的年级学习。整体描述所有课程内容的课标（如1936年和 2001 年的课标），内容给教材编写和教学组织极大的创造空间。2001 年的课标还在设计思路部分明确指出，“具体内容标准所表述的是 6 年级结束时绝大多数学生应达到的程度”，也就是说在这版课标中，内容标准还兼具学业质量评价标准的功能，确实能在一定程度上帮助教师识别学生学到多好才算足够好。但其“具体目标中行为动词”——“体验”“意识”“会”“能够”“知道”“认识”“理解”没有明确的表现性，还是难以反映学生完成课程学习后的学业成就表现。此外，整体描述还将学习进阶的研究难题完全抛给了教材编写者和教师，教材编写者和教师对照课标进行编写和教学时，对学生在 3—6 年级何时学习哪些科学知识和技能、态度等莫衷一是，只能靠经验或低效的摸索。这也许也是大多数教师只知有教科书而不知有课标的原因之一，这样的课标内容标准结构对教师的帮助有限，不及教科书的指导性和针对性强。

按学段描述内容标准的课标（如 1929—1932 年、1988—1994 年和 2017—2022 年的课标），多是课标发展相对成熟的时期，经过前期的摸索，逐渐完善的阶段。如自从 2001 年改自然课程为科学课程后，2001 年的课标将“科学探究”和“情感态度与价值观”也作为内容标准，2017 年则将“科学探究”和“科学态度”都作为课程目标的一部分进行论述，内容标准只包括物质科学、生命科学、地球与宇宙科学、技术与工程四大领域，内容标准的结构和内容都更加具有逻辑性。2022 年课标为强化科学课程的综合性和实践性，弱化学科领域的分界，将区分四大领域的内容标准修订为 13 个核心概念的内容标准；同时，也将 2001 年版课标按 3—6 年级全学段整体描述的内容标准呈现形式，修订为 2017 年 1—6 年级三个学段和 2022 年 1—9 年级四个学段的进阶式描述。可以看到，分段描述内容标准比整段描述内容标准，对教材编写和教师教学的指导性更强，学习内容的故事线也更完整，进阶的逻辑性更强。同时，比分学年、学期描述内容标准的课标，更适合多样性的学习群体和学习进度，为教材编写和教师教学提供了足够的创造空间和弹性空间。从课标中内容标准的发展历程来看，分段描述是较为合理的表达方式。

从内容标准的具体表述精细度来看，课标的结构和内容也越来越具指导性和实用性。从 1904 年课标的一句话描述一个学年学什么内容，到 1923 年课标为每一学年学习内容设定具体知识点，再到 1929 年课标区分整个自然课程学习内容的领域，规定各领域在不同学段要学习的具体知识条目，一直到 1936 年的课标，都是呈现较笼统的知识点条目，没有在领域内细分项目。1942 年课标的内容标准开始对知识点进行分类整理，到 1950 年课标的内容标准已经可以看出，内容框架体系已经比较清晰，便于教材编写和教师教学把握知识之间的逻辑关系。1956 年的课标删减了部分学习内容，并按单元将相关知识点集中整合起来，直接体现了主题式大单元的内容组合编排方式。从 1963 年的课标开始，单元主题下的学习内容有结构有细目，如宇宙主题单元分为地球、月亮、日食和月食、太阳和太阳系、四季星空、无限的宇宙六个主要学习内容，六个学习内容下还有具体的知识点描述。从 1986 年的课标开始，相同主题的内容不再都集中在一个单元或一个学期或学年，而是根据内容与儿童认知发展的匹配程度进行了螺旋上升编排，同时又在螺旋上升的基础上将具有内在联系的内容组织在一个单元里。也是从 1986 年课标开始，内容标准会匹配相应的能力要求或思想教育教学指导，表明学生在学习时以科学知识为载体，同时关注能力和思想的发展。1988 年课标中的内容标准，除了科学知识体系外，每个知识要点还匹配了观察、实验、操作的活动建议。1992 年的课标中，内容标准除对科学知识及相应的技能进行具体指导外，还对知识与技能应该达到什么程度作了要求。2001 年的课标中，内容标准不仅体现了知识及技能并重，并且对学到什么程度有要求，因此这版课标选择使用目标行为动词来描述具体内容，在科学知识前加限定词“会”“能够”“知道”“认识”“理解”等，在主要概念的具体学习内容下，包含在该内容学习过程中科学探究和（或）情感态度价值观应达成的目标，并匹配了相应的活动建议。2001 年版的科学课标，在内容标准上，按领域划分概念类别，再继续划分科学知识内容，对各知识内容进行详细的标准刻画。这样层次清晰的表述，让使用者能够明了各知识点对应的学习内容及其背后更大的概念，便于从整体上把握学科逻辑。但 2001 年版课标在强调学科整体性时，没有体现螺旋上升的理念。2017 年和 2022 年版的课标，在课程内容方面按学段对科学内容进行进一步的划分，体现了螺旋上升的一贯性。同时，2017 年版课标将科学探究和情感态度价值观还原到课程目标部分进行论述，将物质科学、生命科学、地球与宇宙科学三大领域作为课程内容，并新增技术与工程领域，四大领域并列为课程内容主体部分，在概念和逻辑上较 2001 年的课标更容易理解和把握。2022 年课标淡化了学科领域，而是从大概念的角度将所有科学概念和学习内容归纳为 13 个核心概念，从核心概念的角度分学段描述内容标准，理念上和实施上更容易把握。再加上 2017 年版课标在内容标准后新加了“活动建议”，2022 年版课标在内容标准后加了“学业要求”“教学提示”，对具体内容标准要达到的程度和如何达到作了越来越详细的指导。（详见附录 2 和附录 3）

（四）实施建议的变化

从 21 个版本的课标结构统计表可以看出，课程实施建议部分越来越丰富和具体。从最初没有对课程实施作出明确要求，到 1923 年开始对教学提出 2 条“方法”指导意见；1929 年扩增到 16 条“教学方法要点”；1932—1936 年提出“教学要点”13 条；1942 年将“教学要点”归纳为教材方面 3 条，教学方法方面 6 条，教具方面 4 条，对教材、教学和教具进行了区分；1950 年的课标，在“教学要点”部分包括教材编选要点 7 条，教学方法要点 15 条，教学设备要点 7 条；1956—1986 年的课标中，又将课程实施方面的要求作为教学要点笼统介绍教学要求；直至1988年以后，课标才明确地将教材编写要求单列，与教学要点同为课程实施建议的一部分。2001年以后，课标将课程实施作为与目标和内容并列的一部分，而不是教学与目标和内容并列。课程实施建议不仅包括了教学建议和教材编写建议，还包括评价建议、课程资源开发与利用的建议，甚至2022年版课标还将教学研究和教师培训也作为与教学、教材、评价、资源并列的课程实施的一部分给予指导。可见，课程实施建议部分的内容越来越丰富，且越来越条分缕析。

四、研究启示与展望

纵观一百多年的课程标准，我们已经取得了很多经验，但也应看到，课标还在不断地改进，还有不少可以完善的地方，需要我们进行更多更深入的研究。

（一）明确课标定位和基本概念，让课标各部分内容各司其职

自20世纪90年代以来，基于标准的科学教育改革已成为一种全球现象，它试图使内容标准、评价、教科书、课堂教学等各种教育要素保持一致。[1]课程标准作为一种政策性工具，通常被认为是用于阐明某一学科的愿景或框架，指定学生在学校应获得的知识和技能等[2]，教科书的编写、考试评价和教师的教学都应以课标为依据。我国2022年版义务教育课程标准中，统一的前言部分明确指出，“义务教育课程规定了教育目标、教育内容和教学基本要求，体现国家意志，在立德树人中发挥着关键作用”，“体现正确价值观、必备品格和关键能力的培养要求”，“为教材编写、教学实施和考试评价等提供依据”，“不仅明确了‘为什

[1] Porter, A. C., Smithson, J., Blank, R., & Zeidner, T.. Alignment as a teacher variable. Applied Measurement in Education, 2007, 20(1), 27–51.

[2] Yu, J., Li, C., & Li, G.. Alignment between biology curriculum standards and five textbook editions: a content analysis. International Journal of Science Education, 2022, 44(14), 1–20.

么教’‘教什么’‘教到什么程度’，而且强化了‘怎么教’的具体指导”。可见，当前对课程标准的定位取得了比较一致的看法，即课程标准要使课程的教育目标、教育内容、相关教育要素等课程愿景或框架，与评价、教科书和教学等保持一致。因此，课标必然要包括课程目标、课程内容、课程实施要素等多个主体部分，同时，为了确保课标、教材、评价、教学等保持一致，还需要对影响这些过程和环节的要素进行规定和指导。正如研究者建议的那样，教育政策或课程改革要明确设计改革要素，对核心的政策主题进行清晰而有力的阐述。[1]

明确课标定位后，还需要对各个部分进行概念化，如什么是目标，什么是内容标准，实施建议应包括哪些。范内瓦·布什（Vannevar Bush）在《科学：无尽的前言》一书中指出：“基础研究会带来新知识，是所有实际知识应用的源头活水，一切新产品、新工艺、新技术，都建立于新的科学原理和科学概念之上。”[2]只有对课标中这些主要部分的重要概念进行研究，才能更好地实现课标的定位和作用。因为概念通向理论，是基础研究的基石、学科发展的动力源泉，它潜藏了前提假设，体现了思维方式，包含了多元复杂的关系等。[3]“概念如同地图，指引我们穿过令人迷惑、盘根错节和复杂多变的理论与实践”[4]，只有概念清晰，才能让课标的各个部分各司其职，用最精简的描述让教师明确为什么教、教什么、怎么教、教到什么程度，快速把握基于标准的教、学、评一体化。

---

[1] Ryder, J., Lidar, M., Lundqvist, E., & Östman, L.. Expressions of agency within complex policy structures: science teachers’ experiences of education policy reforms in Sweden. International Journal of Science Education, 2018, 40(5), 538–563.

[2] 转引自李政涛：《概念研究为什么重要？——构筑教育学建设与发展的概念基石》，《华东师范大学学报（教育科学版）》2024年第8期。

[3] 同上。

[4] 同上。

（二）多方协同制定标准，让内容标准简而精

当我们纵观一百多年来的科学课程标准时，会发现内容标准逐渐精细，不断演变。但究竟这些内容是如何制定的？课程标准中也只有类似“基于核心素养发展要求，遴选重要观念、主题内容和基础知识，设计课程内容，增强内容与育人目标的联系，优化内容组织形式”（2022 年版）这样的寥寥数语。

仔细研究课标演变过程，就会生出很多疑问来。譬如 2001 年到 2022 年的内容标准中主要概念、核心概念是如何遴选出来的呢？为什么每一个版本的课标对这些重要概念的表述都不一致？是否每个版本的课标中内容标准都会发生变动？（详见附录 4）

在赫希（E.D.Hirsch）的核心知识理论和杨、穆勒的强大知识理论的影响下，很多国家的课程标准都以“每个儿童和年轻人在其受教育的每个阶段都应获得的核心学科知识”为中心，构建了一整套以核心基本知识为主体的内容标准。[1] 为了让学生都能获得强大的知识，国家课程需要在课标中描述这些核心的知识，以及一些科技进步和发展的里程碑。然而，赫希的核心知识理论将学校科目简化为“我们都需要知道的事情”，它提倡一种基于“不变的事实准则”的教育愿景，即便知识生产的速度越来越快。

杨和穆勒将学科知识与从日常经验中获得的常识性知识进行了区分，认为学科知识之所以强大，是因为它的专业化、与情境无关和系统原则化，学科知识必须考虑学习者的年龄、发展阶段和他们带到学校的知识，自然科学知识累积而渐进地发展，早期的表述为后来的表述所取代。[2] 因此，课标的内容标准涉及分析什么是强大的知识，根据学生的

[1] Deng, Z.. Powerful knowledge, educational potential and knowledge-rich curriculum: pushing the boundaries. Journal of Curriculum Studies, 2022, 54(5), 599–617.

[2] Young, M., & Muller, J.. On the powers of powerful knowledge. Review of Education, 2013, 1(3), 229–250.

基础和发展阶段对知识进行遴选和组织，并与时俱进。学校科目的构建需要根据课程目标来选择学习内容，并要以能在课堂上实现课程目标的方式来组织内容。[1]内容选择和组织对于课标的制定至关重要，通常由政策制定者、课程专家、教育部的学科专家等科学教育利益相关者，根据一定的理论化内容的方式进行选择和组织，思考内容是什么，内容有什么潜力以及如何在课堂上释放潜力以培养人的能力。参与者只有通过进入、参与和利用改革进程，才能参与核心课程文件，为制定基础教育所需指导方针进行共同对话和努力。[2]

在一些国家，课程内容的国家规范很少发生变化，因此教科书有时间通过多个版本慢慢迭代发展出更优的顺序和资源，任何变化都是渐进的和经过深思熟虑的，但可能也并没有足够的实证研究支撑。如号称以实证研究为基础的美国《K–12 科学教育框架》及《下一代科学标准》，进行了大范围的询证咨询，涉及 K–12 教育工作者、高等教育教师、各州科学监督员、执业科学家和工程师、研究人员等，在各年级、高等教育、各学科、英语语言学习者、特殊教育、资优教育、职业技术教育、教育督导、实践科学和工程师方面具有重要经验，可能影响的利益相关者。[3]在如何选择和组织内容方面，以地球科学领域为例，其框架精选并审查了地球、大气、海洋和气候科学领域的大概念。[4]其精选和组织是依据已有研究如“地球科学素养原则”这样一份概述了公民应该了解的地球科学知识的简明扼要的文件。它基于当前研究，并得到主要政府、

[1] Deng, Z.. Powerful knowledge, educational potential and knowledge-rich curriculum: pushing the boundaries. Journal of Curriculum Studies, 2022, 54(5), 599–617.

[2] Salonen-Hakomäki, S. M., & Soini, T.. Participation in national curriculum reform - coherence from complexity. Journal of Curriculum Studies, 2023, 55(5), 527–544.

[3] Pruitt, Stephen L... The Next Generation Science Standards: The Features and Challenges. Journal of Science Teacher Education, 2014, 25(2), 145–156.

[4] Wysession, Michael E... The Next Generation Science Standards: A potential revolution for geoscience education. Earth's Future, 2014, 2(5), 299–302.

行业和地球科学学术组织的认可，具有较广泛的代表性。[1]在《K-12科学教育框架》中，可以看到在每个框架后会附有相应的参考文献，读者如对框架是如何提出的有疑问，可以通过参考文献追溯到研究基础。

实证研究是课标证据充分、规划合理的重要保障，而课标内容涉及科学教育的方方面面，需要所有的科学教育利益相关者共同努力，提供实证研究基础。在内容标准方面，需要各个科学学术共同体与教育者鼎力合作，制定出既符合学术界和国家发展需求的学科领域核心概念体系，又符合学生发展规律和未来美好生活所需的精简核心概念。在一定程度上保持累积和渐进的发展，便于教材和教师教学稳定持续发展的同时，也留有一定的空间根据时代发展来增减内容。

（三）加强学生学习研究，让内容标准更适应个人、社会与未来需要

任何课程及其资源的设计都要考虑的一个重要因素就是连贯性。所谓连贯性，就是科学知识、技能和思想等对学习者而言是相互联系的。以连贯和合乎逻辑的顺序对课程及其资源进行排序，这对层次结构鲜明的学科尤为重要。[2]这样做可以减少学习者的认知负荷，确保在学习并理解一个阶段的内容后再进入下一阶段的内容学习，让学生获得更深层次的理解。

从我国一百多年的科学课标可以看出，不管是按学期、学年还是学段制定内容标准，课标制定者都考虑过知识与学生发展阶段的匹配度、知识的学科逻辑和先后顺序。但也能看出，在不断调整内容和顺序的过

---

[1] Wysession, M. E., LaDue, N., Budd, D. A., Campbell, K., Conklin, M., Kappel, E., … Tuddenham, P.. Developing and Applying a Set of Earth Science Literacy Principles. Journal of Geoscience Education, 2012, 60(2), 95–99.

[2] Foster, C., Francome, T., Hewitt, D., & Shore, C.. Principles for the design of a fully-resourced, coherent, research-informed school mathematics curriculum. Journal of Curriculum Studies, 2021, 53(5), 621–641.

程中，大多是依赖于经验丰富的教师或制定者寻找或创建适合的资源，将其整合到内容标准中。也就是说，这是一种基于工艺的（Craft-based）而不是基于研究的（Research-based）编制模式[1]，没有提供明确的科学教育研究或教育设计文献。尤其是早期的课标，主要是“拟定草稿——收集评论——修改——发布”这样的模型，而不是经过系统的课程或课堂实验，在发表之前反复设计和改进的研究编写模式。其重要的原因是基于本土的相关科学教育实证研究还不能满足基于研究的课标编写需求。缺乏严格的研究设计和实证证据，阻碍了教材编写者开发教材、研究者开发课程和教师在课堂上实施符合标准的教学等。[2]

如关于月相的内容，其表述和学段安排在一百多年的历程中有稳定也有变迁（详见附录 2），其制定的依据已不可考。总体上看，关于月相的学习，课标的要求逐年下降。最大可能的原因，一方面是“减负”的要求，另一方面是长期教学月相变化及其成因内容后，一线教师普遍反映月相相关知识对教师和学生来说都较难理解和掌握，故而内容标准中的难度一降再降。那么，月相变化及其成因这一学习内容，究竟有没有必要学习？对学生来说有多难？什么时候学习月相相关内容较好？这些问题似乎还没有本土的实证研究。普拉默使用动觉学习技术和天文馆丰富的视觉环境，对一、二年级的学生开展天文馆课程后发现，小学低年级学生能够对天体视运动进行准确描述。[3]她还开发了一套描述学生对天体视运动的初步想法和逐步提高理解水平达到与科学观点一致的

[1] Foster, C., Francome, T., Hewitt, D., & Shore, C.. Principles for the design of a fully-resourced, coherent, research-informed school mathematics curriculum. Journal of Curriculum Studies, 2012, 53(5), 621–641.

[2] He, P., Krajcik, J., & Schneider, B.. Transforming standards into classrooms for knowledge-in-use: an effective and coherent project-based learning system. Disciplinary and Interdisciplinary Science Education Research, 2023, 5(1), 22.

[3] Plummer, J.D., Early elementary students' development of astronomy concepts in the planetarium. J. Res. Sci. Teach., 2009, 46: 192–209.

水平的学习进阶，回答了儿童如何学习、描述和解释天体运动的问题。[1]她的研究还提出了根据空间推理能力的日益复杂程度来描述月相学习进阶的方法。[2]此外，沙斯特奈使用数字天文馆向 12—14 岁的儿童教授月相，发现六分之五的参与者在课程结束后对月相有了更好的理解。[3]这些研究能在一定程度上反映月相学习的重要性，明确在教学手段和教师准备方面的要求，以及在什么年龄段能够学到什么程度。而国内的月相相关研究还主要是关于如何教学、如何改进教具等关于教的研究，较少关注学生是怎么学的和学的效果怎么样。因此除了教师的教学经验证据外，课标较难根据已有研究对月相变化及其成因的内容标准因何调整作出有力的说明。

我们对课标、课程的研究已经取得了一定的共识，能够对科学课程的价值、意义和目标有清晰的定位，但对于内容如何选择和组织，还缺乏很多的实证研究来支撑。只有科学教育利益相关者联合起来，加强对学生学习的研究，才有望让课标真正满足个人、社会和未来职业的需要。

（四）加强科学课程改革研究，让课标更好地落地实施

课程标准的重新制定在一定程度上意味着新的课程改革，学校和教师要对自上而下不断变化的课程改革作出反应。[4]而课程改革的实施有时可能与改革设计者的意图有很大不同，往往不能随着时间的推移而自

[1] Plummer, J.D. and Krajcik, J., Building a learning progression for celestial motion: Elementary levels from an earth-based perspective. J. Res. Sci. Teach., 2010, 47: 768–787.

[2] Plummer, J. D. Spatial thinking as the dimension of progress in an astronomy learning progression. Studies in Science Education, 2014, 50(1), 1–45.

[3] Chastenay, P. From Geocentrism to Allocentrism: Teaching the Phases of the Moon in a Digital Full-Dome Planetarium. Research in Science Education, 2016, 46(1), 43–77.

[4] deBoer, G. E.. The history of science curriculum reform in the United States. In N. Lederman & S. K. Abell (Eds.), Handbook of research on science education (2014, Vol. II, pp. 559–578). New York: Routledge.

发保持一致。[1]教师是在课堂教学中落实课程改革的关键中介[2]，通常被视为潜在的改革推动者。教师对课程改革目的的信念、对其在课程改革中的作用的认识、教师的专业发展环境、在实践中所作的教学决策、对作业和评价作用的认识等，影响着教师组织课堂和资源，以及教学实践活动等。[3]

课标制定的核心是通过诠释和解析内容的含义和重要性，以释放其教育潜力的过程。教师的基本任务不是将学科知识传授给学生，而是将学科知识作为释放提供教育潜力的工具。教师关心的是如何让内容为学生发展能力开辟丰富的可能性。[4]那么，课程标准中，怎样能够更好地理解课程理念、课程目标、课程内容？怎样能更好地帮助教材编写者和教师理解内容标准？如何释放内容标准的教育潜力达成课程目标？怎样才能依据课标做好评价工作，确保教、学、评一致？还有哪些是确保课程精准落实的影响因素，还需要对哪些要素进行指导？这些问题都有待进一步深入研究。

要制定更具指导性的课标，还需要对影响课程实施的主要因素进行研究。第一，科学教师对科学课程改革的反应取决于他们对新措施意图的理解和他们的参与程度。[5]因此，有必要对课标的修订背景、科学教

---

[1] Kahle, J. B.. Systemic reform: Research, vision, and politics. In S. Abell & N. G. Lederman (Eds.), Handbook of research on science education (2007, pp. 911–942). Mahwah, NJ: Erlbaum.

[2] Spillane, J. P.. External reform initiatives and teachers' efforts to reconstruct their practice: The mediating role of teachers' zones of enactment. Journal of Curriculum Studies, 1999, 31(2), 143–175.

[3] Ryder, J., Lidar, M., Lundqvist, E., & Östman, L.. Expressions of agency within complex policy structures: science teachers' experiences of education policy reforms in Sweden. International Journal of Science Education, 2018, 40(5), 538–563.

[4] Deng, Z.. Powerful knowledge, educational potential and knowledge-rich curriculum: pushing the boundaries. Journal of Curriculum Studies, 2022, 54(5), 599–617.

[5] Lupión-Cobos, T., Hierrezuelo-Osorio, J., Cruz-Lorite, I., & Blanco-López, Á.. Key factors in the reform of competence-based science teaching in Spain. A case study with secondary school teachers involved in a training programme focusing on context-based approach. Research in Science & Technological Education, 2022, 42(2), 315–335.

育研究前沿或共识、新旧观念和教育理念的差别等做出阐述。第二，教师专业发展与教师的课堂实践呈正相关，课堂实践与学生表现有显著关联。[1]然而，课标必须经过教育系统的多个层级，才能真正影响到课堂上的教师和学生，教师可能会参加关于为什么要依据课标进行教学实践的培训，但很少获得关于如何实施改革的详细说明。[2]因此，在课程实施建议部分，确有需要对教师专业发展作出指导，如培训和教研活动等，促进教师进行有效的教学实践。第三，行动研究长期以来一直被提倡，作为教师改进实践和增进对教育状况理解的一种方式。然而，费尔德曼等人对 10 种顶级科学教育期刊中的行动研究进行了综述和分析，发现这些期刊发表行动研究的文章很少，且大部分是由大学研究人员指导和合作的，只有极少数论文是由科学教师撰写或合著的。[3]这也影响着教师对课程改革的参与和落地转化，因此也有必要在课程标准中对教学研究作出一定的指导。第四，为了让课标引领的课程改革在研究界和教育界达成共识，还需要有明确的定义、示例和对比，为教师提供课程研发和教学实践的经验和案例，便于教师深入理解课标的新理念、新做法、新规划等，与以往的改革区分开来。[4] 2001 年的课标以来，附录都会提供一定的案例，有的案例能够很好地示范新的改革理念，有的案例则还需要明确地说明是什么而不是什么；2022 年版的课标对科学课程要

[1] Fischer, Christian; Fishman, Barry; Dede, Chris; Eisenkraft, Arthur; Frumin, Kim; Foster, Brandon; Lawrenz, Frances; Levy, Abigail Jurist; McCoy, Ayana. (2018). Investigating relationships between school context, teacher professional development, teaching practices, and student achievement in response to a nationwide science reform. Teaching and Teacher Education, 72, 107–121.

[2] Tanas, J., & Fulmer, G.. A content analysis of alignment messages to the Next Generation Science Standards. *Disciplinary and Interdisciplinary Science Education Research*, 2023, 5(1), 5.

[3] Feldman, A., Belova, N., Eilks, I., Kapanadze, M., Rauch, F., Mamlok-Naaman, R., & Taşar, M. F. (2024). Science Teacher Action Research in Top Tier Science Education Journals: A Review of the Literature. Journal of Science Teacher Education, 1–27.

[4] Tanas, J., & Fulmer, G.. A content analysis of alignment messages to the Next Generation Science Standards. *Disciplinary and Interdisciplinary Science Education Research*, 2023, 5(1), 5.

培养的学生核心素养是什么进行了详细的说明和目标描述、学段特征介绍等，对核心素养结构和体系进行了较好的定义，在一定程度上统一了研究和教学的话语体系。

在以后的研究中，还应加强对教师如何理解课标语言，如何构建与课标的一致性，以及如何根据课标进行课程、教学、评价的规划等的研究，发展教师对课标的理解、学习和使用能力，促进课程改革成功实施。

第三章

中国科学教育学科建设发展报告

本章从时代背景、发展状况和特点描述三方面梳理了物化生地分科科学教育学科以及综合科学教育学科的发展历程，旨在以历史为鉴，为当前问题求解与未来规划奠定坚实基础。研究通过调查统计高校科学教育专业设置、招生规模及师资状况等数据，全面描绘了学科建设现状，进而针对存在的问题进行深入剖析，明确科学教育的学科定位、理论支撑及实践需求，探讨科学教育供给与一线科学教学需求的契合度。最后，基于历史、理论与现实的多重视角，提出针对性建议与策略，旨在促进中国科学教育学科的高质量发展，为培养具有创新精神与实践能力的科学教育专业人才贡献力量。

青少年科技创新后备人才培养、青少年科学素养提升关键在于拥有一支专业化高素质的科学教育师资队伍。培养这支队伍，关键在于高等院校科学教育学科建设与人才培养，着重提升科学教育专业本科师范生、科学与技术教育硕士，以及科学教育硕士、博士等中小学科学教师后备力量的培养质量。因此，开展科学教育学科建设研究具有重要战略意义。

目前关于我国高等院校科学教育学科建设历程梳理与现状问题分析的相关文献较少，其中关于高校科学教育学科教师队伍建设的研究更鲜见，而高校科学教育学科教师扮演着“育师之师”的角色，承担着培养高水平中小学科学教师的重任，加强高校科学教育学科教师队伍建设是各高校提高科学教育专业人才培养质量的重中之重。全面调研我国科学教育学科建设的相关情况已经势在必行。

一、中国科学教育学科发展历程回顾

（一）中国分科科学教育学科发展历程（物理、化学）

1. 萌芽期阶段（1865—1931 年）

（1）时代背景

清朝末年，英国通过坚船利炮打开中国大门，西方各列强迫使我国签订丧权辱国的不平等条约。为了捍卫国家主权，不少人开始提出要学习西方的科学知识与先进的科学技术以增强国家实力，洋务派、维新派等开办了一些学堂来学习西方的科学知识和技术，化学、物理、生物、地理等学科进入课堂[1]。

（2）发展状况

首先洋务派提出办“洋务”、兴“西学”并陆续开始开办一些学校，1865 年在上海创办的江南制造局并附设机械学堂中开设了我国最早的化学课程，化学开始走进学校教育；1866 年京师同文馆将“格物”列入学校教育内容，从此学校中有了正规的物理教育。随着新式学校建立数量增多，国内对教授各科课程的教师的需求开始增大，1897 年南洋公学师范院在上海开设，这是我国教育史上的第一所师范学校，课程主要包括数学和格致，其中格致以物理、化学为主；1902 年京师大学堂师范馆成立，在第二学年分科学习，共分 4 科，其中第 3 科以数学、物理、化学为主，此外还要学习教育学；1904 年由张謇创办的通州师范学校所设置的课程也主要包括了物理、化学课程。这些师范学校的创立是为了解决高层次教育的先进性与低层次教育的落后性之间的矛盾，培养出了懂得西文西艺人才并将这些知识向其他人进行传授。这一时期教学教法课程也有初步的发展，在 1904 年清政府颁布的《奏定优级师范学堂章程》设置教育学，包括“各科教授法”；1909 年上海商务印书馆出版的

---

[1] 骆炳贤:《物理教育史》，湖南教育出版社，2000 年版。

《各科教授法精义》；1912 年国民政府公布的《师范学校规程》与 1913 年公布的《高等师范学校规程》都规定教育学科包含教授法。而我国学科教学法真正被列入师范教育的课程是在五四运动前后，1919 年北京高等师范学校（前身京师大学堂师范馆）增设了“教授法原理”课程；1922 年新学制颁布各科教学法正式写入《师范学校规程》。[1]

（3）特点描述

这一时期师范学校的建立及课程的安排还有学科教学法在各章程中的确定表明中国已经开始培养物理、化学等学科的教师教资人才，但是对教师培养比较笼统，都是统一学习各类知识，没有单独对物理教师及化学教师进行培养，同样化学教学论的研究也没有引起普遍注意。这一时期我国化学教学论的发展主要表现在两个方面：一个是个别学者以探索化学教学新方法的形式进行了化学教学论重要内容的研究，另一个是个别大学举办各种科学教员暑期讲习会的形式开始我国化学教学论学科的尝试开设。[2]

2. 曲折发展阶段（1932—1948 年）

（1）时代背景

1932 年至 1948 年间，战争和动荡使得很多学校关闭，学生和教师被迫转移，教育资源严重匮乏。因此我国教育事业发展缓慢甚至停滞不前[3]。

（2）发展状况

北京高等师范学校的化学系在 1932 年把“化学教学论”作为一门

[1] 魏壮伟、李玉华:《再论我国化学教学论的学科发展史》,《化学教育》2010 年第 6 期；林长春:《化学课程与教学论学科建设的回顾与反思》,《重庆师范大学学报（自然科学版）》2004 年第 1 期；赵涑沂:《我国物理教学论硕士研究生教育的状况及发展研究》，辽宁师范大学，2009 年。

[2] 魏壮伟、李玉华:《再论我国化学教学论的学科发展史》,《化学教育》2010 年第 6 期；林长春:《化学课程与教学论学科建设的回顾与反思》,《重庆师范大学学报（自然科学版）》2004 年第 1 期。

[3] 范杰:《我国化学教育的发展及其启示》,《人民教育》1983 年第 3 期。

学科正式开设，当时名称为“中等学校化学教材教法”。该学科的正式设立反映了化学教学论在发展化学教育中的重要作用，也标志着化学教学论学科已经适应化学教育发展的需要而初步形成；同年成立的中国化学会和1933年创办的《化学学报》杂志，为化学教学论学科发展提供了较好的外部环境。1933年，我国设立了物理系并设置了“物理教学法”，至此“物理教学法”作为一门独立课程在我国师范院校开设。1939年国民政府教育部颁布的《师范学院分系必修及选修科目施行要点》中规定各系都要开设“分科教材及教法研究”课；1940年《陕甘宁边区师范学校暂行规程（草案）》规定有“教学法”学科，但是在1937年后，随着抗日战争的全面爆发，国内的教育事业受到阻碍，同样化学教学论学科的发展没有什么进展[1]。

（3）特点描述

这一时期化学教学论已经初具雏形，但没有形成系统的理论，再加上社会动荡，其发展止步不前；物理教学法获得了新的进展，但是在新中国成立前夕，我国的中学物理课程教材大都采用欧美的教材，因此中学物理课程教材和教法受西方和日本的影响较大。

3. 探索阶段（1949—1977年）

（1）时代背景

在中华人民共和国成立初期，国家百废待兴，而根据当时我国采取的“一边倒”的政策，各行各业开始全面借鉴和学习苏联的经验和政策，同样在教育领域也是全面学习苏联的教育政策而全盘否定西方教学理论，苏联的教育理论和实践经验相继传到我国，其中由教育学家凯洛夫主编的《教育学》一书在翻译出版后，凯洛夫的教育思想逐渐渗透到

[1] 魏壮伟、李玉华:《再论我国化学教学论的学科发展史》,《化学教育》2010年第6期；林长春:《化学课程与教学论学科建设的回顾与反思》,《重庆师范大学学报（自然科学版）》2004年第1期；赵涞沂:《我国物理教学论硕士研究生教育的状况及发展研究》，辽宁师范大学，2009年。

各学科教学中[1]。

(2)发展状况

在 1952 年教育部颁布了《高等师范学院化学专业教学计划》,要求统一设置“化学教学法”课程,这门课程成为我国高等师范化学教育专业的一门必修课,同年高等师范院校化学系均开设了“中学化学教材法”课程;1954 年颁布了我国《师范学院化学系暂行教学计划》,其中“化学教学法”课程被明确设立;1955 年公布了《师范学院化学系化学教学法试行教学大纲》,在高等师范院校实施,同年出版了由东北师范大学编写的《化学教学法讲义》在本科期间使用;在此期间我国还翻译了几本苏联的中学化学教学法著作。后来,随着中苏关系的恶化,我国学者开始自主探索与构建化学教学论学科内容体系。1957 年第一本高等师范院校教材《化学教学法讲义》在人民出版社出版,系统地介绍了化学教学法的原理、专题研究和实验等内容,初步构建了我国化学教学论的学科体系;各大高等师范院校自己编写了化学教学法教材,同时还有实习活动[2]。

该时期物理教学论的发展历程:在 20 世纪 50 年代初各个师范类院校相继开设了物理教学法课程,使用的教材是苏联物理教学法专家兹那敏斯基的《中学物理教学法》;1954 年北京师范大学物理系编写的《物理教学法》出版,并被中央人民政府高等教育部教材编审委员会审定为高等学校交流讲义,该书序言提到开设物理教学法课程的目的与任务、中学物理课程教学规律及教师的任务。《物理教学法》这部教材在借鉴苏联经验的基础上结合我国具体国情,全面阐述了中学物理教学的基本问题,使我国中学物理教学及教学研究步入正轨。1963 年,教育部颁布《高等师范学校物理系教学计划(草案)》,把“中学物理教学法”改

[1] 魏壮伟、李玉华:《再论我国化学教学论的学科发展史》,《化学教育》2010 年第 6 期。

[2] 林长春:《化学课程与教学论学科建设的回顾与反思》,《重庆师范大学学报(自然科学版)》2004 年第 1 期。

称为“中学物理教材教法”。在“文化大革命”期间，高等师范院校的物理教学法被砍掉，其发展被迫暂停[1]。

（3）特点描述

化学教学论学科的探索阶段分为学习苏联化学教学理论中探索我国化学教学论和我国自主探索与构建两个时期。在前一时期，政策上确定了“化学教学法”的学科地位以促进其在师范院校中的普及；在翻译苏联相关教材和讲义中，初步提出了化学教学法学科所包含的内容、原则、方法等。在后一时期，化学教学法课程一直都是师范院校的必修课程，学科体系基本稳定，课程内容重视“方法”而不够重视“理论”。此外，这一阶段化学课程和教学论注重对教学经验进行总结，化学教学过程及规律研究较少，缺乏理论的探索[2]。

4. 确定阶段（1978—1989年）

（1）时代背景

党的十一届三中全会于1978年召开，会议高度强调了科技与教育在社会主义现代化建设中的重要作用。从此，我国教育事业恢复重建。

（2）发展状况

在这一时期迎来了化学课程与学论学科建设的春天，全国高等师范院校重新开设“中学化学教材教法”课程。1979年中国化学会成立化学教育专业委员会，同年华东师范大学主办的《化学教学》创刊；1980年中国化学会主办的《化学教育》创刊。同时教育部颁布了《中学化学教材教法教学大纲》，高等师范院校中化学教学法的地位得以恢复。1983年全国首届“化学教学法”研讨会在陕西师范大学召开，北京师范大学、东北师范大学以及华东师范大学首次招收“化学教学法”硕士研究生，这标志着化学课程与学论学科的正式确立，开创了我国化学课程与

[1] 赵涑沂：《我国物理教学论硕士研究生教育的状况及发展研究》，辽宁师范大学，2009年。

[2] 林长春：《化学课程与教学论学科建设的回顾与反思》，《重庆师范大学学报（自然科学版）》2004年第1期。

学论科学建设新纪元。在1980年到1989年间，我国出版了多部有关化学教学法的教材，包括《化学教学法》《中学化学教材教法》等，并多次召开了化学教学研讨会、化学教材改革研讨会等。1988年在高等师范院校本科化学专业化学学科基本要求审定会中将“中学化学教学法”“中学化学教材教法”“化学教学法”等学科名称换为“化学教学论”，这一名称的确立反映了该学科是一门边缘学科，是研究化学教学规律的一门学科[1]。

物理教学法的发展在“文化大革命”时期也被迫暂停，直到“文化大革命”结束后，各师范院校恢复并充实了物理教学法的研究并将物理教学法课程作为必修课，各级各类物理教学研究机构成立，使得我国物理教育开始步入新发展。1978年中国物理学会组建了物理教学研究委员会，1981年中国教育学会成立了物理教学研究会（1997年更名为中国教育学会物理教学专业委员会）。他们的相继成立，标志着我国的物理教学研究步入了新的阶段。在这一时期，陆续创办了一些中学物理教学研究的专业性刊物，发表和出版了物理教学理论与实践研究的文章和著作，推动了物理课程教材教法的研究成果的交流与传播。1981年江苏师范学院（今苏州大学）物理系许国梁教授主编的《中学物理教学法》作为高等学校试用教材出版；1984年，北京师范大学物理系阎金铎教授编著的《中学物理教材教法》出版。这些著作和教材总结了我国中学物理教学的历史经验和研究成果。在1980年我国学位制度建立后，重点师范大学开始培养物理教育方向的硕士研究生，其研究方向称为“物理教材教法研究”；1983年，国务院学位委员会在第二届博士、硕士授权点学科评议会议期间决定把“教材教法”改称为“学科教学论”，作为教育学的二级学科，从而使学科教学研究的法定地位得以确立，并在

[1] 林长春:《化学课程与教学论学科建设的回顾与反思》,《重庆师范大学学报（自然科学版）》2004年第1期；魏壮伟、李玉华:《再论我国化学教学论的学科发展史》,《化学教育》2010年第6期。

《教育学授予博士和硕士学位的学科专业目录》中把“科学教育”定为硕士研究生的学位课程，随之“物理教材教法”更名为“科学教育（物理）”，这标志着物理教学论作为一门学科的地位正式被承认。相应著作陆续出版，比如哈尔滨师范学院在1988年出版的由田俊恒教授等编著的《中学物理教学论》[1]。

（3）特点描述

在这一时期，出版的教材、刊物或者发表的文章及召开的会议都表明物理、化学课程与教学论学科在我国正式确立，该阶段的物理、化学课程与教学论学科建设处于经验描述逐渐向理性认识发展的阶段。学科开始重视马克思主义认识论、心理学、教育学等理论的探索，但是该学科体系未形成，理论化程度不高[2]。

5. 深入发展阶段（1990—现在）

（1）时代背景

20世纪90年代，在邓小平南方谈话后以及中国加入世界贸易组织，我国经济持续高速增长并推动经济结构调整和转型升级，经济的繁荣带动了教育领域的发展。此时，我国正处于教育体制改革的初期，学科教学论的研究逐渐受到重视，各学科的教学理论逐渐形成。

（2）发展状况

1990年，刘知新主编的《化学教育学》出版，这是化学教学论学科在本科生培养层次上统一名称后的第一本教材，是化学学科自我构建的最重要的学术著作。1997年，国务院学位办在确立教育学博士学位点和硕士学位点时，把各学科的课程论、教学论都纳入到“课程与教学论”中，从此“化学教学论”更名为“化学课程与教学论”，反映当时课程论与教学论整合的趋势。此外，化学课程与教学论工作者在化学学

[1] 赵涞沂:《我国物理教学论硕士研究生教育的状况及发展研究》，辽宁师范大学，2009年。

[2] 林长春:《化学课程与教学论学科建设的回顾与反思》，《重庆师范大学学报（自然科学版）》2004年第1期。

科领域发表了不少高质量论文，还有的围绕学科建设、中学化学教学实践开展课题研究。2001 年，南京师范大学化学与环境科学学院在全国首次招收该方向的博士研究生，标志着我国化学课程与教学论学科在培养高层次人才方面有了新突破[1]。

1992 年湖南师范大学罗维治教授主编《中学物理教学论》，1993 年北京师范大学阎金铎教授编著《中学物理教学概论》等，这些专著都以研究物理教学过程为主要对象，分别阐述了教学与学习过程的基本特点和规律、学习状态及课内外教育之间的关系、学生学习物理心理研究、最佳物理学习心理结构及学生群体的学习心理特点等。这些研究显然比物理教材教法研究深入了一个层次，并初步回答了我们“为什么”要这样做。1997 年，国务院学位办将“学科教育”更名为“课程与教学论”，从而使物理教学研究由教学领域扩展到课程领域[2]。

（3）特点描述

发展阶段的物理、化学课程与教学论学科建设处于由传统向现代过渡的转型时期，力图构建学科理论体系、拓展理论研究领域，学科人才培养规模扩大，对推动高等师范化学教育与物理教育改革，突出示范性特点起到了重要作用，但是对学科建设与发展的研究重视不够，学科建设水平不高，理论体系不成熟。随着第八次基础教育课程改革和普通高中新课程实施的逐步深入以及教育学、心理学、教学论、课程论等相关学科的快速发展，我国物理、化学教学论的学科内容必将与时俱进，更为系统化、科学化和合理化[3]。

---

[1] 魏壮伟、李玉华:《再论我国化学教学论的学科发展史》,《化学教育》2010 年第 6 期；林长春:《化学课程与教学论学科建设的回顾与反思》,《重庆师范大学学报（自然科学版）》2004 年第 1 期。

[2] 赵涞沂:《我国物理教学论硕士研究生教育的状况及发展研究》，辽宁师范大学，2009 年。

[3] 魏壮伟、李玉华:《再论我国化学教学论的学科发展史》,《化学教育》2010 年第 6 期；林长春:《化学课程与教学论学科建设的回顾与反思》,《重庆师范大学学报（自然科学版）》2004 年第 1 期。

（二）中国分科科学教育学科发展历程（地理、生物）

1. 萌芽期阶段（1865—1948年）

（1）时代背景

清朝末年，英国通过坚船利炮打开中国大门，西方各列强迫使我国签订丧权辱国的不平等条约。为了捍卫国家主权，不少人开始提出要学习西方的科学知识与先进的科学技术以增强国家实力，洋务派、维新派等开办了一些学堂来学习西方的科学知识和技术，化学、物理、生物、地理等学科进入课堂[1]。

（2）发展状况

1862年，京师同文馆在北京成立，被看作是中国近代高等教育的萌芽。京师同文馆算是中国学校中最早开设地理课程的学府。1892年，清朝政府筹办京师大学堂，规定设置舆地课程，这是我国政府正式规定在高等学校设置地理课程的开始。1896年，盛宣怀在上海创办南洋公学。该学堂先后设置师范院、外院（小学堂）、中院（中学堂）、上院（大学堂）四院，各院均设有舆地课。教育部于1912年9月、10月先后颁布了《专门学校令》《大学令》《师范教育令》，1913年颁布《大学规程》《私立大学规程》《高等师范学校规程》，在课程设置中，已经把地理列入规定的教学科目，并且在高等师范学校中规定设立历史地理部：在大学中，把地理学单独列为一门（也就是后来所说的系），包括在文科之中。1943年在华北解放区，由中国共产党建立的华北联合大学教育学院也设置了地理系[2]。

1904年，清政府颁布的《奏定优级师范学堂章程》明文规定，高等师范生物系师范生要学习教育学，其内容包含“生物学教授法”。

[1] 骆炳贤：《物理教育史》，湖南教育出版社，2000年版。

[2] 陈尔寿：《中国学校地理教育史略》，人民教育出版社，2013年版；张佳静：《民国前期大学地理教育研究》，陕西师范大学，2009年。

1913年，国民政府公布的《高等师范学校课程标准》规定，只开设普通"教授法"，不再开设"生物学教授法"。20世纪30年代，师范院校的"生物教学法"又更名为"中学生物教材教法研究"。1946年颁布的《修正师范学院规程》明确规定"生物教材教法研究"是高等师范生物学系专业训练科目，在第四学年学习[1]。

（3）特点描述

这一时期师范学校的建立及课程安排还有学科教学法在各章程中的确定表明中国已经开始培养地理和生物等学科的教师教资人才。

2. 探索阶段（1949—1977年）

（1）时代背景

在中华人民共和国成立初期，国家百废待兴，而根据当时我国采取的"一边倒"的政策，各行各业开始全面借鉴和学习苏联的经验和政策，同样在教育领域也是全面学习苏联的教育政策而全盘否定西方教学理论，苏联的教育理论和实践经验相继传到我国，其中由教育学家凯洛夫主编的《教育学》一书在翻译出版后，凯洛夫的教育思想逐渐渗透到各学科教学中[2]。

（2）发展状况

1952年我国高等教育进行了全国范围的院系调整。地理系分设在综合大学与师范学院（或师范大学）的理科。前者以培养建设人才为主，后者以培养中学师资为主。从1949年到1958年，除西藏、宁夏、江西等少数省区外，其他省区市的高等师范院校均纷纷成立地理系，总数约30所。还有不少省市的教育学院设立有地理科（系）或培训班。1958年实施的"教育革命"，将中学地理课程大量削减，取消了初中"自然地理"和高中"经济地理"课程。高中不再设地理课。高等师范地理系本科毕业生难以分配工作，再也无法招生。有些高等师范地理

[1] 燕艳、张祥沛、徐宜兰:《生物学教学论（第三版）》，科学出版社，2019年版。

[2] 赵涑沂:《我国物理教学论硕士研究生教育的状况及发展研究》，辽宁师范大学，2009年。

系，如青海、广西、广州、武汉等师院地理系纷纷下马。有的院校的地理系分别与历史、生物、数学、外语等系合并，改变了培养目标。1966年开始，福建、浙江师院等地理系又一度被取消，多所师范院校的地理系一度与生物系或历史系合并[1]。

中华人民共和国成立后，《师范学校教学计划》中一度规定开设“生物学教学法”，并聘请苏联专家讲学，在上海华东师范大学举办“生物学教学法”教师进修班，为“生物学教学法”课程在我国的兴起发挥了重要作用。这一时期，教学理论和教学方法的研究，主要是通过翻译苏联的教学书刊和举办来华苏联教育专家、生物学专家的讲学活动，这对生物学教学产生了一定的积极影响。但到1957年，在修订高等师范院校教学计划时，“生物学教学法”又被改为“生物学教材教法”。这一时期，由于各种原因，这门学科长期不受重视。“文化大革命”期间中学生物学课程曾一度被取消，代之以农业生产知识，高等师范院校的“生物学教材教法”也在教学计划中被取消[2]。

（3）特点描述

这一时期的地理和生物师范专业的发展都经历了由逐渐兴起到受到冲击的过程。各省区市的高等师范院校纷纷成立地理系，地理专业迅速发展。后因受时代冲击，地理专业招收人数不断缩减，走向没落。“生物教学法”在这一阶段的前期得到积极推进，同样由于受时代冲击，“生物学教材教法”在教学计划中被取消，走向了没落。

3. 确定阶段（1978—1999年）

（1）时代背景

党的十一届三中全会于1978年召开，会议高度强调了科技与教育在社会主义现代化建设中的重要作用。从此，我国教育事业恢复重建。

❶ 陈尔寿:《中国学校地理教育史略》，人民教育出版社，2013年版。

❷ 燕艳、张祥沛、徐宜兰:《生物学教学论（第三版）》，科学出版社，2019年版。

（2）发展情况

这一时期学校地理教育逐步恢复正常秩序，地理也被列入高考科目。为了培养中学新师资，提高质量，停办多年的高等师范院校地理系又都恢复起来，西藏、徐州、曲阜等地还建立了新的科系。为了应对高中毕业生填写地理专业的第一志愿比例低的情形，我国大学地理系要么纷纷改名，要么调整地理学专业名称。据不完全统计，2003 年全国 106 所招收本科地理专业学生的高校，由“地理系”调整为其他名称的达到 80% 以上；在教育部直属的 70 所高校中，至 2003 年无一所设置建制性的“地理系”，几乎全部调整为资源环境学院（系）、城市与资源学院（系）、资源环境与旅游学院（系）等名称[1]。地理教学论发展方面：20 世纪 70 年代末至 80 年代，随着教育的振兴，地理教育事业进入一个新的发展时期，地理教学法的研究也日趋繁荣。1980 年教育部颁布了《高等师范院校中学地理教学法教学大纲》。以此为依据，编辑出版的地理教学法教材多达十几种[2]。1980 年，华东师范大学率先招收了第一个地理教育硕士研究生[3]。

生物学课程在停课若干年后重新开设。由于业务已生疏，加之教材内容偏深，不少生物学教师难以驾驭教材。于是，教育主管部门大力组织教师的在职培训，“生物学教学法”又重新引起人们的重视，“生物学教学法”课程又被重新列入高等师范院校的生物学专业教学计划。1980 年，我国出台《高等师范院校中学生物学教材教法教学大纲》。1982 年，人民教育出版社出版由赵锡鑫、张国柱编写的《中学生物学教学法》一书。当时书中仍然存在不少问题，主要表现在三个方面：一是学科名称不一；二是学科属性不确定；三是理论基础薄弱，它的研究任务有所扩大，但只限于帮助师范生了解和熟悉现行中学生物学教材，熟悉基本教

[1] 史培军、宋长青、葛道凯等：《中国地理教育：继承与创新》，《地理学报》2003 年第 1 期。
[2] 李家清：《新理念地理教学论（第二版）》，北京大学出版社，2013 年版。
[3] 陈尔寿：《中国学校地理教育史略》，人民教育出版社，2013 年版。

学方法，未能从一般经验上升为系统的理论，也未能充分地综合运用现代教育学、心理学等科学成果对生物学的教育原理、规律和方法进行全面而深入的科学总结[1]。

（3）特点描述

这一阶段的地理专业通过调整专业名称和改名地理系来扩大招生人数，地理教学法的研究逐渐完善，成果丰富，并且开启了高层次研究人才的培养。生物学教学法又开始受到重视，研究内容逐渐丰富，但仍有诸多不足。

4. 发展阶段（2000—现在）

（1）时代背景

21世纪初的中国，正处在社会、政治、经济、文化全面、深刻、急剧变革的转型时期。政治层面，正经历着向中央统一领导下充分发挥和尊重地方自主权的方向转变；经济层面，正经历着向市场经济、知识经济的转变；文化层面，正经历着向多元、开放的文化思想体系的转变。社会的转型必然要求教育顺应和适应这种转型，以充分发挥教育在社会转型中的积极推动作用，教育的转型应以高等师范教育的转型为基础[2]。

（2）发展情况

2001年我国第八次基础教育课程改革以"为了中华民族的复兴，为了每位学生的发展"为核心理念，要求"改变课程过于注重知识传授的倾向"，要引导学生学会学习、学会生存、学会做人。基础地理教育课程改革，给"地理教学论"提出了许多新的研究命题。白文新、袁书琪主编的《地理教学论》（陕西师范大学出版社，2003），林宪生主编的《地理教学论》（中国科学文化出版社，2003），王民主编的《地理新课

[1] 燕艳、张祥沛、徐宜兰：《生物学教学论（第三版）》，科学出版社，2019年版。
[2] 李忠康：《论二十一世纪初中国高等师范教育的转型》，《山西师大学报（社会科学版）》2002年第1期。

程教学论》（高等教育出版社，2003），胡良民等编著的《地理教学论》，（科学出版社，2005），陈澄主编的《新编地理教学论》（华东师范大学教育出版社，2006）等相继出版，这些著作既涉及基础教育地理新课程的理念和内容，也解读了经典地理教学理论、传承成熟地理教学实践经验。我国当代“地理教学论”研究步入一个新的发展时期[1]。

在同一时期，生物学教学研究人员吸收和运用现代教学论、课程论、德育论、教育心理学、学习理论的先进理论与实践成果，丰富了生物学教学理论，扩展了生物学教学论的研究范围，还出版了多部教材和专著，学科体系基本建立起来[2]。

（3）特点描述

这一阶段的地理教学论发展迅速，成果丰富，生物学教学论的内容也逐渐丰富，学科体系逐渐建立起来。

（三）综合性科学教育学发展历程

1. 改革试验阶段（1970—2000年）

（1）时代背景

1957年10月，苏联成功发射人类第一颗人造地球卫星，以美国为代表的发达国家开始意识到科学技术对于国家发展的重要性。20世纪50年代末到60年代初，美国拉开大规模的现代化科学教育改革，并迅速完成了师范教育从师范学院向综合大学的过渡。20世纪80年代，美国启动“2061”计划，开始实施基础教育科学课程改革，这一轮课程改革明确了科学教育的目标是培养学生的科学素养，以建构主义认识论为基础，重视发展综合性学科。“2061”计划开启了美国科学教育改革的大门，世界科学教育改革产生了意义深远的影响。日本提出“科学教育创造立国”政策，凸显了日本坚持大众化科学教育的优势。英国也颁布

[1] 李家清:《新理念地理教学论（第二版）》，北京大学出版社，2013年版。

[2] 燕艳、张祥沛、徐宜兰:《生物学教学论（第三版）》，科学出版社，2019年版。

了各种法令和标准来保证全体学生在义务教育阶段逐年全面地接受科学教育，建立各种制度来构建专业结构合理的科学教师队伍。

在我国，1994 年，中共中央、国务院批准成立了科普工作联席会议；1999 年启动新一轮的基础教育课程改革工作，召开了全国科普工作会议，中国科协提出了“全民科学素质行动计划”建议，旨在 2049 年中华人民共和国成立 100 周年之际实现 18 周岁以上的公民均具备基本科学素质的远景目标；2000 年，科学技术部、教育部、中宣部、中国科协、共青团中央联合颁发了《2001—2005 年青少年科学技术普及活动纲要》。科普活动的广泛开展需要科学教师的培养，需要科学教育专业的建立[1]。

（2）发展状况

随着世界各国科学教育的发展以及我国基础教育课程改革的不断深入，综合科学课程教师的培养逐渐成为人们关注的热点。我国从 20 世纪 70 年代中后期开始实施综合科学课程的改革试验。80 年代末，在我国浙江省和上海市等基础教育发达地区，开展了将义务教育阶段的理科分科课程合并为综合课程的改革。进入 90 年代后，这项改革相继在其他省份和地区深化发展。为此，湖南怀化师专在我国历史上第一次设置了专门为基础教育科学领域培养师资的综合理科专科专业。怀化师专 1997 年开始试招三年“综合文科”“综合理科”，为初中综合课程培养师资。2000 年，长春师范学院创建了综合理科本科师资的培养试点[2]。

（3）特征描述

①开始了培养综合性科学教育人才的初步探索

怀化师专和长春师院的“综合理科”专业培养目标是培养综合课程的师资队伍，实质上是开启了综合性的科学教育人才培养的探索。怀化师专综合专业的培养目标是“一个胜任，两个适应”，即：综合理科

[1] 李波：《科学教育专业课程设置的理论与实践研究》，四川师范大学，2005 年。

[2] 同上。

教育专业培养的学生既能胜任自然科学等综合课程的教学，又能适应初中物理、化学、生物等分科课程的教学，还能适应乡镇经济、文化和社会发展的需要[1]。长春师院以自然科学、人文科学、社会科学的本质为主线，以科学与人文的融合和统一为旨归，充分体现“科学—技术—社会—环境”的整体性，为社会培养“厚基础、宽专业、素质高、能力强、具有创新精神的科学教育人才”[2]。

②综合理科课程体系结构完整，教学内容丰富

怀化师专和长春师院的课程结构体系不仅包含了各分科科学知识的学习，还包含了活动课程、教育教学实践课程等，注重学生全方面的发展。怀化师专的课程结构体系由公共课程、教育课程、学科课程、特设课程、实践课程和活动课程六大模块组成。综合理科专业课程涵盖了物理学、化学、生物学三个专业，涉及数学、地球学、气象学、天文学、教育学等学科的主要教学内容，并且增加了反映学科间的知识交叉和渗透的教学内容，较好地体现了学科和课程的科学性、综合性等特点[3]。长春师院科学教育的教学活动分为两个阶段，即前两年侧重对自然科学基础领域中的物理学、化学、生命科学与地学的学习，以达到对科学的总体认识；从第五学期开始，根据学生个性发展的要求，自主选择自然科学分领域的学习与研究，并在包括科学教学论在内的教育类课程的指导下，进行有效的教育见习和教育实习，提高学生的职业技能。除此之外还设计了活动课程、人文科学概论和社会科学概论课程，注重学生的全面发展。

③教学环节注重实践应用

[1] 王树槐、覃声清、游振华:《为基础教育的发展提供新动力——怀化师专设置“综合专业”改革课程体系纪实》,《湖南教育》2001年第4期。

[2]《锐意进取　改革创新　长春师范学院科学教育专业简介》,《长春师范学院学报》2012年第31期。

[3] 王树槐、覃声清、游振华:《为基础教育的发展提供新动力——怀化师专设置“综合专业”改革课程体系纪实》,《湖南教育》2001年第4期。

怀化师专特别注意强化实践教学环节，通过实验教学、社会调查、科技服务等形式，让学生感受、理解知识产生和发展的过程，培养学生的科学精神、创新思维习惯和收集处理信息的能力、获取新知识的能力、分析和解决问题的能力等。比如为了培养学生更强的动手能力，综合理科专业的实验室随时向学生开放。学生只要有兴趣，就可以进入实验室[1]。长春师院在教学方式上，也比较注重实际应用。既抓主要因素，建立理想模型，又注意各种因素的综合作用，激发学生的探究精神，培养理论联系实际的作风。按基础、综合、设计三类来安排实验教学，以提高学生发现问题、分析问题、解决问题的能力。

2. 确立发展阶段（2001—2008 年）

（1）时代背景

2001 年 6 月教育部颁发的《基础教育课程改革纲要（试行）》中明确规定了新一轮基础教育课程结构中，在小学高年级和初中阶段开设科学综合课程，并启动新课程的实验工作，将于 2005 年秋季在全国中小学开设科学课程。2002 年 6 月颁布的《中华人民共和国科学技术普及法》指出："要全面提高公众的科学素养，对广大青少年进行科学技术普及教育。"这一法律的颁布体现了党和国家对科普工作的重视，标志着我国的科普工作走上了法治化的轨道，从此我国科普事业进入一个新的发展阶段。2002 年 7 月，中国科协宣布"全民科学素质行动计划"正式启动。2006 年，国务院颁布了《全民科学素质行动计划纲要（2006—2010—2020 年）》，旨在全面推动我国公民科学素质建设，通过科学技术的教育、传播与普及，尽快使全民科学素质在整体上有大幅度的提高，实现到 21 世纪中叶我国成年公民具备基本科学素质的长远目标。科学课程、科普活动的开展以及公民科学素质的提升离不开科学教师的重要作用，而建设高水平的科学教师师资队伍更是需要科学教育专业的

[1] 王树槐、覃声清、游振华：《为基础教育的发展提供新动力——怀化师专设置"综合专业"改革课程体系纪实》，《湖南教育》2001 年第 4 期。

建立。

（2）发展状况

2001 年，教育部正式批准重庆师范学院建立全国第一个以“科学教育”为名的本科专业。2002 年，国内首批科学教育专业本科师范生开始招生，毕业生授予理学学士。2001—2003 年科学教育专业经历了一个迅速增长期，2003 年达到一个顶峰，仅一年时间，就有 20 多所学校增设科学教育专业[1]。2003 年以后，新增设科学教育专业的高校数量呈递减趋势，但总体上还是有高校新增设科学教育专业。2001—2008 年，各个高校高度重视科学教育专业，一直处于迅猛发展时期，截至 2008 年，据不完全统计，全国共有 60 余所高校开设了科学教育本科专业。

（3）特征描述

①各高校科学教育专业多维度、多视角的培养目标

各高校科学教育专业培养目标多维度、多视角的现象比较突出，各自的侧重点不同。有的培养目标落脚点在于人才培养的规格上，通过一系列课程的教学和技能训练，培养宽口径、厚基础、强能力、高素质的一专多能、全面发展的高级应用型、复合型专门人才。有的落脚点在于就业去向上，分为单一型和多元型两类。单一型是指就业面向中小学校能胜任综合、分科课程教学以及适应地方经济建设和社会发展的复合型初中综合理科教师。多元型是指既能胜任学校学科教学工作，也能在厂矿企业、科研院所从事技术工作，能够适应 21 世纪社会主义经济建设和社会发展的高素质复合型人才。有的落脚点在于教师应有的素养上，认为未来的科学课程教师，必须在学科的理论研究和实践探索上有一定的造诣，富有勇于探索的科学精神和诚实的态度，具备指导科学探究以及掌握现代教育教学方法的教育素养等[2]。

---

❶ 王康友、李秀菊:《中国科学教育发展报告（2017 年版）》，社会科学文献出版社，2017 年版。

❷ 李中国:《科学课教师培养现状概述》，《中国教师》2008 年第 10 期。

②缺乏统一的国家专业规范，各高校课程设置各不相同

根据教育部颁布的本科专业目录，科学教育在学科门类上属于教育学，一些高校的科学教育专业设置在教育学院，毕业生授予教育学学士学位。由于科学课程是物理、化学、生物、地理等分科性课程的有机结合，因此一些高校将科学教育专业设置在物理、化学、生物等院系中，毕业生授予理学学士学位。由于高校的师资与教育资源存在差异，它们所开设的科学教育专业在课程设置上也存在一定的差异。主要分为强调自然科学类课程的科学型课程体系和强调教育类课程的教育型课程体系。比如，重庆师范大学的科学教育专业课程结构中，教育类课程的学分占比较少，自然科学类课程（物理、化学、生物、地理等）的内容是教育类课程的两倍以上，属于科学型课程体系。而孝感学院教育类专业（教育原理、课程与教学论、班级管理与德育论等）的课程占有较大的比例，它的课程设置是一种典型的教育型课程体系。虽然各大高校课程设置不尽相同，但是总的来说都可以归结为公共基础课程、学科专业课程、教育专业课程和教育实践课程四大类别。

③各高校科学教育专业多类型的培养模式

各高校对于科学教育教师培养模式的研究主要集中在“整合型”“主辅型”以及“拼盘型”等三种类型上。“整合型”模式也称为“融合式”模式，是指围绕一个培养目标或统一的培养原则，通过同一学科体系内部或某些跨学科的联合课程，或者专题型的教学而实现的培养模式。这一模式仍以学科为支撑，培养课程中所涉及的学科，不分主次，但也不是平均拼合。强调对相关学科的整合与联系，淡化学科间的界限；强调知识运用的广度，降低各学科的难度与深度；强调对学习过程与方法的应用体验，弱化各学科知识点的识记掌握。“主辅型”培养模式是把综合课中的相关学科分为主要学科与辅助学科。主要学科的学科知识学习相对完整系统，辅助学科学习则是由主要学科延伸出来的、经过选择的相关学科知识。“拼盘型”培养模式也称为“菜单型”模式。该模式是

通过专业的整合，把相邻专业的课程合理搭配、协调拼盘而成的一种课程方案；是在复合型人才培养目标的指导下，将相关的可融合性学科进行拼接联合，调整知识体系结构，以形成一种新型知识门类，再进行培养的模式。除此之外，太原师范学院还提出了“5+3”的人才培养模式。前五学期学习公共必修课和自然科学的基础课程，进行通才教育；学习人文社科类选修课程，进行通识教育；学习跨学科课程，进行跨学科的综合教育。后三学期通过学生自愿选择物理、化学、生物三个不同专业方向的课程组，以加深某一专业方向领域的知识，使学生在前五个学期“通才通识教育”的基础上进行“术业有专攻”的专长教育[1]。

3. 发展停滞阶段（2009—2015 年）

（1）时代背景

2001 年新一轮基础教育课程改革启动以后，按教育部的设想：不仅小学要开设科学课，而且各省市还可以根据自身的实际情况，在初中开设综合科学课程。但是，尽管我国小学科学课程普遍开设，理论上专业化的科学教师需求非常大，但因该课程不受重视，实际需求较少。2004 年 9 月，湖北省武汉市在全市初中一年级开设科学课。2009 年 1 月 4 日，武汉市正式下发文件叫停科学课，回归“分科”教学。从 2009 年起，初中科学课变为综合实践活动课。而以前被合并入科学课的地理、生物、物理和化学，重新回到课程表上，进行分科教学。广东省深圳市于 2001 年开始在南山区试点开设科学课，2002 年起推广到原特区内所有初中，2003 年在全市铺开，质疑声始终不绝于耳。而其他省份，在初中阶段都以分科的方式进行科学课教学。这一情况也影响了高校科学教育专业的开设[2]。

[1] 李中国：《科学课教师培养现状概述》，《中国教师》2008 年第 10 期。

[2] 王康友、李秀菊：《中国科学教育发展报告（2017 年版）》，社会科学文献出版社，2017 年版。

（2）发展状况

2009 年之前，科学教育专业发展迅速，高校对科学教育专业的重视度较高，但是到 2009 年之后，科学教育专业不仅没有新增，反而出现了被撤销的现象，部分院校科学教育专业开始被教育部撤销，有的学校无法招生也选择了主动撤销科学教育专业。之后的几年里，科学教育专业的发展不受重视，停滞不前。据不完全统计，截至 2015 年，全国共有 70 多所高校开设了科学教育本科专业，其中教育部撤销了华中师范大学汉口分校、重庆文理学院、淮南师范学院、黄冈师范学院、陕西师范大学、湖北第二师范学院和青海师范大学等多所高校的科学教育专业[1]。

（3）特征描述

①科学教育专业性质定位不明确，无统一标准

在已批准设立科学教育专业的高校中，在学位授予上有教育学和理学两种学士学位，授予理学学位的学校与授予教育学学位的学校所占比例相差无几。2007 年长春师范大学和 2008 年东南大学将自己的科学教育专业由以前的教育学学士学位调整为理学学士学位，由此能够看出学校对科学教育的界定发生了明显的变化。尽管理学学位和教育学学位本身都是学位的一种，但是这种变化体现了设置学校对科学教育是偏科学还是偏教育的思考。通过调查发现，各个院校科学教育专业的开设学院既有文科性质也有理科性质，差别显著。在各高校中，大多把科学教育专业设置在化学化工学院、物理学院和教育学院三类，前面两个学院主要以自然科学为主，后面一个主要以教育学为主。除了这三个类型的学院，还有高校将其设置在生命科学学院、数理学院、科学技术学院等不同的学院之中。既有化学、物理这样的理科学院，也有教育系、教师教育学院这种教育类学院，但是没有专门的科学教育系。这在某种程度上

[1] 王康友、李秀菊:《中国科学教育发展报告（2017 年版）》，社会科学文献出版社，2017 年版。

说明，某些高校在创办科学教育专业时思路不够清晰，国家也缺乏统一的科学教育专业性质规定，导致各高校都是凭借自己的理解办学[1]。

②重视实验课程的建设，但发展还不成熟

随着科学教育专业学科的发展，实验课程在高校受重视的程度也在不断提高。很多院校基本都开设了如基础化学实验、物理学基础实验和基础生物学实验等必修实验课程。除了必修的实验课程之外，不同院校还根据自身办学条件与培养模式，设置了不同方向的实验选修课程。实验课程所占的学时、学分比例在逐渐增大，其重要性得到多数科学教育专业教师与学生的认可。但是关于实验课程的开设也还存在一些问题，我国高师院校在实验课程的开设上仍然沿用传统的教学理念，在学时、学分上与发达国家还存在很大的差距。开设的实验课程受开设学院的影响显著，一般都偏重本学院相关科目，而不同学院在不同方向实验课程开设的数量上有较大差异，如地理、综合类实验课程的开设较少。选做实验、综合性实验、探究性实验及开放自主性实验明显开设不足，使得实验课程教学理念在实际教学中得不到体现，多数实验课仍是理论课程的附属，在整个课程所占地位不高。多数院校的实验室以院系、学科制作为标准，划分较细，设备重复，导致很多实验室的使用率不高，不同学科实验知识界限明显，难以承担培养综合性人才的任务。科学教育专业课程也包含了综合性的学科知识，怎样建设综合性科学学科实验室，以满足综合性实验和探究性实验的需求也有待解决。不完善的实验设备仪器使得许多教学计划中规定的实验难以开设，从而不能满足实验教学的需要。这在很大程度上影响学生实验操作技能、设计能力的培养，制约其科学素养的发展。

[1] 王康友、李秀菊：《中国科学教育发展报告（2017年版）》，社会科学文献出版社，2017年版。

4. 恢复发展阶段（2016—至今）

（1）时代背景

2016年国务院颁发《全民科学素质行动计划纲要实施方案（2016—2020年）》，提出推进义务教育阶段的科技教育、大力开展校内外结合的科技教育活动等，提升我国青少年科学文化素质。2017年1月，教育部正式印发《义务教育小学科学课程标准》，在新颁布的课程标准中，小学从一年级开始开设科学课，保障一、二年级学生每周至少有一课时；新增加了技术与工程模块，体现了其在科学素养构成中的重要地位；巩固科学探究，提出新要求；课程目标呈现进阶式要求，螺旋式上升，强调课程的综合性以及多学科互动。2022年5月，教育部办公厅发布《关于加强小学科学教师培养的通知》，要求建强一批培养小学科学教师的科学教育师范专业，通过师范生公费教育、“优师计划”等，从源头上加强本科及以上层次高素质专业化小学科学教师供给，提高科学教育水平，夯实创新人才培养基础。2023年5月教育部等十八部门发布《关于加强新时代中小学科学教育工作的意见》，提出要在“双减”中做好科学教育加法，完善中小学科学教育体系，整合各方资源建设师资队伍，加强学科建设，提高科学教育质量，提升中小学生科学素质。近些年出台的很多政策文件均强调了科学教师队伍建设，体现了国家对小学科学教师培养的重视，而培养小学科学教师更是与科学教育专业的建设密切相关。

（2）发展状况

据不完全统计，截至2023年，教育部先后批准90余所高校设置科学教育本科专业，但其间先后约有20所高校撤销该专业。目前全国共有70余所高校的科学教育本科专业正常招生，其中在2014年撤销科学教育专业的陕西师范大学于2024年又重新开设该专业并恢复招生。由于开设科学教育专业高校数量不断增多，近年来科学教育专业招生数量总体上也在不断增加，全国中小学科学教师的数量也呈现出增长的趋势。另外，科学教育学、科学与技术教育硕士研究生的招生人数在不同程度上也有所增长。全国范围内科学教育学专业（包含非全日制）在2021—2022年呈现出明显的增长趋势。然而在2023年，招生人数又有所回落，表明该专业的招生情况存在一定的波动性。造成这一波动的主要原因在于东南大学在2022年的大量招生。与此同时，科学与技术教育专业（包含非全日制）的招生情况相对稳定，并在近年来有所增长。全国该专业在2021年和2022年的招生人数稳定在250人左右，在2023年，该专业的招生人数增至300余人，呈现明显的增长态势。

（3）特征描述

①“科学教育学”概念不明确

不同的研究者对于科学教育学概念的认识不尽相同，都有自己不同的见解，主要有以下几种观点：第一种是认为科学教育学是面向普通中小学科学教育实践活动的学科的“实践活动说”。第二种是认为科学教育学是对从幼儿园到高中以及大学所教的科学的研究，是寻求科学教学更好的方法和材料的学科的“科学教学说”。第三种是认为科学教育学是致力于研究科学与社会互动的学科的“互动研究说”。第四种是认为狭义的科学教育学是研究各级各类学校自然科学教育、教学、课程、学习等方面的理论与实践问题的学科；广义的科学教育学是包含数学教育、技术教育、课外与社会科学教育等方面理论与实践问题的学科的“广泛狭义说”[1]。

②“科学教育学”学科性质不统一

学科定位是一门学科立足的根本，能够体现学科的自身特质。研究者对科学教育学的学科定位问题形成了以下几种认识：“交叉学科说”从国际科学教育发展历史的角度出发，认为科学教育学是以科学为主要参考学科，以教育学、心理学、科学史、科学哲学为基础建构起的一门

---

[1] 侯怀银、刘璐瑶：《新时代科学教育学学科建设探讨》，《云南师范大学学报（哲学社会科学版）》2024年第2期。

真正的交叉学科。“科学学分支学科说”认为科学教育学是科学学的重要分支，科学教育学是研究科学技术发展和科学教育关系，探讨全民科学素质提升及科技人才培养的教育，并且对促进科技发展起主要作用。“教育学分支学科说”将科学教育学定位为教育学的分支学科，是对科学教育实践活动进行研究的学科。“应用科学说”认为科学教育学是在应用中与教学实践中形成的学科，科学教育学的实践性与应用性深受科学文化务实精神的影响，但这并不妨碍它成为一门真正的学科。除此以外还有研究者提出了“二级学科说”[1]。

二、中国科学教育学科建设的特征分析

（一）学科的定位性质

1. 中国科学教育的学科身份确认

学校科学教育从 20 世纪初期正式成为我国教育体制的一部分之后，在 20 世纪 20 年代至 40 年代大体上与美国相似。小学开设的“自然课”源自美国的“自然学习”模式，中学虽基本上是分为物理、化学和生物教育，但也强调科学教育的综合性，甚至 20 世纪三四十年代北京市一些著名中学（例如，京师公立第四中学，即今天的北京第四中学）还开设一门叫作“科学概论”的综合科学课。20 世纪下半叶，从 1952 年高等学校院系调整开始，受苏联高等教育模式的影响，我国高等院校把原先的理学院分割成物理、化学、生物等单一的系科，培养具有专门学科知识和能力的“专家型”人才，这在中华人民共和国成立初期科学技术专家紧缺的情况下有一定的合理性，也与当时的计划经济体制相吻合。此后半个世纪我国高等院校只有分科的科学教育，而没有综合的科学教育。高等师范院校同样受这种分科教育模式的影响，理科各院系为中学

[1] 侯怀银、刘璐瑶:《新时代科学教育学学科建设探讨》,《云南师范大学学报（哲学社会科学版）》2024 年第 2 期。

分别培养物理、化学、生物等各学科教师。长期实施这种分科的理科教育，造成大学和中学理科教师都离开了科学和科学教育的整体背景。

20 世纪 80 年代以来，由于学科教育学的推动，原先从事理科教材教法的教师逐渐变成了科学教育教师，但他们大多数人局限于单一学科的教学论研究（如物理教学论、化学教学论、生物教学论等），一般不认同自己作为科学教师教育者的身份，因此只认为自己是从事物理教育、化学教育或生物教育的教师。同样，在中学任教的物理、化学或生物教师一般也不认为自己是科学教师，而只是物理教师、化学教师或生物教师。过去半个多世纪中，“科学教师”这一称呼在我国竟然不存在，而现在这个称呼只属于在新课改中诞生的专门教初中综合科学课或小学科学课的那部分教师。大学与中学理科教师对科学教育的这种“认同危机”固然是我国长期的分科教育体制造成的结果，但与我国近年来兴起的科学教育学科身份未能确认也不无关系。自 2002 年以来，由于基础教育新课改的需要，已有 90 余所高等院校（主要是高等师范院校）开设了本科科学教育专业，另有 30 余所专科学校开设了专科层次的科学教育专业。部分高等师范院校在课程与教学论二级学科建制内还培养科学教育方向的学术型硕士研究生以及科学与技术教育专业硕士研究生，少数大学开始培养科学教育的硕士、博士研究生。要重视科学教育的学科建设，首先需要确认科学教育的学科身份。

科学教育从 20 世纪 60 年代开始在许多国家成为高等院校的相对独立的一门教育学科，相应地，科学教育专业也从那时起开始成为高等院校里一个新的专业[1]。但是，我国新的“科学教育专业”从一开始就诞生在分科教育体制里，大多数本、专科科学教育专业设立在某一理科院系里，这一先天缺陷致使科学教育专业难以确立自己应有的学科身份。它们虽然号称“科学教育专业”，实际上大多仍是偏重分科的科学教育[2]。

---

[1] 丁邦平:《科学教育学科建设三题》,《中国教育学刊》2010 年第 1 期。

[2] 林长春:《科学教育本科专业建设亟待研究的若干问题》,《高等理科教育》2009 年第 5 期。

作为相对独立的一门教育学科，科学教育有自己的研究园地，如科学教育研究会、科学教育学术期刊、科学教育人才培养体系等。作为一个新兴的专业，科学教育需要建立新的科学教育系，成为教育学院的组成部分（如英美模式），或者成为理学院的一部分（如欧洲模式，我国台湾省也多是这种模式）。无论是英美模式还是欧洲模式，科学教育作为一个学科都已经成为高等院校教师教育一个必不可少的专业。因此，培养中小学师资的高等院校应当把学科体制的改革提到议事日程上，应当像多数国家的大学那样，认同科学教育的学科身份，确认自己培养科学教师的专业地位。只有这样，我国高等院校的科学教育学科建设才能获得健康发展，中学的科学教育文化才能有更坚实的理论支持。

2. 中国科学教育的学科定位性质

学科目录分为学科门类、一级学科（本科教育中称为“专业类”）和二级学科（本科专业目录中为“专业”）。学科门类和一级学科是国家进行学位授权审核与学科管理、学位授予单位开展学位授予与人才培养工作的基本依据，二级学科是学位授予单位实施人才培养的参考依据[1]。2012 年普通高等学校本科专业目录颁布之前，科学教育本科专业的学士学位主要是理学学士，少量是教育学学士。2012 年以后全部为教育学学士。目前，我国教育学一级学科下设立了 15 个二级学科，分别是教育学原理、教育史、比较教育学、课程与教学论、教育技术学、教育评价学、教育政策与领导学、学前教育学、职业技术教育学、高等教育学、特殊教育学、成人教育学、教师教育学、工程教育学、教育康复学[2]。目前二级学科没有正式设置科学教育学。

学科定位是一门学科立足的根本，能够体现学科的自身特质。研究者对科学教育学的学科定位问题形成了以下几种认识：第一，“交叉学科说”。这种观点从国际科学教育发展历史的角度审视，认为科学教育

[1]《学位授予和人才培养学科目录设置与管理办法》，教育部，2009 年。
[2]《研究生教育学科专业简介及其学位基本要求》，中国学位与研究生教育学会，2025 年。

是以科学为主要参考学科，以教育学、心理学、科学史、科学哲学为基础建构起的一门真正的交叉学科[1]。部分高校将“科学教育”自主设置为交叉学科，如华中师范大学自主设置“科学传播与科学教育”交叉学科，华南师范大学自主设置“科学教育学”交叉学科，广西师范大学自主设置“科学教育”交叉学科[2]。第二，“科学学分支学科说”。这种观点认为科学教育学是科学学的重要分支，科学教育学是研究科学技术发展和科学教育关系，探讨全民素质提升及科技人才培养的教育，并且对促进科技发展起主要作用[3]。第三，“教育学分支学科说”。这种观点将科学教育学定位为教育学的分支学科，是对科学教育实践活动进行研究的学科，但并未说明是教育学下的几级学科，更多倾向于将其定位为教育学分支学科内的研究方向[4]。第四，“二级学科说”。研究者提出科学教育学要尽快形成并完善学科建制，将其增设为教育学的二级学科[5]。部分高校将“科学教育（学）”自主设置为二级学科，如西南大学、陕西师范大学、重庆师范大学在教育学一级学科下自主设立了科学教育学二级学科。东南大学博士生培养方案中在生物医学工程一级学科下设立“学习科学”二级学科，方向之一是“儿童学习与科学教育”。第五，“应用学科学”。这种观点认为科学教育学是在应用中与教学实践中形成的学科，科学教育学的实践性与应用性深受科学文化务实精神的影响，但这并不妨碍它成为一门真正的学科[6]。

综合上述研究，我们可以从不同的角度来认识科学教育学的学科性质。从科学教育学的研究理论与方法等方面来考察，科学教育学是教育学的分支学科；从学科专业及发展角度审视，科学教育学是一门应用学

[1] Duit, R. *Science Education Research Internationally: Conceptions, Research Methods, Domains of Research*, Eurasia Journal of Mathematics, Science and Technology Education, 2007, (1).

[2] 同上。

[3] 阙维明、张锦智：《现代科技管理辞典》，广东高等教育出版社，1986 年版。

[4] 廖伯琴：《科学教育学》，科学出版社，2013 年版。

[5] 丁邦平：《科学教育学科建设三题》，《中国教育学刊》2010 年第 1 期。

[6] 郭元婕：《科学文化及其对科学教育的影响》，《教育研究》2006 年第 6 期。

科，需要指导科学教育实践活动；从科学教育学的研究对象和知识构成来看，科学教育学是一门具有复杂性、综合性特征的学科，是以教育学为基本立场，融合众多学科知识而形成的学科。学科知识既有站在教育学立场，以教育学理论视角审视科学教育活动、科学文化、科学知识、科学与社会的内生型知识，也有基于其他学科视角与教育问题进行综合探讨的外生型交叉知识。[1]

（二）学科的理论基础

1. 知识体系

（1）通识教育选修课程研究不足

首先，通识教育选修课的开设数量较少，课程种类相对单一，主要集中在人文社科领域，如文学、历史、哲学等，而在自然科学、工程技术、跨学科融合等领域的课程较为匮乏[2]。这种单一性无法满足科学教育专业学生多元化的兴趣和需求，特别是那些对科学探究、技术创新、科学传播等领域感兴趣的学生，往往难以找到与自己兴趣契合的课程。由于课程选择有限，学生可能被迫选择与自己兴趣无关的课程，甚至因选课困难而放弃选修，这不仅影响了他们的学习积极性，也限制了他们在通识教育中拓宽视野的机会。其次，现有通识选修课的课程内容与科学教育专业的核心知识和技能关联度不高，导致学生认为这些课程对自己的专业学习和职业发展帮助有限。科学教育专业的学生需要掌握科学探究方法、实验设计、科学传播等核心能力，但许多通识选修课的内容偏向理论性、文化性，缺乏与科学教育实践相关的实际应用。这种脱节使得学生难以将通识课程中学到的知识与专业学习相结合，降低了他们对通识教育的认同感和学习动力。此外，部分通识选修课的课程内容较为

[1] 侯怀银、刘璐瑶：《新时代科学教育学学科建设探讨》，《云南师范大学学报（哲学社会科学版）》2024 年第 2 期。

[2] 吴小波：《科学教育特色专业建设研究》，上海师范大学，2011 年。

浅显，缺乏深度和挑战性，无法激发科学教育专业学生的探究欲望和创新思维，进一步削弱了他们的选课意愿。

（2）学科专业课程之间的交叉渗透有限，学科偏向明显

科学教育专业需要跨学科的知识整合，但部分学科基础课程在设置上仍然保持传统的学科界限，科学教育专业的基础课程通常按物理、化学、生物、地理四大类进行分科学习，这种简单“拼盘式”的教学方式使得学科间的交叉渗透有限。学生不能从整体上认识自然和科学，不能形成根据统一的科学概念、原理和各领域之间的联系来建立开放型知识结构的能力，不利于学生形成综合性的科学素养[1]。同时，部分院校在专业课程设置上偏重某一学科，大多数科学教育专业设在单一的理科院系之下，专业学位授予门类有属于教育学的，也有属于理学的，存在较大分歧。目前，科学教育专业的课程设置往往以物理学、化学、生物学等单一学科为核心，缺乏跨学科的综合课程设计，导致学生在学习过程中难以将不同学科的知识融会贯通。例如，物理学课程可能侧重于力学和电磁学的理论推导，而化学课程则聚焦于化学反应和物质结构，生物学课程则更多关注生命系统的运作机制。这种学科分割的教学模式虽然有助于职前科学教师深入理解某一学科的知识，但却忽视了科学教育本身所强调的跨学科素养和综合应用能力。此外，科学与技术、工程、数学（STEM）等领域的融合也较为薄弱，学生难以通过课程学习体验到科学与现实问题的多维度联系。这种学科偏重和交叉渗透不足的现状，不仅限制了学生的知识视野，也影响了他们在未来教学中培养学生科学素养的能力。因此，科学教育专业的课程体系亟须加强学科间的交叉融合，设计更多跨学科、综合性的课程内容，以培养具备全面科学素养的教育人才。具体来说，目前大多数院校的科学教育专业实验课程设置普遍存在两个问题：第一，实验课程设置中大多仅涵盖单一学科内容，缺乏跨

[1] 苏敏、耿森林、杨明等：《我校科学教育专业建设中问题和对策研究》，《科技视界》2012年第3期。

学科知识的综合运用，特别是缺乏科学与技术的融合，课程广度不够；第二，实验课程的设计大多是对成熟的理论进行单一的验证性实验，缺乏综合性和探究性实验，无法让学生亲身参与科学问题的分析和探究过程，课程深度不足[1]。显然，目前的实验课程体系设置不利于学生充分了解科学知识、掌握科学的研究方法、发现生活中科学与技术的应用，不利于培养具有较高科学素养的科学教育人才。

（3）科学教师教育课程理论与实践脱节

在科学教育专业的教师教育课程中，课程的理论内容设计往往存在与实际教学需求脱节的问题。具体而言，课程中的教育理论（如建构主义学习理论、探究式教学法等）多以抽象概念和普适性原则的形式呈现，缺乏与科学课堂真实情境的深度结合。例如，科学教育专业学生需要掌握如何设计探究性实验、引导学生进行科学论证等核心能力，但理论学习常停留在方法论层面的泛泛而谈，未能结合具体学科案例展开分析。这种脱离实际的教学模式，使得师范生在面对真实课堂时难以将抽象理论转化为具体的教学设计或课堂管理行为。此外，部分教师教育课程虽设置了模拟教学环节，但其情境设计往往过于理想化，与科学课堂的复杂性存在显著差距。例如，模拟教学中可能仅关注实验步骤的规范性演示，却未涉及如何应对学生提出的非常规问题、如何处理实验失败后的教学反思，或如何在资源有限的条件下调整教学方案。这种“去情境化”的训练模式，导致师范生在实际教学中暴露出灵活应变能力不足、创新性教学设计匮乏等问题。例如，部分新入职的科学教师可能熟练背诵“探究式教学”的定义，却无法在真实课堂中引导学生从实验数据中自主构建科学概念。

（4）实践类课程建设与实施薄弱

实践类课程既是对实践过程的认识、感知与审查，也是在实际情境

[1] 陈璐、莫德云、周小燕：《科学教育专业实验课程设置调查与分析》，《创新创业理论研究与实践》2021 年第 21 期。

中对教育概念、理论的重新解读与架构，是对理论知识的进一步检验与反思。目前，高校实践类课程的建设与实施相对薄弱，在教育见习、实习、研习环节中，主要存在以下问题：第一，教育见习、实习、研习三者之间缺乏整合。就时空而言，教育见习、实习、研习分别在不同的学期开展，时间跨度大，缺少必要的连贯与整合。就形式而言，教育见习“表层化”。仅走马观花式地观察教学活动的实施，缺少必要的反思引导和互动研讨。教育实习“浅层化”。为实习而实习，借助于经验层次的处理方式，缺乏对教育现状的反思、研究。教育研习“形式化”。就理论言理论，忽视学生的身心发展水平与教育情境的复杂性、特殊性。第二，教育见习、实习、研习与其他课程、实践环节缺乏稳定的联系和有机衔接，造成实践内容重复、理论与实践脱节等问题。教育实践过程反馈与评估机制不健全。在实践过程中，学生需要得到及时的反馈和指导，以便及时调整自己的学习方向和方法。然而，部分高校和实践单位在实践过程中缺乏及时的反馈机制，导致学生无法及时了解自己的实习表现和问题。同时，教育实践成绩的评估是实践过程中的重要环节，但部分高校在评估实践成绩时缺乏明确的评估标准和指标。这可能导致评估结果的主观性和不公正性，影响教育实践的公平性和质量。

2. 培养制度

师资队伍不健全。尽管近年来科学教育专业师资队伍的年龄结构、学历结构、职称结构有所改善，但当前科学教育专业的教师多毕业于传统单一学科（如物理学、化学或生物学），其知识体系局限于某一学科领域。物理学背景的教师可能擅长力学与电磁学，但对生态系统建模、化学反应的微观机制等跨学科内容缺乏系统认知，导致教学中难以实现各学科的跨学科有机整合。科学课程需要的是具有综合素养，理、化、生、地等学科都精通的教师。现行学校培养的专业人才难以满足这一需求，导致师资队伍存在“拼盘式”教学现象，即不同学科的教师分别教授不同内容，缺乏专业的综合化和交叉性。师资队伍缺乏专业认识和专业教育理念，重学科研究而轻教学研究，教学责任感不强。

学生评价体系单一。目前对科学教育专业学生的评价主要依赖于考试成绩和论文发表等量化指标。这种评价体系过于单一，难以全面反映学生的综合素质和能力水平。它忽视了对学生实践能力的评价，学生的考试成绩主要反映了他们对理论知识的掌握程度，但难以体现他们的实践能力和解决问题的能力。同时，目前的评价忽视综合素质的考查，除了学术成绩外，学生的综合素质如团队协作能力、沟通能力、创新能力等同样重要。因此，目前的培养制度中我们需建立多元化的评价体系，全面地反映学生的综合素质和实践能力，同时好的评价机制也可以激发学生的学习兴趣和创新精神。

（三）学科的现实基础

1. 学科基地

科学教育学科基地在推动科学教育发展、科学普及、提升学生核心素养等方面发挥着重要作用，但同时也面临着一些问题。首先，科学教育学科基地的发展面临着资金与资源投入不足的问题。科学教育学科基地的建设和发展需要大量的资金和资源支持，包括场地建设、设备购置、师资培训等方面。然而，部分基地面临着资金短缺和资源匮乏的问题，导致硬件设施落后、教学资源不足，难以满足科学教育的需求。其次，推动科学教育学科基地建设的师资力量薄弱。科学教育学科基地的师资力量是保障科学教育质量的重要因素。然而，目前部分基地存在师资力量薄弱的问题，具体表现为专业教师数量不足、教师专业素养参差不齐等。此外，部分教师缺乏科学教育的专业知识和技能，难以有效指导学生进行实践探究活动。再次，科学教育学科基地社会认知度与参与度不高。科学教育学科基地的建设和发展需要社会各界的关注和支持。然而，目前部分基地面临着社会认知度不高、参与度不足的问题。一方面，公众对科学教育的重要性认识不足，缺乏参与科学教育的积极性和主动性；另一方面，部分企业和社会组织对科学教育的投入和支持有限，难以形成有效的合作机制。社会认知度与参与度不高会限制科学教育学科基地的社会影响力和可持续发展能力，影响科学教育的普及和推广。最后，科学教育学科基地面临区域发展不均衡的问题。科学教育学科基地的发展存在明显的区域不均衡现象。一些发达地区和经济条件较好的地区拥有较为完善的科学教育学科基地体系，而一些欠发达地区和农村地区的科学教育学科基地建设相对滞后。这种不均衡现象导致不同地区的学生在核心素养和创新能力方面存在一定差距。区域发展不均衡会加剧教育资源的分配不公和社会阶层的固化现象，影响社会整体的科学素养和创新能力的提升。

2. 专业教师

科学教育专业的课程设置主要包括四个板块：通识教育课程、教师教育课程、专业课程、实践课程。科学教育专业课程不仅包括大学物理、大学化学等专业基础课程，也包括科学课程与教学论、科学课程标准与教材分析等专业核心课程，相应课程由相应教师进行教学，这就需要教师不仅学科专业知识基础扎实，而且具有较强的教育理论基础。高等师范院校科学教育专业教师可以分为以下三类：一类是学科专业出身的教师，学科专业知识基础扎实，但缺乏课程教学相关理论和实践经验；一类是课程与教学论等教育学专业出身的教师，具有较强的教育理论基础，但对学科专业知识知之不多；还有一类是教研员或从中小学调入的一线教师，实践经验丰富但理论基础薄弱。几类教师专业水平参差不齐，难以兼顾学科性与教育性、理论性与实践性，直接制约了科学教育专业师资队伍整体质量的提升。目前我国师范院校科学教育学术型博士招生数量较少，高学历的科学教育专业教师储备匮乏，严重影响供需平衡。在此背景下，全国科学教育教师队伍严重不足，青年教师中的科学教育学博士学历教师少，各高校难以组建数量充足、结构合理的高质量科学教育教师队伍。

3. 学术组织

学术组织是不同学校的科学教育专业之间在学科发展和专业建设研究方面畅通交流与合作的平台，在推动科学教育发展、促进学术研究与交流方面发挥着重要作用。1928 年，美国国家科学教学研究学会（National Association for Research in Science Teaching，简称 NARST）成立，致力于促进科学教育研究的发展并将研究成果运用于改进教学实践，是当今国际上最具影响力的科学教育学术组织[1]。中国教育学会科学教育分会成立于1989年3月，成立时的名称为“小学自然教学研究会”，1997年1月更名为“小学自然教学专业委员会”，2003年7月更名为“小学科学教育专业委员会”，2009 年 1 月更名为“科学教育分会”，初步形成了综合性的学术研究团体。科学教育分会是在我国迈入 21 世纪进行新一轮基础教育课程与教学改革的背景下，为推动我国科学教育改革及与国际科学教育改革接轨，在小学科学教育专业委员会的基础上，整合小学科学教育、中学科学教育和大学科学教育的结果[2]。但在高校中设立科学教育专业与研究所的数量仍然有限。虽然我国研究者积极加入亚洲地区规模最大的科学教育学术组织东亚科学教育学会，加强同国际的交流与联系，但在我国还没有正式性的学术组织，只有一些区域性、民间性学术组织。总体来说，学术组织相对松散。

（四）学科专业建设与一线需求

1. 学科专业建设与一线科学教师数量需求的适应性

进入 21 世纪以来，国家通过多种渠道不断加大科学教师的补充力度，小学科学教师数量整体上呈持续增长态势。中国教育统计年鉴的数据表明：2010 年全国小学科学教师有 166140 人，较 2005 年增幅

[1] 田雪葳、王晶莹、宋倩茹、孔凡贵、韦立君：《STEM 导向的当代国际科学教育研究图景——基于 NARST 2020 年会的文本挖掘》，《现代远距离教育》2021 年第 1 期。

[2] 中国教育学会：《机构列表》，2025 年 2 月 10 日，https://www.cse.edu.cn/index/detail.html?category=41&id=1561。

为 16%；2015 年全国小学科学教师共计 186282 人，较 2010 年增幅为 12.12%；至 2020 年全国小学科学教师的规模达到 230201 人，较 2015 年增幅达 23.58%。小学科学教师供给增量的可喜变化虽在一定程度上缓解了小学科学教育师资匮乏的窘境，但仍存在较大的师资缺口。有研究基于第七次全国人口普查和中国教育统计年鉴的相关数据，对我国小学科学教师 2017 年至 2027 年的供需变化进行估算发现，2017 年到 2023 年，年均师资缺口高达 12.8 万人；2023 年后师资缺口逐年缩小，到 2027 年仍将有大约 3.5 万人的师资缺口[1]。

我国小学科学教师数量供给不足的问题，是历史欠账遗留的师资缺口与新的师资需求释放共同作用的结果。首先，从我国小学科学教育长时段的发展历程来看，过去在应试教育观念的支配下，小学科学在学校的认知中被当作副科对待，缺少应有的重视，小学科学课程甚至在部分地区难以开齐开足，小学科学教育与科学教师在办学实践中处于双重边缘化的境地。在师资补充时，优先满足和保障应试科目的师资需求，导致小学科学教师队伍初始师资数量配置不足。其次，随着新课程改革的深入推进以及国家对小学科学教育的高度重视，《义务教育科学课程标准（2022 年版）》将小学科学课程的起始年级从一年级开始，科学课程开课年级的增多意味着学校科学教育课时增加，进而释放新的对科学教师的需求。此外，我国人口政策调整带来的学龄人口变动对教师资源配置亦产生重要的影响。应按需、足额地补充小学科学教师，满足小学科学教育高质量发展的需要[2]。

2. 学科专业建设与一线科学教师质量需求的一致性

小学科学教师队伍专业素养不强突出表现在学科专业知识欠缺与创新开展科学教育实践能力不足等方面。小学科学教师队伍专业性不强，

[1] 尚俊杰、石祝：《用优秀的科学教师赋能未来》，《光明日报》2022 年 8 月 9 日。

[2] 王晓生：《小学科学教师队伍建设：价值使命、现实羁绊与实践路径》，《中国教育学刊》2023 年第 6 期。

专业教师少。大部分小学科学教师缺乏科学教育相关专业背景，没有接受过专业化、系统性的科学教育训练；缺乏对相关学科知识全面系统的掌握以及对科学发展最新进展的了解；在教学实践中缺乏整合跨学科知识的能力和开展多样化科学探究实践活动的能力；创新科学教育方式、方法的意识薄弱，教学方式单一且主要以学科知识点讲授为主，过于注重知识学习而忽视了科学素养、创新思维和科学探究能力的培养[1]。理科背景教师在小学科学教师中占有明显优势，该群体在职业素养和专业发展方面表现优于其他专业背景。但是相关调研发现仅有 27.5% 的小学科学教师为理科背景，文科背景教师占据小学科学教师主流地位，汉语言文学（含师范）专业占比（23.6%）远超其他专业。专业对口率低严重制约小学科学教育质量。非科学类相关专业背景的教师往往缺乏真实科学探究或科学实践的学习经历，对自己有效教授科学知识的能力缺乏信心，难以胜任诸如探究导向和项目式学习等新型教学方式变革[2]。

因此，回应科学教育发展对小学科学教师知识结构和能力素质的挑战，开展教师培训和组织教研成为提升小学科学教师专业素养和育人能力的重要途径。然而，相关研究表明，小学科学教师教研共同体严重缺失、教师培训匮乏，33.7% 和 26.6% 的小学科学教师没有参加过每学期的教研组活动和每年的教研组以上科学专业培训[3]。培训内容较少，不能兼顾科学教师的差异化需求，此外有助于科学教师创新开展科学教育的实验教学、探究式教学、项目式教学以及跨学科教学等教学方法以及指导学生科学探究和动手实验等专业技能提升的培训项目相对缺乏，小学科学教师专业发展的支持力度和精准性亟待加强。

[1] 王殿军:《普及与提高：中小学科学教育的双重使命》,《中国基础教育》2022 年第 10 期。

[2] 郑永和、杨宣洋、王晶莹、李佳、卢阳旭、李书惠、杨玉静、张晓琳:《我国小学科学教师队伍现状、影响与建议：基于 31 个省份的大规模调研》,《华东师范大学学报（教育科学版）》2023 年第 4 期。

[3] 王晶莹:《强教必先强师：紧抓科学教育的“牛鼻子”》,《中国教师报》2022 年第 13 期。

三、中国科学教育学科专业建设的建议与策略

（一）引导高校整合教师教育资源，加快科学教育二级学科建设

由于我国科学教育尚未成为二级学科，该专业在博士招生和教师专业发展方面都存在诸多问题，学科地位低、不受重视成为阻碍其发展的关键原因。因此，应提高科学教育的学科地位，重点推进科学教育专业建设。推动高校有效整合校内资源，鼓励师范院校和有条件的非师范院校依托现有资源组建实体化的教师教育学院。加大对师范院校的支持力度，鼓励有条件的高校在教育学一级学科下自主设置如科学教育、STEM 教育等学科教学相关的二级学科，硕博士招生按照这些二级学科招生，以加强具体学科方向的高学历人才培养[1]。

（二）设立科学教育学术型博士的专项招生计划，鼓励有科学教育学博士点的高校扩大招生规模

目前我国师范院校科学教育学术型博士招生数量较少，高学历的科学教育专业教师储备匮乏，严重影响供需平衡。在此背景下，全国科学教育教师队伍严重不足，青年教师、博士学历教师少，各高校难以组建数量充足、结构合理的高质量科学教育教师队伍。因此，为从根源上缓解科学教育师资储备匮乏的问题，可以借鉴“高校思想政治理论课教师队伍后备人才培养专项支持计划”，为科学教育学术型博士设立专项计划，单独划拨招生指标。

[1] 胡咏梅、刘雅楠、翟东升：《我国高校学科教学论教师队伍建设的现状、问题及对策》，《教育学报》2023 年第 5 期。

（三）提升科学教育专业教师的专业素养，尤其要重视科学教师STEM素养的培养

科学教育兼具学科性和教育性，与学科专业关系紧密，相互交融，学科专业是科学教育的基础与载体。因此，在培养科学教育教师时，不能忽视与学科知识的联系。一方面，各院校在开设科学教育专业时，应当明确学科方向；另一方面，具有科学教育博士授权点的院校和学院在招生时，应限定学生的专业背景，必须具有基础教育学科的学习经历，以保证科学教育学术型博士至少掌握一个学科的专业知识，通过博士阶段的学习，在专业素养上能够兼具学科性和教育性，从而有效解决科学教育教师在质量上参差不齐、招聘时专业不对口的问题。

在跨学科教师的培养上，各院校普遍缺乏STEM、综合实践活动等跨学科学术型博士招生计划。以STEM教育为例，其倡导学生将科学、技术、工程、数学等各个领域的知识结合起来，利用跨学科的方法解决现实中的问题。这就要求科学教育教师应具有跨越学科界限的知识视野和思维习惯，至少精通某一学科知识体系，了解其他学科知识体系，能够解决一些不能用单一学科或研究领域来解决的问题。那么，在招收科学教育的学术型博士时，应要求学生最好具有科学、技术、工程、数学任意两科及以上的学习经历，这样在未来才能更好地成为一名高校科学教育专业教师，从而有效指导和培养师范生或教育硕士成为小学科学教师。此外，建议参考2018年中国教育科学研究院发布的《STEM教师能力等级标准（试行）》，进一步完善规范小学、中学等不同学段的STEM教师能力标准，为该方向教育硕士、教育博士以及科学教育教师队伍后备人才的培养提供参考方向。

（四）建立科学教育专业信息管理系统，为科学教育教师队伍发展规划提供数据支持

基于现有数据，我们可以较为精准地预测高校科学教育教师队伍的供需缺口，为未来科学教学论教师队伍的发展规划提供有益参考。如果没有真实准确、时效性强的数据，就难以准确做好教师队伍建设的规划，更不能明晰现实需求与供给能力之间的差距。因此，建议教育部教师工作司、学位管理与研究生教育司建立科学教育数据库，组织各院校每年定期上报有关数据。在教师信息方面进一步采集科学教育教师的性别、教龄、专业背景、出国进修或国内访学经历、专业发展需求、职业满意度等信息，在学生信息方面可以对各院校本科师范生招生情况，科学教育学和科学与技术教育研究生的招生、毕业和就业情况，科学教育专业博士和学术博士招生、毕业和就业情况，进行系统、详细的数据采集，为未来学科教学专业教师队伍的调整和规划提供全面系统、高质量的数据。

第四章

中国科学教师队伍建设报告

科学教师队伍建设质量是影响科学教育改革质量的直接因素。为了了解我国中小学科学教师队伍建设的现状，明确教师队伍建设面临的主要困境，本章从队伍结构、专业素养与在职培训三个方面展开了大规模实证调研。调研结果表明：首先，虽然我国中小学科学教师的学历水平稳步提升，但研究生学历教师占比与专职率仍相对较低；其次，科学教师对科学课程持有较为浅层甚至错误的理解，不利于新课标的落地实施；再次，教师培训效果显著，但未实现培训全员覆盖，且培训内容与方法需进一步优化；最后，科学教师的队伍结构、专业素养与培训机会方面均存在明显的城乡差异。建议未来可进一步从建立专职科学教师招聘与转化机制、加强科学教育学科建设、健全科学教师评价标准及准入制度等多个方面保障我国科学教师队伍建设质量提升。

一、研究背景

科学教师是科学教育的第一资源，科学教师队伍建设是科学教育高质量实施与可持续发展的根本力量与重要保障。世界各国都将完善科学教师培养体系，建立高质量科学教师队伍，作为提升中小学科学教育质量的重要抓手。为了落实对科学教师培养和评估的要求，美国科学教育协会（National Science Teaching Association，NSTA）于1998年出台《科学教师培训标准》，随后进行了三次更新，并于2019年发布了《科学教师培养标准（2020年版）》，从内容知识、科学教学法、学习环境创设、实验安全意识、专业能力等方面对科学教师应具备的专业素养做出了明确规定。英国于20世纪90年代发布了《小学科学教师职前教育课程》，对科学教师的教学知识、科学专业知识与教学策略等的掌握提出了具体要求。法国不仅制定了教师的硕士准入制度，实施“三年本科＋两年硕士”的培养制度，同时还设置了物理化学、生物化学工程学等多种跨学科科学教师资格证，以满足中小学不同学段对跨学科科学教师的需求。

与国际教育改革趋势相一致，我国也强调将中小学科学教师培养作为科学教育改革有效实施的重要保障，着力推动高质量科学教师队伍建设。2021年，国务院发布《全民科学素质行动规划纲要（2021—2035年）》，将发展科学教师教育作为重要的行动内容。2022年3月16日，教育部、中国科学院举行会商会议，研讨深化科学教育有关工作，其中“部院合作提升广大教师的科学教育能力”是重要内容。随后双方研究制定《中小学教师科学素养提升行动计划》，并成立专项工作领导小组予以保障。2022年5月，教育部办公厅发布《关于加强小学科学教师培养的通知》，提出将采取一系列措施重点培养小学科学教师。2023年，教育部等十八部门发布的《关于加强新时代中小学科学教育工作的意见》中将“加强师资队伍建设，发挥教师主导作用”作为主要目标。

然而，与主要发达国家相比，我国小学阶段科学教师数量短缺、专业对口率低，中小学科学教师培养体系缺乏系统性，科学教师的教育理念亟待改变，科学教师的专业发展保障不足等问题仍显著存在，制约了我国科学教育改革的实际进程。[1]面向新时代新征程，加速建设现代化、高素质中小学科学教师专业队伍，推动我国科学教育从规模扩大向高质量发展，是推进科教兴国战略的基本保障。了解我国科学教师队伍建设的发展现状，揭示主要矛盾与关键问题，则是提出针对性的改进策略以有效提升我国中小学科学教师队伍质量的前提条件。

二、调研概况

（一）调研内容

本次调研主要围绕结构化组成、专业素养与在职培训三个方面对中小学科学教师队伍建设的现状与问题进行调研分析，具体如下所示。

1. 结构化组成

教师结构是指各级各类学校教师队伍的构成状况，包括教师的专业构成、学历构成、年龄构成和性别构成等。本次围绕中小学科学教师的结构化组成主要调查以下指标：①专任科学教师与兼职科学教师占比；②科学教师学历情况与专业方向；③教师年龄；④教师资格证情况。

2. 专业素养

中小学科学教师除了应该具备基础的、普适性的教师素养外，还应具备专业性的科学素养。基于国内外的已有研究，本次的科学教师专业素养调查共分为认知、能力、情感三个方面。

[1] 后慧宏、师欢欢：《中小学科学教师专业发展的国际比较研究——基于 TALIS 2018 数据的分析》，《比较教育学报》2024 年第 3 期；王晓生：《小学科学教师队伍建设：价值使命、现实羁绊与实践路径》，《中国教育学刊》2023 年第 6 期；万东升、魏冰：《我国科学教师教育：问题、挑战与路径选择》，《高等理科教育》2017 年第 1 期。

（1）认知维度

信念是教师教学的核心[1]，教师对科学教学目标的理解、对教学策略的理解等多种信念交互影响，指导教师在课堂上的行为和决策[2]。以往研究表明，虽然中国大部分科学教师拥有学士及以上学位，但缺乏与课程改革理念相匹配的教学法与激发学生对STEM学科真正兴趣的策略[3]。Liu etal.（2015）指出，在我国2001年的科学课程改革过程中，所面临的最大障碍是教师无法解决在新内容知识、新实验活动、指导学生探究项目等方面遇到的困难[4]。我国正在实施新一轮科学课程改革并颁布了《义务教育科学课程标准（2022年版）》，深化教师对新课标的理解，革新教师的教育教学理念是保障新一轮科学课程改革有效实施的关键。因此，本次调研以《义务教育科学课程标准（2022年版）》为指导，在认识论层面考察教师对科学观念、科学思维、探究实践、态度责任等科学课程培养目标的内涵、关系与培养方式的理解，以及对科学探究教学、跨学科教学等教学理念的理解。

（2）能力维度

教师专业能力是指教师以一定的专业知识和专业技能为基础，在教育教学工作中形成的，顺利完成教育教学活动任务所必须具备的个性心理特征的总和[5]。基于本团队的已有研究，教师专业能力包括基础能力、教学能力、教育能力、教研与自我发展能力、教学改革与创新能力。其

[1] Vartuli S. Beliefs: The heart of teaching. YC Young Children, 2005, 60(5): 76.

[2] Waters-Adams S. The Relationship between Understanding of the Nature of Science and Practice: The influence of teachers' beliefs about education, teaching and learning. International Journal of Science Education, 2006, 28(8): 919-944.

[3] Song H, Zhou M. STEM teachers' preparation, teaching beliefs, and perceived teaching competence: A multigroup structural equation approach. Journal of Science Education and Technology, 2021, 30: 394-407; Gao Y. An emerging giant of science: Achievements and challenges of STEM education in China. The age of STEM, 2014, 47-66.

[4] Liu E, Liu C, Wang J. Pre-service Science Teacher Preparation in China: Challenges and Promises. Journal of Science Teacher Education, 2015, 26(1): 29-44.

[5] 胡卫平:《教师教学能力评价初探》,《中国考试》2021年第10期。

中，基础能力（如文字表达能力、口语能力）、教育能力（如班级管理能力、心理健康教育能力）、自我发展能力（职业生涯规划等）是学科普适性的能力，本次调研主要关注科学教师的学科专业教学能力，且《全面深化新时代教师队伍建设改革的意见》将提升教师专业化水平和创新能力作为重点目标，《教育部关于加强新时代教育科学研究工作的意见》明确提出“中小学要积极开展教育教学实践研究，改进教学方法，提高教育质量”。因此，本次调研主要围绕科学教师教学实践能力（教师基于一定的教学知识和教学技能，顺利完成教学活动任务和促进学生学科核心素养发展的能力）、教学改革创新能力（教师新颖而又适宜地完成教学活动的能力）、教学研究能力（教师研究教学和解决教学问题的能力）三个视角展开。

（3）情感维度

认同感作为在自我与环境相互作用中逐渐发展起来的一种自我感知和期望，是一种领域特定的心理结构[1]。当前很多关于教师教育的文献都强调了职业认同（即多大程度上认为自己从事的职业是重要的、有吸引力的）在教师发展中的重要性[2]。Sachs（2005）认为职业认同是教师专业发展的核心，它为教师提供了一个框架，使他们能够构建自己关于“如何成为”“如何行动”以及“如何理解”他们的工作和他们在社会中的地位[3]。虽然我国对教师职业认同的测评、发展、影响因素与培养提升等进行了大量研究[4]，但针对科学教师这一特定领域教师群体的职业认同

[1] Berzonsky M D, Kuk L S. Identity Status, Identity Processing Style, and the Transition to University. Journal of Adolescent Research, 2000, 15(1): 81–98.

[2] Beauchamp C, Thomas L. Understanding teacher identity: an overview of issues in the literature and implications for teacher education. Cambridge Journal of Education, 2009, 39(2): 175–189.

[3] Sachs J. Teacher education and the development of professional identity: learning to be a teacher 1. Connecting policy and practice. Routledge. 2005: 5–21.

[4] 于海波、王宇琪、彭佳:《选拔方式、工作特征对义教阶段乡村青年教师职业认同的影响——基于 18 省 35 县调查的实证研究》,《当代教师教育》2024 年第 2 期；魏淑华:《教师职业认同研究》，2008 年。

研究较少。因此，本次调研针对情感维度主要围绕科学教师的职业认同展开。

3. 在职培训

在职培训是从教育理念、学科知识、教学知识、教学能力、职业认同等多个方面提升教师素养的有效途径，可以从实践类型（教师在职与否）、教师来源（城市或乡村）、培训方式（线上或线下）、培训层次（国家级、省级等）等多个视角进行分类。教师接受培训的类型和质量会对教学质量产生重大影响，已有研究发现，教师专业知识与教学信念受培训质量影响[1]。尤其在当前的时代背景下需要学生具备创造力、批判性思维和解决问题、协作、沟通等能力以适应社会需求，这些新的培养目标要求教师改变传统的教学方法，不断更新专业知识，采用基于循证或项目式教学方法。在职培训是支撑科学教师更新专业知识，提升专业能力的重要途径[2]。基于此，本次调研在了解我国一线科学教师专业素养发展现状的基础上，进一步明确我国科学教师的在职培训现状，从而在分析科学教师专业素养发展需求与专业培训现状适切性的基础上，为科学教师的未来专业培养提供建议。关于专业培训的调查主要包括：①培训层次，②培训内容，③培训方式，④培训需求。

（二）调研方法

为了确保调研的科学性，组建了包括科学教育、教育心理、教育技术等不同方向研究者在内的研究团队。首先，围绕本次调研的指标框架，基于国内外的已有成熟问卷编制调查工具，对非中文的测量工具，由两个研究者分别进行翻译，商讨修订后进行回译，并将回译结果与原文进行对比，确保内容表述的一致性。其次，抽取一线科学教师进行小

[1] Kunter M, Baumert J. The COACTIV research program on teachers' professional competence: Summary and discussion. Cognitive activation in the mathematics classroom and professional competence of teachers: Results from the COACTIV project. Springer. 2013: 345-68.

[2] Guerriero S. Teachers, pedagogical knowledge: What it is and how it functions. 2017.

样本试测，并围绕项目的语言表述、内容准确性、选项设置的完整性等对参测教师进行访谈，并根据试测与访谈结果对测评项目进行了两轮迭代修订。最终确定的正式问卷包括单选题、多选题、六点量表、填空题四种类型。虽然研究人员发现教师的实际教学能力与自我感知教学能力之间存在差距，但当无法对教师教学能力进行直接衡量时，教学自我感知能力仍然被认为是实际教学能力的良好代表[1]。因此，本研究对教师教学能力的测评仍采用教师自评方式展开。

为了方便理解与对比，在数据处理时将所有素养维度的能力总分均转换为百分制，得分越高，表明教师在该能力要素的表现越好。例如，“科学课程理解”得分越高，表明教师对《义务教育科学课程标准（2022 年版）》中的课程理念理解越深刻和全面。进一步，按百分制将教师得分划分为五个等级：等级一在 60 分以下，表现为待提高；等级二在 60~70 分之间，表现为合格；等级三在 70~80 分之间，表现为中等；等级四在 80~90 分之间，表现为良好；等级五在 90~100 分之间，表现为优秀。等级越高，表示科学教师的得分越高。最后，采用 SPSS 16.0 软件进行数据的统计分析与组间比较。

由于教师在实际教学中对课标的理解和应用、在职培训的主观需求等方面难以仅仅通过问卷调查发现，因此辅以半结构化访谈，以科学教研员与中小学科学教师为调研对象，通过实地调研的方式展开，受时间与人力资源限制，访谈对象主要选取了陕西省、辽宁省、山东省、河南省、重庆市及广东省深圳市、湖北省武汉市等代表性地区的 118 名教师，覆盖了我国东、中、西、东北四大区域。在访谈开始之前，访谈者向受访者说明本次调研的目的与主要内容，征得被访谈者同意后开始录音，每次访谈时间为 30~40 分钟。具体的访谈提纲如下：

[1] Borg S, Edmett A. Developing a self-assessment tool for English language teachers. Language Teaching Research, 2019, 23(5): 655-679; Kim H J. Exploring Pre-Service Teachers' Beliefs about English Teaching Competence, Perceived Competence, and Actual Competence. Journal of Pan-Pacific Association of Applied Linguistics, 2019, 23(2): 1-19.

1. 您是如何理解《义务教育科学课程标准（2022 年版）》中核心素养的四个维度的？在设计教学目标时是否会考虑核心素养的系统培养与纵向衔接？

2. 在教学方式上，您是以讲授为主还是以探究实践活动为主？在实施探究实践教学的过程中，您是侧重于关注学生的操作技能培养，还是核心素养的整体发展？请您结合实际教学谈一谈。

3. 您是如何理解大单元教学和跨学科主题学习的？在具体的落实过程中，您尝试过哪些方式或路径？取得了哪些效果？您有什么经验可以分享？

4. 您在对学生进行评价或反馈时依据的主要标准是什么？采用了哪些方法？

5. 未来在专业培训方面，您认为在内容上还需要加强哪一方面的培训？在培训方式上还有哪些好的建议？

（三）调研对象

本次调研对象采用分层整群抽样的方法，覆盖华北、华东、东北、华中、华南、西南、西北七个区域的小学科学教师与初高中物理、化学、生物、地理分科科学教师，对全国 31 个省（自治区、直辖市）和新疆生产建设兵团按照乡镇、县城、市区三个行政级别分层抽样。经过样本筛选，剔除质量不佳问卷，共计回收 104479 份有效问卷。参测教师的区域分布、城乡分布、性别分布具体如表 4-2-1、4-2-2、4-2-3 所示。

表 4–2–1 测评教师区域分布

区域	教师人数
东北	8273
华北	11194
华东	16124
华南	15804
华中	37981
西北	4881
西南	10222
总计	104479

表 4–2–2 测评教师城乡分布

城乡	教师人数
市区	19935
县城	20098
乡镇	64446
总计	104479

表 4–2–3 测评教师性别分布

性别	教师人数
男	29066
女	75413
总计	104479

三、小学科学教师队伍建设现状

（一）小学科学教师队伍结构分析

学校科学教育师资力量是影响科学教育落实的重要因素。2022 年 5 月，教育部办公厅发布《关于加强小学科学教师培养的通知》（教师厅函〔2022〕10 号），提出要将专职教师配备作为教师队伍建设的重要内容，纳入督导评价。然而，我国小学科学教师专职率低、高层次科学教师数量短缺、教师队伍的结构城乡差异较大等问题仍显著存在。

1. 专职率

（1）整体概况

受应试教育的影响，我国小学阶段的教师招聘学科比例不均衡的问题较为突出，科学作为一门非考试学科而被逐渐边缘化，科学教师招聘数量也严重不足。本次调研结果显示全国专职小学科学教师占比为31.88%，虽然相比2021年教育部基础教育教指委调查结果（29.88%）增加了两个百分点（如图4.3.1所示），但专兼职失衡现象仍较为严重，需进一步改善。《义务教育小学科学课程标准（2017年版）》将小学科学课程的起始年级从三年级提前至一年级，进一步扩大了我国小学科学教师的需求，导致小学专职科学教师数量短缺的问题更为突出。有研究基于第七次全国人口普查和中国教育统计年鉴的相关数据，对我国小学科学教师2017年至2027年的供需变化进行估算发现，到2027年我国小学科学教师仍将面临3.5万的师资缺口[1]。结合访谈结果，科学教师专职率低的现象在小学1—2年级尤为突出。多个省份的教师均反映所在学校1—2年级专职教师占比最低，高年级的专职教师比例相对有所提高。

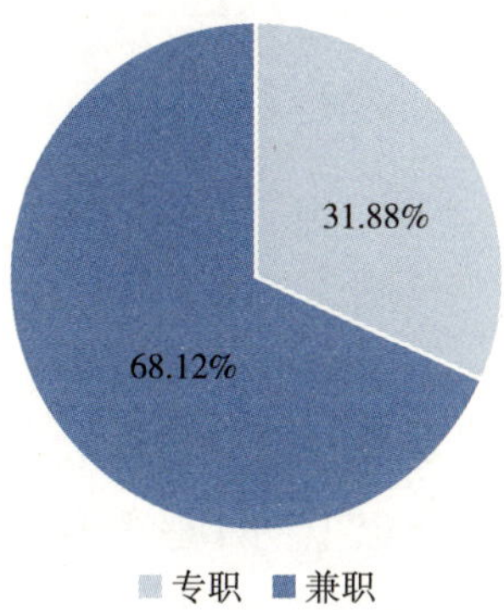

图 4.3.1　小学科学教师专兼职比例

[1] 尚俊杰、石祝:《用优秀的科学教师赋能未来》,《光明日报》2022年8月9日。

（2）城乡差异

城乡师资力量不均衡是我国教育体系长期面临的一个关键问题。虽然伴随着城镇化速度不断加快，乡镇学生数量不断减少，但教师结构性缺编的现象日益突出[1]。已有研究表明，按照当前的教师招聘比例，我国乡镇的语数外学科教师数量随后可能会出现富余，但科学教师缺口则会逐渐增大[2]。且本次调研结果显示（如图 4.3.2 所示），市区、县城与乡镇之间的专职小学科学教师比例差异显著。市区的专职教师占比最高（51.18%），县城次之（36.76%），乡镇最低（25.14%）。因此，在我国小学科学专职教师的比例需进一步提升的同时，应重点关注县城与乡镇专职科学教师的配备情况，加大定向补充力度。

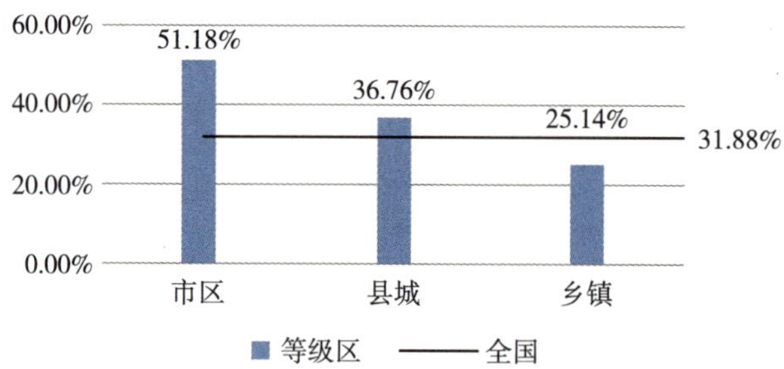

图 4.3.2　小学科学教师专职率城乡差异

2. 学历与专业

（1）整体概况

学历是衡量教师专业素养的重要指标。根据《中国教育统计年鉴 2020》数据，学历为本科及以上的小学专任科学教师比例为 58.23%，其中研究生学历的人数占比为 2%。本次调研结果显示，小学专任科学教师中有 80.87% 是本科及以上学历，其中有 3.4% 为研究生学历（如图

❶ 纪秀君:《求解农村教师结构性缺编难题》,《中国教育报》2014 年 11 月 19 日。

❷ 王爽、刘善槐、房婷婷:《面向 2035 的乡村教师队伍需求结构预测与建设规划》,《中国教育学刊》2021 年第 10 期。

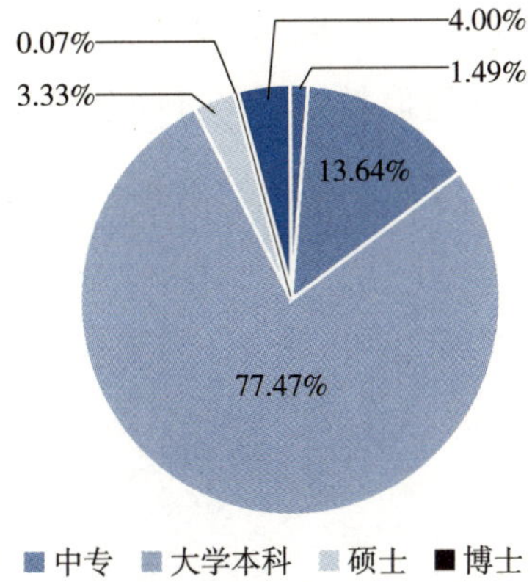

图 4.3.3　小学专任科学教师学历背景全国概况

4.3.3 所示）。相比 2020 年，本科及以上学历的科学教师比例大幅提升。

从专业来看，小学科学教师专业背景复杂，占比排名前三的分别是教育学（48.54%）、文学（21.95%）、理学（9.59%），近四成教师的专业背景与科学学科专业或教育学专业无关。教师资格认证是确保教师质量的基本条件，为建设标准、规范的教师队伍提供了基本保障[1]。对小学科学教师持有的教师资格证类型进一步进行统计发现（如图 4.3.4 所示），我国小学科学教师群体中（包括所有的专兼职教师）仅 10.03% 的教师持有“科学教师资格证”，45.79% 的教师持有物理、化学、生物、数学、信息技术等理科相关教师资格证，44.18% 的教师持有音乐、美术、语文等与理科无关的教师资格证。可见，小学科学教师的“专业结构不完全对应”问题仍较为严峻。值得注意的是，在持有“科学教师资格证”的教师群体中，仍有 30.3% 为兼职教师，未来在提高科学教师专职率方面可考虑将持有“科学教师资格证”的兼职教师转为专职教师。

根据访谈结果，科学教师兼职比例高与编制比例少的现象不仅影响了科学教育活动实施质量，同时也影响了职前教师考取科学教师资格证

[1] 安雪慧:《我国中小学教师资格证制度改革及影响研究 》,《清华大学教育研究》2024 年第 3 期。

的意愿，有教师反映："由于数学、语文等其他学科教师可兼任科学教师，因此部分职前教师在考取教师资格证时认为考取其他学科的教师资格证就业范围更广，而考取科学教师资格证的应聘方向只能局限于小学科学方向。"

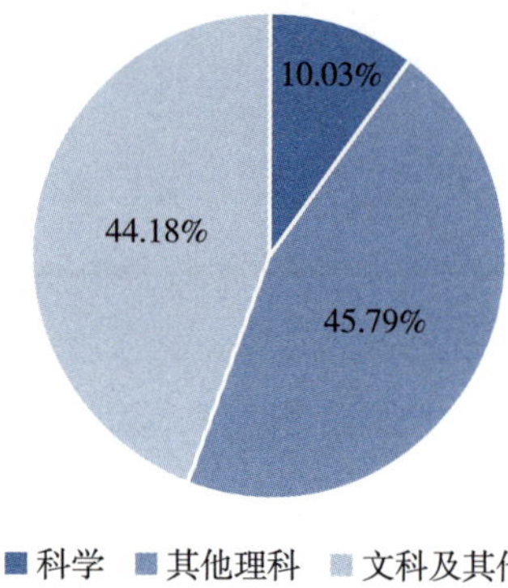

图 4.3.4　小学科学教师资格证类型全国概况

（2）城乡差异

对市区、县城与乡镇小学科学教师持有的教师资格证类型分别进行统计分析发现，城乡之间的教师专业结构分布有明显差异。由图 4.3.5 可知，县城与乡镇持有科学教师资格证的人数比例分别为 9.86% 与 8.29%，远低于市区（16.53%），持有文科及其他学科教师资格证的乡镇教师（48.46%）比例则远高于县城（39.79%）与市区（33.41%）。该

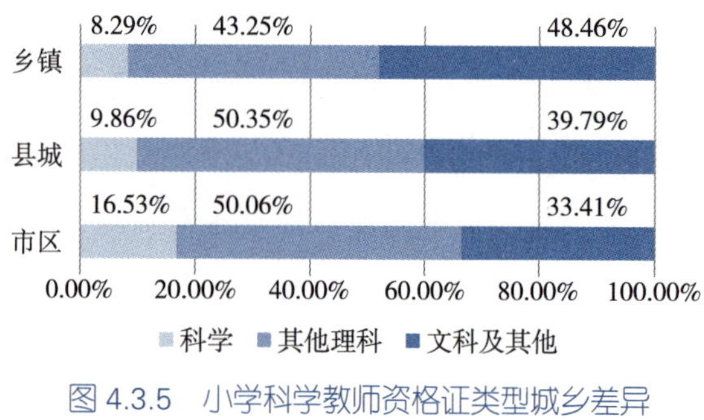

图 4.3.5　小学科学教师资格证类型城乡差异

结果进一步证明了科学教师配备的城乡结构分布不合理。

3. 年龄结构

以 10 年作为一个年龄区间，对全国受访教师的年龄结构进行统计分析（如图 4.3.6 所示）。整体来看，31—50 岁年龄段的中年教师是主要群体，占比为 57.32%，51 岁及以上的教师占比为 14.41%。从城乡差异来看，乡镇 51 岁及以上的教师比例为 15.97%，明显高于县城（11.48%）和市区（11.9%）。

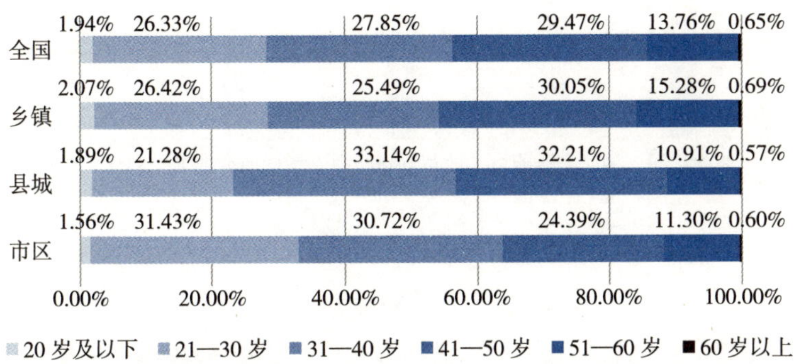

图 4.3.6 小学科学教师年龄结构

（二）小学科学教师专业素养发展现状

1. 全国小学科学教师专业素养发展概况

（1）不同维度发展整体概况

从整体上对比不同维度的专业素养得分可以发现（如图 4.3.7 所示），我国小学科学教师得分最高的素养是职业认同（87.18 分），表明大部分小学科学教师认为自己的工作对促进社会和学生发展很有用，并且愿意从事科学教育工作。在所有维度中，参测教师的科学课程理解得分最低（40.42 分），表明我国大多数小学科学教师对科学课程持有片面性的或错误性的理解。进一步，将科学教师的素养得分划分等级后发现（如表 4-3-1 所示），我国仅不到 1% 的小学科学教师在科学课程理解维度处于良好及以上水平，78.13% 的教师处于待提高水平。在职业认同、教学实践能力、改革创新能力、教学研究能力四个维度上，分别有 43.27%、39.45%、37.02%、35.97% 的教师处于优秀水平，有 3.46%、3.42%、5.41%、4.33% 的教师处于待提高水平。

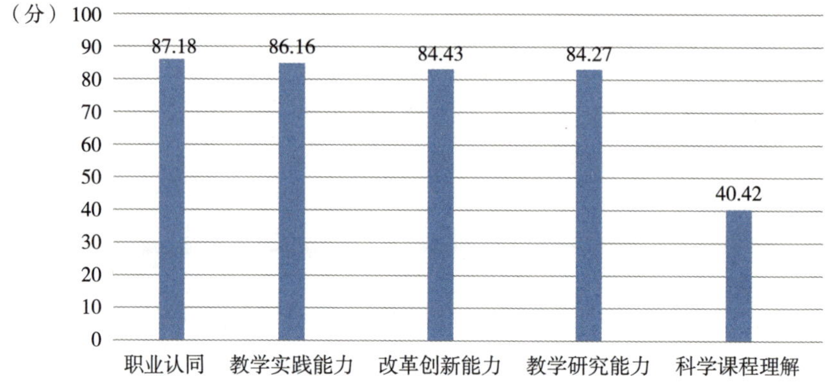

图 4.3.7　小学科学教师专业素养整体概况

表 4-3-1　小学科学教师专业素养等级分布

素养维度	素养得分等级				
	待提高	合格	中等	良好	优秀
职业认同	3.46%	8.51%	6.21%	38.55%	43.27%
教学实践能力	3.42%	7.98%	9.75%	39.40%	39.45%
改革创新能力	5.41%	13.07%	6.00%	38.50%	37.02%
教学研究能力	4.33%	10.97%	9.26%	39.47%	35.97%
科学课程理解	78.13%	13.72%	7.33%	0.79%	0.03%

（2）小学科学教师课程理解发展现状

由于在所有素养中，小学科学教师的课程理解得分最低，且与其他维度存在较大差异，因此，对问卷作答情况进行详细分析后发现教师对科学课程与教学大多持有片面性或者错误性的理解。

第一，在目标认识方面，核心素养是科学课程的关键培养目标，包括科学观念、科学思维、探究实践与态度责任四个相互关联的维度，但教师对核心素养的内涵及其之间的关系并未形成清晰的认识。例如，全国有 17.7% 的小学科学教师认为科学课程核心素养的四个维度之间是相互独立的，有 28.6% 的教师没有认识到科学观念是科学思维的认知加工材料。此外，对于《义务教育科学课程标准（2022 年版）》中将原有的“科学概念”改为“科学观念”、“科学探究”改为“探究实践”等的深层原因，教师未能形成深刻认识。实地访谈中发现，虽然没有教师能清晰地解释科学观念、探究实践、科学思维等素养的内涵，但均从不同视角提出了自己的初步见解。例如，针对科学概念与科学观念之间的区别，某教师从学生自主思考的视角认为：“概念可能是老师想让学生学到什么东西，树立一个关于对这个知识体系的了解，但是观念的‘观’就感觉好像加入了学生自己的思考和想法。”另一教师则从真实问题解决的视角提出：“科学概念肯定是让学生来重复记忆背诵的一个东西，比较形象化，但观念是要结合学生生活经验理解形成的科学知识，并能将形成的科学知识应用到实际生活。”在未来的培训中引导教师在原有认识的基础上，引发教师的认知冲突，更有助于教师的认识发展。

第二，在教学方面，通过实施探究式教学、跨学科教学等培养学生解决真实复杂问题的能力是当前科学教学改革的主要趋势之一。《关于加强小学科学教师培养的通知》（教师厅函〔2022〕10 号）明确指出要加强教师的跨学科教学实践能力。然而，有 84.8% 的科学教师对跨学科教学持有错误认识，多数教师认为“仅将数学、历史等其他学科的学习策略应用迁移至科学教学即是跨学科教学”。部分教师则无法理解跨学科概念与跨学科教学之间的联系。例如，某教师在访谈中提出“是否在小学阶段按照跨学科概念实施教学即为跨学科教学”。在情境创设方面，有 36.5% 的教师持有错误观念，认为情境只需学生感兴趣即可，只要是真实情境就可直接应用于课堂，或者所有真实情境都可用于不同学段的学生，58.1% 的小学科学教师认为态度责任主要通过老师直接讲授的方式培养。

2. 差异分析

（1）小学科学教师专业素养城乡差异分析

如表 4–3–2 所示，在专业素养的所有维度上，小学科学教师平均分为：市区教师 > 县城教师 > 乡镇教师，且存在显著差异（$p<0.001$）。其中，在科学课程理解维度得分的城乡差异最大，乡镇小学教师（38.54 分）比市区小学教师（44.67 分）低了 6 分多。

表 4–3–2　小学科学教师专业素养城乡差异

维度	平均分			F
	市区	县城	乡镇	
科学课程理解	44.67	41.10	38.54	671.099***
教学实践能力	88.54	87.25	85.19	495.285***
改革创新能力	86.22	85.69	83.56	291.775***
教学研究能力	86.10	85.33	83.39	323.094***
职业认同	89.18	87.93	86.41	292.139***

注：***$p<0.001$，**$p<0.01$，*$p<0.05$。

（2）专兼职小学科学教师专业素养差异分析

如表 4–3–3 所示，在专业素养的所有维度上，小学专职科学教师的得分均高于兼职科学教师，且存在显著差异（$p<0.001$）。因此，配备小学专职科学教师是提升科学教学质量的重要保障。结合实地调研情况，除招聘专职科学教师外，培养提升兼职科学教师的专业素养也是保证科学教学提质工作有效开展的重要途径之一。例如，某市针对数学兼职小学科学教师群体，定期开展科学教育相关培训工作，并组织兼职教师开展科学教学比赛，主要围绕科学专业知识、科学教学知识、科学教学设计与课堂实施等不同方面开展比赛，以此激发并提升兼职科学教师的自主提升动机。

表 4-3-3 小学科学教师专业素养各维度的专兼职差异分析

维度	专职		兼职		t
	均值	标准差	均值	标准差	
科学课程理解	40.73	21.20	39.97	19.57	5.425***
教学实践能力	87.92	13.09	85.42	13.38	27.200***
改革创新能力	85.98	14.83	83.76	14.88	21.539***
教学研究能力	86.03	14.09	83.49	14.46	25.579***
职业认同	88.84	13.75	86.48	14.05	24.386***

注：***p<0.001，**p<0.01，*p<0.05。

（3）持有不同类型教师资格证的小学科学教师专业素养差异分析

如表 4-3-4 所示，持有科学教师资格证与非科学教师资格证的小学科学教师，在专业素养的五个维度均存在显著差异（p< 0.001）。尤其在科学课程理解与教学实践能力方面的差异较大。

表 4-3-4 持有不同类型教师资格证的小学科学教师专业素养差异分析

维度	科学		非科学		t
	均值	标准差	均值	标准差	
科学课程理解	42.86	21.73	39.66	19.71	18.701***
教学实践能力	87.70	13.00	85.91	13.39	15.701***
改革创新能力	85.38	15.01	84.28	14.87	8.671***
教学研究能力	85.58	14.02	84.04	14.45	12.614***
职业认同	88.57	13.72	86.95	14.04	13.51***

注：***p<0.001，**p<0.01，*p<0.05。

（三）小学科学教师在职培训现状

科学教师参加在职的科学教育培训是提升教师学科教学能力及促进教师专业发展的主要途径。本次调研目的在于了解小学科学教师是否参加在职培训，认为何种培训方式是有效的，以及未来期望获得的培训内容。

1. 客观培训现状

从参与的人数比例来看（如图 4.3.8 所示），目前全国有 76.97% 的小学教师参加过培训，相比于本团队 2017 年承接的教育部科学课程实施情况调查工作结果（有 57.5% 的教师参加过科学教育培训），小学科学教师参与培训的情况得到了明显改善。虽然乡镇教师中参与过培训的人数比例（75.77%）低于市区（79.82%），但总体都超过了 70%。根据实地访谈调研，小学科学教师数量短缺是限制教师外出培训的重要因素。访谈中多个地区的教研员与一线教师均提出："很多地方该培训的老师不出来，不该培训的老师出来参加培训。核心点还是编制问题、人员问题。因为你一出去培训，学校的课确实是安排不下去，大家都是满课。""培训主要是工会矛盾的问题，有校长建议教师尽量参加周末培训或线上培训，而且请假外出培训后，请假期间的工作量需要再补回，所以在现在工作量很大的情况下，我们（参与访谈的一线科学教师）也不愿意出去参加培训，工作压力太大，且请假期间的调课需要教师自己找其他老师协商，还要面对人情压力。"

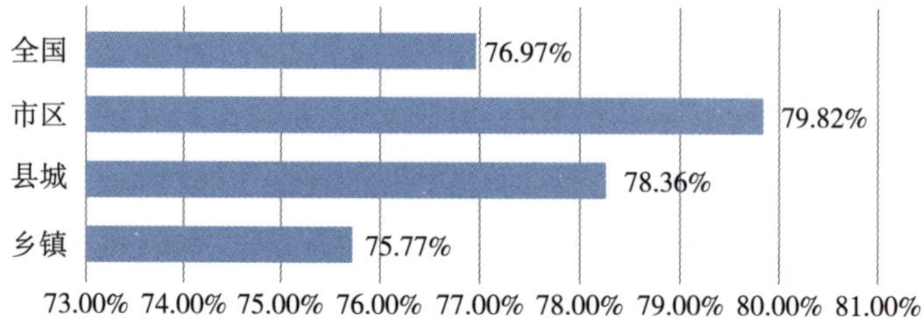

图 4.3.8　参与培训的小学科学教师人数比例城乡差异

从参与的培训层级来看，全国有 12.04% 的小学科学教师参加过国家级的培训，21.4% 的小学科学教师参加过省级培训。然而，市区、县城、乡镇教师中参加过国家级培训的占比分别为 16.41%、12.33%、10.75%，表明乡镇教师获得国家级培训的机会少于市区教师（如图 4.3.9 所示）。

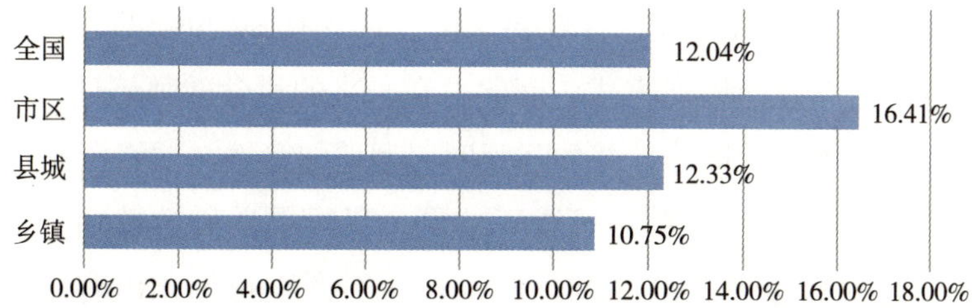

图 4.3.9　参与国家级培训的小学科学教师人数比例城乡差异

从培训的主要内容来看，当前小学科学教师参与的培训内容包括学科课标与教材解析、课程改革通识、教学课例分析、现代教育技术等多个方面（如图 4.3.10 所示）。其中，参与学科课标与教材解析的教师比例最高，达到了 49.42%。虽然参与现代教育技术培训的教师比例最少，仅 37.84%，但在实际访谈中发现，部分教师期望通过参与现代教育技术培训将最新的科技前沿以智能化的手段进行展示。

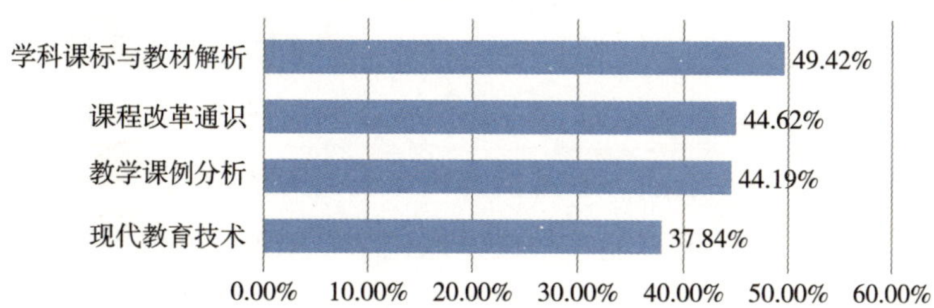

图 4.3.10　小学科学教师参加在职培训的内容统计

2. 主观培训需求

在培训方式上（如图 4.3.11 所示），全国仅 45.09% 的教师认为直接讲授是一种有效的培训方式，分别有 56.55%、59.77% 的教师认为互

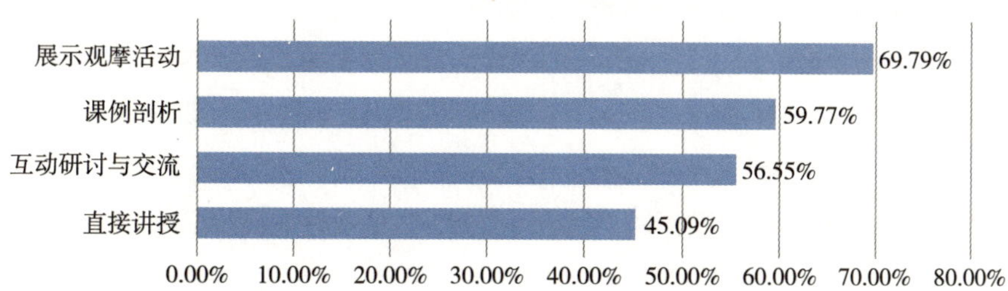

图 4.3.11　小学科学教师认为有效的培训方式统计

动研讨与交流、课例剖析是有效的培训方式，有 69.79% 的教师认为展示观摩活动是有效的培训方式。因此，在未来的科学教师培训中，应注意以案例为载体进行培养，并加强观摩典型课的筛选与网络资源建设。

结合科学教师专业素养的调研结果，我国小学科学教师普遍缺乏对新一轮课程概念理念的深刻理解，包括新课程目标、内容组织、教学方式等多个方面。在关于培训的实际访谈中，大多数教师也都反映不知道如何将新课标中的理念转化应用至实际的教学中。例如，某教师在访谈中提到："培训过程中在实践方面提的要求很高，回到学校真正落实起来有困难。"专家面向一线教师进行学科课标与教材解析，被教师认为是一种深刻理解新课标理念的主要方式。教法指导与课例分析则能够为教师将新课标理念转化为实际教学提供脚手架。因此，在本次调研中，有 49.02% 的科学教师期望得到学科课标与教材解析方面的指导，57.02% 与 64.01% 的教师期望获得教法指导与课例分析方面的培训（如图 4.3.12 所示）。除以上内容外，选择期望获得科研方法指导（58.72%）、现代信息技术培训（45.79%）的教师比例也均相对较高。此外，围绕最新科技前沿，教师们提出，应当为教师提供能够接触最前沿科技的培训，以便他们能够很快速地让学生知道现在科技整体发展到什么样的一个水平。因为现在的科学教师仍主要停留在过去的知识积累层面，对最新的科技知之甚少。

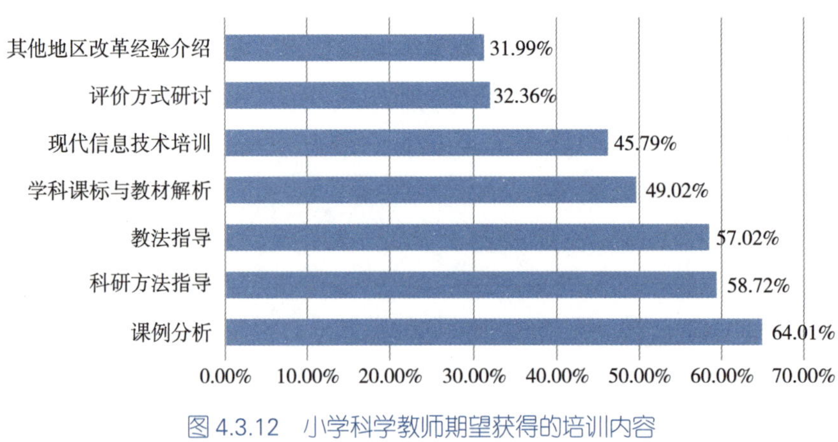

图 4.3.12　小学科学教师期望获得的培训内容

另外，小学科学课为综合性课程，但大部分科学教师为单一理科背景或文科兼职教师，因此在访谈中也反映期望未来能获得科学内容知识方面的培训，并提出带教师进行实地的科学观察与科学探究是一种有效轻松的培训方式。例如，某化学背景的教师指出："很多老师并不是全科性的，比如我是研究化学的，很多生物、物理、地理知识我根本不知道，特别是教地球与宇宙单元，好多东西我都搞不懂，像八大行星的排列顺序，我还要自己去背一下。这进一步导致在课堂上答疑解惑时，学生问的问题我无法回答，造成尴尬的局面。我在很多年前看到一种比较好的培训模式：云南的生物种类相对较多，所以某学校组织老师去云南培训一周左右，让老师真正地去接触大自然，去研究那些菌类植物，这能够有效扩大老师的知识面。因此，建议以后可以采用类似的培训方式，以区县为单位，由特定学科背景知识丰富的教师带队，带领其他学科背景的教师进行实地探究学习，把六年所涉及的科学知识进行系统培训。"另一位教师认为："小学科学教师的日常工作负荷较大，因此在培训时期望能通过有趣的案例观摩或活动体验等方式进行，减少单向传授的培训方式。"

3. 参加与未参加过培训的教师素养对比

如表 4–3–5 所示，参加过专业培训的小学科学教师在专业素养的各个维度得分均显著高于未参加过专业培训的科学教师。由此可知，提升培训覆盖比例，尤其是加强对兼职科学教师的培训是提升小学科学教师队伍质量的关键因素。

表 4–3–5　参加与未参加过培训的小学科学教师素养对比

维度	参加		未参加		t
	均值	标准差	均值	标准差	
科学课程理解	40.99	20.23	36.78	19.56	27.577***
教学实践能力	87.11	12.60	83.02	15.42	40.393***
改革创新能力	85.25	14.33	81.67	16.64	31.555***

续表

维度	参加		未参加		t
	均值	标准差	均值	标准差	
教学研究能力	85.16	13.75	81.30	16.25	35.335***
职业认同	88.14	13.27	83.98	16.08	39.065***

注：***p<0.001，**p<0.01，*p<0.05。

四、中学科学教师队伍建设现状

（一）中学科学教师队伍结构分析

1. 专职率

（1）整体概况

从整体来看（如图 4.4.1 所示），本次调研结果显示全国专职中学科学教师占比为 82.43%，明显高于小学（31.88%）。主要原因之一是科学学科是中考与高考的考试科目，因此科学课的地位有所提升，专职科学教师的配比也就相对较高。

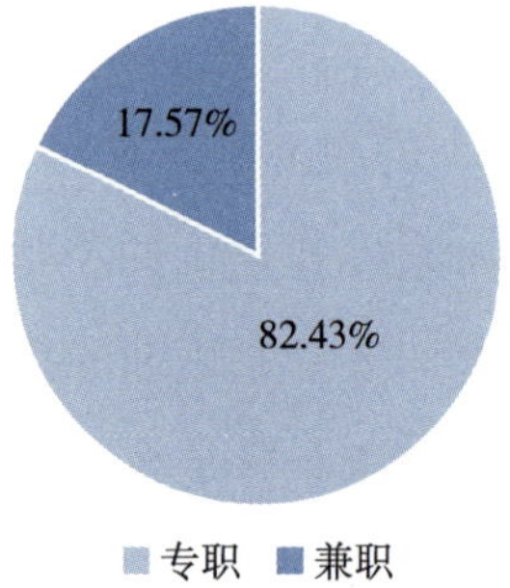

图 4.4.1　中学科学教师专兼职比例

（2）城乡差异

从城乡差异来看（如图 4.4.2 所示），与小学类似，市区、县城与乡镇之间的专职中学科学教师比例差异显著。市区的专职教师占比最高（92.32%），县城次之（86.36%），乡镇最低（67.82%）。由此可见，乡镇中学科学教师队伍建设水平亟须提升。

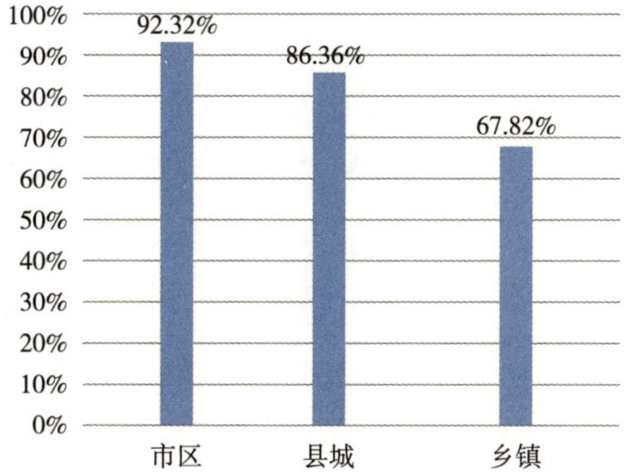

图 4.4.2　中学专职科学教师比例城乡差异

2. 学历与专业

学历是衡量教师专业素养的重要指标。本次调研结果显示，中学专职科学教师中有 89.09% 是本科及以上学历，其中有 15.78% 为研究生学历（如图 4.4.3 所示），明显高于小学（3.4%）。

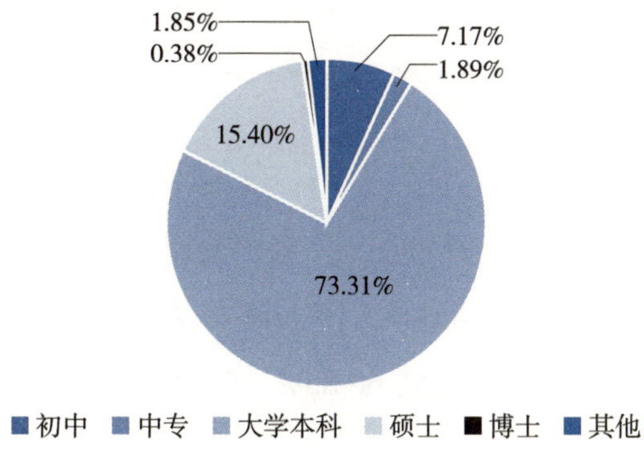

图 4.4.3　中学专职科学教师学历背景全国概况

从专业来看，中学有 85.53% 的科学教师持有与理科相关的教师资格证，但仍有 14.47% 的科学教师持有文科及其他与理科无关的教师资格证（如图 4.4.4 所示）。结合城乡差异分布图来看（如图 4.4.5 所示），市区仅 3.68% 的中学科学教师持有与理科无关的教师资格证，乡镇有 32.07% 的中学科学教师持有与理科无关的教师资格证。该现象表明中学科学教师队伍在专业质量方面有较大差异，未来应着重关注乡镇中学

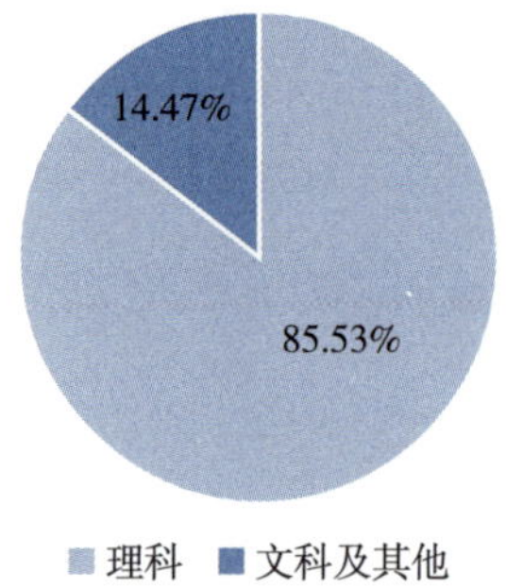

图 4.4.4 中学科学教师资格证类型全国概况

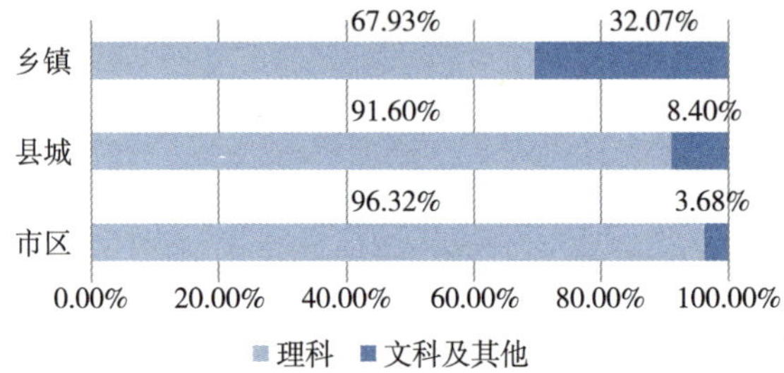

图 4.4.5 中学科学教师资格证类型城乡差异

科学教师招聘的专业方向。

3. 年龄结构

以 10 年作为一个年龄区间，对全国受访中学科学教师的年龄结构进行统计分析（如图 4.4.6 所示）。整体来看，31—50 岁年龄段的中年教师是主要群体，占比共 60.85%，51 岁及以上的老龄教师占比

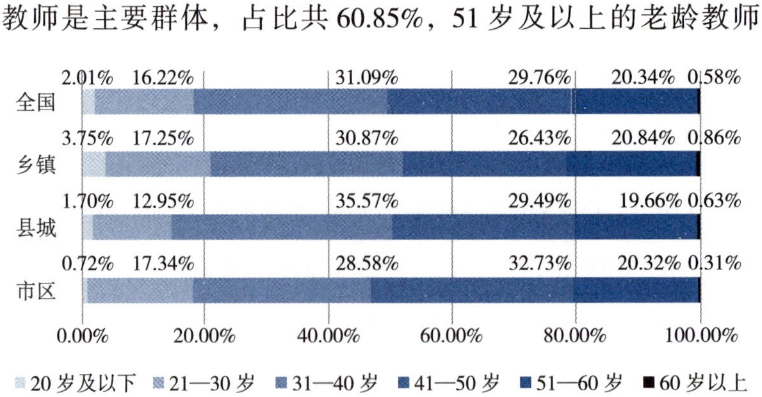

图 4.4.6 中学科学教师年龄结构

20.92%。从城乡差异来看，乡镇 51 岁及以上的老龄教师比例（21.70%）与市区（20.63%）、县城（20.29%）相差不大。

（二）中学科学教师专业素养发展现状

1. 全国中学科学教师专业素养发展概况

（1）不同维度发展整体概况

全国中学科学教师的专业素养如图 4.4.7 所示。从整体上对比不同维度的专业素养得分可以发现，我国中学科学教师得分最高的素养是职业认同（87.19 分），表明大部分中学科学教师认为自己的工作对促进社会和学生发展很有用，并且愿意从事科学教育工作。在所有维度中，参测教师的科学课程理解得分最低（32.01 分），表明我国大多数中学科学教师对科学课程持有片面性的或错误性的理解。

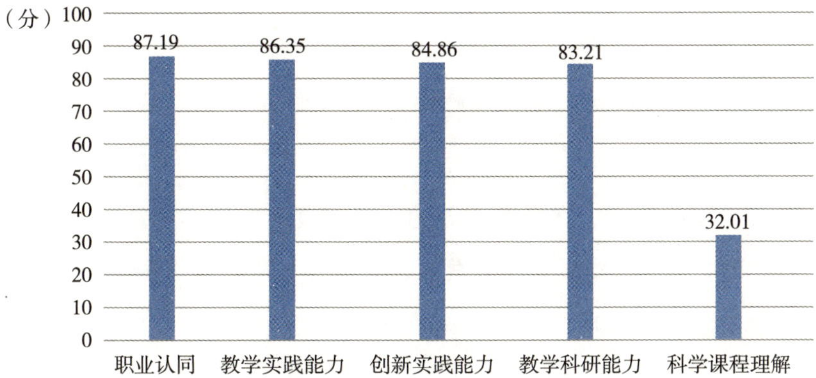

图 4.4.7 中学科学教师专业素养整体概况

（2）中学科学教师课程理解发展现状

由于在所有素养中，中学科学教师的课程理解得分最低，且与其他维度存在较大差异，因此，对问卷作答情况进行详细分析后发现教师对科学课程与教学大多持有片面性或者错误性的理解。

第一，在目标认识方面，仅 11.75% 的中学教师对科学素养的四个维度及其之间的关系持有正确认识；有 0.69% 的中学教师认为科学素养的四个维度之间是相互独立的，相比小学（17.7%）有所改善，但仍有43.88% 的教师认为科学观念是核心素养的核心，这可能是受传统教学的知识本位的影响。以往研究表明大多数教师倾向于将科学探究视为一系列操作程序，因此本次调研围绕教师将探究实践作为培养目标的认识进行了统计，发现仍有 8.96% 的中学教师认为将科学探究作为培养目标仅涉及学生的实验操作能力，不包括对科学探究本质的理解与作出假设、建构解释等探究能力。结合实际访谈，该现象有可能是因为部分地区的中学实验考试以学生动手操作为导向。例如，某地区的中学科学教师反映，所在地区的中考实验考试仅五分钟时间，大多以实验操作的考查为主，很少涉及探究能力。

第二，在教学方面，47.53% 的中学教师认为态度责任可以通过直接传授的方式培养；有 37.4% 的科学教师对情境创设持有错误的认识，例如，认为情境创设只需学生感兴趣即可，或只要是从其他教学案例里找到真实情境就可以直接应用于课堂或不同学段的学生，忽视了不同地域与不同学段学生的已有生活经验和认知水平。

2. 差异分析

如表 4–4–1 所示，在专业素养的所有维度上，中学科学教师平均分为：市区教师 > 县城教师 > 乡镇教师，且存在显著差异（$p<0.001$）。

（1）中学科学教师专业素养城乡差异分析

表 4–4–1　中学科学教师专业素养城乡差异

维度	平均分			F
	市区	县城	乡镇	
科学课程理解	33.42	32.54	29.96	25.318***
教学实践能力	87.62	86.66	84.62	34.491***
创新实践能力	86.10	85.12	83.18	26.814***
教学研究能力	84.24	83.57	81.73	18.321***
职业认同	88.30	87.29	85.81	19.594***

注：$^{***}p<0.001$，$^{**}p<0.01$，$^{*}p<0.05$。

（2）专兼职中学科学教师专业素养差异分析

如表 4-4-2 所示，在专业素养的所有维度上，中学专职科学教师的得分均高于兼职科学教师，且存在显著差异（$p<0.001$）。

表 4-4-2　中学科学教师专业素养各维度的专兼职差异

维度	专职		兼职		t
	均值	标准差	均值	标准差	
科学课程理解	32.75	18.07	28.57	18.31	7.413***
教学实践能力	87.11	12.68	82.79	15.83	10.449***
创新实践能力	85.58	14.11	81.45	16.91	9.075***
教学研究能力	83.81	14.96	80.39	17.22	7.164***
职业认同	87.99	13.70	83.45	17.46	10.121***

注：$^{***}p<0.001$，$^{**}p<0.01$，$^{*}p<0.05$。

（三）中学科学教师在职培训现状

1. 客观培训现状

从参与的人数比例来看（如图 4.4.8 所示），目前全国有 92.08% 的中学教师参加过培训。虽然乡镇教师中参与过培训的教师人数比例（87.11%）低于市区教师（95.61%），但总体都超过了 85%。

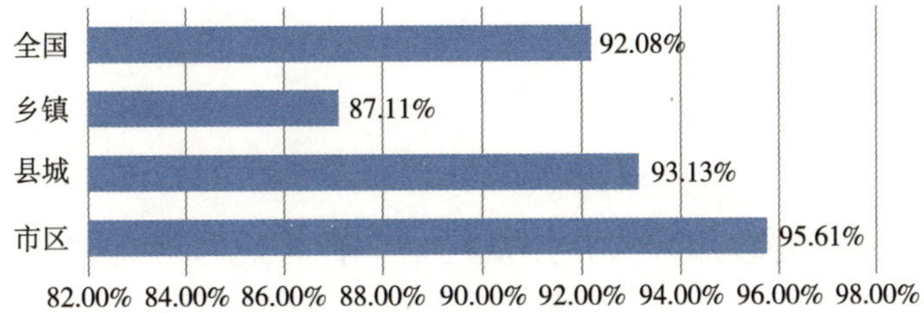

图 4.4.8　参与培训的中学科学教师人数比例城乡差异

从参与的培训层级来看，全国有 22.17% 的中学科学教师参加过国家级的培训（如图 4.4.9 所示）。然而，市区、县城、乡镇教师中参加过国家级培训的占比分别为 28.44%、18.52%、17.33%，乡镇中学科学教师获得国家级培训的机会低于市区教师 11% 左右。由此可见，需进一步加大对乡镇科学教师参与国家级培训的投入。

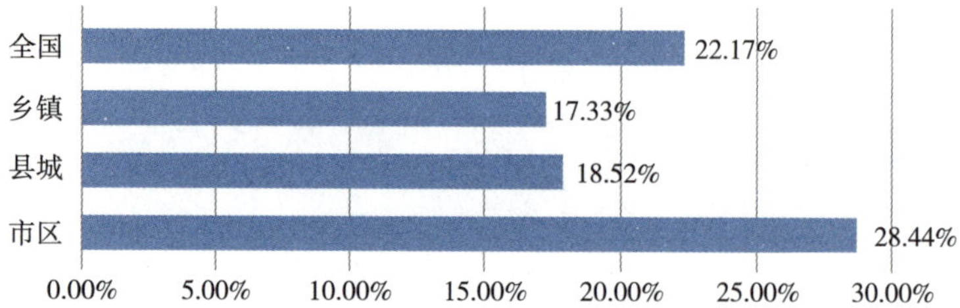

图 4.4.9　参与国家级培训的中学科学教师人数比例城乡差异

从培训的主要内容来看（如图 4.4.10 所示），当前中学科学教师参与的培训内容包括学科课标与教材解析、课程改革通识、教学课例分析、现代教育技术等多个方面。其中，参与课程改革通识培训的教师比例最高，达到了 68.57%，参与现代教育技术培训的教师比例最少，仅 54.74%。

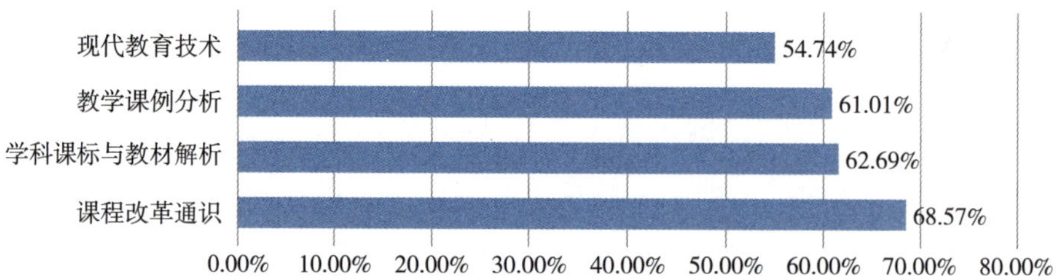

图 4.4.10　中学科学教师参加在职培训的内容统计

2. 主观培训需求

综合问卷调研与实地访谈，在培训方式上（如图 4.4.11 所示），全国仅 39.58% 的教师认为直接讲授是一种有效的培训方式，分别有 59.13%、63.51%、68.88% 的教师认为互动研讨与交流、课例剖析、展示观摩活动等具有典型示范作用与互动性质的培训更为有效。例如，访谈中某教师反馈："所在地区形成了四级教研模式，其中一级的核心教研团队由省级学科带头人、教学能手组成，二级教研团队由学区教研员组成，三级教研团队由学校教研组组长构成，四级教研团队则指的是各年级的教研团队。对于新课标的内容学习及其在实际教学中的应用，通过不同的教研团队层层落实到各学科教师，且不同层级的教研团队均构建了交流群，可随时反馈并交流教学问题。与此同时，官方建立了教研公众号并于其中定期发布教学资源，包括经过不断打磨后形成的可直接应用的教学案例与 PPT，兼职教师可直接获取并应用于课堂教学，从而能有效提升课堂教学质量。”因此，未来可通过建立培训机制，压实各级责任来强化培训效果。

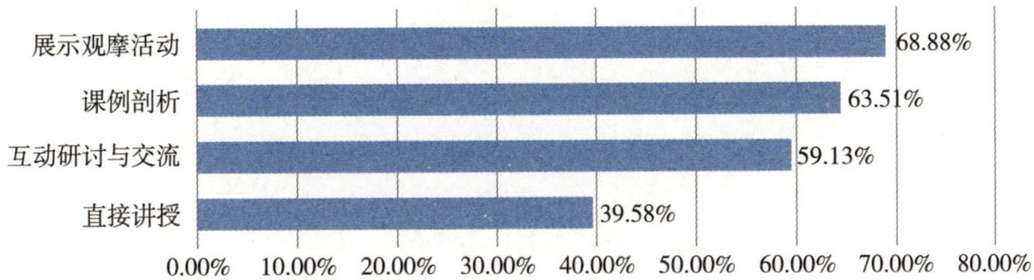

图 4.4.11　中学科学教师认为有效的培训方式统计

访谈中部分一线教师还提及，很多在职前学习期间习得的专业知识在毕业后仍需加深巩固，期望提供更多高校短期培训的机会，“希望寒暑假能安排回到高校上 1—2 周专业课，学习一些实验操作或者专业知识，只有老师自己成长了，才能教给学生最新的科技前沿”。此外，部分地区的中学教师反馈当前很多高质量的科学教师培训通常需要教师自费参加，希望未来能多一些免费参加高质量培训的机会。

在培训内容上，与小学情况类似，中学教师对新课标理念的理解也较为浅层，甚至存在错误理解。与之相对应，在本次对未来期望获得的培训内容调研中，有 56.23% 的科学教师期望得到学科课标与教材解析方面的培训，有 59.5% 和 68.63% 的教师期望得到科研方法指导与课例分析方面的培训（如图 4.4.12 所示）。例如，有多位教师反映，“教学实践经验的获取大多需要通过课例分析的方式，希望能去上海、江苏等教育水平较高的区域现场观摩学习，但当前的大多数培训为线上讲座培训，或校长去其他学校走访后向教师讲授，一线教师走出学校学习的机会较少”“实践教学的经验很难通过教科书或案例分析的方式呈现，需要现场学习”。针对各学科教研组长，则提出，“当前科学课程转向学生的核心素养培养，导致学业质量评价的题目也发生了较大改变，出现了开放性、综合性、跨学科的真实问题解决项目，因此教研组长亟须编题命题方面的培训”。

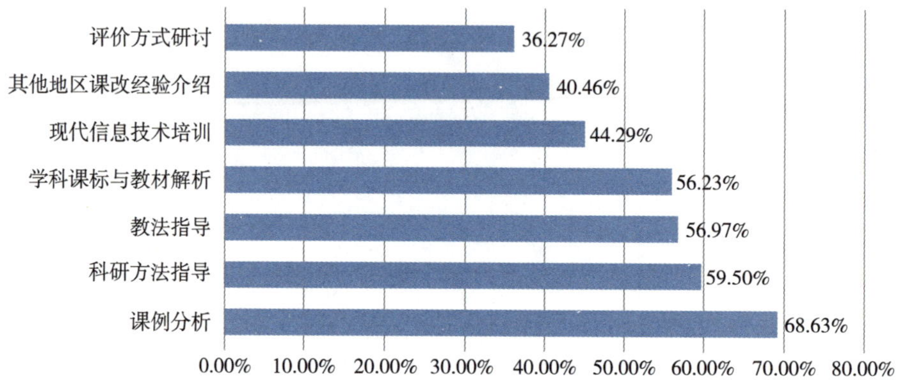

图 4.4.12　中学科学教师期望获得的培训内容

在教法方面，访谈时有很多中学教师反映期望得到“新课标理念如何落实到具体实践中的指导培训，尤其是跨学科教学方面的培训”。一方面，根据问卷调查与实地访谈，一线科学教师对新课标的理解不够深刻透彻，因此很难将其应用于实际教学设计当中。因此，教师普遍反映希望得到“新课标内容具体如何体现在课堂教学、实验教学、教学评价等教学实践中的执行策略培训”。另一方面，当前跨学科教学是教学改革的主要趋势之一，但大部分中学教师均为分科教师，更熟悉本学科知识，对其他学科知识了解不多，且在教学方法上也更适应分科教学，因此“如何组织不同学科教师形成跨学科教研团队设计跨学科教学内容”，以及“如何在分科教学中实施跨学科教学”是中学教师普遍面临的困难。除培训外，教师还反映，“由于教材中缺少跨学科教学的具体内容，加大了实施难度，建议未来可更新教材并辅以相关培训，进而大大加强中学跨学科教学的实施数量与质量”。

五、中国科学教师队伍建设的困境与优化路径

（一）中国科学教师队伍建设的现实挑战

1. 结构维度

中小学教师的学历水平稳步提升，但研究生学历教师占比与专职率有待改善。

自我国建立教师资格准入制度以来，科学教师的学历水平显著提升。尤其是党的十八大以来，我国一直将教师队伍建设作为基础工作，例如2018年中共中央和国务院发布了《关于全面深化新时代教师队伍建设改革的意见》（中发〔2018〕4号），教育部等五部门印发了《教师教育振兴行动计划（2018—2022年）》。本次调研结果显示，小学专职科学教师中有80.87%是本科及以上学历，中学有89.09%是本科及以上学历。然而，从研究生占比来看，我国小学专职科学教师中仅3.4%为研究生学历，中学仅15.78%为研究生学历，远低于欧美发达国家50%以上的比例。

此外，专职率是教师队伍建设质量的基本保障。然而，本次调研数据显示我国小学科学教师专职率仅为31.88%。从专业背景来看，根据对教师资格证类型的统计，我国仅10.03%的小学科学教师持有科学教师资格证，表明小学科学教师的专职率与“专业结构不完全对应”问题仍较为严峻。值得注意的是，我国持有科学教师资格证的群体中有30.3%的教师为兼职科学教师。虽然中学科学教师（包括物理、化学、生物、地理等学科教师）的专职率（82.43%）明显高于小学，但仍有较大提升空间。

2. 素养维度

教师的职业认同与自评教学能力较高，但对课程理解的准确性与深

刻性亟待提升。

科学课程标准是我国科学教师实施教学的纲领性文件，对我国科学教育的目标、内容、实施与评价等多个维度都提出了明确的规范与要求。从 2005 年开始，国际上开始将核心素养作为育人目标体系，我国也于 2016 年发布了《中国学生发展核心素养》，提出了我国学生“应具备的、能够适应终身发展和社会发展需要的必备品格和关键能力”。以此为理论依据，我国开始了基础教育各学科课程标准的修订，并颁布了《义务教育科学课程标准（2022 年版）》，提炼了包括科学观念、科学思维、探究实践、态度责任四个方面的核心素养发展要求，调整了课程结构，精简了课程内容，课程设计注重综合性、实践性，突出育人导向，强化实施指导，为进一步深化义务教育科学课程改革提供方向引领，对科学教师在核心素养的理解、课程内容的组织、课堂教学的实施等方面提出了新要求。

一线科学教师对新课标深刻、全面、准确的理解是影响新课标落实落地的重要因素，对科学教学质量提升与学生核心素养培养至关重要。然而，本次调研结果显示，在专业素养的所有维度中，科学教师课程理解维度的得分最低，小学科学教师得分为 40.42 分，中学教师得分为 32.01 分，全国仅不到 1% 的小学科学教师对科学课程的理解处于良好及以上水平。即便是专职的小学科学教师与中学科学教师，得分也未超过 50 分。该结果说明，我国中小学科学教师对新课标中涉及的课程理念、教学方式等存在很多片面性和错误性的认识。例如，在核心素养理解方面，全国有 17.7% 的小学科学教师认为科学课程核心素养的四个维度之间是相互独立的，有 41.7% 的小学科学教师认为科学观念是核心素养的核心。在对科学态度的理解方面，全国有 58.1% 的小学科学教师认为态度责任主要通过老师直接讲授的方式培养。在情境创设方面，有 36.5% 的小学科学教师持有错误观念，例如，认为情境只需学生感兴趣即可，只要真实情境就可直接应用于课堂。跨学科教学是当前科学教育改革的主要趋势之一，《关于加强小学科学教师培养的通知》（教师厅函〔2022〕10号）明确指出要加强教师的跨学科教学实践能力，然而在本次调研中有84.8%的小学科学教师持有错误认识，认为“将数学、历史等其他学科的学习策略应用迁移至科学教学即属于跨学科教学”。

3. 发展维度

教师培训效果显著，但未实现培训全员覆盖，且培训内容与方法需进一步优化。

优质教师的培养要求保障科学教师的持续发展，尤其是当前约90%的小学科学教师缺乏科学教育背景，近半数小学科学教师缺乏理科背景、缺乏对科学本质的理解、缺乏学科核心概念与跨学科概念的掌握、缺乏展开科学探究与工程实践教学的能力。因此，实施系统的科学教师在职培训，对于提升科学教师素养，保障教学实施质量至关重要。我国也一直重视教师培养对教育质量发展的支撑与保障作用。2022年，教育部发布《关于加强小学科学教师培养的通知》。本次调研结果显示，在教师专业素养的各个维度上，参与过培训的教师得分显著高于未参与过培训的教师，表明培训在提升科学教师的专业素养方面有一定成效，但仍存在培训机会不均等与未实现全覆盖等问题。

本次调研中，无论是小学还是中学，参加过培训与参加过国家级培训的乡镇科学教师比例均低于市区教师。小学科学教师中反映参加过培训与参加过国家级培训的教师比例均低于中学教师。该结果表明在学段与城乡差异方面，均存在科学教师培训机会不均等问题。此外，2012年，国务院发布的《关于加强教师队伍建设的意见》中明确指出要“实行五年一周期不少于360学时的教师全员培训制度”。然而，本次参测教师中仍有近24%和约8%的小学与中学科学教师从未参与过在职培训，未能实现培训的全员覆盖。尤其是我国大多数中小学科学教师在科学课程理解方面存在片面性与错误性理解，同时参与过学科课标与教材解析的小学科学教师不足50%，中学教师仅占比62.69%。2021年教育部基础教育教学指导委员会科学教学专委会的调研也发现全国 33.7% 和 26.6% 的小学科学教师没有参加过每学期的教研组活动和每年的教研组以上科学专业培训[1]。

除以上两点外，综合访谈结果与已有研究，培养经费不足也是当前教师培训中面临的主要问题。本次调研中，部分科学教师反映一线教师自费参加高质量培训的现象较为普遍，科学教研员则提出邀请专家指导培训的经费不足。关松林（2013）也曾指出："义务教育教师的培训工作经费的投入严重不足，政府和教育主管部门并没有完全承担起教师培训所需的费用，学校负担不起、教师无力支付，使得区域内的教师培训成为不可能。"[2] 因此，建立系统的教师培训经费管理体系也是我国科学教师队伍建设过程中需要解决的一个关键问题。

4. 城乡差异

科学教师在队伍结构、专业素养与培训机会方面均存在显著城乡差异。

农村义务教育是我国教育发展的薄弱环节，我国一直致力于缩小农村与城市义务教育水平之间的差距。《中共中央　国务院关于实施乡村振兴战略的意见》提出要高度重视发展农村义务教育，推动建立以城带乡、整体推进、城乡一体、均衡发展的义务教育发展机制。根据已有研究，面向我国教育事业的整体发现，我国在高级职称、专职教师培训、公用经费等指标上已经实现了一定程度上的城乡义务教育均衡发展。然而，此次针对科学教育的调研结果显示，我国在科学教师的队伍结构、科学教师专业素养、科学教师专业发展三个方面均存在显著的城乡差异。第一，从组成结构来看，乡镇小学科学教师的专职率为 25.14%，乡镇中学科学教师的专职率为 67.82%，均比市区科学教师的专职率低 25% 左右。在专业背景上，中学持有理科教师资格证的教师比例，乡

[1] 王晶莹：《强教必先强师：紧抓科学教育的"牛鼻子"》，《中国教师报》2022 年 6 月 8 日。
[2] 关松林：《区域内义务教育师资均衡配置：问题与破解》，《教育研究》2013 年第 12 期。

镇（67.93%）比市区（96.32%）低近30%；小学持有科学与其他理科教师资格证的教师比例，乡镇（51.54%）比市区（66.59%）低15%左右。第二，从专业素养来看，在所有维度上乡镇科学教师的素养得分均显著低于市区与县城学校。第三，从专业发展来看，参与过国家级培训的科学教师比例，中学乡镇教师（17.33%）比市区教师（28.44%）低11.11%，小学乡镇教师（10.75%）比市区教师（16.41%）低约6%。

（二）中国科学教师队伍建设的制约因素

1. 结构性缺编与科学教育专业建设不足问题突出，导致专职科学教师数量与培训机会不足

当前小学专职科学教师数量短缺的主要原因包括两个方面：一是我国科学教育专业建设不足导致职前科学教师培养数量少，二是以往教师招聘学科比例分配不均导致的结构性缺编。结构性缺编指的是教师总量达到甚至超过规定的编制数量，但区域、学科之间的教师招聘不均衡问题突出，导致出现科学学科教师数量严重短缺的现象，从而难以满足实际的教学需求[1]。在小学阶段，受应试教育理念的影响，以往小学科学课程不受重视、地位边缘化、开设不足的问题较为明显，多数地区与学校优先满足语文、数学等应试科目的师资需求，进一步引发专职小学科学教师招聘不足的历史遗留问题。据教育部2021年发布的教育统计数据测算，全国小学校均科学教师人数约为1.58人/校，居于所有学科的末位，且低于所有学科整体均值3.38人/校，远低于语文14.863人/校、数学11.700人/校、外语3.655人/校[2]。2022年，全国小学科学专职教师24万人，校均科学教师人数为1.61人/校[3]。本次调研显示，我国小学科学教师专职率仍仅占三成左右。然而，受结构性缺编问题与应试教

[1] 张继平：《农村中小学教师结构性缺编的政策性思考——以宜昌地区教育为例》，《中国教育学刊》2012年第10期。

[2] 朱旭东、张军：《我国科学教师队伍的突出问题与解决路径》，《教育家》2023年第48期。

[3] 任友群、郑永和：《强化小学科学教师专业化建设》，《光明日报》2023年7月11日。

育影响，当前大部分地区的教师招聘仍优先满足语文、数学、外语等考试科目。

除了结构性缺编的历史遗留问题外，高校科学教育专业建设是保障未来科学教师供给的关键。随着国家对小学科学教育与大中小科学教育一体化实施的高度重视，以及《义务教育小学科学课程标准（2017 年版）》中将小学课程的开设从三年级开始调整至从一年级开始，这引发了对小学科学教师的需求量不断增加，但我国高质量科学教师培养的学科体系还没有建立，难以满足课程改革后对科学教师的培养需求。从本科生培养来讲，设置科学教育专业的学校数量少、层次低。根据第三章的科学教育学科专业建设现状分析，截止到 2023 年，全国共有 79 所高校的科学教育本科专业招生。其中，国家重点高校、双一流高校仅 7 所。从博士研究生培养来讲，我国招收科学教育博士生的学校不足 10 所。然而，在亚洲，日本、印度、韩国、泰国、马来西亚、新加坡等国家从 20 世纪 70 年代起就先后在大学建立了科学教育学博士点。因此，我国当前高校的科学教育学科专业建设难以满足中小学对高质量科学教师的需求。历史遗留的科学教师招聘不足与新课改引发的教师数量需求增加问题交叉，使得我国小学专职科学教师的数量短缺与质量不足问题较为严峻。

2. 科学教师持有的错误认知与教学能力自我评价较高间的矛盾普遍，不利于教师自我提升

教师在特定教学情境下的专业判断主要来源于教师本身所具备的理论知识和实践知识，正是这些理论知识 / 科学知识与实践知识使教师成为一种真正的职业[1]。教师在认知层面所具备的内容知识、教学知识、对

[1] Shalem Y. What binds professional judgment?: The case of teaching. Knowledge, expertise and the professions. Routledge. 2014: 93-105.

科学持有的信念等已经被广泛证明是影响教学实践的直接因素[1]，且已有研究表明教师的内容知识与教学知识均会对学生的学业成就产生正向影响[2]。本次调研对教师的专业知识（科学课程理解）测评以测试题为主，而教学实践能力测评以教师自评问卷为主。结果显示，我国中小学科学教师普遍呈现出客观上较低的专业知识水平与主观上较高的教学实践能力水平。且已有研究表明，自我效能感高的教师可能会抵制改变教学实践，因为他们已经对自己的教学有足够的信心[3]。此外，Catalano etal.（2019）发现认为自己能够有效地教授科学的教师通常往往知识水平较低[4]，对自身教学知识储备的认识不足进一步导致教师在自我发展方面更期望获得操作层面的教法与教学设计指导，而非内容知识与教学知识方面的指导。由此可见，教师在教学实践能力方面较高的自我评分与实际较低的教学知识之间的矛盾并不利于教师的自我发展。在未来的研究中应引导科学教师关注自身的内容知识、教学知识与实践知识方面的储备。

3. 教师数量不足与培养体系不完善等问题，导致科学教师专业发展难以保障

首先，专职教师数量不足的问题导致一线科学教师难以保障外出培训的时间。国家级培训与省级培训等项目通常需要持续数天，但专职教师数量短缺导致一线科学教师的教学与非教学任务量均较大，很难保证有持续数天的空闲时间参加培训。如果在上课期间参加培训需要请假，

---

[1] Wilkins J L M. The relationship among elementary teachers' content knowledge, attitudes, beliefs, and practices. Journal of Mathematics Teacher Education, 2008, 11(2): 139-64; Ernest P. The knowledge, beliefs and attitudes of the mathematics teacher: A model. Journal of education for teaching, 1989, 15(1): 13-33.

[2] Gess-Newsome J, Taylor J A, Carlson J, et al. Teacher pedagogical content knowledge, practice, and student achievement. International Journal of Science Education, 2019, 41(7): 944-63.

[3] Tschannen-Moran M, Hoy A W, Hoy W K. Teacher efficacy: Its meaning and measure. Review of educational research, 1998, 68(2): 202-248.

[4] Catalano A, Asselta L, Durkin A. Exploring the Relationship between Science Content Knowledge and Science Teaching Self-Efficacy among Elementary Teachers. IAFOR Journal of Education, 2019, 7(1): 57-70.

从而会增大其他教师的工作量。这进一步导致了部分地区应该得到培训的科学教师没有机会参与培训，而参与培训的教师通常不需要相关培训。

其次，高校科学教育专业建设不足不仅导致职前科学教师培养数量难以满足实际教学需求，同时也导致在职培训质量较低且难以满足教师需求。根据本次调研，我国专兼职科学教师在认知层面均表现出对科学课程持有片面性与错误性的理解。在教学能力层面，虽然科学教师自评的教学实践能力得分较高，但学生对教师的课堂教学表现评分相对较低（详见第五章教学质量评价）。尤其在小学阶段兼职科学教师比例高，普遍缺乏理科学科专业背景与相关专业知识。系统开展科学教师培训，是应对科学教师的专业素养发展挑战的重要路径之一。然而，当前的培训难以满足科学教师的实际需求。一方面，兼职与专职科学教师、乡镇与市区等不同地域的科学教师，甚至不同学段的科学教师面临的发展困境有所不同，但现有的科学教师培训体系缺乏针对不同教师群体的差异化培训；另一方面，科学教师普遍反映课堂观摩、实验教学演示、跨学科教学方法等实践性与互动性的培训更有助于教师的能力提升，但当前部分地区仍以专家传授的方式为主。增强高校学科建设并承担科学教师职前职后一体化培养是解决该问题的重要方式。

（三）中国科学教师队伍建设的优化路径

1. 建立科学教师招聘机制，加快专职科学教师补充

第一，优化编制结构，落实中小学专职科学教师招聘。

解决专职科学教师数量不足的首要举措是增加科学教师招聘数量，解决结构性缺编问题则是提升专职科学教师招聘数量的基本前提，可从以下几个方面展开：首先，核算不同学校的科学教师班师比，按照校—区（县）—市—省逐层统计不同地区、不同学段、不同科学学科的科学教师短缺数量，并计算不同学校与地区的语文、数学、英语等其他学科的超编数量；其次，建立良性有序的教师补退机制，妥善有偿引退年龄

较大、精力不足的教师，灵活调整编制结构，对各学科专职教师的招聘编制进行整合管理、统筹分配及优质管理，逐渐改善结构性缺编的现象；最后，招聘理工科大学生担任科学教师，保证按照课程标准的要求配备合格的专职教师，切实提高专职科学教师比例。

第二，盘活现存师资，促进兼职教师向专职教师转化。

首先，将所有持有科学教师资格证的兼职教师调整为专职教师。本次调研发现存在部分持有科学教师资格证但仍为兼职科学教师的群体。未来可由各省调研了解专兼职科学教师的资格证情况，将所有持有科学教师资格证的兼职教师调整为专职教师；其次，鼓励小学全科教师转岗为科学专职教师。从 2014 年《教育部关于实施卓越教师培养计划的意见》中提出探索小学全科教师培养模式开始，我国小学全科教师培养已有十余年历史[1]。我国目前的小学全科教师职前培养包括“1 主教（语文、数学、英语、信息、科学、德育）+1 辅修（音乐学、美术学和书法学）”“2 主教（语文 + 数学）+1 兼教（科学、道德与法治、综合实践活动等）”“全科学习”等多种不同的模式，因此大部分小学全科教师都有科学教育学习经历[2]。此外，芬兰、法国等国家考虑到小学生认知特点，均重视小学阶段的全科教师培养[3]。因此，可鼓励在职前有理科或科学学习经历的全科教师转任科学专职教师；最后，将有理科背景的兼职教师转为专职科学教师。在高等教育阶段有理科背景的学生通常有丰富扎实的专业科学知识，能够有效避免文科兼职教师传授给学生错误的科学知识的现象。考虑到理科专业背景教师的教育专业知识与实践能力发展不足，可对有理科背景，且表现出从兼职转向专职科学教师意愿的其他教师，进行系统培训与考核后转为专职科学教师。

---

[1]《教育部关于实施卓越教师培养计划的意见》，教育部，2014 年。

[2] 王爱菊、徐文彬：《如何培养小学全科教师——我国小学全科教师培养模式的分析与思考》，《北京教育学院学报》2022 年第 4 期。

[3] 王明宇：《高质量小学全科教师职前培养——芬兰“研究本位”小学全科教师培养模式研究》，《外国教育研究》2023 年第 7 期。

2. 加强科学教育学科建设，强化师范教育质量

第一，建设科学教育学交叉学科。

当前，我国高等教育阶段的科学教育专业包括综合性科学教育、物理教育、化学教育、生物学教育、计算机科学与信息技术教育等。这些学科教育专业，主要以分科科目内容为载体，研究学科领域知识和技能的教学方法和学习方法，培养中小学科学类教师。然而，分科培养师资的模式很难满足基础教育课程改革对综合性与跨学科科学教育师资的需求。综合性的科学教育应当是以自然科学学科教育为主要内容，并涉及技术、科学史、科学哲学、科学文化学、科学社会学等学科的整体教育。因此，要建设满足科学教育改革需求的高质量科学教师队伍，必须确认科学教育的学科身份，建立独立的科学教育学科体系[1]。具体而言，应该在《授予博士、硕士学位和培养研究生的学科、专业目录》的交叉学科中增设科学教育学一级学科，或者将科学教育学代码提升至教育学下的二级学科，增设科学教育学博士点和硕士点，划拨专项指标，为科学教育研究提供人力支持，打造高素质的人才队伍。

第二，支持高水平大学举办科学教育专业。

如前所述，虽然截止到 2023 年全国总共有 79 所高校的科学教育本科专业招生，但其中，国家重点高校、双一流高校仅 7 所。因此，应采取切实可行的措施，在高水平师范大学和部分高水平综合性大学设立科学教育专业，培养能够满足综合科学课程教学的优秀教师，为综合课程的实施提供人力保障。此外，科学教育研究成果是国家科学教育政策制定与课程教学改革的重要理论和实证依据。自 20 世纪 60 年代起，世界各国纷纷通过组建研究团队、设立科学教育研究平台、创办专业期刊、设立研究课题，产出了高水平的研究成果，支撑了科学教育高质量发展和科技创新后备人才的培养。然而，我国科学教育研究力量薄弱、队伍

[1] 丁邦平:《 科学教育学科建设三题》,《中国教育学刊》2010 年第 1 期; 林长春:《时代呼唤我国设置科学教育本科专业》,《 教师教育研究》2003 年第 6 期。

分散等问题显著存在。因此，除了重视本科科学教育专业建设外，我国还应当进一步增加在高水平大学设置科学教育硕士与博士招生点，以培养高水平的科学教育研究型人才。

3. 健全科学教师评价标准及准入制度，提升科学教师招聘质量

第一，研制科学教师资格评价标准。

教师资格评价标准不仅是国家监测和保障教师质量的工具，也是促进教师自我提升的关键原动力[1]。我国的科学教师资格认定区分了学段与学科，但与美国、英国、日本等世界上主要发达国家相比，重理论轻实践、学历要求较低、缺少学科特性、考试内容简单等问题较为明显，不利于我国科学教师队伍培养质量提升[2]。具体而言，可从三个方面着手制定完善的科学教师资格评价标准：首先，加强评价框架的科学性。科学教师资格认定标准框架应该随着科学教育理念的变化而动态更新。国家应根据义务教育阶段科学课程标准，从多学科与跨学科知识掌握、科学实践能力、科学思维、教育理念、科学教学方法、教学技术等多个维度制定科学教师资格认证的内容要素；其次，增加评价方法的多样性。我国当前的科学教师资格认定要求学生通过笔试与面试即可，且对学科专业知识的测评内容较少[3]，很难测查科学教师的科学知识掌握情况、实验教学技能、应对真实探究实践活动中多样化学生表现的能力。因此，应进一步将实习表现、课堂实录评分、实验操作表现等纳入评价方法体系，增加科学教师评价方法的多样性；最后，强化评价内容的针对性。针对不同职业发展阶段的科学教师（职前教师、新入职教师和专业教师），制定进阶式的科学教师素养评价标准，以激励科学教师的不断发展。

---

[1] 朱旭东、袁丽：《教师资格考试政策实施的制度设计》，《 教育研究》2016 年第 5 期。

[2] 万文佳：《国际比较中探析我国教师资格认定标准的问题》，《教育与教学研究》2011 年第 9 期。

[3] 胡久华、李燕、侯文群：《中美科学教师资格认证考试形式及内容的比较研究》，《外国中小学教育》2016 年第 1 期。

第二，规范科学教师资格证准入制度。

虽然综合类大学的理工科学生具有丰富的科学知识储备，但由于没有经过科学教育的培养，从而教学能力欠佳。教育学学生虽然具有扎实的教育理论基础，但缺少科学知识储备。因此，需要通过资格认定考核促使想要从事科学教育职业的理工科学生与教育学学生通过学习相关科学知识、教学知识与实践知识，提升自己的专业素养。然而，当前我国的科学教师资格证准入制度并不规范，大部分小学科学教师没有科学教师资格证也可上岗代课。

主要发达国家的科学教师在走上教学岗位之前都会在大学进行综合化的课程学习，并获得健全专业的教师认证。例如，在加拿大进行科学教学至少需要具备教育学学士学位（BEd）和省级教师证书；法国科学教师实行“3+2”培养模式，即只有经过三年高等教育，获得大学学士学位才能报考高等教师教育学院（ESPE），在进入 ESPE 的第一年学习结束后参加教师资格证考试，考试通过后获得实习身份，实习结束后再次进行答辩和考试，合格后才能获得教师资格证书，并颁发“教育、教学与培训（MEEF）”硕士文凭[1]。因此，我国未来应进一步规范科学教师资格证准入制度，要求在全国各地区的教师资格证考试中纳入科学教师资格证考试，并将其作为未来专职教师招聘的重要条件。同时，设立兼职科学教师考核准入制度，其他学科教师通过专业评定后方可兼任科学教学，保障兼任科学教师质量。

4. 系统规划科学教师培训方案，协同推进科学教师队伍质量提升

第一，强化顶层设计，提升培训实效性。

组织科学教育专家团队，建立科学教师职前职后一体化培养体系，制定培训标准，明确培训目标、重点内容和政策措施，并鼓励高水平综合性大学通过多种途径参与科学教师培养。区分专职与兼职教师、综合性科学教育专业教师与其他单一理科背景科学教师，分别设置针对性

[1] 史绮雯:《法国高等教师教育学院教师职前培养模式改革研究》，南京师范大学，2021 年。

强、特色鲜明的系列化培训课程，提升培训的实效性。

第二，改进培训方法，优化培训内容。

结合课堂观摩、课例分析、专题讲座等多样化方式，探索理论指导、案例分析、情境模拟、自主反思和行为反馈的培训模式。同时，在培训内容设置上提升科学课程标准研读、思维型科学探究与实践教学、科学实验教学等专题的培训比例，深化教师对科学学科本质特征与科学课程核心素养的认识，强化教师的理论学习与教学实践能力提升。此外，针对单一学科背景与兼职的科学教师，通过室外观察与跨学科教研等方式，适当给予科学内容知识方面的培训。

第三，建立培训机制，加强动态监测。

一方面，各级政府要建立完善的科学教师外出培训机制，给予充分的资金保障，并明确科学教师外出培训的请假审批制度、课时协调机制与工作量抵扣问题。另一方面，由各级政府建立动态监测机制，对各地开展的科学教师专业培训进行指导与监测评估，确保不同的专题培训覆盖所有专职与兼职科学教师，并实时掌握各区域的科学教师队伍建设现状与主要问题，修订完善针对性的培养培训方案。开展 U-G-S 联合的科学教师专题培训，对在职科学教师进行形式多样、内容丰富的国家级培训、省级培训及联合培训等，促进当前科学教师的专业发展。

5. 建立城乡合作教研机制，加强乡镇科学教师的质量提升

第一，建立科学教师交流交换专项制度。

为了缩小城乡之间的师资差距，应建立常态化城乡教师双向流动制度。以区域为基本单位，制定切实可行的制度和办法，统筹规划特定区域内的城乡科学教师交流交换，让区域内的科学教师流动常态化。一方面，鼓励市区优秀教师去乡镇学校授课，对于市区教师可给予一定激励措施，如优先评奖评优，使其具有足够的吸引力和拉动力。另一方面，组织乡镇教师定期到市区学校对优质课堂进行观摩学习与实践交流。

第二，建立城乡科学教师合作教研平台。

建立跨区域与区域性的城乡科学教师合作教研平台，通过市区优秀教师团队与乡镇教师合作开发打磨适用于乡镇特色的科学课程与教学体系，提升乡镇教师的自主教研能力。同时，由各省市的教育厅与教育局牵头，配备相关硬件资源，由市区的优质科学教师通过在线方式向乡镇学校授课，将城市科学课堂带入乡镇。

第三，在继续教育中强化乡镇科学教师教育。

国家级与省级科学教师专业培训指标向乡镇及边远地区倾斜。可在培训内容规划方面，针对乡镇教师设置独立的培训课程体系。该课程应结合乡镇科学教师的发展特色，提供针对性和特色化的培训内容与方式。

第五章

中国科学课程实施现状报告

构建新的科学教育课程体系，创新科技人才自主培养模式是我国科学教育改革的根本任务。本章采用量化与质性相结合的方式，围绕科学课程实施环境与科学课程实施质量，从校内教育支撑、校内外资源联合、课堂教学质量、课后服务质量、作业改进质量等多个维度对全国中小学科学课程实施现状进行了实证调研。调研结果表明，我国中小学科学课程的受重视程度逐步加强，但小学科学课开设不足与被占用情况仍较为突出；校内资源保障难以满足实际教学需求，校外科学教育资源正在逐步开发但质量有待提升。同时，科学课时量不足、专职科学教师数量短缺与工作压力大、校内外科学教育合作机制未建立、学校课程规划方案缺乏等问题进一步限制了实际的课堂教学、课后服务与作业改进质量。基于上述问题，为提升我国科学课程实施质量，应从推动国家政策向学校课程实施方案转化、全面加强校内教育资源建设、提升校外资源的支撑力等多个方面推进我国科学教育实施范式变革。

一、研究背景

课程是国家意志的集中体现，也是教育理念、教育目标和教育内容的主要载体。基于核心素养推进科学课程改革已经成为主要趋势。2013 年美国颁布了《新一代科学课程标准》（Next Generation Curriculum Standard）；2022 年澳大利亚发布了科学课程标准 9.0 版本；2022 年加拿大安大略省修订了新版的 1—9 年级科学课程标准，新版标准以科学素养为导向，更加关注跨学科教育，关注科学、技术与社会、环境的联系。在我国，党的十八大和十八届三中全会提出教育要落实立德树人的根本任务，教育部组织专家研究并发布了《中国学生发展核心素养》。2022 年 4 月，教育部印发义务教育课程方案和课程标准（2022 年版），将“聚焦核心素养，面向未来”作为主要原则之一。其中的《义务教育科学课程标准（2022 年版）》以及物理、化学、生物学等课程标准，对科学课程实施提出了新要求与新挑战。

课程实施是教育理念转化为实际行动，是执行、超越与创新课程计划的过程，包括教学活动、课时安排、保障教学活动质量的资源建设等，是影响学生科学素养发展的直接变量[1]。然而，科学课程的实施一直是一个长期困扰世界各国政策制定者、课程开发者和科学教育工作者的问题，影响着人才培养的效度[2]。从国家层次到学校层级再到教师层级的课程实施层级落差是影响课程实施效果的固有客观因素，国内外研究者均承认课程标准实施的最大困难是“将标准中的语言转化为理想的课堂实践的清晰图景”[3]。以往关于课程实施的研究发现，受应试教育、教学

---

[1] 王鉴、刘莹：《再论课程实施的实践逻辑》，《教育研究》2022 年第 10 期。

[2] Penuel W, Fishman B J, Gallagher L P, et al. Is Alignment Enough? Investigating the Effects of State Policies and Professional Development on Science Curriculum Implementation. SCIENCE EDUCATION, 2009, 93(4): 656-677.

[3] 夏雪梅：《课程标准的实施：我们需要检测些什么》，《课程 · 教材 · 教法》2010 年第 8 期。

实践与课程改革城市化、教师专业发展缺失、教学环境与课程资源有限等因素的影响，我国实际的课程实施与课程理念存在一定断层[1]。因此，本次调研期望通过对新一轮课程改革实施过程中的实践现状进行监测调研，剖析制约课程实施的因素，为深入推进我国中小学课程改革提供参考。

二、调研概况

（一）调研内容

针对科学课程实施现状的调查，主要围绕科学课程实施环境与科学课程实施质量两个方面展开。

1. 科学课程实施环境

科学课程的实施环境分为校内教育支撑与校内外资源联合两个模块。其中，校内教育支撑主要包括四个要素：（1）科学课程的开设情况，主要包括科学课时的开设是否已达到各地区自身所要求的最低比例、科学课是否被占用、科学课是否具有课程实施规划、科学课程是否被纳入督导等；（2）实验员的配备；（3）场地与仪器；（4）校园科技活动的设置。关于校内外资源联合的调研主要包括两个要素：（1）馆校结合；（2）与高校或科研院所的合作。

2. 科学课程实施质量

科学课程实施质量主要围绕科学课堂教学质量、科学课后服务质量、课后作业改进质量三个方面进行分析。课堂教学是培养学生科学素养的主要途径，教师所采取的教学策略、每种策略的使用频次与时间分配等均会对学生的科学素养产生较大影响。基于 PISA（2015）的测评框架，教师课堂教学质量的评价包括四个维度：（1）教师向学生提供指导，

[1] 肖磊、靳玉乐：《中国新课程改革的检视：异域学者的观点》，《课程 · 教材 · 教法》2013 年第 6 期。

目的是围绕一个主题开展结构良好、内容清晰丰富的教学，通常包括教师解释观点、回答学生的问题等，如教师解释学生提出的问题；（2）教师向学生提供反馈，反馈是指由教师、家长、同伴等外部主体提供的关于学习者任务表现某些方面的信息，旨在改变学习者的认知、动机或行为，以提高学习者的表现，其本质上是对学生表现的回应[1]，如教师告诉学生还可以在哪些方面有所提高；（3）适应性教学，即教师根据学生的个人需求、能力水平等调整教学[2]；（4）教师进行探究教学，即教师为学习者提供一个以科学问题为导向的探究式课堂，引导学生通过收集和分析证据等过程来自主建构科学解释[3]，如教师允许学生自己设计实验[4]。

《关于加强新时代中小学科学教育工作的意见》要求学校将科学教育纳入课后服务项目，吸引学生主动参与。《关于进一步减轻义务教育阶段学生作业负担和校外培训负担的意见》《关于加强新时代中小学科学教育工作的意见》均要求教师提高作业设计水平，《基础教育课程教学改革深化行动方案》鼓励科学设计探究性作业和实践性作业。因此，除了课堂教学质量外，本研究对课后服务质量与课后作业改进质量也进行了广泛调研。课后服务质量的评价包括面向对象、课程内容与组织模式等，课后作业改进质量的评价则主要围绕作业形式、内容与时长展开。

---

[1] Duijnhouwer H, Prins F J, Stokking K M. Feedback providing improvement strategies and reflection on feedback use: Effects on students' writing motivation, process, and performance. Learning and Instruction, 2012, 22(3): 171-184; Hattie J, Timperley H. The power of feedback. Review of educational research, 2007, 77(1): 81-112.

[2] Hardy I, Decristan J, Klieme E. Adaptive teaching in research on learning and instruction. Journal for educational research online, 2019, 11(2): 169-191.

[3] Luera G R, Otto C A. Development and evaluation of an inquiry-based elementary science teacher education program reflecting current reform movements. Journal of Science Teacher Education, 2005, 16(3): 241-258; Abd-El-Khalick F, Boujaoude S, Duschl R, et al. Inquiry in science education: International perspectives. Science education, 2004, 88(3): 397-419.

[4] OECD (2016), PISA 2015 Results (*Volume II*): Policies and Practices for Successful Schools, PISA; OECD Publishing, Paris.

（二）调研方法

科学课程实施现状的调研以问卷调查法为主，包括教师问卷与学生问卷。其中，课程实施环境、课后服务质量与课后作业改进质量主要通过教师问卷开展调研。课堂教学质量则通过学生问卷展开调研。因为教师可能会夸大被他人认为优秀的教学活动发生频次，相比之下学生的回答会比教师的回答更真实可靠[1]。为了确保调研的科学性，我们组建了包括科学教育、教育心理、教育技术等不同方向研究者在内的研究团队。首先，围绕本次调研的指标框架，基于国内外的已有成熟问卷编制调查工具。对于非中文的测量工具，由两个研究者分别进行翻译，商讨修订译文后进行回译，并将回译结果与原文进行对比，确保内容表述的一致性。其次，抽取一线科学教师与学生进行小样本试测，并围绕项目的语言表述、内容准确性、选项设置的完整性等对参测教师与学生进行访谈，并根据试测与访谈结果对测评项目进行了两轮迭代修订，最终确定的正式问卷包括单选题、多选题、六点量表、四点量表四种类型。为了方便理解与对比，在数据处理时将所有课堂教学质量的维度得分总分转换为百分制，得分越高，表明教师的课堂教学质量越高。

由于造成课程实施主要困境的背后动因难以通过问卷调查发现，因此辅以半结构化访谈。以科学教研员与中小学科学教师为调研对象，通过实地调研的方式展开，受时间与人力资源限制，访谈对象主要选取了陕西省、辽宁省、山东省、河南省、重庆市、广东省深圳市、湖北省武汉市等代表性地区的118名教师，覆盖了我国东、中、西部和东北部地区。在访谈开始之前，访谈者向受访者说明本次调研的目的与主要内容，征得被访谈者同意后开始录音，每次访谈时间为30分钟至1小时。具体的访谈提纲如下：

[1] Hodson D. Re-thinking Old Ways: Towards A More Critical Approach To Practical Work In School Science. Studies in Science Education, 1993, 22(1): 85-142.

第一，学校科学课程的课时安排情况如何？是否存在科学课开设不足或被占用的情况？您认为课时安排方面是否合理？如不合理，应如何调整？

第二，学校是否按照课标必做实验的要求配齐了相关仪器与材料？您认为影响实验场地与仪器配备的主要原因是什么？

第三，学校是否充分利用了校外科技馆、企业等资源开展科学教育活动？频率是什么？实施过程中面临的主要困难是什么？

第四，您认为科学教育资源建设在哪一方面还需要加强？（可以从实验资源、馆校合作资源、数字化教学资源等不同方面展开。）

第五，在教学方式上，您是以讲授为主还是以探究实践活动为主？影响您探究实践教学频率的主要原因是什么？

第六，学校是否有将科学课纳入课后服务的项目？如果有，具体形式和内容是什么？如果没有，原因或存在的现实困难是什么？

（三）调研对象

本次调研对象采用分层整群抽样的方法，覆盖全国华北、华东、东北、华中、华南、西南、西北七个区域的小学科学教师与初高中物理、化学、生物、地理分科科学教师，四年级、五年级、六年级、八年级与十年级学生，对全国 31 个省（自治区、直辖市）和新疆生产建设兵团按照市区、县城、乡镇三个行政级别分层抽样。经过样本筛选，剔除质量不佳问卷，共计回收 104479 份有效教师问卷，870793 份学生问卷。参测教师与学生的区域分布、城乡分布、性别分布具体如表 5-2-1、5-2-2、5-2-3 所示。

表 5-2-1　测评教师与学生区域分布

区域	教师人数	学生人数
东北	8273	56572
华北	11194	98339

续表

区域	教师人数	学生人数
华东	16124	151359
华南	15804	61587
华中	37981	360208
西北	4881	56014
西南	10222	86714
总计	104479	870793

表 5-2-2 测评教师与学生城乡分布

城乡	教师人数	学生人数
市区	19935	310240
县城	20098	211027
乡镇	64446	349526
总计	104479	870793

表 5-2-3 测评教师与学生性别分布

性别	教师人数	学生人数
男	29066	446191
女	75413	424602
总计	104479	870793

三、小学科学课程实施现状

（一）小学科学课程实施环境现状

1. 小学科学课程校内保障情况

（1）课程实施规划与开设情况

从整体来看（如图 5.3.1 和图 5.3.2 所示），全国范围内有 94.42% 的教师表明所在学校能按照各省课程方案开设科学课程。71.79% 的教师反映所在学校不存在科学课被占用情况，相比于 2017 年科学教育分

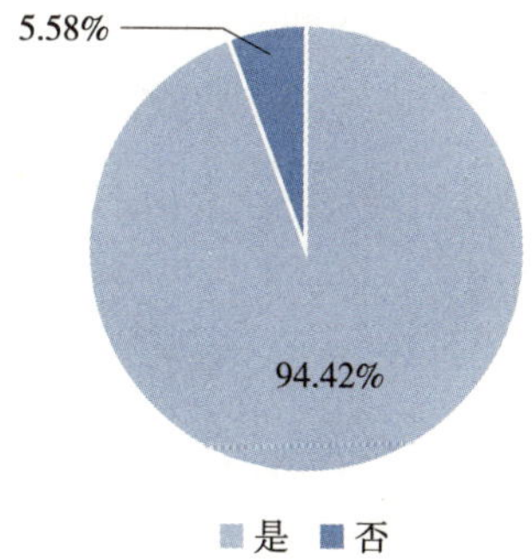

图 5.3.1　小学开足开齐科学课程比例

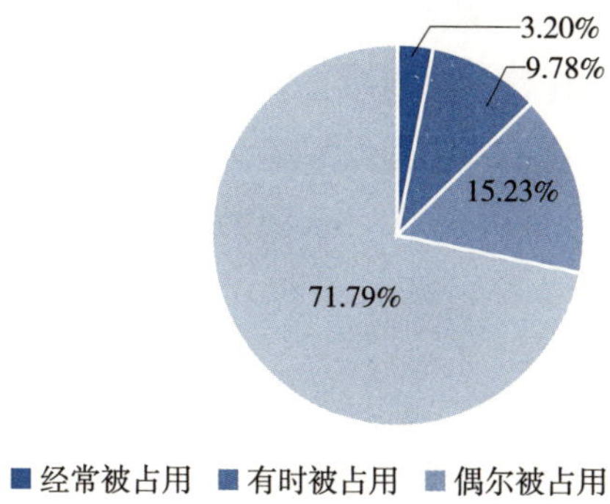

图 5.3.2　全国范围内小学科学课程被占用具体情况

会调查的 67.7% 有了小幅提升，其中 12.98% 的教师反映科学课经常被占用或有时被占用，应加强对该部分学校的科学课程开设情况监督。

通过访谈发现，课程开设不足与被占用情况进一步限制了科学实验课的实施效果。科学实验是学生核心素养发展的重要途径，也是科学探究的重要组成部分。然而，一线教师在访谈中普遍反映："五年级与六年级的部分科学实验无法在一堂课内完成。因此，虽然实验课上的学习氛围很浓厚，想要继续完成实验探索，但受时间限制无法完成全部实验。"此外，部分地区的教师反映："由于所在省教育政策中对科学课时量的要求不明确，导致一周只有两节科学课且存在被占用情况，教师虽然在主观上有带学生进行实验探究活动或课外观察活动的意愿，但客观的课时量不足现象限制了探究实践活动的组织频率。"

在城乡差异方面，相比于市区和县城，乡镇的科学课程开设不足和被占用情况相对严重。乡镇的科学课程开设不足情况（6.02%）比市区（3.03%）高 2.99%，科学课程有时或经常被占用情况（29.88%）比市区（21.21%）高 8.67%（如图 5.3.3 所示）。

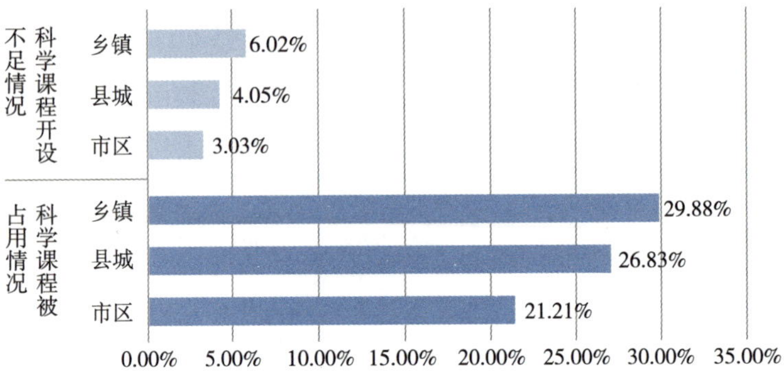

图 5.3.3　科学课程开设不足和被占用的城乡差异

（2）资源保障情况

从整体来看，我国小学阶段的实验教学保障需进一步加强：第一，实验室场地建设方面（如图 5.3.4 所示）。反映所在学校建有科学实验室的小学教师比例为 85.12%，相比于 2021 年教育部教指委调查的 83% 有所提升，但其中有 63.53% 的小学教师反映学校仅建设了一个科学实验室。进一步讲，根据对一线教师的访谈结果，部分九年一贯制学校小学

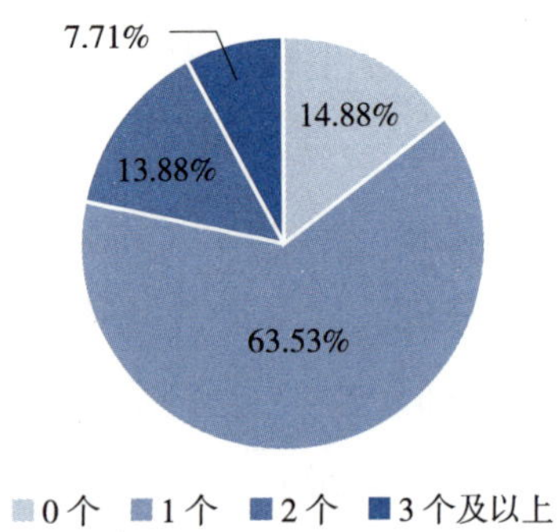

图 5.3.4　全国范围内小学实验室场地建设的具体情况

与初中共用科学实验室，由于对初中科学比对小学科学更重视，导致在实验教学发生时间冲突时，会优先将实验室使用权提供给初中。此外，根据部分省份的教研员反映："受当地生源激增的影响，对普通教室的需求量增加，原有的科学实验室被首先改建为普通教室，导致当地中小学的科学实验室的数量大大减少。造成该现象的主要原因之一是国家政策中对科学实验室建设没有做出硬性要求，但对于音乐和美术教室都有清晰的规定，故在改建教室时首先被改造的是科学实验室。"

第二，实验器材与教学需求匹配性、其他科学教育资源建设方面。调研结果显示，全国范围内仅 33.71% 的小学教师反映所在学校完全按照课程标准与教材配备相关实验器材，59.78% 的小学教师反映所在学校按照教学要求提供部分实验器材，6.51% 的教师反映学校完全未配备实验器材（如图 5.3.5 所示）。访谈结果显示，大多数省份的教研员与教师均认为："由于针对小学科学课程缺乏统一的实验器材配备标准，导致当前很多实验器材的配备以初高中为主，难以适应实际的小学科学教学需求，甚至部分区域的小学科学实验教学器材配备除了烧杯和玻璃棒等基本器材外，其余器材均需授课教师自行购买。"然而，根据对具体资源的问卷调研结果，73.58% 的小学科学教师反映所在学校提供了用于购买日常科学教学材料的经费，有近三成的教师没有日常购买经费。除了实验器材配备标准外，教材与课标之间的一致性也是影响实验器材

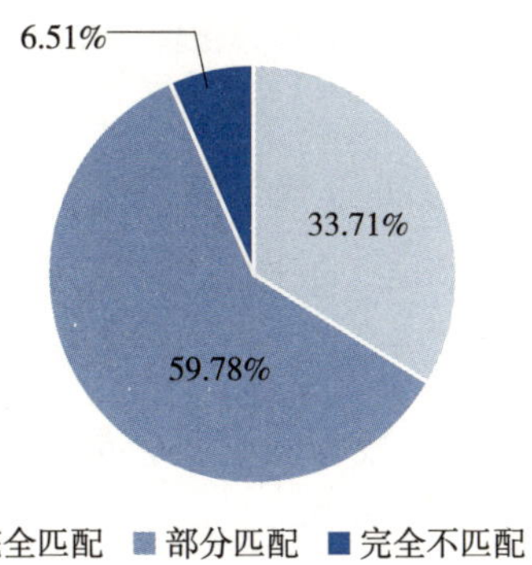

图 5.3.5　小学实验器材与教学需求匹配性

配备与教学需求适应性的关键因素。调研中部分区域的一线教师反映："各个学校的实验教学基本都是按照教材配备器材的，但当前的教材与《义务教育科学课程标准（2022年版）》并不匹配，导致教师在学习和使用新课标的过程中发现原有器材难以适应课标内容。"

此外，观察法是学生应具备的基础科学思维能力之一，观察自然现象也是中小学尤其是小学低学段中科学教学较为常用的方法。但目前仅51.36%的教师反映所在学校有植物园、种植园，28.59%的教师反映所在学校有气象园（地理园）。在技术设备配备方面，仅有34.21%和33.58%的教师反映学校配备了人工智能、虚拟现实等技术手段和天文望远镜等仪器（如图5.3.6所示）。

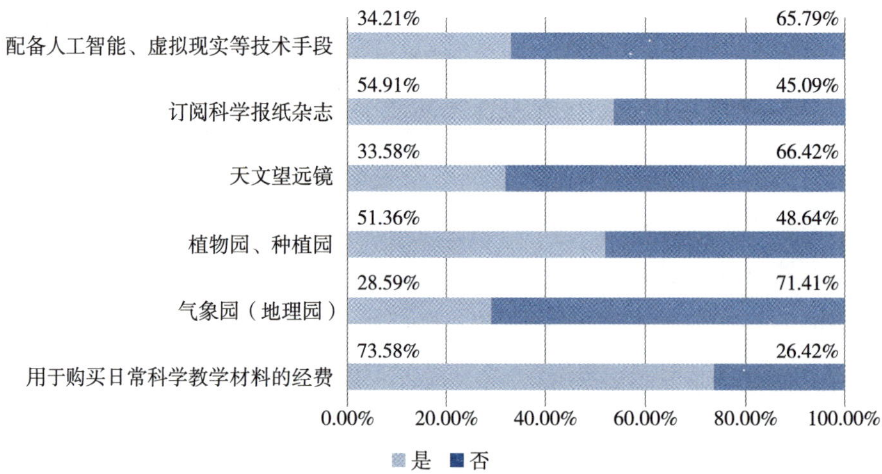

图5.3.6　小学校内科学教育资源提供概况

第三，实验员配备与实验教学督导方面。有32.75%的小学教师反映所在学校未配备实验员（如图5.3.7所示），这一比例与田伟等人2021年调查数据的62.4%相比有了一定改善。根据未配备实验员的学校科学教师访谈反映，科学教师兼职实验员时需要完成除备课外的实验器材检查与准备、实验室安全检查、实验废弃材料的处理等琐碎工作，导致实验课的工作压力较大。访谈中部分小学科学教师提及："小学科学老师的工作量比语文、数学、英语学科的工作量都大。因为小学科学教师既要负责课堂教学相关工作，又要充当实验员，同时还要负责各种科技类的比赛。”此外，《基础教育课程教学改革深化行动方案》要求加强实验教学，强化学生动手操作实验，将学校实验课开设情况纳入教学视导和日常督导。然而，本次调研中，有16.15%的小学教师表明所在学校未将实验课开设情况纳入教学视导和日常督导。

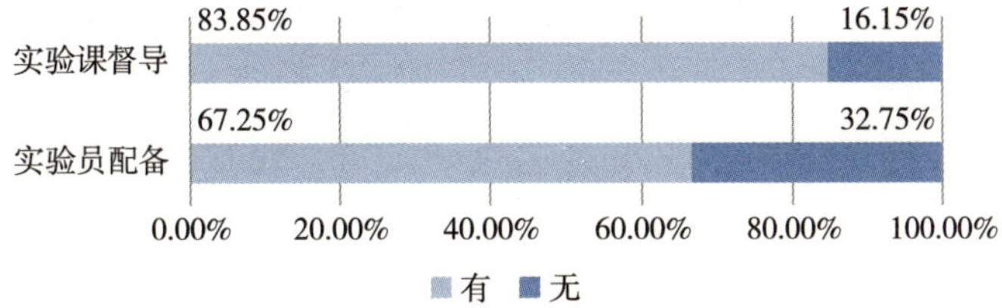

图 5.3.7　小学实验员配备与实验教学督导整体情况

从城乡差异来看，综合实验室建设、器材与教学需求的匹配性来看，乡镇的资源保障相比县城与市区均较差（如图5.3.8和图5.3.9所示）。在实验室建设方面，乡镇小学教师反映所在学校没有实验室的比例为16.77%，仅有一个实验室的比例为69.33%，合计86.1%。县城与市区学校反映所在学校没有或只有一个实验室的教师比例则均接近65%。在实验室器材配备方面，反映所在学校完全按照要求配齐实验器材的教师比例，乡镇比县城和市区均低7%左右。

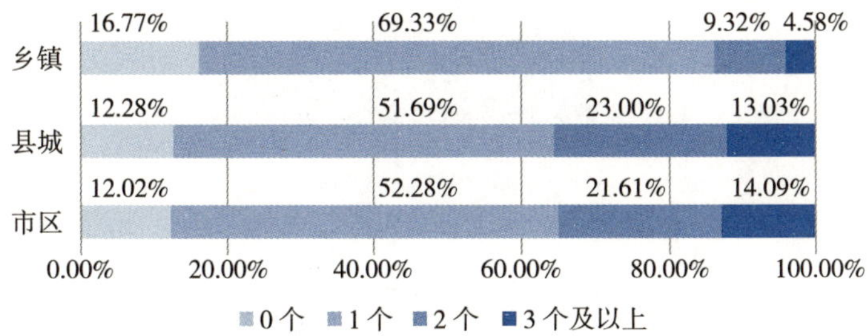

图 5.3.8　小学实验室建设城乡差异

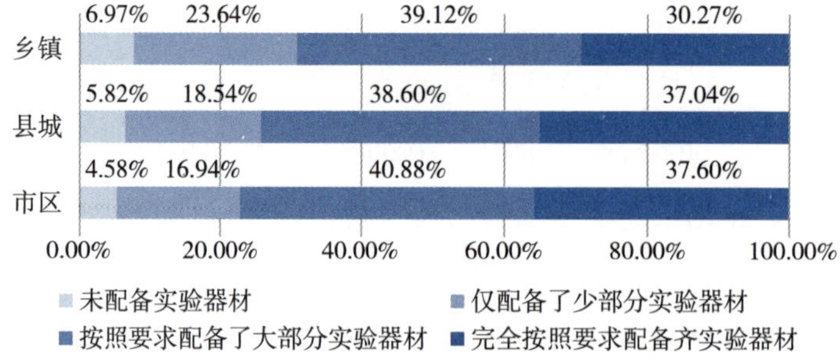

图 5.3.9 小学实验器材配备城乡差异

（3）课程实施规划制订情况

《基础教育课程教学改革深化行动方案》要求要加强国家课程方案向地方、学校课程实施规划的转化工作，制订课程实施的学校规划。然而，全国范围内近三分之一（32.67%）的小学科学教师反映其所在学校没有课程实施规划（方案）（如图 5.3.10 所示）。从课程方案的具体内容来看，涉及理念思路和课程规划的比例均在 87% 左右，涉及教师培训的比例为 67.48%，涉及基础保障的比例为 72.36%。这反映出当前小学的科学教育实施还是重课程教学、轻基础保障和教师发展（如图 5.3.11 所示）。从城乡差异来看（如图 5.3.12 所示），乡镇仅有 64.5% 的小学科学教师反映所在学校有课程实施规划，比市区学校（71.96%）低了 7.46%。

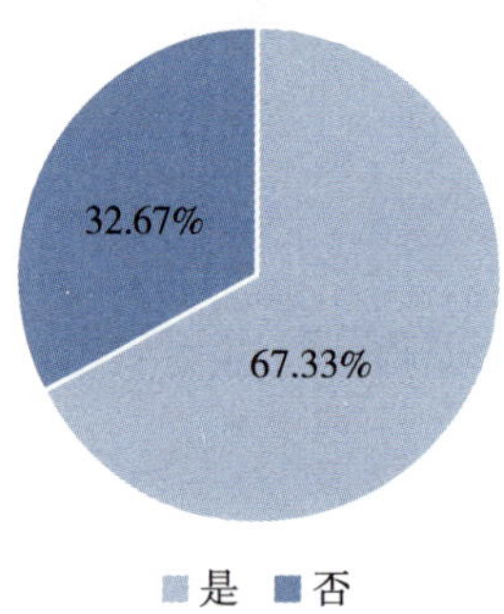

图 5.3.10 全国小学科学课程实施规划（方案）制订概况

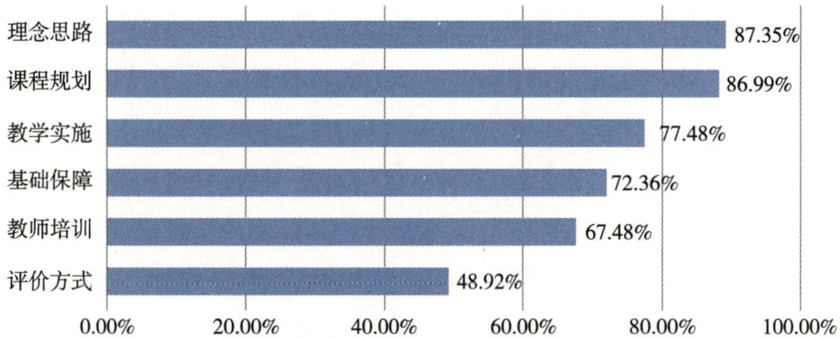

图 5.3.11　小学科学课程实施规划（方案）具体内容要素

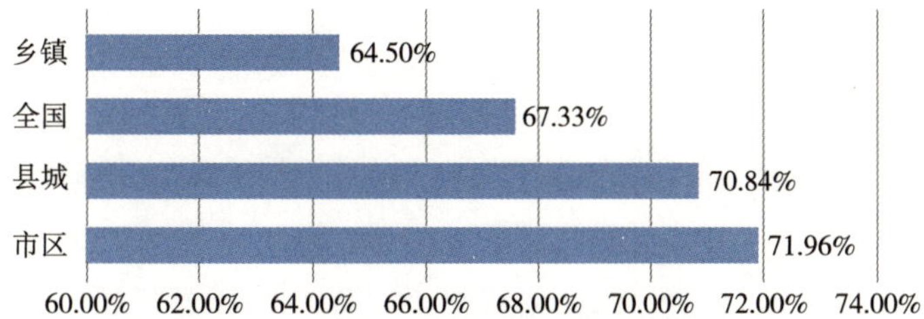

图 5.3.12　小学科学课程实施规划（方案）城乡差异

（4）校园科技活动开展情况

《基础教育课程教学改革深化行动方案》要求持续深入开展科普教育，推动中小学定期开展科技节、科技小发明、科普读书会、寻找最崇拜的科学家等活动。然而，全国范围内仍有 19.02% 的小学科学教师反映其所在学校未设置任何校园科技活动（如图 5.3.13 所示）。由于城乡

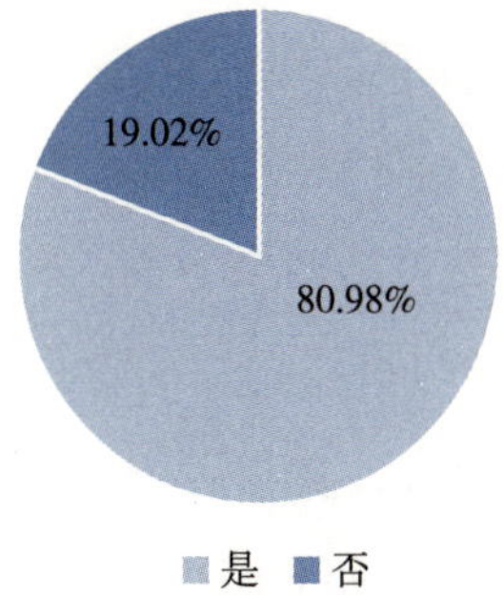

图 5.3.13　小学是否设置科技活动

差异，乡镇学校未设置校园科技活动的比例最高（23.16%），市区学校最低（10.81%）（如图 5.3.14 所示）。在具体的活动形式上，校园科技活动类型多样，其中科普讲座的比例最高（43.58%），其次为校内科技创意竞赛（41.83%）和科技文化节（40.89%）（如图 5.3.15 所示）。

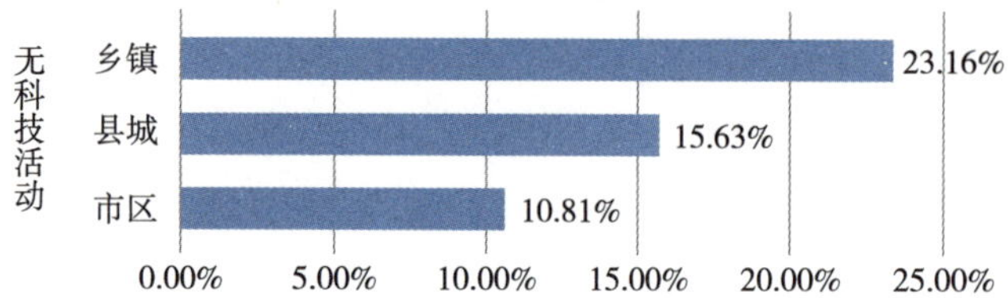

图 5.3.14　小学阶段校园科技活动设置的城乡差异

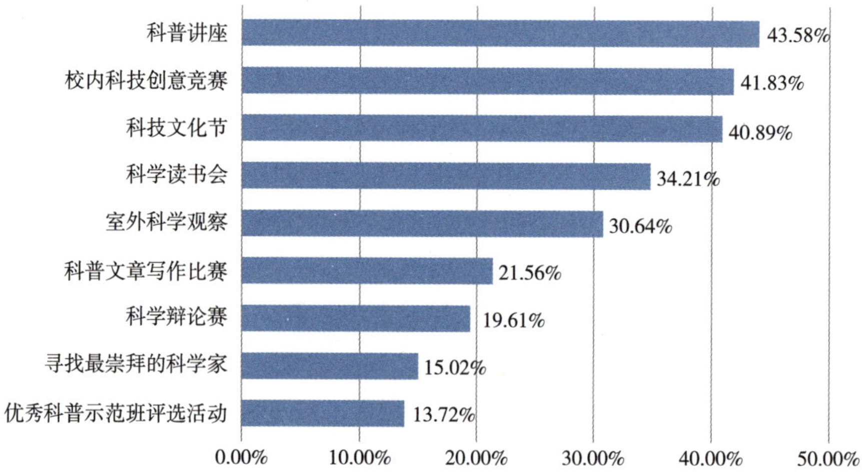

图 5.3.15　小学阶段校内科技活动具体类型

2. 小学科学教育校内外联合现状

校内外联合主要指中小学校和校外科技场馆、高校进行合作，共同参与科学教育的情况，主要包括四个方面：第一，从合作对象来看（如图 5.3.16 所示），当前小学与科技场馆的合作相对较多，与高校的合作教学需进一步改善。具体而言，在与科技场馆合作方面，教师反映其所在学校具有馆校合作的比例为 55.86%，相比于 2017 年本团队承接的教育部科学课程实施情况调查的 34.4% 已有大幅提升。在与高校合作方面，仅 22.92% 的学校与高校共建了实验室，21.73% 的学校与高校协同组织了夏（冬）令营。

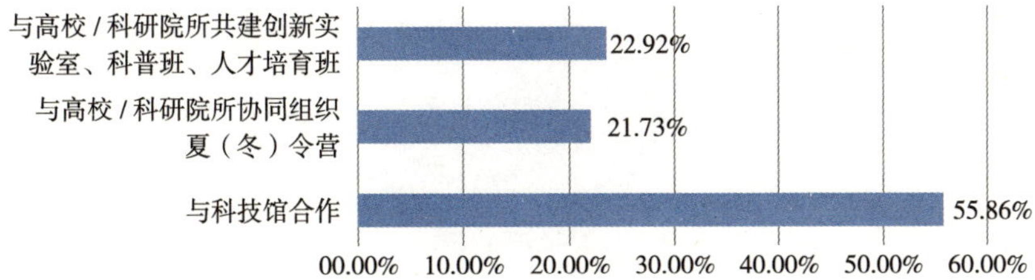

图 5.3.16　小学校内外科学教育合作对象

第二，从合作方式来看，最常见的为集体参观科技馆（47.65%），其次为预约科技馆课程（26.69%），科技馆到学校组织活动的比例仅为 23.92%（如图 5.3.17 所示）。此外，一线教师认为：“各地区的科技馆或者同一地区的不同的科技馆，在孵化过程当中，同质化的倾向很严重，不能产生差异性。”因此，未来在馆校合作方面，一是要尤为关注科技馆在“走进去”方面活动的加强，二是要在科技馆建设过程中注重场馆教育内容的多样性。

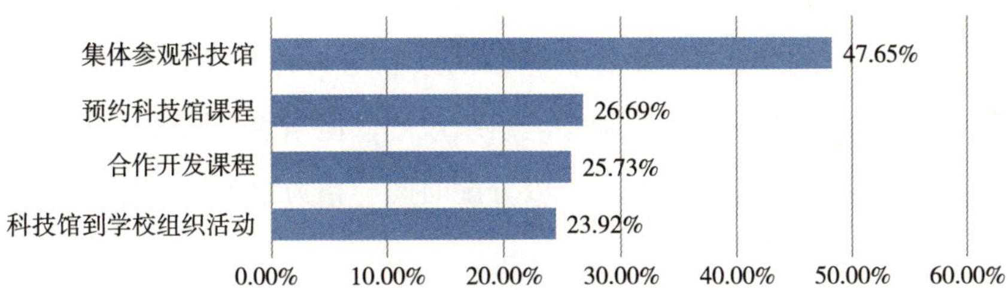

图 5.3.17　小学阶段馆校合作方式

第三，从活动类型来看，最常见的是学生自主参观（32.09%），其次是基于展览展示的知识传授（23.11%），能与正式科学教育相衔接的活动比例（围绕课程标准进行科学探究活动、根据教师布置的任务清单进行互动操作）仅占 21.44%（如图 5.3.18 所示）。在访谈过程中，大部分一线科学教师反映：“当前的科技馆学习内容体验性不强，课程体系化设置不足，不能够与相应年龄孩子的学习经验相适应等问题明显。”

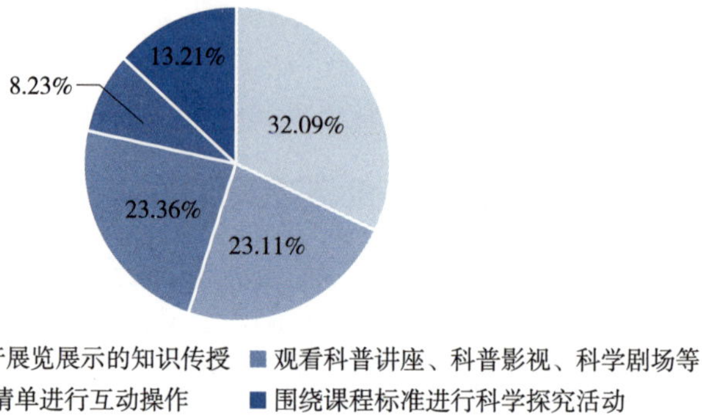

图 5.3.18　小学阶段科技馆活动类型

第四，从活动频次来看（如图 5.3.19 所示），85.61% 的小学教师反映所在学校每年会组织 1—2 次馆校合作活动，表明大部分学校的活动频次较低。根据访谈结果，限制校内外合作频次的主要原因包括三点：一是由于校领导不重视或缺乏合作通道，导致了校外科技馆想进校但无法走进学校，或者教师想组织学生进行校外实践但没有渠道的现象；二是学校组织学生“走出去”的经费与管理问题。学校统一组织学生去科技馆或高校实验室涉及用车申请、学生的安全管理、学生到馆后的纪律管理等多个方面的问题；三是师资力量的限制与家长理解程度的限制。高质量的馆校合作需要科学教师参与组织规划，但当前专职科学教师数量少导致教师教学任务量较大，难以分配时间与精力组织馆校合作。此

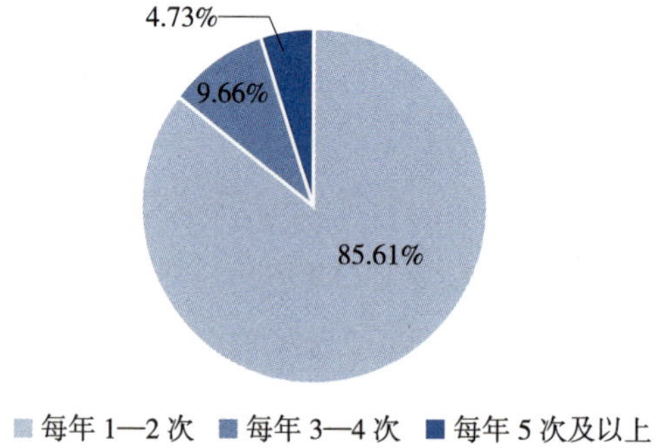

图 5.3.19　全国范围内小学每年与场馆合作的频次

外，部分假期内的场馆教育需要家长参与陪同，因此家长的理解与支持也是限制科技场馆教育的重要原因之一。

在城乡差异方面（如图 5.3.20 所示），相比于市区和县城，乡镇学校无馆校合作的比例（53.49%）远高于全国均值 44.14%，乡镇学校未与高校共建实验室、未与高校协同组织夏（冬）令营的比例也远高于市区和县城。

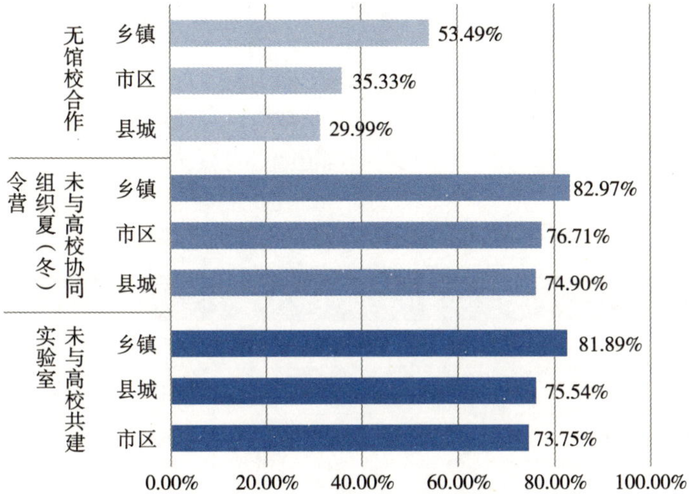

图 5.3.20 校内外联合的城乡差异

（二）小学科学课程实施质量现状

1. 课堂教学质量

课堂教学质量围绕向学生提供指导、向学生提供反馈、适应性教学、进行探究教学四个维度，通过学生评价的方式展开。从整体来看，学生感受到的质量整体上处于中等区间的偏下水平（73.81 分）。在各个子维度上，教师向学生提供指导得分最高（76.27 分），其次是教师适应性教学（74.59 分）和教师进行探究教学（73.17 分），教师向学生提供反馈得分最低（71.22 分）（如图 5.3.21 所示）。在城乡差异方面，课堂教学质量的整体得分与各个维度得分均表现为市区优于县城，县城优于乡镇，且差异显著。尤其在给学生提供指导与进行探究教学两个维度，城乡差异最为显著（见表 5-3-1）。具体到各维度的教学质量现状如下所述：

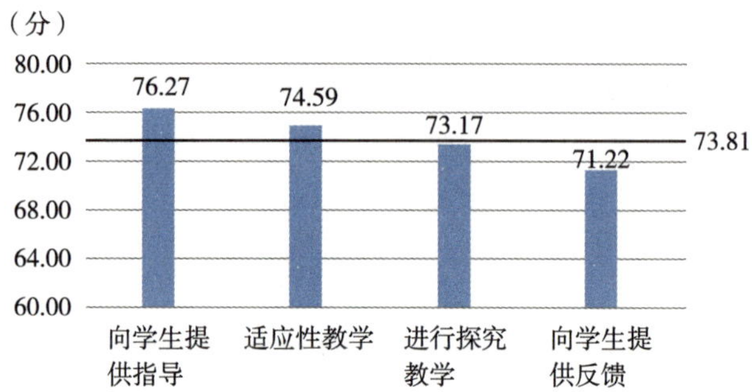

图 5.3.21　小学课堂教学质量各维度得分

表 5-3-1　小学教师课堂教学质量各维度城乡差异分析

维度	市区	县城	乡镇	F
总分	75.26	73.82	72.57	1783.419^{***}
向学生提供指导	78.62	75.98	74.42	4049.419^{***}
向学生提供反馈	71.76	71.46	70.63	255.761^{***}
适应性教学	75.56	74.81	73.63	741.420^{***}
进行探究教学	75.11	73.02	71.60	2627.427^{***}

注：$^{***}p<0.001$，$^{**}p<0.01$，$^{*}p<0.05$。

第一，探究式教学是当前最核心的教学方式，本次调研中小学生反映的日常科学课堂中探究式教学频率统计见表 5-3-2。值得注意的是，仍有 6.69% 的小学生反映“从来没有或几乎没有”在课堂上动手做实验，9.57% 的学生反映“从来没有或几乎没有”在课堂上自己设计实验。通过对课程资源建设的问卷调研与一线教师的访谈得知，实验室建设数量不足、日常实验教学材料短缺、教师工作任务量大等是限制探究教学实施频率的重要原因之一。

表 5-3-2 小学“探究教学”各项目发生的频率

维度	从来没有或几乎没有	一些课	很多课	每节课或几乎每节课
我们在课堂上有机会解释自己的想法	3.82%	26.85%	34.12%	35.21%
我们会自己动手做实验	6.69%	31.76%	30.98%	30.57%
我们必须就科学问题进行论证	5.26%	30.48%	32.96%	31.30%
老师解释一个科学概念应用于许多不同的现象	3.33%	27.16%	34.33%	35.18%
老师允许我们自己设计实验	9.57%	33.45%	28.51%	28.47%
老师清楚地解释了科学概念与生活的相关性	3.16%	25.81%	34.89%	36.14%
我们通过调查来检验自己的想法	5.46%	29.80%	32.97%	31.77%
我们会针对调查结果进行课堂辩论	5.87%	28.49%	32.55%	33.09%

此外，访谈中发现我国部分市区存在质量评价对实验教学产生的负面引导作用。具体而言，我国某市区将科学实验作为小学阶段性教学质量评价的主要内容。虽然该方式增强了该区域的小学科学实验教学频率，但由于评价标准以学生的实验操作规范性为主要内容，导致教学以程序性的实验操作规范性学习与矫正为主，失去了实验作为探究科学问题的主要手段的本质意义，从而影响了学生对科学学习的兴趣。例如，某教师在访谈中反映：“本区的实验教学考试按照学生实验操作的规范性分步骤给分，因此部分教师会在考前录制相关实验的操作视频，要求学生按照视频中的给分点记忆相关操作规范。”因此，在未来的教学质量考查与评估中，除了关注教师是否实施实验教学外，还应该关注设计实验教学的目的与性质。

第二，教师直接向学生提供教学指导的目的是围绕一个主题展开结构良好、内容清晰丰富的教学，通常包括教师解释观点、解答学生的问题等。已有研究表明，教师指导的科学教学与学生对科学的享受、对科学的兴趣、学习科学的工具性动机和科学自我效能感呈显著正相关[1]。小学生在该维度的作答结果频率统计如表5-3-3所示。在四个项目中，"全班和老师一起讨论问题"选择"从来没有或几乎没有"的学生比例最高，该结果与PISA（2015）测试结果相一致。导致该现象的可能原因之一是该行为会占用更多的课堂时间，教师直接解释观点或解释问题等更省时且更容易实施（OECD，2016）。[2]

表5-3-3 "教师直接向学生提供指导"各教学行为发生频率

维度	从来没有或几乎没有	一些课	很多课	每节课或几乎每节课
老师解释科学观点	2.71%	30.48%	30.02%	36.79%
老师讲解我们提出的问题	2.75%	24.50%	32.89%	39.86%
老师证明一个观点	2.91%	27.15%	33.03%	36.91%
全班和老师一起讨论问题	4.39%	25.00%	31.22%	39.39%

第三，教师向学生提供反馈。教师反馈对于提高学生的自我效能、塑造学生的学习积极性、提升学生的学习动机、降低学习焦虑等方面具有正向影响，并会间接影响学生的学业成就[3]。如表5-3-4所示，仅30%左右的学生反馈教师会在每节课或几乎每节课给他们反馈。在五个项目之间进行对比可以发现，我国小学科学教师更多地从提高学习成绩、达

[1] Areepattamannil S, Cairns D, Dickson M. Teacher-Directed Versus Inquiry-Based Science Instruction: Investigating Links to Adolescent Students' Sciencc Dispositions Across 66 Countries. Journal of Science Teacher Education, 2020, 31(6): 675-704.

[2] OECD (2016), PISA 2015 Results (*Volume II*): Policies and Practices for Successful Schools, PISA, OECD Publishing, Paris.

[3] Câmpean A, Bocos M, Roman A, et al. Examining Teachers' Perception on the Impact of Positive Feedback on School Students. EDUCATION SCIENCES, 2024, 14(3); Wang S, Zhang D. Perceived teacher feedback and academic performance: the mediating effect of learning engagement and moderating effect of assessment characteristics. Assessment & Evaluation in Higher Education, 2020, 45(7): 973-987; 董志浩、南潮、刘瑶瑶:《教师反馈和同伴反馈对英语专业学生写作自我效能感影响的对比研究》,《湖北师范大学学报（哲学社会科学版）》2019年第2期；朱雁:《从视频研究透视课堂教学对学生学习的影响及其路径——基于GTI视频研究上海数据的实证分析》,《全球教育展望》2021年第5期。

成学习目标等方面给予学生反馈，相比之下对学生的课堂表现与学习优点给予的反馈相对较少。有约 9% 的小学生反映教师从来没有或几乎没有在科学课堂表现或科学学习优点方面给予他们反馈。

表 5-3-4 “教师向学生提供反馈”各教学行为发生频率

维度	从来没有或几乎没有	一些课	很多课	每节课或几乎每节课
老师告诉我我在科学课上表现如何	9.00%	34.67%	29.12%	27.21%
老师对我在科学课上的优点进行了反馈	9.62%	32.14%	30.06%	28.19%
老师告诉我在哪些方面我还可以提高	7.29%	29.62%	32.70%	30.40%
老师告诉我怎样才能提高我的科学成绩	6.97%	27.50%	32.96%	32.56%
老师告诉我怎样才能达到我的学习目标	5.94%	25.78%	34.83%	33.45%

第四，适应性教学是指教师根据学生的不同知识、能力和需求等实际情况，灵活调整教学内容与进度等。如表 5-3-5 所示，约 30% 的小学生反映科学教师会在每节课或几乎每节课根据他们的实际情况调整教学，但仍有 30% 左右的学生反映科学教师“从来没有或几乎没有”以及仅在“一些课”采用适应性教学。

表 5-3-5 “教师采取适应性教学”各教学行为发生频率

维度	从来没有或几乎没有	一些课	很多课	每节课或几乎每节课
老师根据我们班同学的需要和知识基础调整课程	5.08%	25.78%	34.41%	34.73%
当个别同学理解某个学习主题或任务有困难时，老师会提供针对性的帮助	4.19%	25.68%	34.70%	35.43%
老师在大多数同学觉得难以理解的话题上会改变课程结构	5.61%	27.29%	33.64%	33.46%

2. 课后服务质量

第一，在小学科学类课后服务开设方面，本次调研显示全国范围内有高达 44.58% 的小学科学教师反映所在学校未开设科学类课后服务（如图 5.3.22 所示）。未开设的原因包括多种类型（如图 5.3.23 所示），占比最高的是没有合适的场地（48.37%）与没有足够的器材（45.60%）等客观条件，而家长不配合（13.48%）与学生不喜欢（3.86%）等主观性的原因则较少，表明小学科学教育的资源保障需进一步加强。除了客观条件外，教师没有合适的时间占比也较高。例如，在访谈过程中有教师反映："学校一直将开设科技社团课作为课后服务的主要内容，但由于现在科学老师的工作量太大，因此无法保障课后服务中的科技社团课能够正常展开。"此外，有 32.01% 的小学教师反映未开设科学类课后服务的原因是能力难以胜任。通过进一步统计小学教师开设科学类课后服务课程所需的帮助发现（如图 5.3.24 所示），教师反映占比最高的是科学相关知识培训（68.72%），其次为科学探究方法培训（58.04%）。

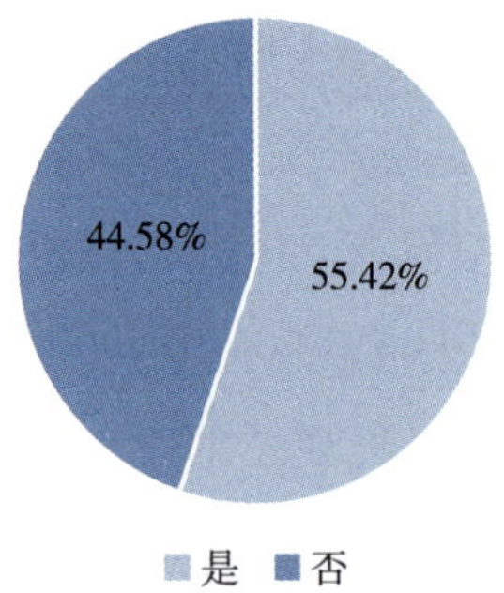

图 5.3.22　小学是否开设科学类课后服务

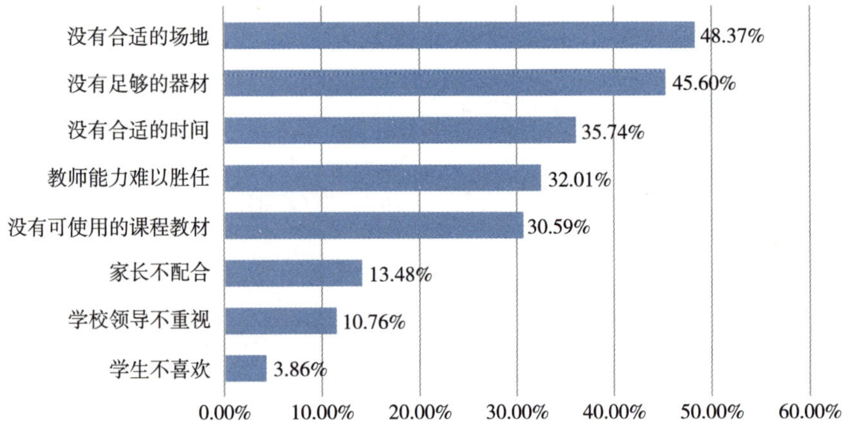

图 5.3.23　小学没有开设科学类课后服务的原因统计

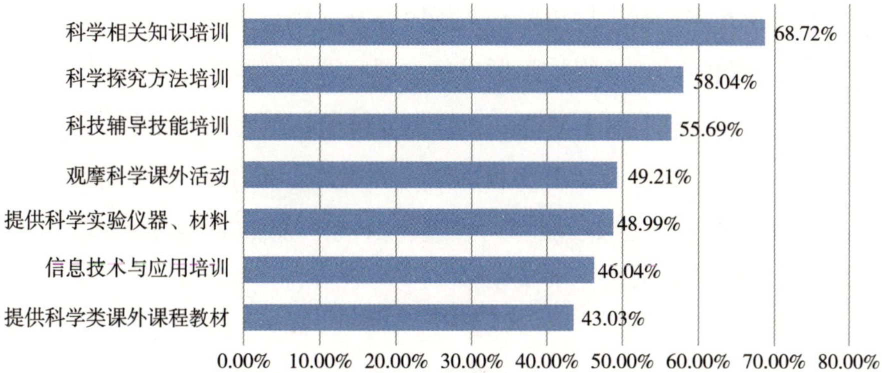

图 5.3.24　小学教师开设科学类课后服务课程所需的帮助

第二，在科学类课后服务对象方面，有 54.5% 的教师反映学校开设的课后服务要求全体学生必须参加，其余则为选修参与（41.96%）或参加竞赛的学生参加（3.54%）（如图 5.3.25 所示）。选修参与则对家长与学生的积极性要求较高。

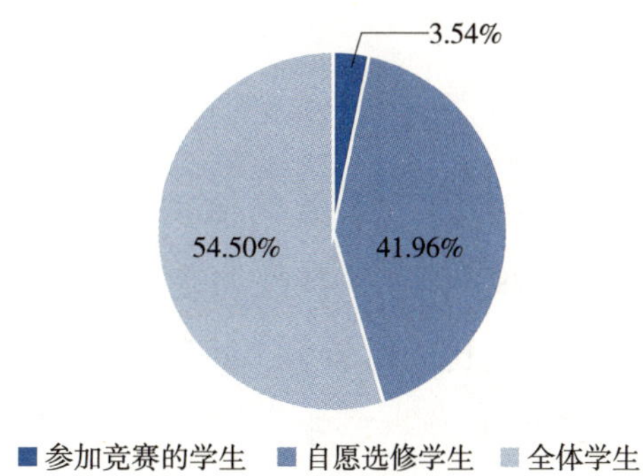

图 5.3.25　小学科学类课后服务对象

第三，在科学类课后服务的主要形式方面，学校教师自主开展服务占比最高（63.46%），其次为与校外机构合作开展（22.25%），而购买校外服务（7.84%）和其他类型的（6.45%）占比则较少（如图 5.3.26 所示）。访谈结果显示，部分小学已经凝练出了典型的科学类课后服务开展经验，可供全国由于场地与师资力量限制而未开展课后服务的学校参考。例如，重庆市教师在访谈中提供了两种有效思路：一是所在学校在延时课后服务中会利用周边的科技场馆与其他社会资源，引导学生开展科学类的实践活动，最终构建形成包含国家课程、校本走班课程和社会实践课程在内的科学课程体系；二是小学科学教师与初高中科学学科相关教师展开跨年级合作，不仅能充分利用相关师资力量，同时还有助于将不同年级的科学类课后服务内容进行衔接，形成进阶式的探究内容，有利于学生核心素养的连贯性发展。

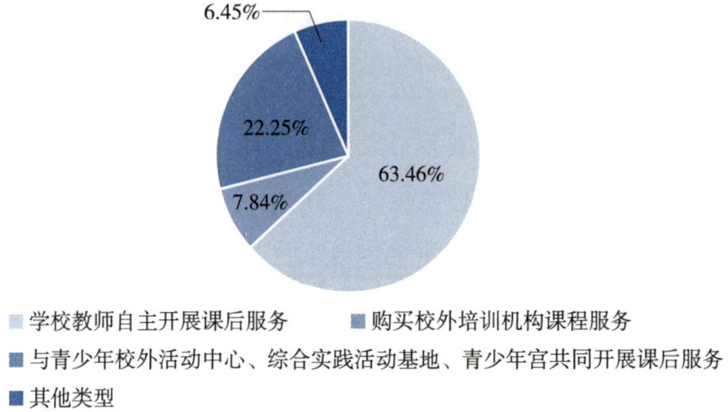

图 5.3.26　小学科学类课后服务的开展方式

第四，在小学科学类课后服务的活动类型方面，科技竞赛班（52.22%）、科学社团（49.54%）、科技兴趣班（45.43%）、科普讲座（44.98%）等类型的活动占比相对较多，而科学类选修课程的占比较低（22.09%）（如图 5.3.27 所示）。

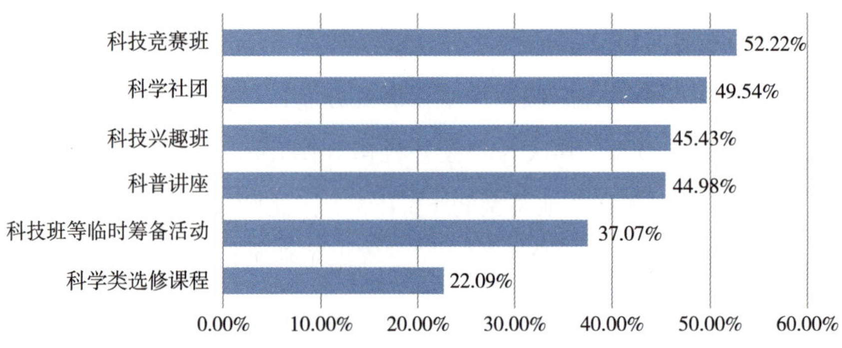

图 5.3.27　小学科学类课后服务的活动类型

第五，在科学类课后服务的评价与监测方面，23.01% 的小学教师反映所在学校没有或者不清楚学校是否有科学类课程课后服务的评价标准（如图 5.3.28 所示），29.71% 的小学教师反映学校没有或者不清楚学校是否有对科学类课程课后服务质量进行监测（如图 5.3.29 所示）。

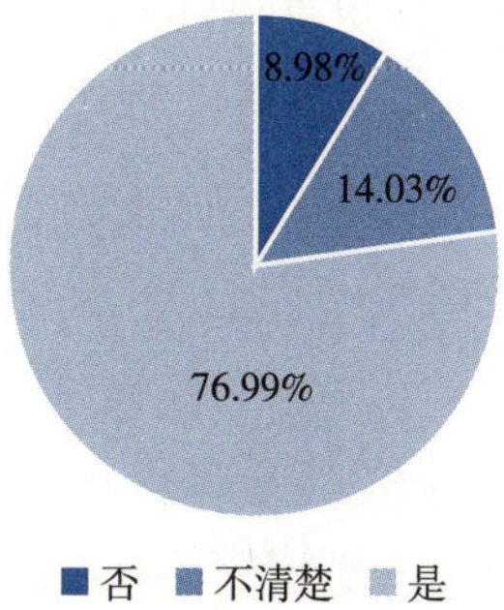

图 5.3.28　小学已开设科学类课后服务学校的评价标准设置

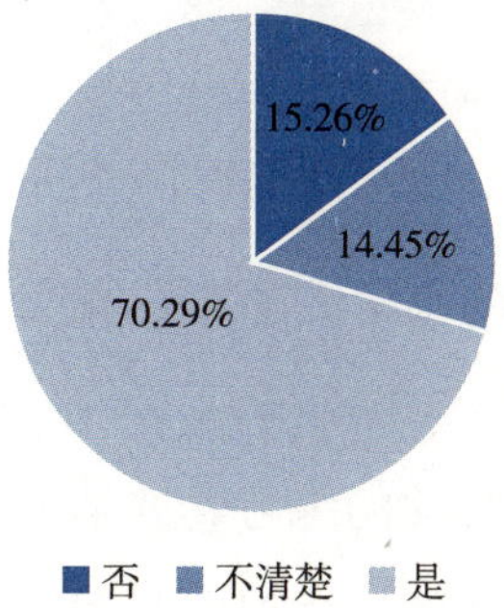

图 5.3.29　小学已开设科学类课后服务学校的质量监测情况

最后，在城乡差异方面（如图 5.3.30 所示），51.47% 的乡镇小学科学教师反映所在学校未开设科学类课后服务，相比市区（30.83%）高出约 20%。因此，在各区域的科学教育质量督导过程中，应着重关注乡镇

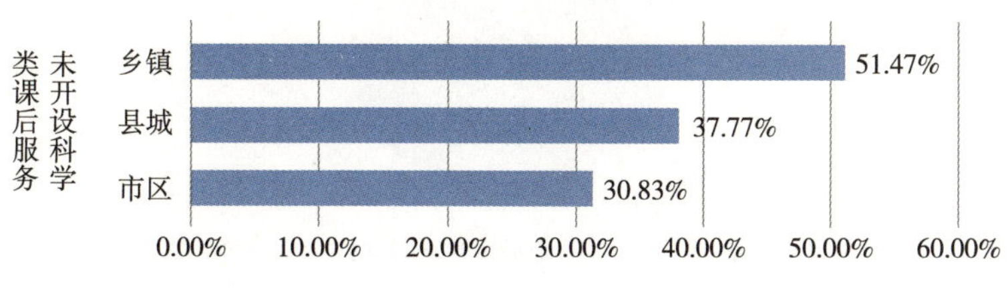

图 5.3.30　小学科学类课后服务开设情况城乡差异

学校的科学类课后服务开展情况。

3. 作业改进质量

在教师布置科学课后作业的类型方面（如图 5.3.31 所示），74.69% 的教师反映实际教学中布置过识记型的作业，73.98% 的教师反映布置过应用型作业，61.77% 的教师布置过探究实践类作业，46.1% 的教师布置过总结反思型作业。结合访谈结果，尤其对于在课堂上不易操作或者完成周期或时间较长的作业，教师会鼓励学生在课后服务或者在家里家长监督的情况下完成。

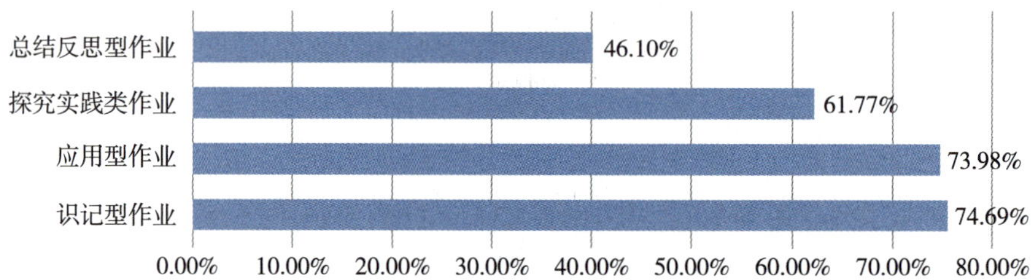

图 5.3.31　小学教师布置科学课后作业的类型

从频次来看，68.4% 的小学教师布置探究实践类课后作业的频次较低，每学期 1—3 次（如图 5.3.32 所示）。通过对教师的访谈发现，部分地区会给小学科学配发相关的练习卷并纳入考试范围。然而，由于学校每周的科学课课时量仅两节，练习卷与考试题目的训练会压缩学生的探究时间，不利于学生的发展。因此，在课时量不足的情况下，应该考

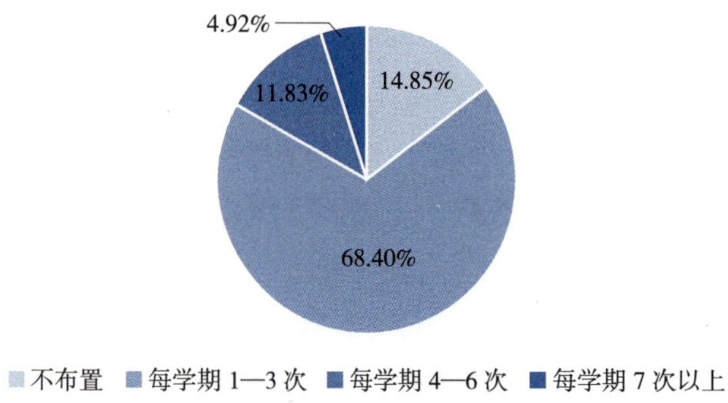

图 5.3.32　小学教师布置探究实践类课后作业的频次

虑将传统的纸笔作业改为探究实践作业。

在作业完成时长方面，大多数小学教师布置的科学作业控制在 20 分钟以内（77.93%），但仍有 1.01% 的教师反映布置的作业时长超过一小时，该部分教师需精选作业内容以减轻学生的课业负担（如图 5.3.33）。

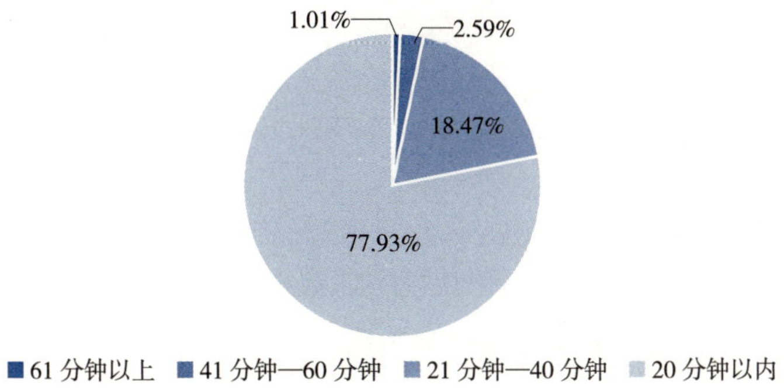

图 5.3.33　小学教师布置科学作业的时长

四、中学科学课程实施现状

（一）中学科学课程实施环境现状

1. 中学科学课程校内保障情况

（1）课程实施规划与开设情况

从整体来看（如图 5.4.1 和图 5.4.2 所示），全国范围内有 95.39% 的中学教师表明所在学校能按照各省课程方案开设科学课程。78.34%

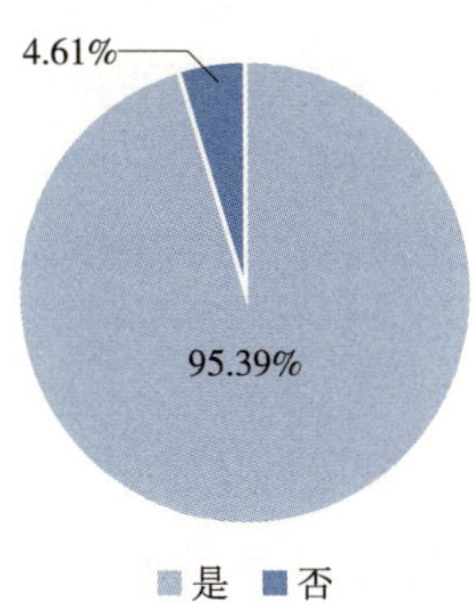

图 5.4.1　中学开足开齐科学课程比例

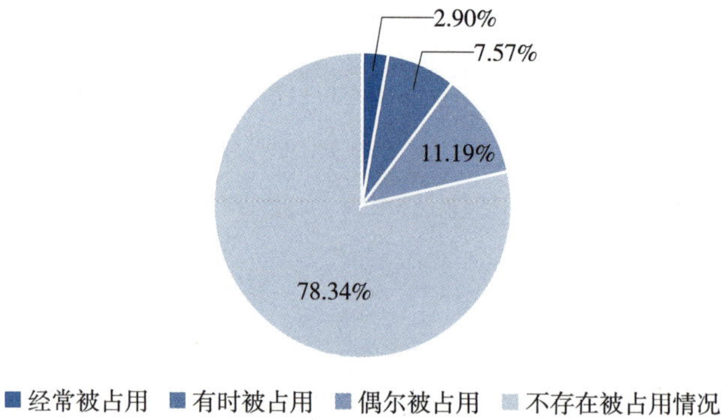

图 5.4.2 全国范围内中学科学课程被占用具体情况

的中学教师反映所在学校不存在科学课被占用情况，其中 10.47% 的教师反映科学课经常被占用或有时被占用。

在城乡差异方面（如图 5.4.3 所示），相比于市区和县城，乡镇的科学类课程开设不足和被占用情况相对严重。乡镇的科学类课程开设不足情况（6.02%）比市区（3.03%）高 2.99%，科学课程有时或经常被占用情况（29.88%）比市区（21.21%）高 8.67%。

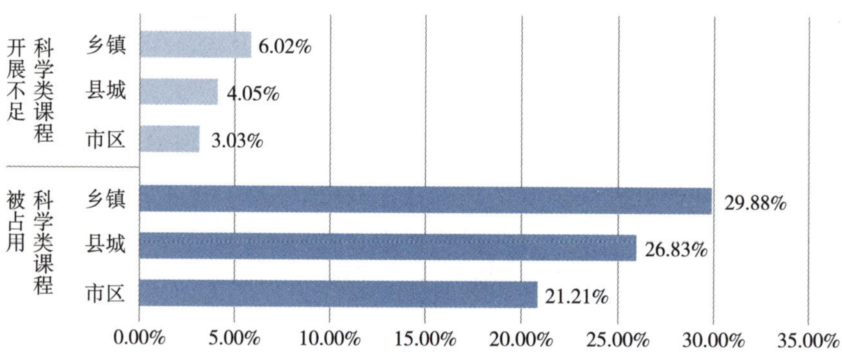

图 5.4.3 中学科学课程开设不足和被占用的城乡差异

（2）资源保障情况

从整体来看，我国中学阶段的实验教学保障需进一步加强：第一，实验室场地建设方面（如图 5.4.4 所示）。反映所在学校建有科学实验室的中学教师比例为 91.58%，且有 41.07% 的教师反映所在学校建有 3

个及以上科学类实验室。相比于小学（85.12% 的教师反映建有科学实验室，7.71% 的教师反映建有 3 个及以上科学实验室），中学的实验室建设保障情况相对较好。

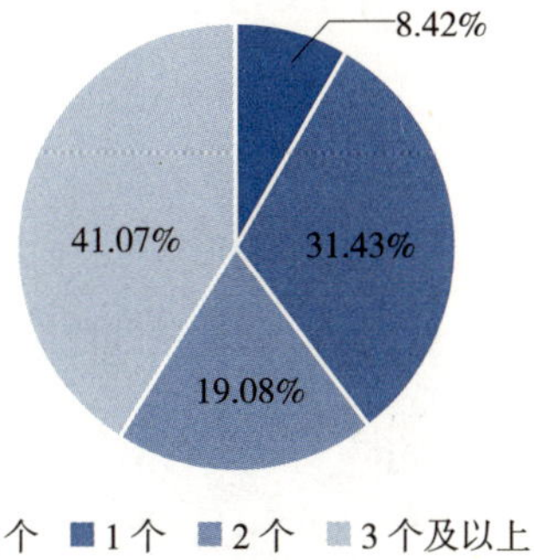

图 5.4.4　全国范围内中学实验室场地建设的具体情况

第二，具体资源提供方面（如图 5.4.5 所示）。有 73.20% 的中学教师反映所在学校购买日常教学材料，仅有 36.35% 和 27.36% 的中学教师反映学校配备了技术手段和天文望远镜等仪器。这表明中学在除科学实验室之外的其他科学教育硬件资源配备方面应进一步加强。

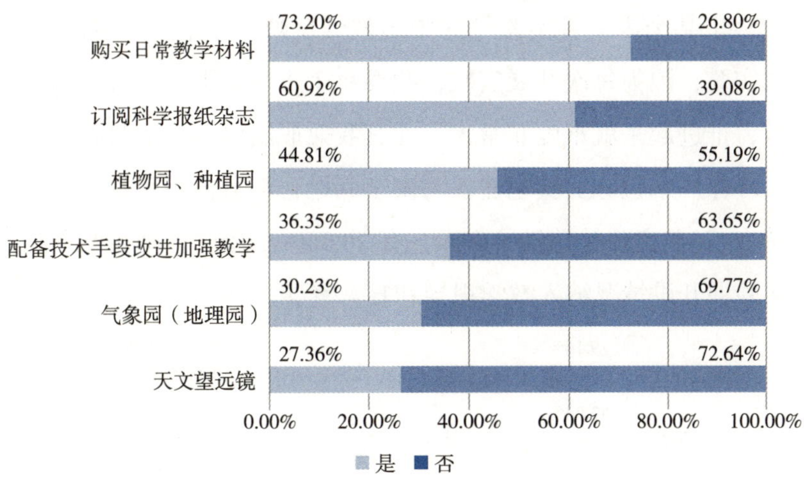

图 5.4.5　中学校内科学教育资源提供概况

第三，实验器材与教学需求匹配性方面（如图 5.4.6 所示）。全国范围内仅 22.51% 的中学教师反映所在学校完全按照课程标准与教材配备相关实验器材，44.06% 的中学教师反映所在学校提供的实验器材与教学需求大部分匹配，但仍有 13.43% 的中学教师反映学校少数匹配或完全未配备实验器材。

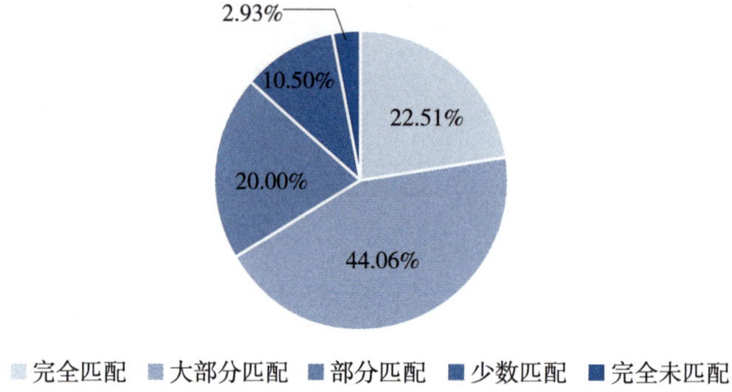

图 5.4.6　中学实验器材与教学需求匹配性

第四，实验员配备与实验教学督导方面（如图 5.4.7 所示）。有 17.16% 的中学教师反映所在学校未配备实验员。与小学类似，中学实验员短缺的问题也影响了科学教师的探究实践教学实施频率与质量。例如，访谈中某个未配备实验员的中学教师反映：“我们一学期开展了两到三次实验，因为每次开展实验，我要每个班都跟下来，就是九个班的工作量，推进起来就难度非常大。尤其我兼职实验员，平时教育局、公安局、环保局来检查实验室建设与安全问题，都会占用我很多的工作时间与精力。”在实验教学督导方面，有 20.86% 的中学教师表明所在学校未将实验课开设情况纳入教学视导和日常督导。

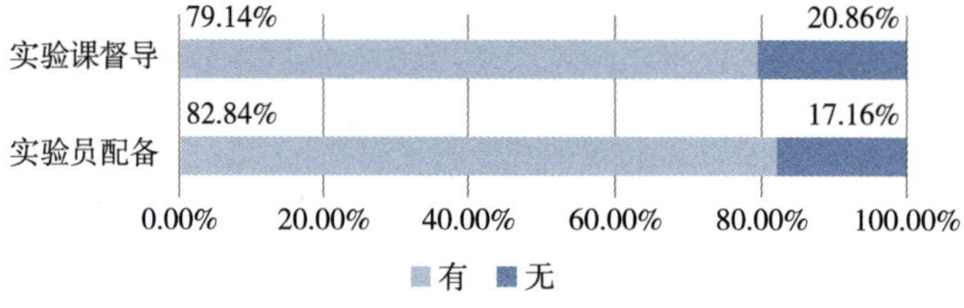

图 5.4.7　中学实验员配备与实验教学督导整体情况

从城乡差异来看（如图 5.4.8、图 5.4.9、图 5.4.10 所示），乡镇的资源保障相比县城与市区均较差。在实验室建设方面：乡镇中学教师反映所在学校没有或仅有一个实验室的比例为 47.33%。县城与市区学校反映

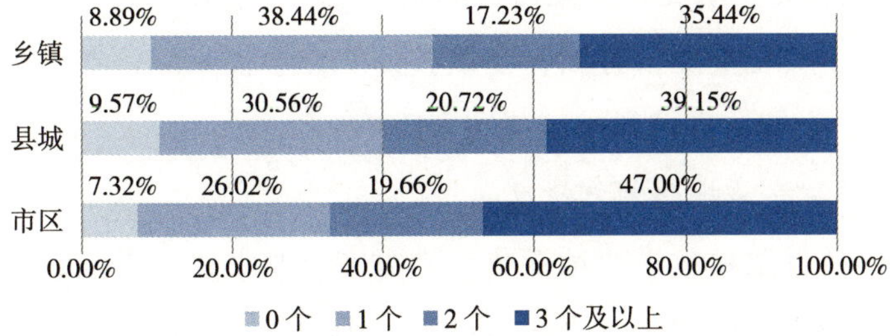

图 5.4.8　中学实验室建设城乡差异

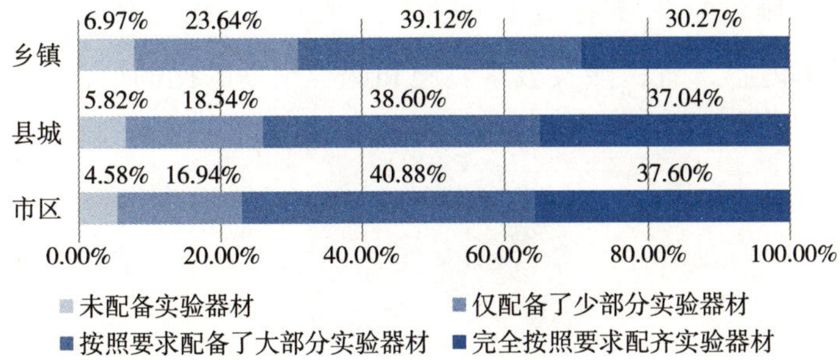

图 5.4.9　中学实验器材配备城乡差异

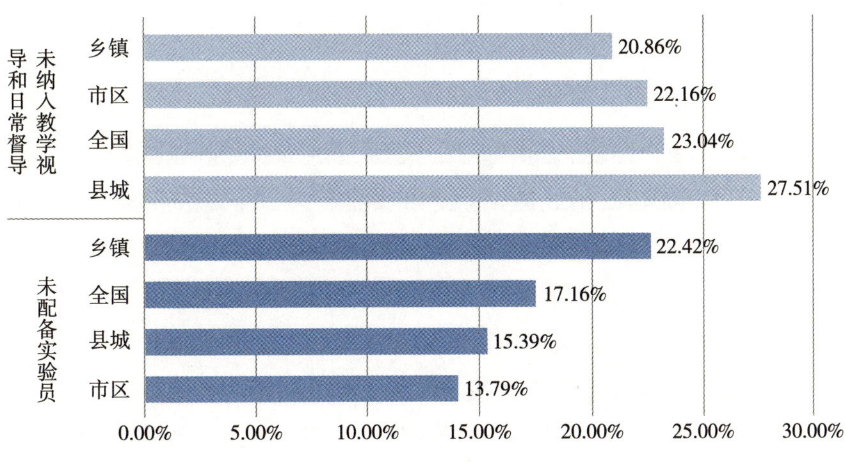

图 5.4.10　中学实验教学督导、实验员配备城乡差异

所在学校没有或只有一个实验室的教师比例分别为 40.13% 和 33.34%。且市区教师反映学校配有 3 个及以上的科学实验室的比例（47%）远高于县城（39.15%）和乡镇（35.44%）。在实验室器材配备方面，反映所在学校完全按照要求配齐实验器材的教师比例，乡镇比县城和市区均低 7% 左右。在实验员配备方面，乡镇教师所在学校未配备实验员的比例为 22.42%，乡镇比县城和市区分别高约 7% 和 9%。

（3）课程实施规划制订情况

《基础教育课程教学改革深化行动方案》要求要加强国家课程方案向地方、学校课程实施规划的转化工作，制订课程实施的学校规划。然而，全国范围内约三分之一（33.75%）的中学科学教师反映其所在学校没有课程实施规划（方案）（如图 5.4.11 所示）。从已有的课程实施规划中的具体内容来看，涉及教学实施和课程规划的比例均在 80% 左右，

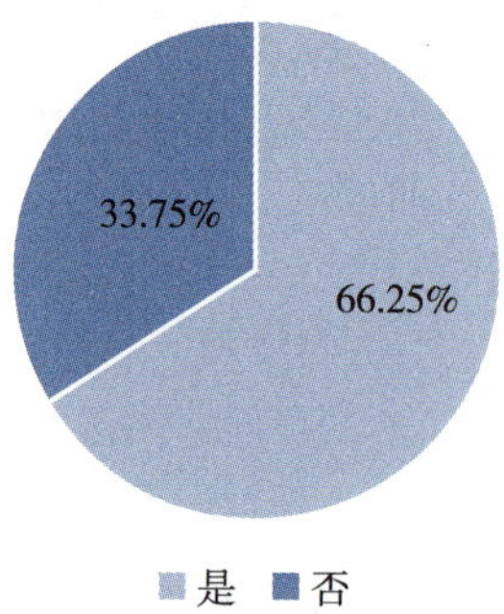

图 5.4.11　全国中学课程实施规划（方案）制订概况

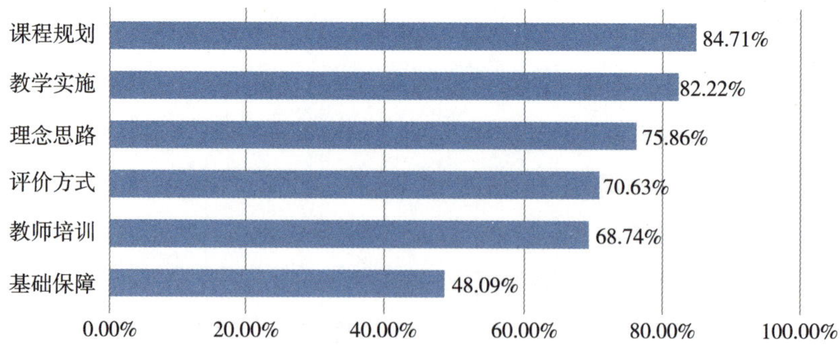

图 5.4.12　中学课程实施规划（方案）具体内容要素

涉及教师培训的比例为68.74%，基础保障的比例为48.09%。这反映出当前中学的科学教育实施与小学类似，重课程教学、轻基础保障和教师发展（如图5.4.12所示）。

（4）校园科技活动开展情况

《基础教育课程教学改革深化行动方案》要求持续深入开展科普教育，推动中学定期开展科技节、科技小发明、科普读书会、寻找最崇拜的科学家等活动。然而，全国范围内仍有27.18%的中学科学教师反映所在学校未设置任何校园科技活动（如图5.4.13所示）。在具体的活动形式上（如图5.4.14所示），校园科技活动类型多样，其中科技文化节

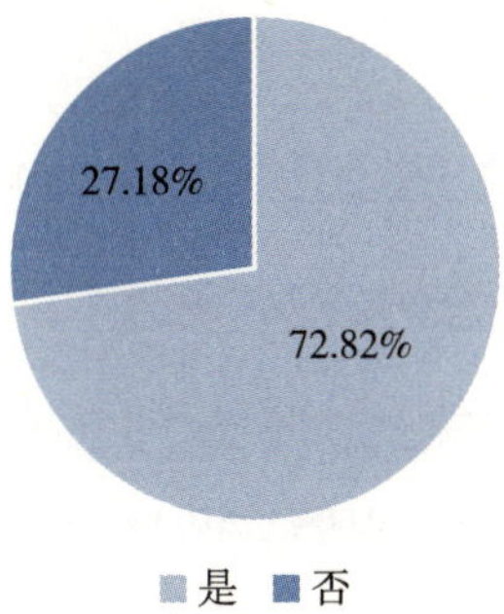

图5.4.13　中学学校是否设置科技活动

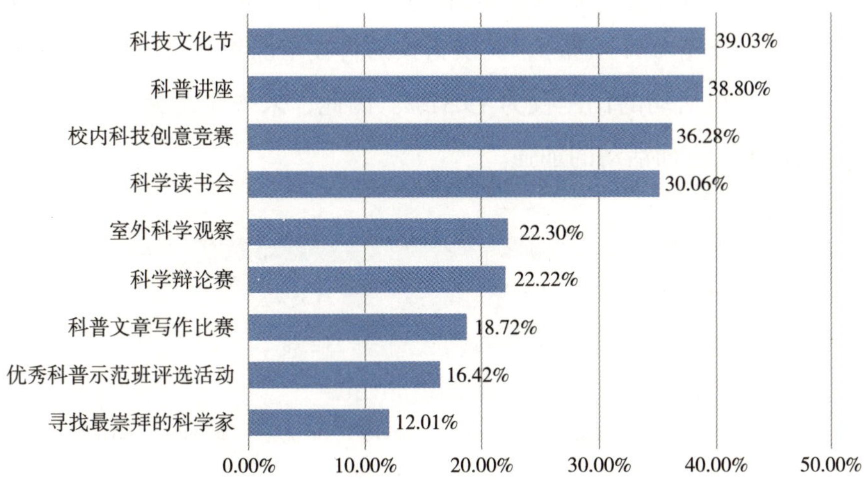

图5.4.14　中学阶段校内科技活动具体类型

（39.03%）与科普讲座（38.80%）的比例最高，其次为校内科技创意竞赛（36.28%）。

2. 中学科学教育校内外联合现状

校内外联合主要指学校和校外科技场馆、高校进行合作，共同参与科学教育的情况，主要包括四个方面：第一，从合作对象来看（如图5.4.15所示），与小学类似，当前中学与科技场馆的合作相对较多，与高校的合作教学需进一步改善。具体而言，在与科技场馆合作方面，教师反映其所在学校具有馆校合作的比例为49.45%。在与高校合作方面，仅24.96%的学校与高校共建了实验室等，25.62%的学校与高校协同组织了夏（冬）令营。

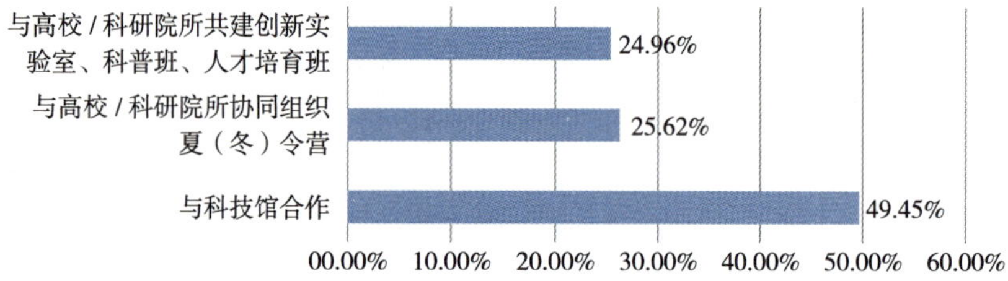

图5.4.15　中学校内外科学教育合作对象

第二，从合作方式来看（如图5.4.16所示），最常见的学习方式为集体参观科技馆（41.61%），其次为预约科技馆课程（24.35%），科技馆到学校组织活动的比例仅为19.31%。因此，未来应尤为关注科技馆在“走进去”方面活动的加强。

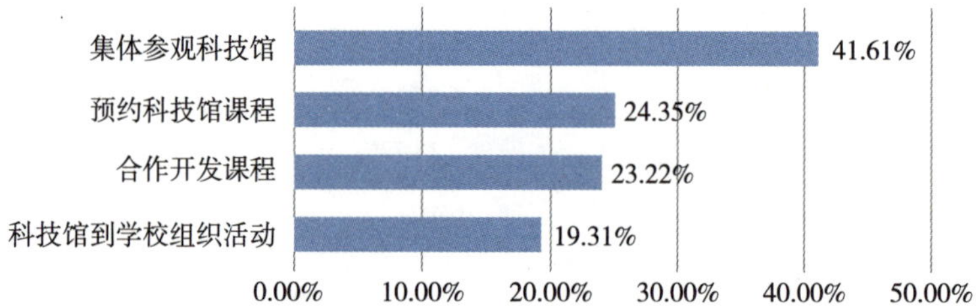

图5.4.16　中学阶段馆校合作方式

第三，从活动类型来看（如图 5.4.17 所示），最常见的是学生自主参观（37.53%），其次是基于展览展示的知识传授（22.28%），能与正式科学教育相衔接的活动比例（围绕课程标准进行科学探究活动、根据教师布置的任务清单进行互动操作）仅占 19.93%。

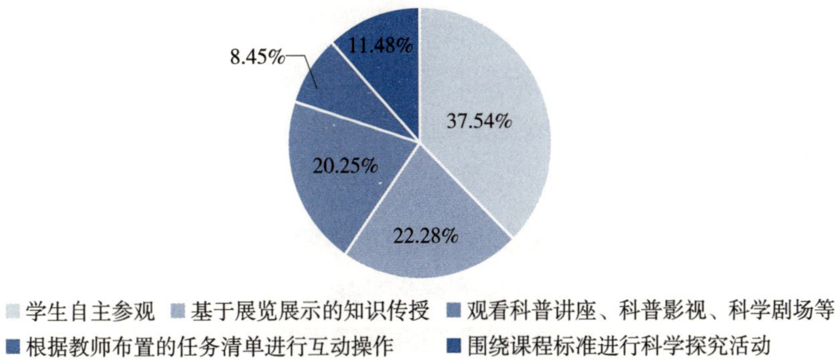

图 5.4.17　中学阶段科技馆活动类型

第四，从活动频次来看（如图 5.4.18 所示），80.58% 的中学教师反映所在学校每年会组织 1—2 次馆校合作活动，表明大部分学校的活动频次较低。

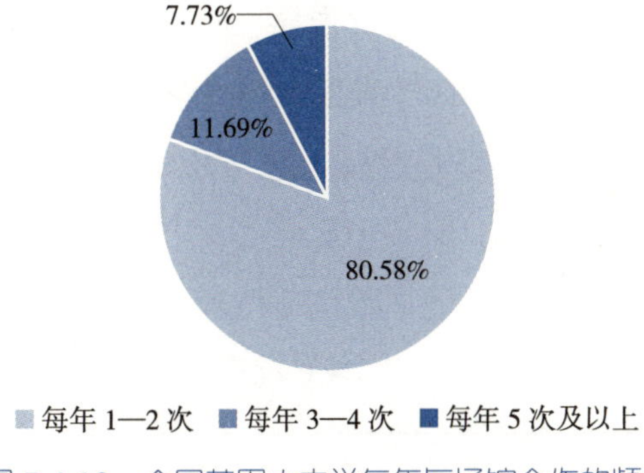

图 5.4.18　全国范围内中学每年与场馆合作的频次

在城乡差异方面（如图 5.4.19 所示），相比于市区（47.92%），县城（55.19%）和乡镇学校（50.33%）无馆校合作的比例相对较高，但乡镇中学未与高校共建实验室、未与高校协同组织夏（冬）令营的比例与市区和县城相差不大。中学教师反映无馆校合作的比例县城高于乡镇的可能原因是，近年来我国大多数地区将乡镇中学合并至县城以提高教育质量，导致乡镇中学基数变少。

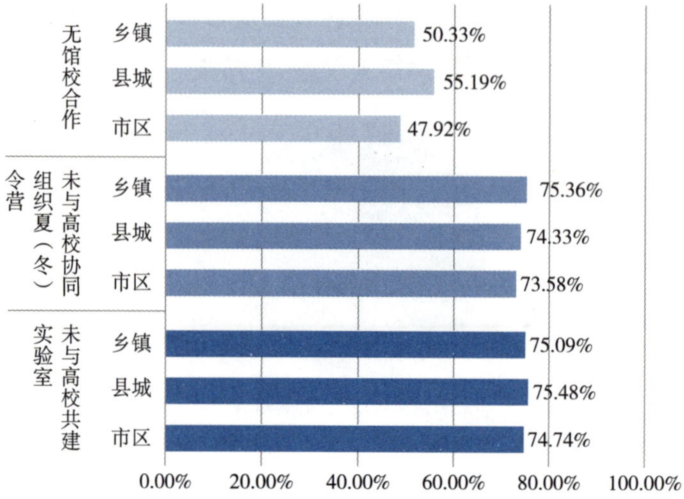

图 5.4.19　中学校内外联合的城乡差异

（二）中学科学课程实施质量现状

1. 课堂教学质量

课堂教学质量围绕向学生提供指导、向学生提供反馈、根据学生反映调整教学、进行探究教学四个维度，通过学生评价的方式展开。从整体来看，中学生感受到的质量整体上处于中等区间的偏下水平（75.24

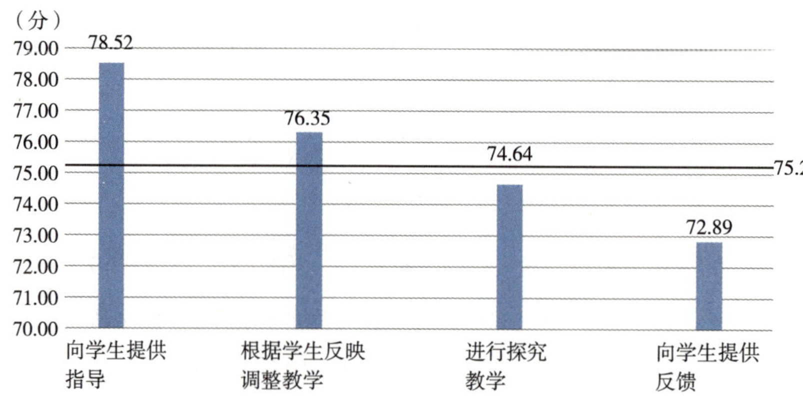

图 5.4.20　中学课堂教学质量各维度得分

分）。在各个子维度上，教师向学生提供指导得分最高（78.52 分），其次是教师根据学生反映调整教学（76.35 分）和教师进行探究教学（74.64 分），教师向学生提供反馈得分最低（72.89 分）（如图 5.4.20 所示）。在城乡差异上，乡镇在各个维度上的表现均低于市区，整体上看，市区优于县城、县城优于乡镇，具体数据见表 5-4-1。具体到不同要素的分析如下所示：

表 5-4-1　中学教师课堂教学质量各维度城乡数据

维度	市区	县城	乡镇	F
总分	75.52	74.62	74.11	8.222^{***}
教师向学生提供指导	78.92	77.68	77.35	11.258^{***}
教师向学生提供反馈	73.09	72.49	71.63	5.798^{***}
教师根据学生反映调整教学	76.58	75.74	75.08	8.631^{***}
教师进行探究教学	74.90	74.00	73.68	6.111^{***}

注：$^{***}p<0.001$，$^{**}p<0.01$，$^{*}p<0.05$。

第一，探究式教学。探究式教学是当前最核心的教学方式，本次调研中学生反映的日常科学课堂中探究式教学频率统计见表 5-4-2。值得注意的是，仍有 4.63% 的中学生反映“从来没有或几乎没有”在课堂上动手做实验，6.76% 的学生反映“从来没有或几乎没有”在课堂上自己设计实验。实地访谈结果显示，很多初高中学生在科学课上自己动手实践的机会很少，更多采取的是讲实验、放实验视频或者教师演示实验的方式，关键原因之一是受中高考压力的影响，学生的课业负担较重，没有充分的时间进行探究实验。因此，部分学校仅仅能保障课标中要求的必做实验由老师演示或学生自主探究完成，部分学校连必做实验也无法保障。此外，由于初高中的化学、生物等实验会涉及危险品和药品，消防、公安检查审核需要较长时间，导致实验材料无法及时购买，所以有时学生的实验会滞后于实际教学，进一步使得原本的探究实验变为验证实验。

表 5-4-2 中学“探究式教学”各项目发生的频率

维度	从来没有或几乎没有	一些课	很多课	每节课或几乎每节课
我们在课堂上有机会解释自己的想法	2.88%	22.04%	36.96%	38.12%
我们会自己动手做实验	4.63%	28.91%	34.34%	32.12%
我们必须就科学问题进行论证	4.84%	28.97%	34.96%	31.23%
教师解释一个科学概念应用于许多不同的现象	2.69%	23.30%	37.18%	36.83%
教师允许我们自己设计实验	6.76%	29.36%	32.60%	31.28%
教师清楚地解释了科学概念与生活的相关性	2.91%	22.87%	37.81%	36.41%
我们通过调查来检验自己的想法	5.70%	26.92%	34.88%	32.50%
我们会针对调查结果进行课堂辩论	6.31%	26.95%	33.77%	32.97%

第二，向学生提供直接指导。教师向学生提供直接指导对学生的态度责任等同样具有显著的正向影响。然而，本次调研显示，中学仍有近 3% 的教师在课堂上从来没有或几乎没有向学生提供直接指导（如表 5-4-3 所示）。与小学类似，在四项具体行为中，选择“从来没有或几乎没有”的比例，“全班和教师一起讨论问题”（3.12%）相对高于向学生证明一个观点（2.56%）、解释观点（2.56%）与讲解问题（2.26%）。

表 5-4-3 中学“教师向学生提供直接指导”各教学行为发生频率

维度	从来没有或几乎没有	一些课	很多课	每节课或几乎每节课
教师解释科学观点	2.56%	23.59%	34.27%	39.58%
教师讲解我们提出的问题	2.26%	18.99%	34.42%	44.33%
教师证明一个观点	2.56%	22.41%	35.84%	39.19%
全班和教师一起讨论问题	3.12%	21.21%	35.20%	40.47%

第三，向学生提供反馈。教师的反馈虽然不会直接影响学生的学业成就，但会通过改变学生的学习习惯与学习态度影响学生的成绩。如表 5-4-4 所示，五项题目中选择“从来没有或几乎没有”与“一些课”的

学生比例，“教师告诉学生在科学课上的表现如何”（39.7%）与“教师对学生在科学课上的优秀表现进行了反馈”（36.56%）高于其他三个项目。这表明我国中学科学教师更倾向于给予学生学习策略与方法的反馈支持以改变学生的学习习惯。

表 5-4-4 中学“教师向学生提供反馈”各教学行为发生频率

维度	从来没有或几乎没有	一些课	很多课	每节课或几乎每节课
教师告诉我我在科学课上表现如何	6.82%	32.88%	31.84%	28.46%
教师对我在科学课上的优秀表现进行了反馈	6.37%	30.19%	33.38%	30.06%
教师告诉我在哪些方面我还可以提高	4.92%	27.90%	35.83%	31.35%
教师告诉我怎样才能提高我的科学成绩	4.78%	26.94%	35.99%	32.29%
教师告诉我怎样才能达到我的学习目标	4.04%	25.75%	37.08%	33.13%

第四，适应性教学。与小学类似，中学教师在适应性教学三个项目上的行为发生频率相差无几。如表 5-4-5 所示，约 36% 的中学生反映教师在每节课或几乎每节课会根据学生的学习情况调整教学，但每个测试项目仍有 3% 左右的中学生反映科学教师从来没有或几乎没有采取适应性教学策略。

表 5-4-5 中学“教师采取适应性教学”各教学行为发生频率

维度	从来没有或几乎没有	一些课	很多课	每节课或几乎每节课
教师根据我们班同学的需要和知识基础调整教学	3.33%	23.30%	37.32%	36.05%
当个别同学理解某个学习主题或任务有困难时，教师会提供针对性的帮助	2.99%	23.12%	37.81%	36.08%
教师在大多数同学觉得难以理解的话题上会改变课程结构	3.71%	24.48%	36.69%	35.12%

2. 课后服务质量

第一，在中学科学类课后服务开设方面，本次调研显示全国范围内有高达40.36%的中学教师反映所在学校未开设科学类课后服务（如图5.4.21所示）。未开设的原因包括多种类型（如图5.4.22所示），占比最高的是没有合适的时间（50.65%），表明对大部分中学教师而言日常教学任务较重，缺乏足够的时间准备并开展课后服务。其次是没有合适的场地（46.82%）与足够器材（42.89%）等客观条件，而家长不配合（11.13%）与学生不喜欢（4.07%）等主观性的原因则较少，表明中学需进一步合理安排科学教师的工作任务并加强对科学教育的资源保障。此外，有14.1%的中学教师反映未开设科学类课后服务的原因是能力难以胜任。通过进一步统计中学教师开设科学类课后服务课程所需的帮助结果发现，与小学教师相同（如图5.4.23所示），教师反映占比最高的是

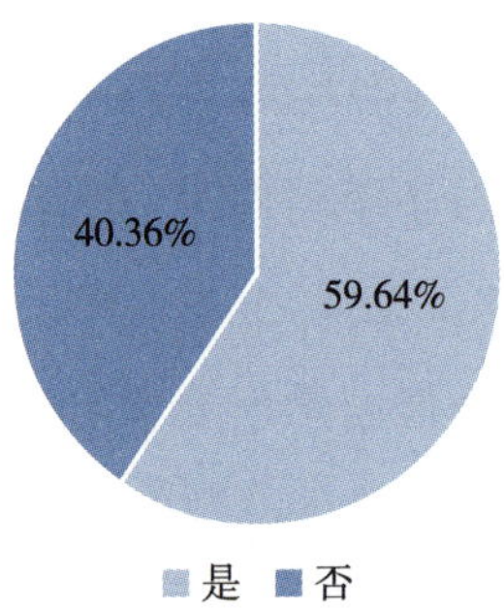

图5.4.21　中学是否开设科学类课后服务

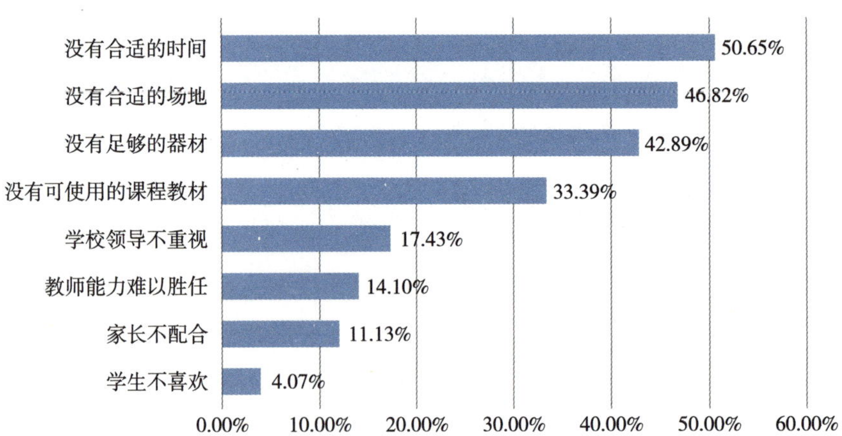

图5.4.22　中学没有开设科学类课后服务的原因统计

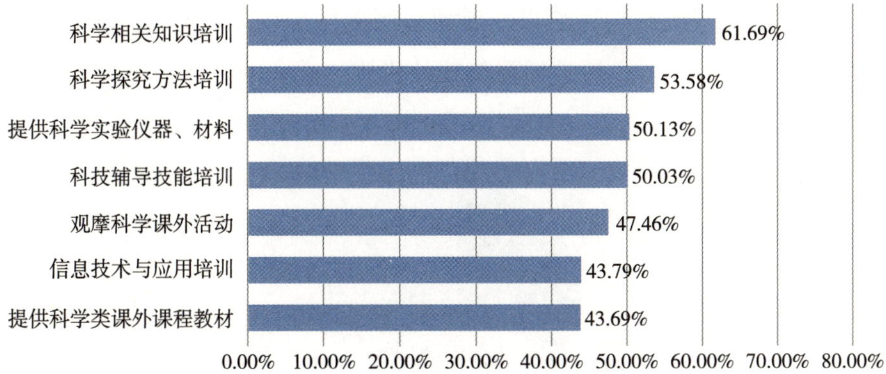

图 5.4.23　中学教师开设科学类课后服务课程所需的帮助

科学相关知识培训（61.69%），其次为科学探究方法培训（53.58%）。结合在教师素养测评中的表现可知，在未来的职前与职后科学教师培训中，应扩大对教师专业知识的培训，实现科学课程标准解析全覆盖，支持科学教师的专业发展。

第二，在科学类课后服务对象方面（如图 5.2.24 所示），有 59.07% 的教师反映学校开设的课后服务要求全体学生必须参加，其余则为选修参与（37.23%）或参加竞赛的学生参加（3.70%）。

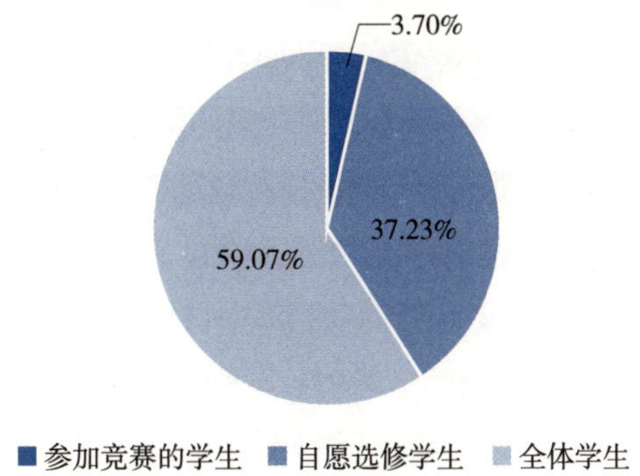

图 5.4.24　中学科学类课后服务对象

第三，在科学类课后服务的主要形式方面（如图 5.4.25 所示），学校教师自主开展服务占比最高（67.4%），其次为与校外机构合作开展（17.09%），而购买校外服务（4.98%）和其他类型的（10.53%）占比则较少。由于大多数教师反映未开展课后服务的原因是没有充足的时间，因此未来可进一步考虑通过加强与校外机构、企业的合作，适量减小中学教师的时间压力。

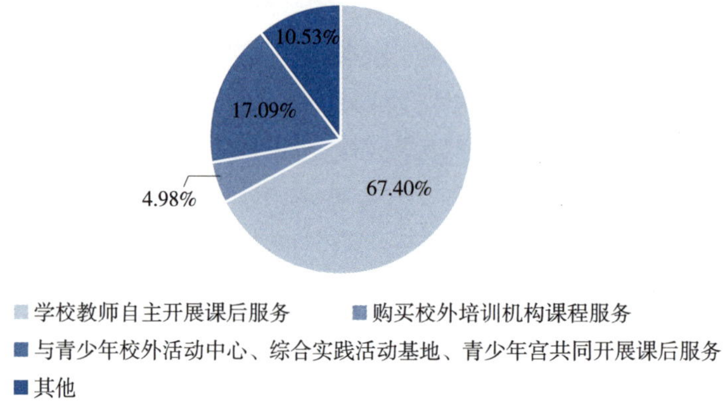

图 5.4.25 中学科学类课后服务的开展方式

第四，在中学科学类课后服务的活动类型方面（如图 5.4.26 所示），科学社团（45.25%）、科普讲座（41.29%）、科技竞赛班（39.95%）等类型的活动占比相对较多，而科学类选修课程的占比较低（26.52%）。

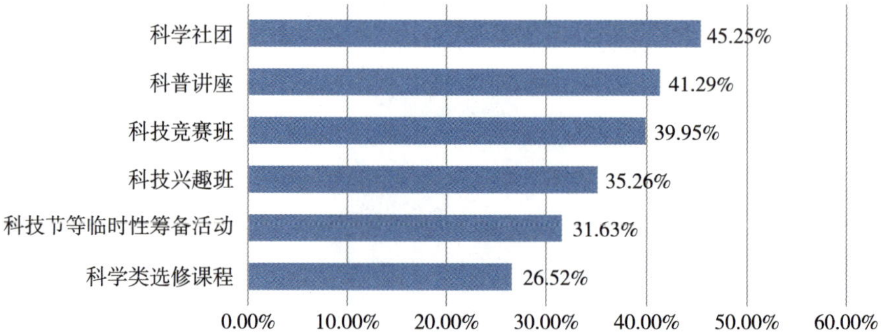

图 5.4.26 中学科学类课后服务的活动类型

第五，在科学类课后服务的评价与监测方面，31.95% 的中学教师反映所在学校没有或者不清楚学校是否有科学类课后服务的评价标准（如图 5.4.27 所示），36.05% 的中学教师反映其学校没有或者不清楚学校是否有对科学类课后服务质量进行监测（如图 5.4.28 所示）。

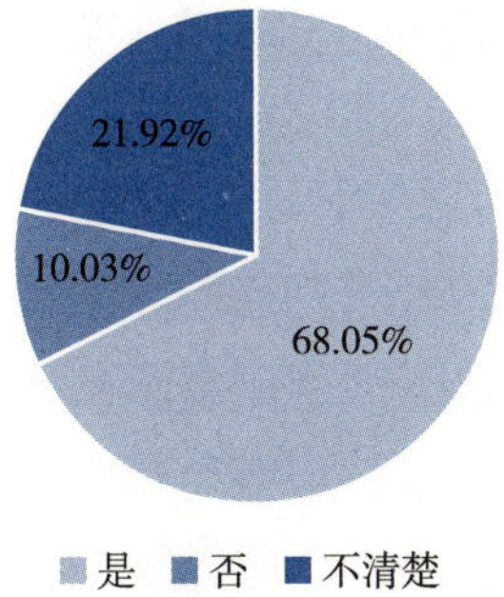

图 5.4.27 中学已开设科学类课后服务学校的评价标准设置

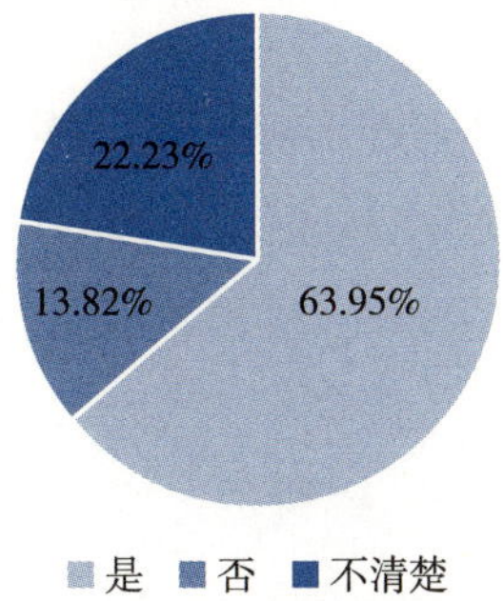

图 5.4.28 中学已开设科学类课后服务学校的质量监测情况

最后，在城乡差异方面（如图 5.4.29 所示），乡镇、县城、市区分别有 36.84%、45.3%、40.34% 的中学科学教师反映其所在学校未开设科学类课后服务。

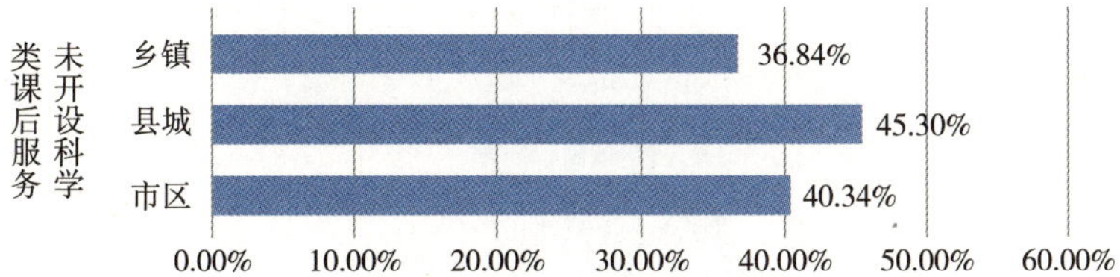

图 5.4.29 中学科学类课后服务开设情况城乡差异

3. 作业改进质量

在教师布置科学课后作业的目的方面（如图 5.4.30 所示），75.7% 的教师反映实际教学中布置过识记型作业，73.88% 的教师反映布置过应用型作业，56.35% 的教师布置过探究实践类作业，50.4% 的教师布置过总结反思型作业。

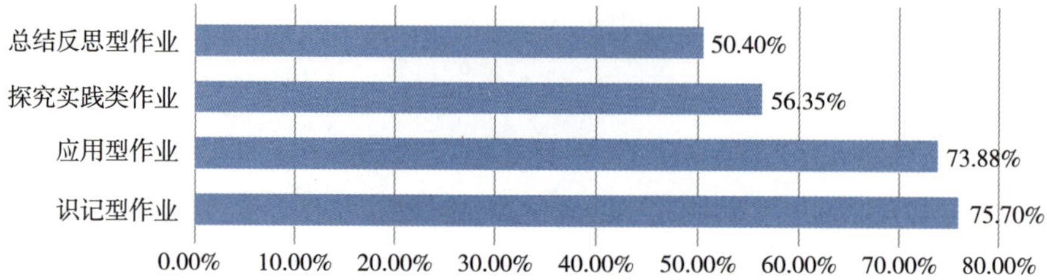

图 5.4.30　中学教师布置科学课后作业类型

在科学探究实践类作业的频次上，多数中学教师布置的次数为每学期 1—3 次（64.85%）（如图 5.4.31 所示）。在完成时长上，大多数中学教师布置的科学作业控制在 40 分钟以内（90.4%），有 2.54% 的教师反

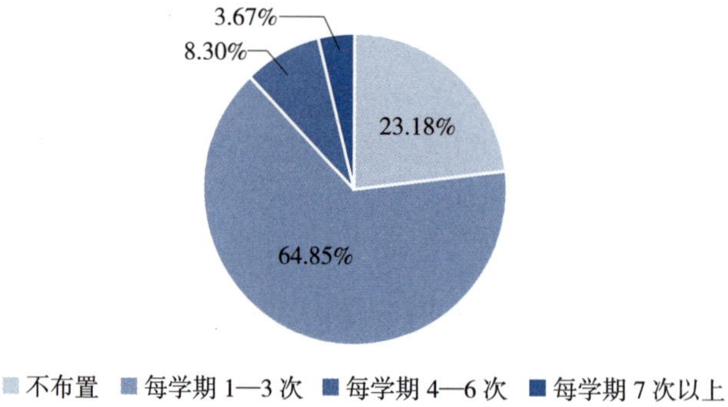

图 5.4.31　中学教师布置探究实践类课后作业的频次

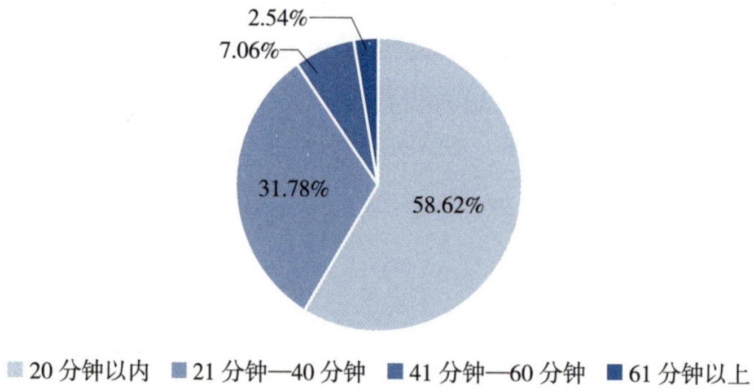

图 5.4.32　中学教师布置科学作业的时长

映布置的作业时长超过一小时，该部分教师需适量减少作业内容以减轻学生的课业负担（如图 5.4.32 所示）。

五、中国科学课程实施质量的现实挑战与优化路径

（一）中国科学课程实施的现实挑战

1. 校内保障维度：科学课程开始受到重视，但课程开足开齐情况仍有待改善，资源保障与课程规划需进一步加强

在课程开设方面，本次调研结果显示，分别有 94.42% 的小学教师与 95.39% 的中学教师（包括初中与高中）反映所在学校能按照各省课程方案开设科学课程，表明各省开始重视科学课实施。但此次调查的课时比例为各省所要求的课时，大部分省市科学课程实施方案的课时比例都低于《义务教育课程方案和课程标准（2022 年版）》要求的 8%。此外，已有研究表明由于对科学课程的不认识，以升学作为价值衡量标准，学校、教师、家长等不同群体都默认义务教育阶段尤其是小学科学课可以随时被语文、数学、外语等升学考试学科占用[1]。本次调研中仍有 28.21% 的小学科学教师和 21.66% 的中学科学教师反映存在科学课被占用情况，其中分别有 3.2% 的小学科学教师与 2.9% 的中学科学教师反映科学课经常被占用。

在资源建设方面，《基础教育课程教学改革深化行动方案》要求加强教学装备配备和使用，推动地方加强中小学实验室建设，支持探索建设学科功能教室、综合实验室、创新实验室、教育创客空间等。《关于加强新时代中小学科学教育工作的意见》要求落实经费保障，探索利用人工智能、虚拟现实等技术手段改进和强化实验教学等。《义务教育科学课程标准（2022 年版）》描述了学校所需的基本仪器。然而，此次调

[1] 刘芸、唐智松、汪先平、白小石：《科学课程实施的困境与破解》，《西南师范大学学报（自然科学版）》2013 年第 3 期。

研显示全国各学校在各类科学场地的提供上存在较大不足，教师调查结果显示：（1）科学实验室建设未实现全覆盖，仍有14.88%的小学教师和8.42%的中学教师反映所在学校没有科学实验室；（2）实验器材与教学需求的匹配性不足，仅65.78%的小学教师与66.57%的中学教师反映学校提供的实验器材与课程标准、教材完全匹配或大部分匹配。

2. 校外科学教育维度：馆校合作科学教育逐步开展，但覆盖面较小，且质量较低

《关于加强新时代中小学科学教育工作的意见》要求创造条件，丰富内容，拓展科学实践活动，各校至少结对1所具有一定科普功能的机构，要求高校、科研院所、科技馆、青少年宫等单位参与中小学科学教育，要求高校和中小学校协同组织科学夏（冬）令营，联合共建创新实验室、科普站等。然而，本次调研显示，中小学教师反映未与高校合作共建实验室、组织夏（冬）令营的比例均在75%左右，未与校外场馆单位进行馆校合作的小学教师比例为44.14%，中学教师比例为50.55%。该结果表明虽然我国中小学与校外科技馆、高校等合作的比例逐步提高，但仍有大部分学校有所欠缺。此外，在活动频次方面，绝大多数学校每年仅组织1—2次校外科学教育活动，需进一步提升。

从实施质量来看，当前已经开展校外科学教育的学校中，大部分教师反映互动方式是自主参观、基于展览展示的知识传授或科普讲座，能与学校科学教育相衔接实施动手操作或探究教学的比例较低，小学为21.44%，中学为19.93%。然而，仅仅参观或知识传授，并不能激发学生的科学兴趣，也不能提升学生的科学思维与探究实践等素养。开发并实施系统的科学课程是保障非正式科学教育实施质量的关键要素，但目前中小学教师反映预约科技馆课程或合作开发课程的比例分别不足30%。此外，根据国家发布的相关政策文件，不仅要关注“走出去”，还要强调科技馆、高校专家等“走进来”，但本次调研显示，教师反映所在学校有过科技馆进校组织科学活动的比例分别为：小学23.92%，中

学 19.31%。

3. 课程实施质量维度：作业质量有所改进，但课堂教学与课后服务质量有待提升

学校教育是科学教育实施的主阵地，课堂教学质量则是决定科学教育质量的核心因素。探究式教学是当前主流科学教学方式，学生能够在开放型和民主型学习环境中，在教师引导下通过自主学习与合作学习解决真实的科学问题，并感受到个人需求、兴趣、价值观和经验可以在实践中得到表达，从而能够主动建构科学学习的意义，自主完成并理解科学学习的过程，进一步达到发展核心素养的教育目的。探究过程中，学生的主要任务在于从情境中产生问题，围绕问题提出假设并制订调查计划、搜集证据、处理信息、得出结论、表达交流、反思评价、应用迁移。但本次调研结果显示，43.02% 的小学生与 36.12% 的中学生反映教师较少允许他们自己设计实验，35.74% 的小学生与 33.81% 的中学生反映课堂上能够就科学问题进行论证的机会较少，38.45% 的小学生与 33.54% 的中学生反映课堂中自己动手做实验的机会较少。

在课后服务质量方面，63.46% 的小学教师与 67.4% 的中学教师反映主要由学校教师自主开展课后服务，与校外机构联合开展课后服务的占比较低。此外，在课后服务的活动类型上，也以科技竞赛班与社团等为主，仅 22.09% 的小学科学教师与 26.52% 的中学科学教师表明所在学校会在课后服务中系统设置科学类选修课程。在作业改进方面，虽然当前大多数中小学科学教师已经有了布置探究实践类作业的意识，但布置探究式作业的频次相对较低。68.4% 的小学教师与 64.85% 的中学教师反映每学期仅布置 1—3 次探究实践类作业，且大多数教师布置课后作业的目的是巩固或应用基础知识，少部分教师会在作业布置中关注培养学生的总结反思能力。

（二）中国科学课程实施的制约因素

1. 强制性政策工具的内容指向性不明确限制了课程环境建设

Michael Howlett 和 M·Ramesh 基于政府介入与服务程度，将政策工具分为自愿性政策工具、混合型政策工具和强制性政策工具[1]。其中，强制性政策工具通过政府高强度地介入，可以促使各级政府部门与中小学高度高效地落实政策文件精神[2]。综合问卷与访谈结果发现，造成我国科学课时开设不足与被占用现象、产生实验室数量少与被改建等问题的主要原因之一是：我国各级科学教育政策中缺少对于科学实验室建设与课时安排的强制性要求。我国 2020 年发布了《普通高中音乐教学器材配备标准》等八个教育行业标准，对音乐、体育、美术的场地与器材建设作出了明确规定[3]。例如，针对音乐课，要求“完全小学按每年级 4 个平行班、每班 45 人计算，音乐教室的设置应不少于 2 间”，并对专用设备的类型、名称与数量都进行了明确规定。然而，针对科学实验室建设，我国虽然在 2006 年发布《中小学理科实验室装备规范》等四个教育行业标准的通知，但并未随着科学课程方案的改革而更新。2023 年印发的《关于加强新时代中小学科学教育工作的意见》《基础教育课程教学改革深化行动方案》中虽然提出了要支持科学实验室建设，但对具体的建设数量与标准要求未作出明确规定。这进一步导致我国部分区域为解决因学生人数增加而教室场地不够问题，而将科学实验室改建为普通教室。因此，在科学教育强制性政策工具中对课时安排与场地建设作出明确要求，加强其内容的指向性是推进科学课程实施的基本保障。

[1] 迈克尔 · 豪利特、M·拉米什：《公共政策研究：政策循环与政策子系统》，庞诗等译，生活 · 读书 · 新知三联书店，2006 年版。

[2] 曲洁：《义务教育改革与发展的政策工具研究》，2013 年；余灿、谌舒山：《我国劳动教育政策工具的选用及改进策略——基于政策文本的分析》，《教师教育学报》2023 年 10 月第 2 期。

[3]《关于发布〈普通高中音乐教学器材配备标准〉等八个教育行业标准的通知》，教育部，2020 年。

2. 课程环境建设限制了探究实践活动的数量与质量

探究实践是培养学生科学观念、科学思维、态度责任的重要途径与载体[1]。《义务教育科学课程标准（2022 年版）》中将探究实践作为核心素养的主要维度之一。世界各国从 20 世纪开始就将科学探究作为科学教育改革的主题，将科学探究视为学习科学最合适的方法之一[2]。然而，本次调研显示，我国仍有约三至四成学生反映较少参与科学探究活动。结合对一线教师的实际访谈，部分教师虽然有带领学生进行探究实践活动的主观意愿，但由于科学课课时不足、实验室数量缺乏、活动材料的购买经费不足、材料购买审批流程复杂等客观原因，导致探究实践活动的频次与质量大大降低。尤其在小学阶段，探究实践活动需要的时间周期较长，当前大多数学校每周两节科学课只能保障知识内容的学习，难以满足实践活动需求。此外，虽然教师普遍认为校外科技场馆是实施探究实践活动的重要场所，但因缺乏校内外协调机制与学生安全保障体系等，从而限制了实际的馆校合作开展。

3. 科学教师的工作量与专业性难以适应教学改革需求

随着科学教育的目标转向学生的核心素养发展，科学教学的难度与复杂性也随之提升。例如，通过跨学科教学培养学生解决真实问题的能力是当前国际科学教学改革的主要趋势之一[3]。我国《义务教育化学课程标准（2022 年版）》中设置了跨学科实践活动，《义务教育科学课程标准（2022 年版）》中不仅包含各种科学领域（物质科学、生命科学、地

[1] 胡卫平:《在探究实践中培育科学素养——义务教育科学课程标准（2022 年版）解读》,《基础教育课程》2022 年第 10 期。

[2] Organization for Economic Co-operation and Development. (2017). PISA 2015 Science Framework. In PISA 2015 assessment and analytical framework: Science, reading, mathematic, financial literacy and collaborative problem solving. Paris: OECD Publishing.

[3] Honey M, Pearson G, Schweingruber H A. STEM integration in K-12 education: Status, prospects, and an agenda for research. National Academies Press Washington, DC, 2014; Falloon G, Hatzigianni M, Bower M, et al. Understanding K-12 STEM Education: a Framework for Developing STEM Literacy. Journal of Science Education and Technology, 2020, 29(3): 369-385.

球与宇宙科学）的内涵，而且将技术与工程领域也纳入其中。然而，调研发现，我国中小学科学教师所面临的较大的工作压力以及专业素养发展不足等问题，使得他们难以适应当前的教学改革需求，导致了科学教学质量不高的问题。

一方面，已有研究表明，教师的工作时间与工作负荷是影响教师工作积极性、情绪与满意度的重要因素[1]，进一步会影响教学质量与学生素养[2]。中小学教师的工作时间整体上可以分为“教学性时间与非教学性时间”（OECD，2018）[3]。教学性时间包括课堂教学时间（即上课时间）以及教学支持与管理学生时间（备课、批改作业、课后服务、教研实践、管理学生实践），除教学时间的其他时间统称为非教学性事务时间[4]。本次调研中部分科学教师反馈，授课班级多、跨年级与跨专业代课、兼负实验员工作与行政工作、学校不重视等工作压力，使得他们很难有时间积极学习并改善教学内容与策略，例如，初中的跨学科教学需要单科教师学习其他学科的科学内容或与其他学科教师共同教研，但巨大的工作压力会使他们产生回避心理，且以往研究中也发现了类似现象[5]。此外，调研结果显示，教师工作压力大也是限制科学课后服务有效开展的关键

[1] 姚振东、凌辉、张建人：《中小学教师工作压力、工作满意度与职业幸福感的关系》，《中国健康心理学杂志》，2016 年第 8 期；张建人、阳子光、凌辉：《中小学教师工作压力、工作满意度与职业倦怠的关系》，《中国临床心理学杂志》2014 年第 5 期。

[2] Kunter M, Klusmann U, Baumert J, et al. Professional competence of teachers: effects on instructional quality and student development. Journal of educational psychology, 2013, 105(3): 805；臧宁、梁玥、李蓓蕾等：《初中教师主观感知到的工作压力与客观承担的工作负荷对其职业倦怠感的影响：工作满意度的中介作用》；第二十二届全国心理学学术会议，中国浙江杭州，2019。

[3] OECD. Education at a Glance 2018: OECD Indicators.Paris: OECD Publishing, 2018: 386.

[4] 薛海平、张诗雅：《“双减”背景下义务教育教师工作负担水平及结构研究》，《中国教育学刊》2024 年第 7 期。

[5] 李小红、陈晨、李珍：《学校氛围对初中科学教师工作满意度的影响研究：基于 TALIS 数据的跨层中介和调节模型》，《教师教育研究》2023 年第 1 期；Novak E, Soyturk I, Navy S L. Development of the science teaching anxiety scale for preservice elementary teachers: A Rasch analysis. Science Education, 2022, 106(3): 739-764.

因素之一，甚至部分教师反映对课后作业的批改时间也难以保障。已有研究中也发现，虽然2019年中共中央办公厅、国务院办公厅印发了《关于减轻中小学教师负担进一步营造教育教学良好环境的若干意见》，但中小学教师的工作时间长、非教学性工作任务繁多挤占了教学“主业”的地位等问题仍突出，影响了学校教育的整体办学质量。另一方面，教师教育理念与教学能力等专业素养是影响教学改革的核心因素。然而，结合教师专业素养与课堂教学质量调研，当前我国科学教师对跨学科教学、探究实践教学等大多持有错误的理念，且在课堂中综合应用不同教学策略的能力需进一步提升。

（三）中国科学课程实施的优化路径

1. 优化政策的内容指向性，推动国家政策向学校课程实施方案转化

第一，明晰各级政策中对科学课程实施的具体要求。2001年，《基础教育课程改革纲要（试行）》提出“实行国家、地方、学校三级课程管理，增强课程对地方、学校及学生的适应性”[1]。国家与地方教育政策是学校课程实施的方向指引，学校课程实施则是国家与地方政策的意志体现。如前所述，我国当前的各级科学教育政策的强制性要求不明确，导致学校一级的课程环境建设难以支撑新一轮科学课程改革。因此，优化我国科学课程实施的首要条件是在国家与地方等各级科学教育政策中加强对实验室建设要求、课时量要求、师资配备等强制性内容的具体描述。严格要求各学校按照国家要求开足开齐科学课程，确保小学科学课的课时达到各省（自治区、直辖市）所要求的最低课时比例，并在此基础上逐步达到课程方案8%的要求。同时针对小初高不同学段制定与科学课程标准相一致的实验室建设规范，加强地方政府对所在区域的课程开设与被占用情况的督导监测。

[1]《基础教育课程改革纲要（试行）》，教育部，2001年。

第二，促进学校科学课程实施规划的制订与完善。学校课程实施规划是基于区域与学校特征，学校在教育政策的规范下，促使国家课程方案转化为学校课程时间的根本保障与具体方针[1]。学校课程实施规划通常需要从理念思路、课程结构、课程实施、课程评价和课程管理保障等多个方面进行系统制订[2]。然而，当前我国仍有超过三成的中小学教师反映所在学校没有科学课程规划。此外，在制订实施规划时，应着重关注以下几个方面：一是应引导学校关注教师培训与基础保障，并制订明确的长期与短期规划，根据学校的实际情况动态调整科学课程实施规划；二是学校要合理安排科学教师的日常教学、实验教学、课后服务工作，切实减轻科学教师的工作压力。

2. 全面加强校内教育资源建设，并提升校外资源的支撑力

第一，加强校内硬件资源建设。建立科学教育专项资金或实验教学专项资金，加强各类实验室建设，保证实验耗材和自制教具、学具所需经费，确保能够配备满足实施《义务教育科学课程标准（2022 年版）》要求的实验设备和器材，支撑科学探究实践类活动的有效开展。

第二，提升校外机构服务能力。首先，深化课程标准的指导作用，加强非正式科学教育工作人员（如科技场馆工作人员）对课程标准的学习以及实施，提高他们指导学生学习的能力，并逐步纳入科学教师序列；其次，发动科普场馆和高等院校、科研单位及高新技术企业的工作者参与基础教育阶段科学课程的实践教学活动设计、教师培训、教科书编写等活动，在实践中增强校外科学教育工作者的认同感与专业素养提升；最后，鼓励学校教师将科学课程教学活动场地向校外拓展，充分利用社区科学教育资源。

第三，强化科研院所有效指导。强化高等院校和科研机构与中小学

[1] 靳玉乐、董小平：《论学校课程的规划与实施》，《西南大学学报（社会科学版）》2007 年第 5 期。

[2] 张玉华：《促进国家课程政策落实的学校课程规划：编制与实施》，《中国教育学刊》2023 年第 6 期。

之间的合作，加大高等院校、科研机构与中小学的实验室共建工作；开发有利于教师和学生发展的体系化资源，改变缺少规划的短期培训现状，制订长周期的指导和培训方案；因地制宜设立科学教育基地，有效整合校内外资源，促进教师和学生的有效发展。

第四，开发科学教育课程资源。一方面，组织多方力量共同协作（如科学教育专家、科学家、科技场馆工作人员、校长、教师），开发非正式科学教育与正式科学教育相衔接的系列资源（如研学课程、课后服务课程、科学实践活动等），增强非正式科学教育中的科学性、探究性与实践性，促进校外资源对科学教育的支撑作用；另一方面，组织科学家、科学教育专家、认知心理学专家、人工智能专家等多种不同的专家群体，充分利用互联网、人工智能等技术，开发具有针对性和系统性，并能全面支撑科学教与学的高质量数字化资源。

第五，实行乡镇定点帮扶计划。整合科研单位、高等院校、企事业单位、人民团体等多方力量，实施乡镇定点帮扶计划，结合当地乡村特色开发地域性科学教育资源，减少科学教育质量的成效差异。例如，充分利用不同乡镇地区的自然资源开发特色科学课程、打造乡村研学旅行基地等。

3. 深化科学教育试点行动，推行科学教育方法变革

第一，在课程层面，深化试点行动并总结典型经验。遴选一批基础教育教学改革实验区、实验校，依托专业机构建立指导支持机制，依据《义务教育科学课程标准（2022 年版）》，聚焦思维型探究与实践、基于学科核心概念和跨学科概念的教学、基于核心素养的评价等教学改革的重点难点问题，探索不同发展水平地区和学校有效推进教学改革的实践模式；遴选一批跨学科综合性实践性教学优秀案例，全面总结教学案例推广应用示范区经验成效和应用模式，进一步扩大推广应用范围和项目，强化各地区跨学科综合学习。

第二，在教学层面，提升教师的混合式教学能力。虽然探究式教

学被认为是支撑学生核心素养发展的关键教学方法，但已有研究表明混合式教学比单独的探究式教学更有利于学生的核心素养发展。Cairns & Areepattamannil（2022）发现了教师直接指导对学生素养发展的重要作用[1]。Areepattamannil etal.（2020）对 PISA（2015）的 66 个国家的测试结果进行分析发现，在控制了人口与社会经济因素后，教师指导的教学与探究式教学均对学生的学习兴趣、工具性动机、科学自我效能等有显著正相关关系，且实施混合式教学更有可能培养学生对科学的积极态度[2]。然而，本次调研显示，在各个维度的教学策略应用频次方面，我国均有超过三成的学生反馈教师在科学课堂从来没有或几乎没有使用过相关策略。

4. 适当减轻科学教师的工作负荷，保障科学课程的高质量实施

第一，明确科学教师的工作边界。如前所述，当前科学教师身兼多职的现象突出，使得科学教师的工作负担过高，从而影响了教师的备课质量与自我发展积极性。造成科学教师负担过重的一个重要因素是工作权责边界不清晰[3]。因此，为科学教师减负的重要途径之一是各学校要在招聘行政人员与教辅人员的基础上，根据国家政策制订详细具体的科学教师职责清单，全力减少科学教师的非教学任务。同时，根据学校的师资配备，灵活协调不同的人力资源，在专职科学教师数量短缺的情况下，着力减少科学教师兼任班主任、实验员等方面的教学工作量。

第二，给予科学教师相关课程资源支持。课改后对教学与作业的高质量要求，以及增加的课后服务是教师工作压力增大的主要来源。因

[1] Cairns D, Areepattamannil S. Teacher-Directed Learning Approaches and Science Achievement: Investigating the Importance of Instructional Explanations in Australian Schools. Research in Science Education, 2022, 52(4): 1171–1185.

[2] Areepattamannil S, Cairns D, Dickson M. Teacher-Directed Versus Inquiry-Based Science Instruction: Investigating Links to Adolescent Students' Science Dispositions Across 66 Countries. Journal of Science Teacher Education, 2020, 31(6): 675–704.

[3] 郭德侠、王玉、刘晶:《“双减”背景下中小学教师的工作“负荷”与“减负”治理的实践路径》,《教育与教学研究》2024 年第 6 期。

此，未来可通过协同校外科技馆、科研单位、高校实验室、企业等多种资源开发科学类课后服务资源，在国家中小学智慧平台上为教师提供优秀科学课程案例与解析、科学类作业设计方案、不同学段学生的科学素养评价题库等方式，为教师改进科学教学质量提供实际支持。同时，可以通过聘请校外科学教育专家、返聘优秀科学教师等方式给予科学教师指导与支持。

第六章

中国学生科学素养发展报告

青少年是祖国的未来、科学的希望，培养一大批具有科学素养的青少年对于我国科技自立自强和未来发展至关重要。了解学生科学素养发展的现状，探查我国学生科学素养的发展趋势与主要困境，对于改进科学教育质量具有重要的借鉴与参考意义。基于此，本次调研以《义务教育科学课程标准（2022年版）》为指导，从科学观念、科学思维、探究实践与态度责任四个维度对我国青少年的科学素养发展现状进行了系统调研。结果显示：第一，我国学生普遍倾向于相信权威，质疑品格不足；第二，我国中小学生的科学思维能力亟待提升，且探究能力不强；第三，学生的内在动机与自我效能缺乏，且从小学到中学呈下降趋势；第四，应注重关注女生的科学自我效能与职业期望。基于此，本研究进一步针对我国的科学教学改革提出了相关的意见建议，以便更有效地促进我国学生的科学素养发展。

一、研究背景

科学与技术的发展对社会产生了巨大影响，包括对人才需求的变化，因此科学教育也面临着巨大的挑战。为了回答“如何从学生学习结果的角度界定未来社会所需要的人才形象”问题[1]，各国都提出了核心素养的框架，将此作为当前时代下的全新的育人目标体系，以此指导素养培养的落地实施[2]。我国也在2016年公布了核心素养发展体系，并于2017年公布了各学科核心素养体系。核心素养，即中国学生应具备的适应终身发展和社会发展需要的必备品格和关键能力[3]。它是一种独特的、多种素养交叉组成的多维体系，是当下社会中每个人都应该掌握的最为基础和关键的能力，不依赖于特定的环境，普遍适用于个体在不同的背景和环境下进行的思考、行动、生存和生活，并能促使他们的活动产生积极的结果[4]。

科学素养是核心素养在科学课程中的具体体现。从20世纪90年代开始，国际上开始编制中小学生的科学素养框架并实施大规模测评[5]。联合国经济合作与发展组织发起的国际学生评估项目（Program for International Student Assessment，简称PISA）与国际教育成就评价协会发起的“国际数学与科学成就趋势研究”（Trends in International Mathematics and Science Study，简称TIMSS）均将科学素养测评作为重

❶ 崔允漷:《追问“核心素养”》,《全球教育展望》2016年第5期。

❷ 林崇德:《学生发展核心素养：面向未来应该培养怎样的人？》,《中国教育学刊》2016年第6期；林崇德:《中国学生核心素养研究》,《心理与行为研究》2017年第2期。

❸ 林崇德:《构建中国化的学生发展核心素养》,《北京师范大学学报（社会科学版）》2017年第1期。

❹ Brundiers K, Barth M, Cebrián G, et al. Key competencies in sustainability in higher education—toward an agreed-upon reference framework. Sustainability Science, 2020.

❺ 潘士美、张裕灵、李玲:《义务教育学生科学素养及其关键影响因素研究——来自PISA、TIMSS和NAEP的国际测评经验》,《外国教育研究》2018年第10期。

要组成部分。我国《义务教育科学课程标准（2022年版）》中对科学课程应培养的学生核心素养进行了明确的内涵与要素界定，并将其作为科学课程的培养目标。了解不同学段学生的科学素养发展现状，探查我国学生科学素养的发展趋势与主要困境，能够为改进科学教育质量提供方向。因此，本研究结合国际以往的科学素养测评与我国科学素养体系，对我国中小学生的科学素养发展现状进行全面测评。

二、调研概况

（一）调研内容

本次调研以《义务教育科学课程标准（2022年版）》为依据，突出素养导向，重点测评了学生的科学观念、科学思维、探究实践、态度责任四个维度。

1. 科学观念

科学观念是通过科学课程的学习形成的对科学事物的本质及规律等的认识，是科学概念、规律、原理等在头脑中的提炼和升华。科学观念作为一种素养，包含具体的学科观念和跨学科观念、对科学本质的认识、应用科学观念解释自然现象和解决实际问题的能力等多个层次。由于具体的观念掌握与问题解决测评需要依据学生的知识掌握与认知能力发展程度，而这受学生的学段、使用教材、学习进度等影响较大，因此不便于大规模施测。科学认识论信念作为关于科学知识的本质是什么以及科学知识是如何获取的信念，受到了国际科学教育研究者的普遍关注[1]。

[1] Green H J, Hood M. Significance of Epistemological Beliefs for Teaching and Learning Psychology: A Review. Psychology Learning & Teaching, 2013, 12(2): 168–178; Lee W W S, Chan C K K. Relationships Among Epistemic Beliefs, Perception of Learning Environment, Study Approaches and Academic Performance: A Longitudinal Exploration with 3P Model. The Asia-Pacific Education Researcher, 2018, 27(4): 267–276.

根据已有研究，认识论信念测评不仅能够反映学生对知识本质与知识获取方法的认识，同时与学生的学习过程（如学习方法和认知策略的选择）、科学态度、学习动机、学习结果（如学业成绩）等因素密切相关[1]。例如，Liang etal.（2010）探讨了中国台湾理科专业本科生的科学认识论信念和学习科学的方法。通过相关性和路径分析发现那些认为科学知识是试探性的、不断发展的、来自实验探究的学生，往往对学习科学有更深的动机和内在的兴趣[2]。在影响学生学业成绩的相关研究中，科学认识论信念是被研究最多的因素之一[3]。因此，本研究在科学观念维度主要关注学生的科学认识论信念测评。

科学认识论信念问卷改编自 Conley etal.（2004），将科学本质概念化为四个维度:（1）知识来源，考查学生认为知识是从权威获得的还是由自己主动构建的;（2）知识确定性，考查学生认为问题的答案是唯一确定的还是不止一个的;（3）知识发展性，考查学生认为知识是固定的还是可变的;（4）知识正当性，考查学生如何通过实验证据来证明知识的信念。[4]

---

[1] Elder A D. Characterizing fifth grade students' epistemological beliefs in science. Personal epistemology. Routledge. 2012: 347-363; Choung H, Newman T P, Stenhouse N. The role of epistemic beliefs in predicting citizen interest and engagement with science and technology. International Journal of Science Education, Part B, 2020, 10(3): 248-265; Ozkal K, Tekkaya C, Cakiroglu J, et al. A conceptual model of relationships among constructivist learning environment perceptions, epistemological beliefs, and learning approaches. Learning and individual differences, 2009, 19(1): 71-79; Chen J A, Pajares F. Implicit theories of ability of Grade 6 science students: Relation to epistemological beliefs and academic motivation and achievement in science. Contemporary Educational Psychology, 2010, 35(1): 75-87.

[2] Liang J-C, Min-Hsien L, Chin-Chung T. The Relations Between Scientific Epistemological Beliefs and Approaches to Learning Science Among Science-Major Undergraduates in Taiwan. Asia-Pacific Education Researcher (De La Salle University Manila), 2010, 19(1).

[3] Özbay H E, Köksal M S. Middle School Students' Scientific Epistemological Beliefs, Achievements in Science and Intellectual Risk-Taking. Science & Education, 2021, 30(5): 1233-1252.

[4] Conley A M, Pintrich P R, Vekiri I, et al. Changes in epistemological beliefs in elementary science students. Contemporary Educational Psychology, 2004, 29(2): 186-204.

2. 科学思维

科学思维是从科学的视角认识客观事物本质属性、内在规律及相互关系的方式，主要包括模型建构、推理论证、创造性思维。模型建构是指以经验事实为基础，对客观事物进行抽象和概括，进而建构模型，并运用模型分析、解释现象和数据，描述系统的结构、关系及变化过程。推理论证是能够运用分析与综合、比较与分类、归纳与演绎、控制变量等推理方法进行假设检验或问题解释，正确建立证据与解释之间的关系，提出合理见解，并对有缺陷的论点进行批判质疑的能力。创造性思维是在科学知识学习、科学问题解决和科学创造活动中，根据一定的目的，运用一切已知信息，在新颖、独特且有价值地（或恰当地）产生某种产品的过程中表现出来的智能品质或能力[1]。由于创造性思维的测评通常采用开放性问题，需要人工评分，在大规模测评中耗时过长，因此本次调研主要关注模型建构与推理论证能力测评，主要采用选择题的形式展开测试。所有项目均由团队成员在以往测评题的基础上进行改编。

3. 探究实践

探究实践是在学习科学课程中形成的学习能力；是在了解和探索自然、获得科学知识、解决科学问题过程中，具有信息意识，形成提出问题、设计实验、实施方案、收集和处理数据、交流结果的能力；是在技术与工程实践中形成的构思、设计、操作、实现、验证、优化等能力。探究实践主要包括科学探究、技术与工程实践、自主学习能力三个方面。由于我国小学阶段的科学教育整体还处于质量提升阶段，在实际实施过程中较少涉及技术与工程实践教学，且技术与工程实践能力考查大多需要学生动手操作，难以大规模实施，因此本次调研主要考查学生的科学探究能力与自主学习能力两个方面。

本次调研针对学生科学探究能力主要考查了作出假设、设计实验与建构解释的能力，以选择题的形式开展，所有项目均由团队成员在以往

[1] 胡卫平:《深入理解科学思维　有效实施课程标准》,《课程 · 教材 · 教法》2022 年第 8 期。

测评题的基础上进行改编。针对自主学习能力的测评以李克特量表问卷的形式开展，改编自国际上的成熟元认知问卷（Jr. MAI），涉及元认知知识（即对认知过程的意识和理解）和元认知调节（即监测和控制认知过程的能力）两个要素[1]。虽然科学思维与科学探究能力测试题均不涉及具体的科学知识，但考虑到中小学不同学生认知水平差异，因此在小学与中学阶段设置了两份不同的科学思维与科学探究能力测试题。

4. 态度责任

态度责任是在认识科学本质及规律，理解科学、技术、社会、环境关系的基础上，逐渐形成对科学和技术应有的正确科学态度和社会责任。根据《义务教育科学课程标准（2022年版）》中对态度责任的内涵界定，结合PISA测试中对科学素养的测评框架界定，本次调研从“实事求是”“追求创新”“科学职业期望”“日常科学学习行为”“好奇心”“自我效能感”“交流合作”“科学兴趣”“科学价值感知”“社会责任”十个方面对学生的科学态度与社会责任进行测评。其中，“日常科学学习行为”“科学兴趣”“科学价值感知”改编自PISA（2015）科学素养测评，其余项目改编自国内外已有成熟问卷。

（二）调研方法

中小学生的科学素养测评包括测试题与李克特量表问卷两种形式。其中，科学思维、科学探究与社会责任感能力以测试题的形式展开。由于中学生与小学生的已有科学知识、认知发展水平不同，因此测试题有所不同。所有的李克特量表问卷考虑到了中学生与小学生不同的阅读理解水平与学习环境差异，题目题干信息的描述与数量也有所不同。为了确保调研问卷的科学性，我们组建了包括科学教育、教育心理等不同方向研究者在内的研究团队。首先，围绕本次调研的指标框架，基于国内

[1] Ning H K. The Bifactor Model of the Junior Metacognitive Awareness Inventory (Jr. MAI). Current Psychology, 2017, 38(2): 367–375.

外的已有成熟问卷编制测评工具。对于非中文的测评工具，由两个研究者分别进行翻译，商讨修订后进行回译，并将回译结果与原文进行对比，确保内容表述的一致性。其次，抽取不同年级的中小学生进行小样本试测，并围绕题目的语言表述、信息呈现方式是否清晰易懂等进行访谈。同时，针对题目是否符合学生的知识经验与认知水平，对一线科学教师进行访谈。再次，根据试测与访谈结果对测评项目进行了两轮迭代修订。最终确定的正式问卷包括单选题、多选题、量表题三种类型。为了方便理解与对比，在数据处理时将所有素养维度的能力总分均转换为百分制，得分越高，表明学生该能力要素的表现越好。最后，采用 SPSS 16.0 软件进行数据的统计分析与组间比较。

（三）调研对象

本次调研覆盖华北、华东、东北、华中、华南、西南、西北七个区域的小学、初中与高中三个学段，对全国 31 个省（自治区、直辖市）和新疆生产建设兵团按照乡镇、县城、市区三个行政级别分层抽样。由于本次调研的所有测评均采用在线网络问卷的形式，小学 1—3 年级学生在文字阅读、信息理解、文字表达与计算机使用方面存在较大困难，会对学生的测评表现造成影响，因此本研究未调查小学 1—3 年级学生。针对初中与高中阶段，由于初三与高三年级学生面临较大的升学压力，因此未对该部分学生展开调研。经过样本筛选，剔除质量不佳问卷，共计回收 870793 份有效问卷。参测学生的区域分布、城乡分布、性别分布具体如表 6-2-1、6-2-2、6-2-3 所示：

表 6-2-1　测评学生区域分布

区域	学生人数
东北	56572
华北	98339

续表

区域	学生人数
华东	151359
华南	61587
华中	360208
西北	56014
西南	86714
总计	870793

表 6-2-2 测评学生城乡分布

城乡	学生人数
市区	310240
县城	211027
乡镇	349526
总计	870793

表 6-2-3 测评学生性别分布

性别	学生人数
男	446191
女	424602
总计	870793

三、小学生科学素养发展现状

（一）小学生的科学观念发展现状

1. 整体情况

由于科学认识论信念表征了学生对科学知识的本质以及科学知识如何获取的认知，因此本研究使用国际上通用的科学认识论信念问卷了解学生的科学本质观发展现状。学生的科学认识论信念得分越高，表明学生对科学知识本质与科学知识获取方式的理解越深刻。从整体来看（如图 6.3.1 所示），我国小学生的科学认识论信念总分为 67.45 分，不同维度之间的得分差异悬殊。其中，学生知识来源（知识是否由自己建构）维度得分最低，为 43.57 分；知识确定性维度（科学问题答案是否唯一）得分次之，为 52.18 分；知识正当性（证据的使用）和发展性（科学知识是否可变）维度得分较高，均为 85 分以上。以上调研结果表明学生普遍相信权威，倾向于认为知识是从权威那里获得而非自主建构的，倾向于认为问题的答案是唯一的。

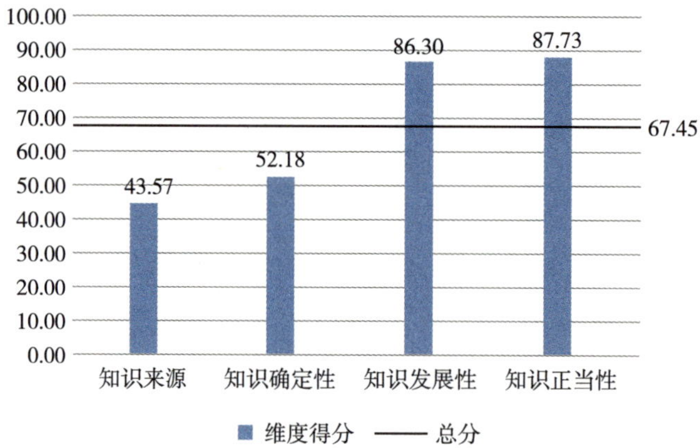

图 6.3.1 小学生科学认识论信念得分

2. 城乡差异与性别差异

已有研究表明，社会经济地位是影响小学生科学认识论信念的重要因素之一，具有较高社会经济地位家庭的学生更有可能认为知识是不确定的，不可从权威处直接获取[1]。对参与本次调研的小学生科学认识论信念表现进行城乡差异分析发现：从总分来看，市区学校的小学生科学本

[1] Ozkal K, Tekkaya C, Sungur S, et al. Elementary Students' Scientific Epistemological Beliefs in Relation to Socio-Economic Status and Gender. Journal of Science Teacher Education, 2010, 21(7): 873-885; Schommer M. Effects of beliefs about the nature of knowledge on comprehension. Journal of educational psychology, 1990, 82(3): 498.

质观得分高于县城学校和乡镇学校，县城学校的小学生得分高于乡镇学校，且差异显著（$p<0.001$）（如图 6.3.2 和表 6–3–1 所示）。从维度得分来看，在知识来源、知识确定性、知识发展性和知识正当性四个维度均存在显著的城乡差异（如表 6–3–1 所示）。尤其在知识确定性方面，市区学生与乡镇学生之间的差异较大。基于以往的研究，这是由于受过良好教育的父母更容易给孩子提供独立自主的学习机会和探索空间，帮助学生形成更为复杂的认识论信念[1]。

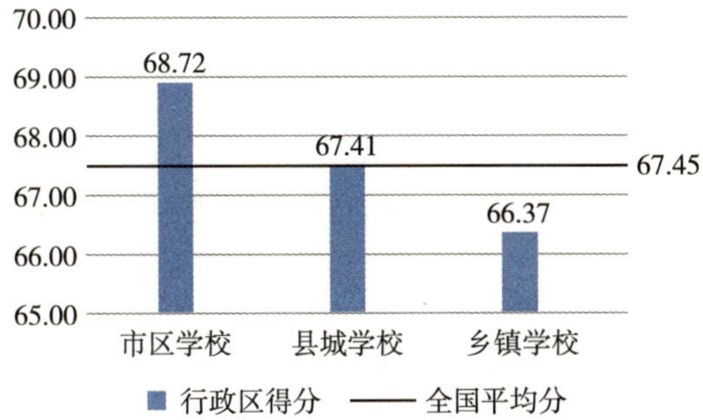

图 6.3.2　小学生科学认识论信念总分城乡差异

表 6–3–1　小学生科学认识论信念得分城乡差异

维度	平均分			F
	市区	县城	乡镇	
总分	68.72	67.41	66.37	5954.554***
知识来源	44.72	43.08	42.88	901.803***
知识确定性	54.83	52.00	50.00	4926.296***
知识发展性	86.93	86.59	85.58	1080.615***
知识正当性	88.41	87.96	87.01	1285.079***

注：*** $p<0.001$，** $p<0.01$，* $p<0.05$。

[1] Rozgonjuk D, Konstabel K, Barker K, et al. Epistemic beliefs in science, socio-economic status, and mathematics and science test results in lower secondary education: a multilevel perspective. Educational Psychology, 2023, 43(1): 22–37.

关于在科学认识论信念的性别差异方面，已有研究的结果并不一致。一些研究表明男生和女生在认识论信念方面并没有显著的性别差异，且发展速度几乎一致，部分研究则表明在科学认识论信念的不同维度上男生与女生的表现差异有所不同。例如，Elder（1999）认为在小学阶段，与男孩相比，女孩持有的认识论信念更简单[1]。Conley etal.（2004）对五年级学生的科学认识论信念发展情况进行调研，并未发现显著的性别差异。因此，本研究对小学生的科学认识论信念性别差异进行检验，发现在总体上小学阶段的男生持有更复杂的认识论信念，且差异显著（如表 6-3-2 所示）。具体到四个维度上，女生在知识来源的维度略高于男生，表明女生更倾向于认为知识并非来源于权威，而是由自己建构的。但在知识发展性与正当性维度，男生的得分高于女生，表明男生更倾向于认为知识是不断变化的且应通过实验证明。

表 6-3-2　小学生科学认识论信念得分性别差异

维度	平均分		t
	男	女	
总分	67.55	67.33	11.558^{***}
知识来源	43.50	43.65	3.802^{***}
知识确定性	52.15	52.20	1.233
知识发展性	86.63	85.96	25.553^{***}
知识正当性	87.93	87.52	16.603^{***}

注：$^{***}p<0.001$，$^{**}p<0.01$，$^{*}p<0.05$。

（二）小学生的科学思维能力发展现状

自 Inhelder 和 Piaget（1958）的研究开始，科学思维一直是认知发展的一个重要领域。传统的发展心理学家认为科学思维只有在青春期之

[1] Elder A D. An exploration of fifth-grade students' epistemological beliefs in science and an investigation of their relation to science learning. University of Michigan, 1999.

后才会出现。然而，近 20 年的发展研究表明，科学思维能力从幼儿时期就可以发展，即使是学龄前儿童也能够区分假设与证据，8 岁的儿童已经可以设计对照实验。青春期及以后的科学思维是建立在小学甚至学龄前儿童的基础科学思维之上的[1]。例如，Osterhaus & Koerber（2023）发现德国 6 岁的学生已经能在设计实验、数据解释等多个要素上表现出基础的科学推理能力，但 6 岁之前的学生无法区分确凿的证据与不确定性的证据[2]。因此，本次调研对我国小学生的科学思维发展现状进行了整体测评，结果显示全国小学生科学思维能力的整体得分均值为 52.78 分（如图 6.3.3 所示），表明我国小学生的科学思维整体水平欠佳。

由于学校教育水平与家庭因素已经被证明是影响学生科学思维的重要因素，本次调研也证明我国在师资配备、教育资源配备、课程开设等方面有显著的城乡差异，因此本研究对学生科学思维能力的城乡差异也进行了分析。结果表明，小学生的科学思维能力呈现出市区学生得分（55.70）> 县城学生得分（52.63）> 乡镇学生得分（50.36），且差异显著（如图 6.3.3、表 6–3–3 所示）。此外，已有研究表明，男生从小学四年级开始科学思维能力发展可能优于女生[3]。本次大规模调研的性别差异分析显示，整体而言小学阶段男生科学思维能力（53.46 分）表现优于女生（52.06 分），且差异显著（如表 6–3–4 所示）。

---

[1] Koerber S, Mayer D, Osterhaus C, et al. The Development of Scientific Thinking in Elementary School: A Comprehensive Inventory. Child Development, 2015, 86(1): 327–336; Zimmerman C. The development of scientific thinking skills in elementary and middle school. Developmental Review, 2007, 27(2): 172–223; Ruffman T, Perner J, Olson D R, et al. Reflecting on Scientific Thinking: Children's Understanding of the Hypothesis-Evidence Relation. Child Development, 1993, 64(6): 1617–1636.

[2] Osterhaus C, Koerber S. The complex associations between scientific reasoning and advanced theory of mind. Child Development, 2023, 94(1): e18–e42.

[3] BOZ Y, AYDEMIR M, AYDEMIR N. 4th, 6th, and 8th Grade Turkish Elementary Students' Epistemological Beliefs. Ilkogretim Online, 2011, 10(3).

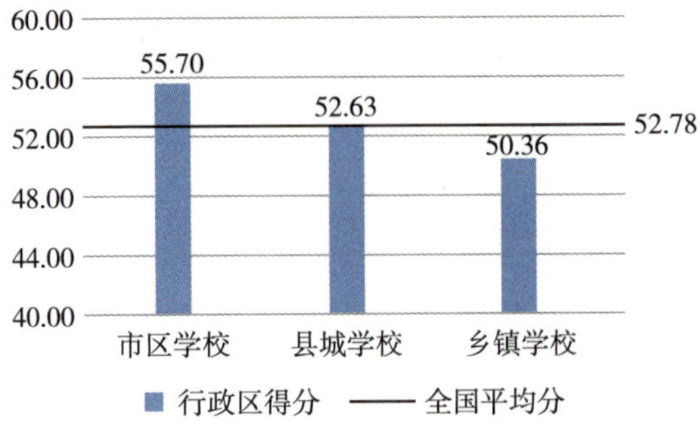

图 6.3.3　小学生科学思维能力得分城乡差异

表 6-3-3　小学生科学思维能力得分城乡差异

维度	平均分			*F*
	市区	县城	乡镇	
小学生科学思维	55.70	52.63	50.36	2456.734***

表 6-3-4　小学生科学思维能力发展性别差异

维度	平均分		*t*
	男	女	
小学生科学思维	53.46	52.06	21.036***

（三）小学生的探究实践能力发展现状

1. 整体概况

学生的得分越高，表明学生的探究实践能力越强。从整体来看，小学生在探究实践能力维度的整体得分为 56.87 分，其中科学探究能力得分为 32.52 分，自主学习能力得分为 81.22 分（如图 6.3.4 所示）。虽然自主学习能力以学生自评的方式展开，测评结果可能高于学生的实际能力，但两个能力要素上得分相差较大，表明我国小学生的科学探究能力非常薄弱。

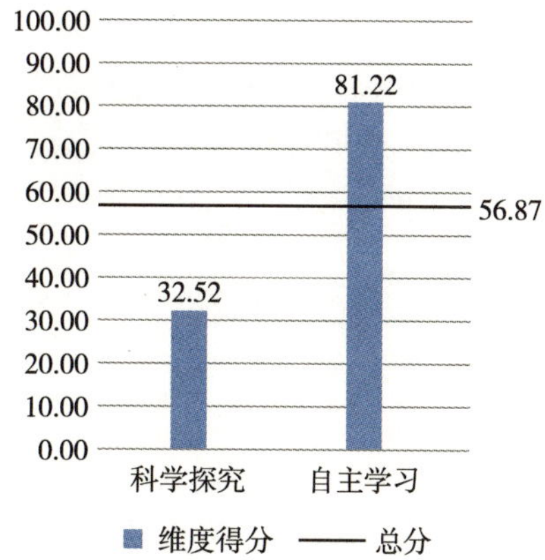

图 6.3.4 小学生探究实践能力整体与维度得分

2. 城乡差异与性别差异

在城乡差异方面，从整体来看，小学生探究实践能力平均分为：市区（57.98 分）> 县城（57.21 分）> 乡镇（55.72 分）（如图 6.3.5 所示）。其中，在科学探究能力维度，小学生得分平均分表现为：市区学生（34.40 分）> 县城学生（32.77 分）> 乡镇学生（30.77 分），且存在显著差异（$p<0.001$）（如表 6-3-5 所示）。在自主学习能力维度，县城学校的学生得分（81.66 分）与市区学校的学生得分（81.56 分）基本持平，但显著高于乡镇学校（80.67 分）（如表 6-3-5 所示）。在性别差异方面，男生在所有维度上的得分均高于女生（如表 6-3-6 所示）。

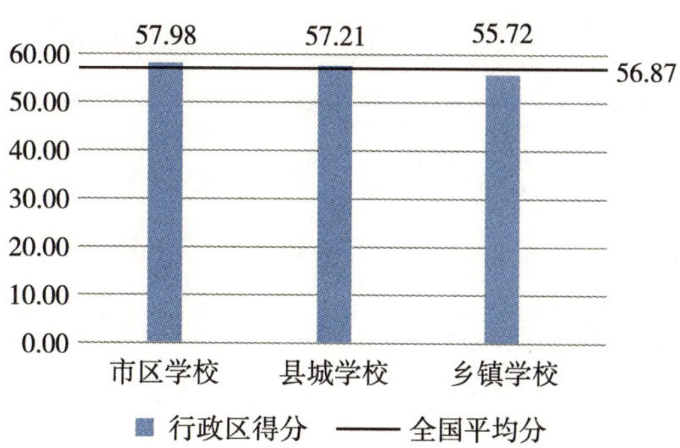

图 6.3.5 小学生探究实践能力总分城乡差异

表 6-3-5　小学生探究实践能力总分与维度城乡差异

维度	平均分			F
	市区	县城	乡镇	
科学探究	34.40	32.77	30.77	1501.042***
自主学习	81.56	81.66	80.67	448.272***
总分	57.98	57.21	55.72	1746.457***

注：***$p<0.001$，**$p<0.01$，*$p<0.05$。

表 6-3-6　小学生探究实践能力总分与维度性别差异

维度	平均分		t
	男	女	
科学探究	32.58	32.46	2.132*
自主学习	81.32	81.12	6.397***
总分	56.95	56.79	4.716***

注：***$p<0.001$，**$p<0.01$，*$p<0.05$。

（四）小学生的态度责任发展现状

1. 整体概况

对学生态度责任的调查主要从十个方面展开，分别是“实事求是”“追求创新”“科学职业期望”“日常科学学习行为”“好奇心”“自我效能感”“交流合作”“科学兴趣”“科学价值感知”“社会责任”。我国小学生在“态度责任”十个观测变量上的得分平均分如图 6.3.6 所示。调查结果显示，小学生在科学价值感知（88.95 分）与社会责任（90.58 分）方面发展较好，但实事求是（70.35 分）与追求创新（74.29 分）方面较弱。此外，虽然我国小学生的科学兴趣整体得分相对较高（85.53 分），但科学职业期望（74.99 分）有待进一步提高。

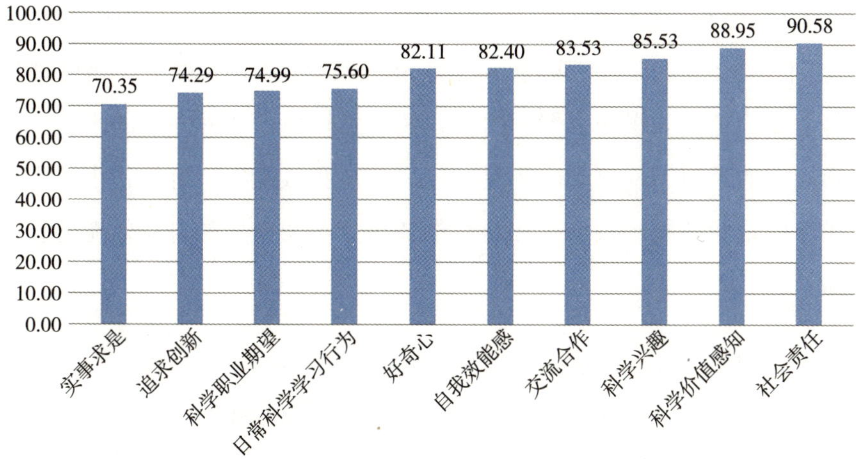

图 6.3.6　小学生态度责任各维度得分

具体到不同要素来看，内在动机是对学习活动本身的动机，是科技创新后备人才所具备的最重要的动机特征，主要包括好奇心和探究兴趣。对小学生在内在动机（兴趣与好奇心）的每个题目中选择“完全符合”和“比较符合”的比例进行统计发现，有 36.13% 的小学生“探索事物发展的各种可能性”的意愿较低，有两成多的学生“通过各种渠道学习科学知识”的意愿较低，表明我国小学生的内在动机有待进一步提高（如图 6.3.7 所示）。

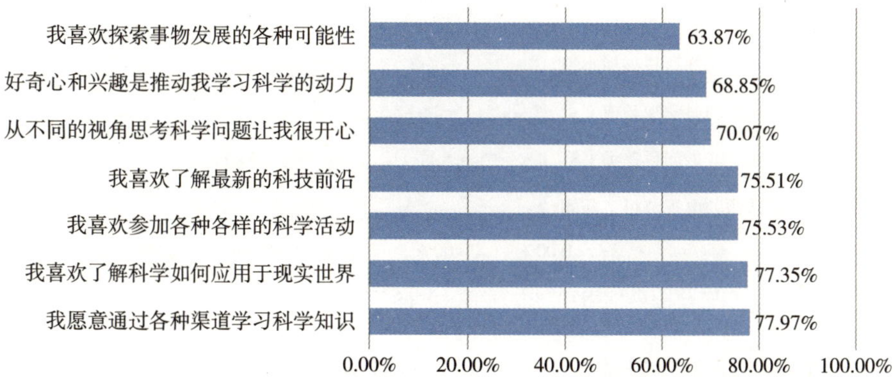

图 6.3.7　小学生在内在动机题目中选择“完全符合”和“比较符合”的比例

学生在自我效能感的每个题目中选择“完全符合”和“比较符合”的比例如图 6.3.8 所示。其中，仅有 58.25% 的小学生对于“熟练地使用科学实验工具和操作仪器”的自我效能感较高，70% 左右的小学生对科学知识的学习、理解和应用具有较高的自我效能感。可见，小学生实验操作的自我效能感较低，针对科学知识学习及应用的自我效能感相对较高。

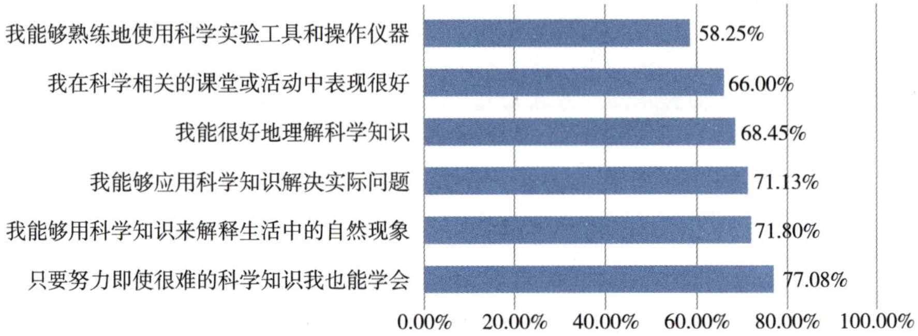

图 6.3.8　小学生在自我效能感题目中选择“完全符合”和“比较符合”的比例

学生在日常科学学习行为维度的每个题目中选择“完全符合”和“比较符合”的比例如图 6.3.9 所示。有近五成的学生参加科技兴趣小组、看有关科学话题的电视节目或新闻的行为较少。可见，小学生日常科学学习行为有进一步提升的空间。

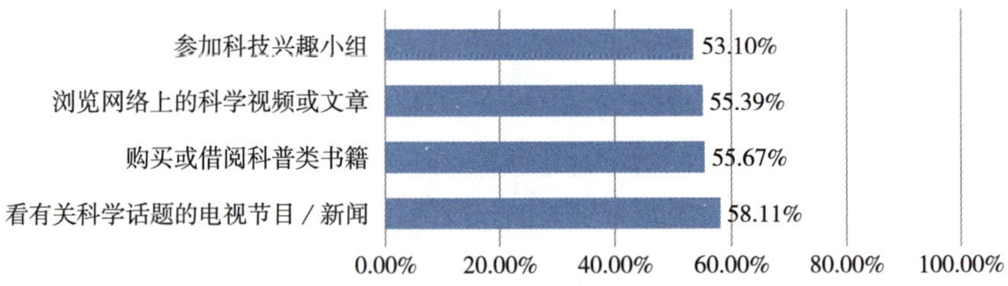

图 6.3.9　小学生在日常科学学习行为维度选择“完全符合”和“比较符合”的比例

在科学职业期望调查中，针对“我计划将来从事科学相关的职业”这一陈述的观点，有 33.65% 的小学生计划未来从事科学相关职业。

2. 性别差异

由于学生的态度责任受社会环境、家庭经济等外部因素影响较大，因而比较差异方面更关注性别差异而非城乡差异。从性别差异来看，在态度责任的所有维度，男生均显著高于女生，尤其在科学兴趣、自我效能感、日常科学学习行为与科学职业期望等维度的差异相对较大（如表 6–3–7 所示）。

表 6–3–7　小学生态度责任得分性别差异

维度	平均分		t
	男	女	
科学兴趣	86.18	84.84	40.795**
自我效能感	82.74	82.04	20.875***
科学价值感知	89.13	88.76	12.788***
日常科学学习行为	76.16	75.00	27.104***
职业期望	76.10	73.82	48.463***
实事求是	70.58	70.11	20.894***
追求创新	74.66	73.90	27.299***
好奇心	82.76	81.41	36.369***
交流合作	83.91	83.13	22.277***
社会责任	90.84	90.31	19.371***

注：$^{***}p<0.001$，$^{**}p<0.01$，$^{*}p<0.05$。

四、中学生科学素养发展现状

（一）中学生的科学观念发展现状

1. 整体情况

学生的科学认识论信念得分越高，表明学生对科学本质的理解越深刻。从整体来看（如图 6.4.1 所示），我国中学生的科学认识论信念总分为 72.66 分，与小学生的表现类似，中学生在科学认识论信念不同维度之间的得分差异悬殊，其中，学生的知识来源（知识是否由自己建构）维度得分最低，为 54.68 分；知识确定性维度（科学问题答案是否唯一）得分次之，为 57.79 分；知识正当性（证据的使用）和发展性（科学知识是否可变）维度得分较高，均为 85 分以上。

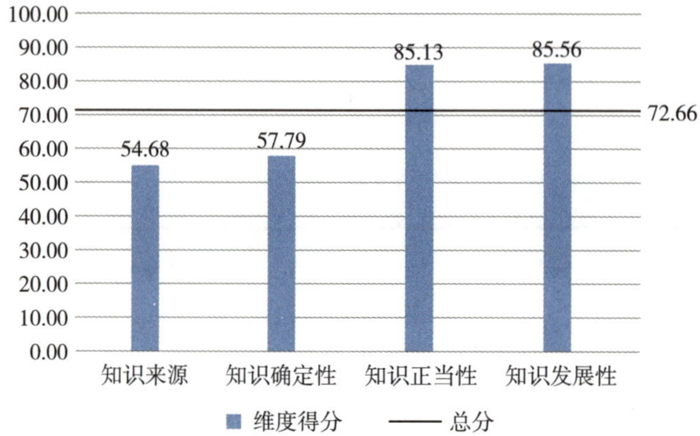

图 6.4.1　中学生科学认识论信念得分

与小学生相比，中学生在知识来源、确定性方面的得分增加，且增幅相对较高，分别为 11.11 分、5.61 分。然而，在知识正当性与发展性方面，中学生的得分略有降低。BOZ etal.（2011）在对土耳其四年级、六年级与八年级学生的认识论信念进行调研时同样发现，随着学生年级的增长，学生在知识的发展和证明方面的信念反而变得不那么成熟[1]。Conley etal.（2004）对小学生的科学认识论信念发展进行纵向追踪，结果表明，随着时间的流逝，学生对知识来源和确定性的信念变得更加复杂。然而，在知识的证明与发展方面没有发生任何变化[2]。此外，有研究者指出，低年级学生可能比高年级学生更容易接受准确的科学本质认识。高年级学生往往对科学持有更绝对的观点和误解，而这些观点和误

[1] BOZ Y, AYDEMIR M, AYDEMIR N. 4th, 6th, and 8th Grade Turkish Elementary Students' Epistemological Beliefs. Ilkogretim Online, 2011, 10(3).

[2] Conley A M, Pintrich P R, Vekiri I, et al. Changes in epistemological beliefs in elementary science students. Contemporary Educational Psychology, 2004, 29(2): 186-204.

解很可能是由于接触了更多不准确的科学本质描述而形成的[1]。

2. 城乡差异与性别差异

从总分来看（如图 6.4.2 和表 6-4-1 所示），市区学校的中学生科学认识论信念得分（72.96）高于县城学校（72.34），县城学校的中学生得分高于乡镇学校（71.77），且差异显著（$p<0.001$）。在性别差异方面，女生的科学认识论信念总分显著高于男生。Özbay & Köksal（2021）调研结果也同样显示中学阶段女生仍然比男生持有更为复杂的科学认识论信念[2]。

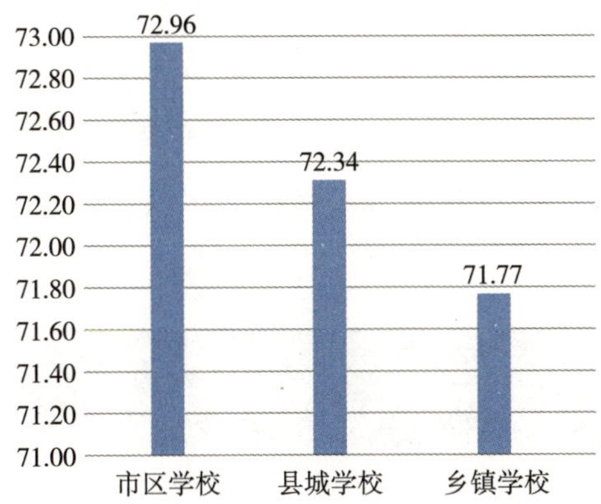

图 6.4.2　中学生科学认识论信念总分城乡差异

表 6-4-1　中学生科学认识论信念得分城乡差异

维度	平均分			F
	市区	县城	乡镇	
总分	72.96	72.34	71.77	19.854***
知识来源	55.43	54.08	52.15	25.977***

---

1. Edgerly H, Kruse J, Wilcox J. Investigating Elementary Teachers' Views, Implementation, and Longitudinal Enactment of Nature of Science Instruction. Science & Education, 2023, 32(4): 1049–1073.
2. Özbay H E, Köksal M S. Middle School Students' Scientific Epistemological Beliefs, Achievements in Science and Intellectual Risk-Taking. Science & Education, 2021, 30(5): 1233–1252.

续表

维度	平均分			F
	市区	县城	乡镇	
知识确定性	56.56	59.30	61.02	85.007***
知识发展性	86.57	84.40	82.70	98.574***
知识正当性	85.66	84.37	83.91	27.714***

注：***p<0.001，**p<0.01，*p<0.05。

从维度得分来看（如表 6-4-1、表 6-4-2 所示），中学生的科学认识论信念在知识来源、确定性、发展性和正当性四个维度均存在显著的城乡差异与性别差异。虽然在总分上女生显著高于男生，但在知识发展性与正当性方面男生得分显著高于女生，说明中学阶段女生比男生更敢于质疑权威，并倾向于从不同的角度考虑问题的解决方案，但在认识知识的不断发展变化特征以及通过实验证明知识方面仍需进一步加强。

表 6-4-2　中学生科学认识论信念得分性别差异

维度	平均分		t
	男	女	
总分	72.42	72.89	−3.402***
知识来源	53.54	55.77	−6.984***
知识确定性	57.15	58.40	−4.753***
知识发展性	85.89	85.23	3.199***
知识正当性	85.34	84.94	2.103***

注：***p<0.001，**p<0.01，*p<0.05。

（二）中学生的科学思维能力发展现状

全国中学生科学思维能力的整体得分均值为 38 分，该结果表明中学生的科学思维整体水平欠佳。相比于小学，中学的科学思维测试题在信息复杂性与推理难度方面有所增加，这可能是导致中学生的科学思维得分均分低于小学生的原因之一。从城乡差异来看（如图 6.4.3 与表

6-4-3 所示），中学生的科学思维能力呈现出市区学生（39.16 分）得分高于县城（35.91 分）与乡镇（35.98 分）学生得分，且差异显著。从性别差异来看（表 6-4-4 所示），中学阶段男生的科学思维得分低于女生。

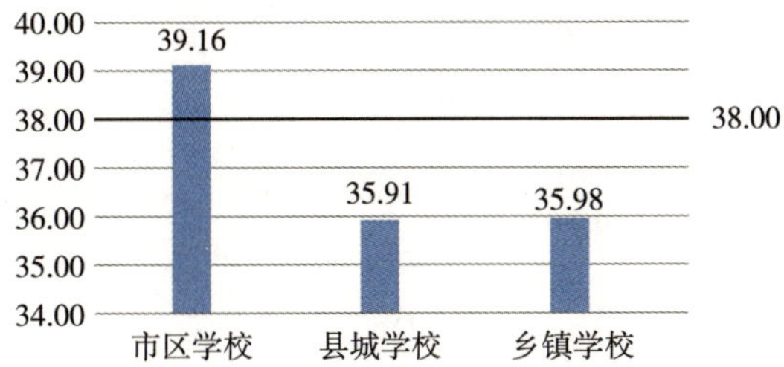

图 6.4.3　中学生科学思维能力整体得分城乡差异

表 6-4-3　中学生科学思维能力分维度得分城乡差异

维度	平均分			F
	市区	县城	乡镇	
中学生科学思维	39.16	35.91	35.98	34.604***

注：$^{***}p<0.001$，$^{**}p<0.01$，$^{*}p<0.05$。

表 6-4-4　中学生科学思维能力发展性别差异

维度	平均分		t
	男	女	
中学生科学思维	37.53	38.46	−2.499*

注：$^{***}p<0.001$，$^{**}p<0.01$，$^{*}p<0.05$。

（三）中学生的探究实践能力发展现状

1. 整体概况

中学生在探究实践能力维度的整体得分为 63.43 分，其中科学探究能力得分为 49.48 分，自主学习能力得分为 77.38 分（如图 6.4.4 所示）。该结果表明，我国中学生与小学生表现类似，自主学习能力较强，但是科学探究能力非常薄弱。

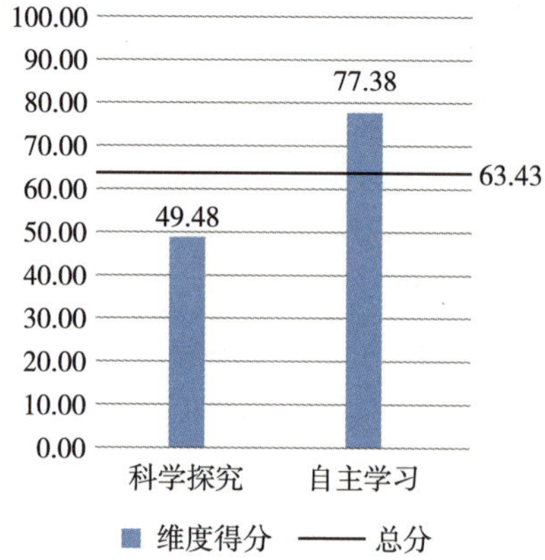

图 6.4.4　中学生探究实践能力整体与维度得分

2. 城乡差异与性别差异

在城乡差异方面，从整体来看，中学生探究实践能力平均分为：市区学生得分（65.58）> 县城学生得分（61.48）> 乡镇学生得分（56.57）（如图 6.4.5 与表 6–4–5 所示）。其中，在科学探究能力维度，中学生得分平均分表现为：市区学生（53.31）> 县城学生（46.06）> 乡镇学生（37.18），且存在显著差异（$p<0.001$），尤其市区学生比乡镇学生高出 16.13 分（如表 6–4–5 所示）。在自主学习能力维度，同样呈现出市区学生（77.86）> 县城学生（76.89）> 乡镇学生（75.97），但差异性相比科学探究能力相对较小（如表 6–4–5 所示）。在性别差异方面，男生与女生在科学探究能力方面并未表现出显著的性别差异，但男生的自主学习能力（78.25）显著高于女生（76.55）（如表 6–4–6 所示）。

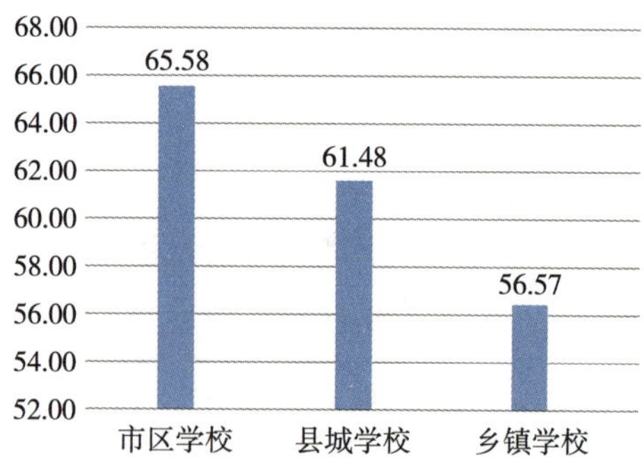

图 6.4.5　中学生探究实践能力总分城乡差异

表 6-4-5　中学生探究实践能力总分与维度城乡差异

维度	平均分			F
	市区	县城	乡镇	
科学探究	53.31	46.06	37.18	293.077***
自主学习	77.86	76.89	75.97	19.91***
总分	65.58	61.48	56.57	293.937***

注：***p<0.001，**p<0.01，*p<0.05。

表 6-4-6　中学生探究实践能力总分与维度性别差异

维度	平均分		t
	男	女	
科学探究	49.22	49.72	1.046
自主学习	78.25	76.55	7.790***
总分	63.73	63.14	2.221*

注：***p<0.001，**p<0.01，*p<0.05。

（四）中学生的态度责任发展现状

1. 整体概况

对学生态度责任的调查主要从十个方面展开，分别是“实事求是”“追求创新”“交流合作”“社会责任”“科学价值感知”“自我效能感”“好奇心”“科学兴趣”“科学职业期望”以及“日常科学学习行为”。我国中学生在“态度责任”十个观测变量上的得分平均分如图 6.4.6 所示。调查结果显示，中学生在科学价值感知（84.20）与交流合作（80.70）方面的得分相对较高，但在好奇心（71.04）、实事求是（71.19）、追求创新（71.89）等维度的得分需要进一步提高。

具体到不同要素来看，内在动机是对学习活动本身的动机，是科技创新后备人才所具备的最重要的动机特征，主要包括好奇心和探究兴趣。对中学生在内在动机（兴趣与好奇心）的每个题目中选择“完全符

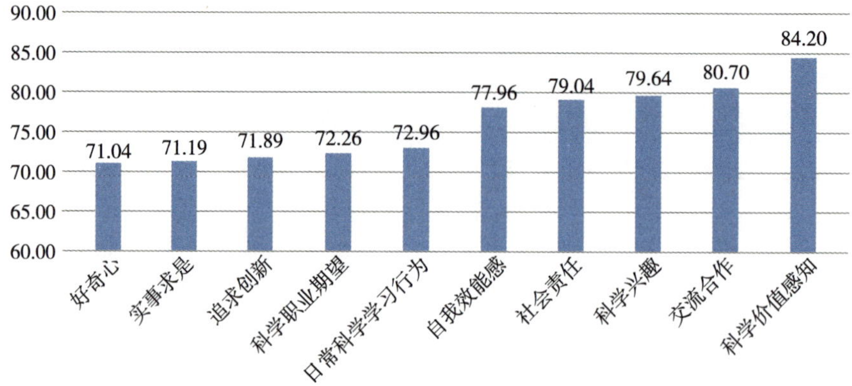

图 6.4.6　中学生态度责任各维度得分

合”和“比较符合”的比例进行统计发现，有约 40% 的中学生不知道或认为好奇心与兴趣不是自身学习科学的动力，有超过三成的学生“通过各种渠道学习科学知识”的意愿较低，表明我国中学生的内在动机有待进一步提高（如图 6.4.7 所示）。

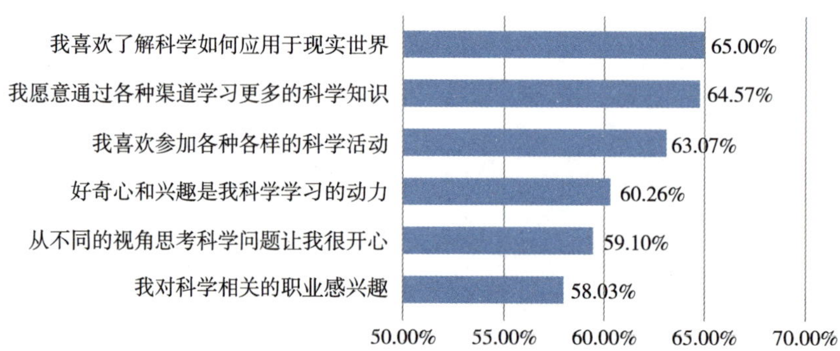

图 6.4.7　中学生在内在动机题目中选择“完全符合”和“比较 符合”的比例

对小学生与中学生在“内在动机”相同项目上选择“完全符合”与“比较符合”的人数比例进行对比发现，在各个项目上中学生的人数比例都低于小学生，且差距大多都超过了 10%（如图 6.4.8 所示）。该现象说明我国学生对科学的内在动机从小学到中学有所下降，此结果与以往研究相一致。例如，在英国进行的一项研究表明学生在小学的最后一年开始对科学的兴趣逐渐下降[1]。Archer etal.（2010）通过一项为期5年的纵向研究发现，大多数学生在10岁时对科学持积极态度，但这种兴趣随后急剧下降[2]。这一方面可能是因为从小学到中学学生的兴趣开始逐渐分化到更多具体的领域，另一方面可能是教学方式导致学生的兴趣下降。

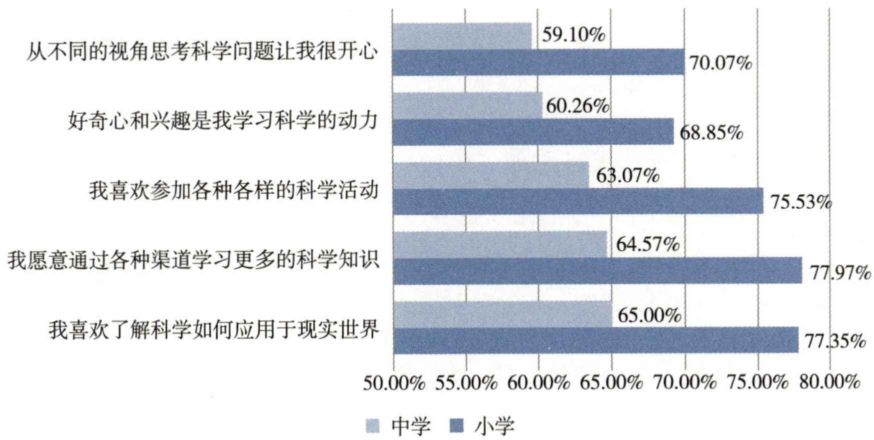

图6.4.8 中小学生在内在动机题目中选择“完全符合”和“比较符合”的比例差异

中学生在自我效能感的每个题目中选择“完全符合”和“比较符合”的比例如图6.4.9所示。其中，仅有54.82%的中学生对于“熟练地使用科学实验工具和操作仪器”的自我效能感较高，对科学知识理解与应用具有较高自我效能感的学生比例也仅在60%左右。可见，中学生与小学生类似，实验操作的自我效能感最低。

在自我效能感的相同题目中，选择“完全符合”与“比较符合”的中学生比例均低于小学生，如图6.4.10所示。其中，比例相差最小的是“熟练地使用科学实验工具和操作仪器”，说明我国中小学生对科学实验

---

[1] Beggs J, Murphy C. Primary science in the UK: a scoping study. Final report to the Wellcome Trust. London: Wellcome Trust Beijaard, D, van Driel, J, and Verloop, 2005.

[2] Archer L, DeWitt J, Osborne J, et al. “Doing” science versus “being” a scientist: Examining 10/11-year-old schoolchildren’s constructions of science through the lens of identity. Science Education, 2010, 94(4): 617-639.

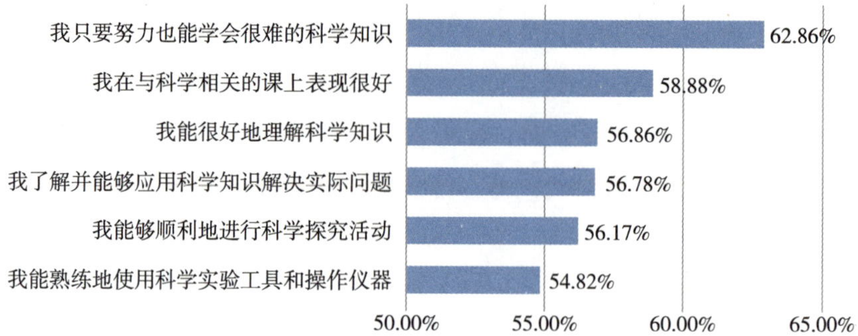

图 6.4.9　中学生在自我效能感题目中选择“完全符合”和“比较符合”的比例

操作均持有较低的自我效能感。在科学知识的学习、理解与应用方面，中学选择“完全符合”与“比较符合”的学生比例远低于小学，表明学生学习与应用科学知识的自我效能感从小学到中学有所降低。

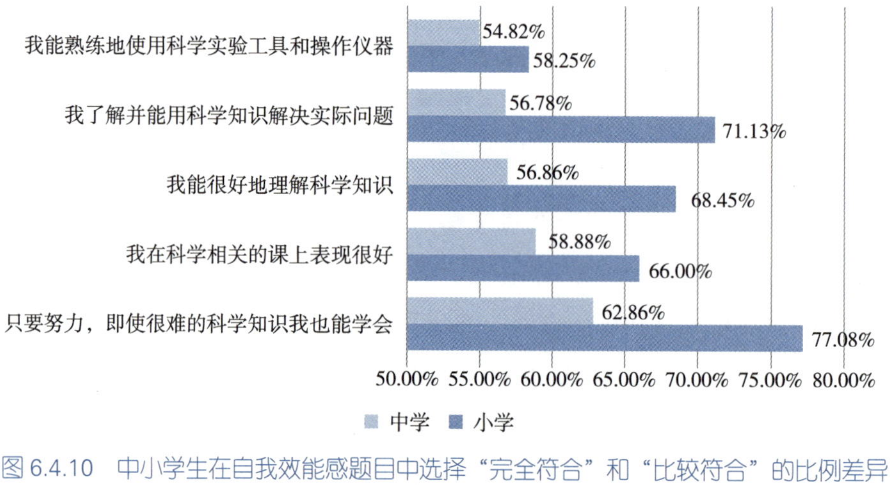

图 6.4.10　中小学生在自我效能感题目中选择“完全符合”和“比较符合”的比例差异

中学生在日常科学学习行为维度的每个题目中选择“完全符合”和“比较符合”的比例如图 6.4.11 所示。有五成左右的学生参加科技兴趣小组、看有关科学话题的电视节目或新闻的行为较少。可见，中学生对课外科学教育资源的利用较少，日常科学学习行为有进一步提升的空间。

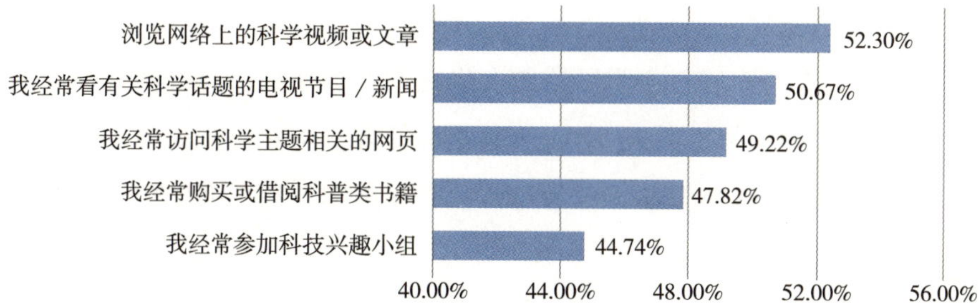

图 6.4.11　中学生在日常科学学习行为维度选择“完全符合”和“比较符合”的比例

我国中学生在日常科学学习行为维度的每个题目中选择“完全符合”和“比较符合”的比例均低于小学生，在浏览网络上的科学视频或文章方面的比例差异不大，但在参加科技兴趣小组和观看电视节目、购买书籍等方面的比例差异相对较大，如图 6.4.12 所示。这可能是因为中学生的学习压力相对较大，缺少连续的空闲时间看书或参加活动，但科学短视频或文章占用时间较短，且随时随地在有网络的情况下都可以浏览。

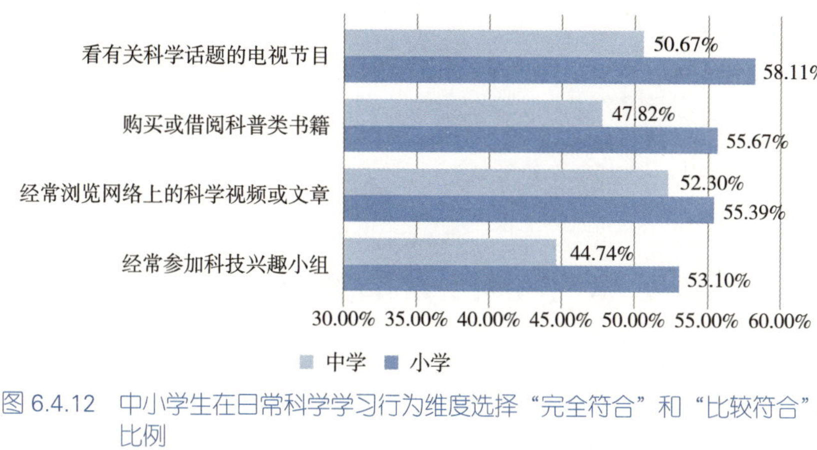

图 6.4.12　中小学生在日常科学学习行为维度选择“完全符合”和“比较符合”的比例

在科学职业期望调查中，针对“我计划将来从事科学相关的职业”这一陈述的观点，有 49.88% 的中学生计划未来从事科学相关职业，相比小学生 33.65% 有所提升。

2. 性别差异

从性别差异来看，中学阶段的女生在态度责任的所有维度表现都低于男生，尤其在科学兴趣、自我效能感、日常科学学习行为与科学职业期望维度。在日常科学学习行为与科学职业期望方面，女生比男生低约5分，如表6-4-7所示。

表6-4-7 中学生态度责任得分性别差异

维度	平均分		t
	男	女	
科学兴趣	81.33	78.03	13.100**
自我效能感	79.86	76.12	15.119***
科学价值感知	84.94	83.49	6.515***
日常科学学习行为	75.03	70.96	14.370***
科学职业期望	74.64	69.96	14.805***
实事求是	72.09	70.33	10.820***
追求创新	73.11	70.70	12.698***
好奇心	71.39	70.70	3.655***
交流合作	81.49	79.95	6.407***
社会责任	79.52	78.58	4.250***

注：$^{***}p<0.001$，$^{**}p<0.01$，$^{*}p<0.05$。

五、课堂教学对学生科学素养的影响

教师的课堂教学方式已经被广泛证明是影响学生核心素养的关键因素[1]。相比于教师资格证，教师的教学方式被证明与学生的表现、科学认识论信念以及他们追求科学相关职业的期望有着更强的联系（OECD,

[1] Areepattamannil S. Effects of Inquiry-Based Science Instruction on Science Achievement and Interest in Science: Evidence from Qatar. The Journal of Educational Research, 2012, 105(2): 134-146.

2016）[1]。然而，关于探究式教学、教师直接教学等不同教学方式与学生各维度素养之间的关系仍然存有一定争议[2]。因此，本研究旨在研讨不同的课堂教学方式是否对我国学生不同维度的科学素养有不同的影响，进一步提出具体的教学干预策略。

（一）探究式教学与学生科学素养关系的理论分析

科学探究在科学教育改革中有着悠久的历史。19 世纪末，为了突破传统古典教育的桎梏，以赫胥黎（Huxley）、斯宾塞（Spencer）等人为代表的研究者首次提出了探究式教学的理念。他们认为探究式教学是一种基于归纳和逻辑推理的教学实践活动，因此能够有效培养学生的思维能力，使得学习者能够独立地从证据中得出结论，从而摆脱对他人和权威的依赖，成为一个有思想的独立公民。这体现了当时以个体发展为目标的科学教育价值观。发展至 21 世纪，探究式教学被广泛认为是一种能有效培养学生科学素养的教学方法，成为各国科学教育改革的关注重点。教育研究者强调让学生感受和理解科学探究的过程和本质，培养科学探究所需的关键能力，进而能够形成并运用科学的思维方式来解决日常生活中的问题，以达到个体具有适应和改善生活质量能力的目的[3]。

国内外很多研究也已经探讨了探究式教学对学生科学素养的积极影

[1] OECD, PISA 2015 Results (Volume II): Policies and Practices for Successful Schools, PISA, 2016, OECD Publishing, Paris.

[2] Kirschner P A, Sweller J, Clark R E. Why Minimal Guidance During Instruction Does Not Work: An Analysis of the Failure of Constructivist, Discovery, Problem-Based, Experiential, and Inquiry-Based Teaching. Educational Psychologist, 2006, 41(2): 75–86; Aditomo A, Klieme E. Forms of inquiry-based science instruction and their relations with learning outcomes: evidence from high and low-performing education systems. International Journal of Science Education, 2020, 42(4): 504–525.

[3] Erduran S, Dagher Z R. Reconceptualizing the Nature of Science for Science Education: Scientific Knowledge, Practices and Other Family Categories. Springer, 2014; Osborne J. Teaching Scientific Practices: Meeting the Challenge of Change. Journal of Science Teacher Education, 2017, 25(2): 177–196; Allchin D. From Science Studies to Scientific Literacy: A View from the Classroom. Science & Education, 2014, 23(9): 1911–1932.

响。研究者指出，探究式教学以建构主义为基础，为学生提供了与科学家建构知识相类似的经验过程，在认知层面不仅能帮助学生深刻理解科学概念，还能为学生提供理解科学本质及其意义、发展高阶思维与合作沟通能力的机会，使他们能够将其对科学原理的更深入理解应用于日常现象以及个人生活问题和社会问题[1]。例如，王玉竹等人通过元分析发现较于传统课堂，探究式教学对学生的兴趣、成绩和能力等方面有积极的正向影响[2]。此外，在态度层面，研究者认为参与真实的科学探究活动，能够促进学生对科学实践的理解，通过复杂的问题解决过程进一步影响他们对科学的态度和兴趣。例如，Wang etal.（2015）发现参与实施探究性教学后，学生的科学学习动机和兴趣均有所提高[3]。宗倩格（2023）发现探究式教学能够显著提升学生的问题提出能力[4]。熊繁凡（2023）对PISA（2015）中我国学生的数据进行分析发现，探究式教学对我国中学生的自我效能感、学习兴趣、科学素养等都有正向影响[5]。

然而，关于探究式教学是否能提高深化学生对科学本质的认识、提升学生的学业成绩仍然存有一定争议。Bell etal.（2003）实施了为期八周的对能力水平较高的高中生的科学学徒制干预，结果发现在很大程度上，学生对科学的本质和科学探究的理解与当时改革理念描述得不一致。参与干预的科学教师坚信，学生在从事科学探究的过程中能学到很

[1] Yacoubian H A, BouJaoude S. The effect of reflective discussions following inquiry-based laboratory activities on students' views of nature of science. Journal of Research in Science Teaching, 2010, 47(10): 1229-1252; Hofstein A, Lunetta V N. The laboratory in science education: Foundations for the twenty-first century. Science Education, 2004, 88(1): 28-54; Chinn C A, Malhotra B A. Epistemologically authentic inquiry in schools: A theoretical framework for evaluating inquiry tasks. Science Education, 2002, 86(2): 175-218.

[2] 王玉竹、马琳、邱永鹏:《探究式教学对化学学习效果的元分析研究——国内外10年内29项研究结果》,《化学教育（中英文）》2023年第11期。

[3] Wang P-H, Wu P-L, Yu K-W, et al. Influence of Implementing Inquiry-based Instruction on Science Learning Motivation and Interest: A Perspective of Comparison. Procedia - Social and Behavioral Sciences, 2015, 174: 1292-1299.

[4] 宗倩格:《以探究式教学提升高中学生提问能力的实证研究》，浙江师范大学，2023年。

[5] 熊繁凡:《探究式教学对中学生科学素养的影响》，华中科技大学，2023年。

多东西。然而，结果表明大多数学生对科学本质的理解没有改变。在参与者对科学和探究的本质形成了更为深刻的理解的单一案例中，认知需求和反思似乎是至关重要的组成部分[1]。PISA（2015）测评报告中提到，高频次的探究式教学与较低的科学成绩相关，但通过对经合组织国家的学生表现进行分析发现，高频次的探究式教学与学生更复杂的认识论信念呈正相关，且学生更有可能在30岁期望从事科学相关职业。然而，相关研究对PISA（2015）中所有国家青少年的测试数据进行多层次路径分析发现，在控制了学生、学校和国家层面的人口和社会经济因素后，基于探究的科学教学虽然与学生的科学兴趣、对广泛科学主题的兴趣、学习科学的工具性动机和科学自我效能感有着显著的正相关，但与学生的科学认识论信念没有显著相关[2]。由此可见，探究式教学对学生的影响可能与不同国家的背景密切相关。因此，本研究期望通过对我国学生的大规模测评了解探究式教学对学生科学认识论信念、科学思维能力、探究实践能力与态度责任等的影响。

（二）教师直接指导与学生科学素养关系的理论分析

与探究式教学不同，近年来科学教育工作者对教师直接指导教学的关注较少。且由于对探究式教学的强调与重视，形成了基于探究的教学是一种比教师指导的教学等其他方法更有效的教学策略的暗示[3]。但直接指导教学是一种必要且能够提高探究式教学效果的教学方式。从内涵来

[1] Bell R L, Blair L M, Crawford B A, et al. Just do it? impact of a science apprenticeship program on high school students' understandings of the nature of science and scientific inquiry. Journal of Research in Science Teaching, 2003, 40(5): 487-509.

[2] Areepattamannil S, Cairns D, Dickson M. Teacher-Directed Versus Inquiry-Based Science Instruction: Investigating Links to Adolescent Students' Science Dispositions Across 66 Countries. Journal of Science Teacher Education, 2020, 31(6): 675-704.

[3] Areepattamannil S, Cairns D, Dickson M. Teacher-Directed Versus Inquiry-Based Science Instruction: Investigating Links to Adolescent Students' Science Dispositions Across 66 Countries. Journal of Science Teacher Education, 2020, 31(6): 675-704.

看，虽然研究者很少对直接指导教学进行清晰的界定，但普遍认为直接指导教学应涉及教师与学生之间的沟通，要求教师为学生提供清晰明确的解释和指导。例如，Tillema & Knol（1997）将直接指导教学界定为教师向学生清晰地解释新知识，并通过重复和频繁的练习来帮助学生学习新知识[1]。Rolf & Slocum（2021）认为直接指导教学是通过师生交流有效和高效地向广泛的学习者教授具有挑战性的学术内容[2]。Gersten etal.（1986）认为直接指导教学是一种基于创造结构化的教学环境的教学技术，在这种环境中，以学生的掌握情况为导向，采用明确的形式教授概念并将其联系起来[3]。

从直接指导教学的影响来看，人们对直接指导教学的刻板印象是，直接指导教学将学生视为被动的接受者，而不是积极创造自己的理解，因此它是通过死记硬背、反复练习和实践来扩张学生的知识，相比之下探究式教学是一种更好的教学方法[4]。然而，Tillema & Knol（1997）基于Stevens（1987）& Leenders etal.（1994）的教学模型，制订了直接指导教学的步骤，包括每日复习、主题内容介绍、实践作业、个人重复、反馈。该研究假设概念转变教学优于直接指导教学，并实施了干预对比，结果发现虽然概念转变教学确实优于直接指导教学，但并未使得学生的信念改变或拥有更高水平的反思能力。

此外，大量的实证研究表明了直接指导教学的有效性。1967年，

---

[1] Tillema H H, Knol W E. Promoting student teacher learning through conceptual change or direct instruction. Teaching and Teacher Education, 1997, 13(6): 579-595.

[2] Rolf K R, Slocum T A. Features of Direct Instruction: Interactive Lessons. Behavior Analysis in Practice, 2021, 14(3): 793-801.

[3] Gersten R, Woodward J, Darch C. Direct Instruction: A Research-Based Approach to Curriculum Design and Teaching. Exceptional Children, 1986, 53(1): 17-31; McMullen F, Madelaine A. Why is there so much resistance to Direct Instruction?. Australian Journal of Learning Difficulties, 2014, 19(2): 137-151.

[4] Snider V E, Schumitsch R. A Comparison of Teacher Attitudes and Beliefs about Issues in Education across Conventional and Direct Instruction Schools. Journal of Direct Instruction, 2006, 6(1): 17-33.

美国开展了一项大规模的研究项目，旨在调查现有教学方法的有效性，以确定解决弱势学生成绩持续低下的问题的方法。有趣的是，直接指导教学对学生自尊和思维能力方面的影响最大，甚至优于专门针对提高这些能力的教学模式[1]。Borman etal.（2003）分析了29种教学方法的数据，然后根据证据质量对它们进行评级，直接指导教学被认为是最有效的方法之一[2]。PISA（2015）测试结果表明，当教师经常解释和展示科学思想，并与学生讨论科学问题（即教师直接指导教学的具体行为）时，学生在科学方面的得分更高（印度尼西亚、韩国和秘鲁除外），他们对科学探究的价值有更强的信念，称为认识论信念，并且更有可能期望以后从事与科学相关的职业。因此，有必要通过调查直接指导教学与我国学生科学素养之间的关系来了解其有效性。

（三）教师反馈与学生科学素养关系的理论分析

从认知主义的角度来看，反馈是“由老师、同伴、父母、自我、经验等提供的关于一个人表现或理解方面的信息”[3]。差异理论指出，反馈可以引发一个人的学习动机，当个体意识到自己与目标之间存在差距时，就可能会调节自己的行为动机[4]。此外，控制理论认为，当个人收到反馈并意识到成绩和目标之间的差距时，他们会投入更多的认知努力来缩小差距，这会对他们的学习参与度和成就产生积极影响[5]。在学校内，

[1] Kim T, Axelrod S. Direct instruction: An educators' guide and a plea for action. The Behavior Analyst Today, 2005, 6(2): 111.

[2] Borman G D, Hewes G M, Overman L T, et al. Comprehensive School Reform and Achievement: A Meta-Analysis. Review of Educational Research, 2003, 73(2): 125-230.

[3] Hattie J, Timperley H. The Power of Feedback. Review of Educational Research, 2007, 77(1): 81-112.

[4] 杨春、路海东：《不同形式的评估反馈对大学生的学习动机和学习成绩的影响》，《心理与行为研究》2015年第2期。

[5] Wang S, Zhang D. Perceived teacher feedback and academic performance: the mediating effect of learning engagement and moderating effect of assessment characteristics. Assessment & Evaluation in Higher Education, 2020, 45(7): 973-987.

教师反馈是对学生成绩影响最大且最有效的因素之一，也是教学过程的重要组成部分，因为它将教师的实践与学生的学习需求联系起来[1]。教师的反馈能够为学生学习提供支持，帮助学生形成自我概念，并建立学生对学校和学习成绩的期望[2]。Hattie（1999）对196项研究和6972个效应量进行元分析，反馈学习对学生成绩的影响排在所有因素中的前5到10名中[3]。

教师反馈包括两种类型，一种是将结果归因于稳定的个体因素，例如个体的能力水平（例如，“你真的很擅长科学”），另一种是将结果归因于不稳定的过程因素（例如，“你在科学学习方面真的很努力”），强调努力的过程性反馈更有助于促进学生的成长性心态形成[4]。因此，在课堂教学中，运用反馈促进学习的原则之一是，反馈需要聚焦于任务而非学生，反馈中蕴含的信息应该是具体而清晰的[5]。因此，本次调研主要关注科学教师是否在学习过程方面给予学生反馈（例如，教师告诉我如何才能达到我的学习目标）。此外，反馈教学中更为重要的是学生感知到的教师反馈，无效反馈甚至可能会产生负向的影响。本次调研是从学生视角调研他们感知到的教师反馈，能够发现学生感知教师反馈对学生素养的影响。

（四）适应性教学与学生科学素养关系的理论分析

适应性教学被认为是有效教学的重要组成部分，教师能够根据学生

---

[1] Carvalho C, Santos J, Conboy J, et al. Teachers' Feedback: Exploring Differences in Students' Perceptions. Procedia - Social and Behavioral Sciences, 2014, (159) 169–173.

[2] Skipper Y, Douglas K. The influence of teacher feedback on children's perceptions of student–teacher relationships. British Journal of Educational Psychology, 2015, 85(3): 276–288.

[3] Hattie, J. A. (1999, June.). Influences on student learning (Inaugural professorial address, University of Auckland, New Zealand).

[4] Dweck C S. Self-theories: Their role in motivation, personality, and development. Psychology press, 2013.

[5] 彭程、曾永红:《有效课堂反馈促进学生发展——基于哈蒂“可见的学习”的视角》,《上海教育科研》2024年第3期。

的社会环境、语言、文化和学习需求来调整他们的教学[1]。例如为有困难的学生提供个人帮助，或者改变大多数学生认为难以理解的主题的课程结构，这也与科学成绩的提高和更强的认知信念有关。Gallagher etal.（2022）发现适应性教学是一个由三个要素组成的循环：学生刺激、教师反思和元认知、教师行动[2]。Allen etal.（2016）将STEM领域的适应性教学概念化为教师在认识和衡量学生与STEM相关的概念发展、探究过程和对现实世界的认识后，改变他们的教学以适应学生的素养并进一步发展学生的这些素养[3]。由此可见，适应性教学的核心特征是根据学生的实际需求，灵活调整教学内容与实践活动。

已有相关研究对PISA（2015）的数据进行分析，发现适应性教学虽然对学生的科学学业成绩没有直接的影响，但对学生的学习兴趣有较为显著的影响[4]。在我国的教育背景下，适应性教学与学生的科学自我效能感、自主学习能力等其他科学素养之间的关系研究较为短缺。因此，本次调研进一步对学生感知的适应性教学与不同维度科学素养之间的关系进行了分析。

（五）结果分析

课堂教学与学生科学素养各维度之间的相关关系如表6-5-1与表6-5-2所示。其中，科学思维与科学探究代表了学生的科学测试得分，因此整合学生的科学学业成就，结果显示：第一，课堂教学与学生的科学认识论信念、科学学业成就相关程度普遍较低。在小学阶段，学生

[1] Parsons S A, Vaughn M, Scales R Q, et al. Teachers' Instructional Adaptations: A Research Synthesis. Review of Educational Research, 2017, 88(2): 205-242.

[2] Gallagher M A, Parsons S A, Vaughn M. Adaptive teaching in mathematics: a review of the literature. Educational Review, 2022, 74(2): 298-320.

[3] Allen M, Webb A W, Matthews C E. Adaptive Teaching in STEM: Characteristics for Effectiveness. Theory Into Practice, 2016, 55(3): 217-224.

[4] 朱雁、张闽：《亚欧四国（地区）课堂适应性教学水平及对学生学习的影响——基于OECD全球教学洞察视频研究数据的实证分析》，《中国教育学刊》2021年第5期。

的科学认识论信念与教师直接指导呈正相关（r=0.04），与感知教师反馈（r=–0.08）、适应性教学（r=–0.03）、探究式教学（r=–0.01）呈负相关；中学阶段，课堂教学与学生的科学认识论信念相关性有所提升，且学生的科学认识论信念与教师直接指导（r=0.22）、感知教师反馈（r=0.08）、适应性教学（r=0.17）、探究式教学（r=0.15）均呈正相关。第二，课堂教学不同维度与中小学学生的态度责任均显著相关，且相关程度相对高于科学认识论信念与学业成就，大多数高于 0.3。

以往研究发现，教学对科学认识论信念的不同维度所产生的影响不同。而大部分研究发现，教学对学生认识论信念中的“正当性”与“发展性”维度有正向影响，但对“来源”与“确定性”方面并没有积极影响。例如，Conley etal.（2004）揭示了探究实践活动不足以提高学生对科学知识“发展性”和“正当性”方面的信念复杂性，并建议在探究实践中强调论证和反思。Tucel Deprem etal.（2023）通过准实验研究，发现基于论证的探究式教学干预仅对学生的“正当性”与“发展性”维度产生了较大的正向影响[1]。因此，本研究进一步对教学与学生科学认识论信念的不同维度之间的相关关系进行分析，结果表明：中小学生的课堂教学与学生认识论信念中的“发展性”与“正当性”维度均呈显著正相关，与“来源”和“确定性”维度呈显著负相关（如表 6–5–3 与 6–5–4 所示）。此外，本研究仅调查了相关教学方式发生的频次，但并未深入调查探究式教学、适应性教学等的质量，可能教学对认识论信念不同维度的影响效果受限于教师的教学质量，需要未来进一步深入探讨。例如，根据已有研究，仅关注操作技能培养的浅层探究实践教学无法促进学生的科学素养发展，需要同时关注教学过程中学生的认知、情感与行为之间的交互作用，激发学生的学习动机，引导学生进行自我反思等。

[1] 王海涛、刘永东：《四种科学课堂教学方法对 PISA 2015 科学表现影响的探析与启示》，《上海教育科研》2019 年第 3 期。

表 6-5-1　小学生课堂教学与科学素养的相关性分析

维度	教师指导	教师反馈	适应性教学	探究式教学
科学认识论信念	0.04^{***}	-0.08^{***}	-0.03	-0.01
科学学业成就	0.17^{***}	0.10^{***}	0.12^{***}	0.13^{***}
自主学习	0.41^{***}	0.46^{***}	0.44^{***}	0.46^{***}
科学兴趣	0.39^{***}	0.41^{***}	0.40^{***}	0.42^{***}
自我效能感	0.41^{***}	0.46^{***}	0.44^{***}	0.48^{***}
科学价值感知	0.40^{***}	0.34^{***}	0.37^{***}	0.39^{***}
科学职业期望	0.30^{***}	0.42^{***}	0.37^{***}	0.39^{***}
实事求是	0.29^{***}	0.29^{***}	0.29^{***}	0.32^{***}
追求创新	0.38^{***}	0.35^{***}	0.36^{***}	0.40^{***}
好奇心	0.41^{***}	0.45^{***}	0.44^{***}	0.47^{***}
交流合作	0.42^{***}	0.43^{***}	0.43^{***}	0.47^{***}
社会责任	0.37^{***}	0.27^{***}	0.32^{***}	0.33^{***}

注：$^{***}p<0.001$，$^{**}p<0.01$，$^{*}p<0.05$。

表 6-5-2　中学生课堂教学与科学素养的相关性分析

维度	教师指导	教师反馈	适应性教学	探究式教学
科学认识论信念	0.22^{***}	0.08^{***}	0.17^{***}	0.15^{***}
科学学业成就	0.23^{***}	0.10^{***}	0.17^{***}	0.14^{***}
自主学习	0.43^{***}	0.47^{***}	0.45^{***}	0.47^{***}
科学兴趣	0.41^{***}	0.43^{***}	0.41^{***}	0.43^{***}
自我效能感	0.42^{***}	0.47^{***}	0.44^{***}	0.47^{***}
科学价值感知	0.46^{***}	0.38^{***}	0.43^{***}	0.42^{***}
科学职业期望	0.31^{***}	0.42^{***}	0.36^{***}	0.38^{***}
实事求是	0.40^{***}	0.39^{***}	0.40^{***}	0.40^{***}
追求创新	0.42^{***}	0.48^{***}	0.45^{***}	0.48^{***}
好奇心	0.33^{***}	0.20^{***}	0.28^{***}	0.24^{***}
合作交流	0.48^{***}	0.45^{***}	0.48^{***}	0.48^{***}
社会责任	0.42^{***}	0.28^{***}	0.36^{***}	0.36^{***}

注：$^{***}p<0.001$，$^{**}p<0.01$，$^{*}p<0.05$。

表 6-5-3 小学生课堂教学与科学认识论信念得分维度相关性分析

维度	教师指导	教师反馈	适应性教学	探究式教学
来源	-0.16^{***}	-0.22^{**}	-0.20^{***}	-0.20^{***}
发展性	0.25^{***}	0.23^{***}	0.24^{***}	0.25^{***}
确定性	-0.11^{***}	-0.22^{***}	-0.18^{***}	-0.17^{***}
正当性	0.31^{***}	0.27^{***}	0.30^{***}	0.32^{***}

注：$^{***}p<0.001$，$^{**}p<0.01$，$^{*}p<0.05$。

表 6-5-4 中学生课堂教学与科学认识论信念得分维度相关性分析

维度	教师指导	教师反馈	适应性教学	探究式教学
来源	-0.06^{***}	-0.14^{***}	-0.09^{***}	-0.10^{***}
发展性	0.29^{***}	0.21^{***}	0.26^{***}	0.26^{***}
确定性	-0.04^{***}	-0.14^{***}	-0.07^{***}	-0.08^{***}
正当性	0.36^{***}	0.28^{***}	0.33^{***}	0.33^{***}

注：$^{***}p<0.001$，$^{**}p<0.01$，$^{*}p<0.05$。

六、中国学生科学素养发展的现实审思与优化路径

（一）学生科学素养发展的主要困境

1. 学生普遍倾向于相信权威，质疑品格不足

社交媒体的迅速普及，使得很多带有功利性和政治性的伪科学与伪科学广为传播。为了达到特定的目的，这些媒体过度解读科学研究结果，展示一些毫无根据的观点或与客观证据完全相悖的观点。不准确的信息和谣言严重降低了人们做出明智的政治、社会和经济决策的能力，事实和客观证据在塑造公众舆论方面的影响力明显低于个人信仰、经验和流行观点。已有研究发现，大多数青少年很难在这些质量参差不齐的信息中识别什么是可信的、什么是不可信的。例如，Wineburg & McGrew（2016）发现，超过 40% 的高中生将一张捏造的新闻照片认定

为“合法证据”。因此，培养学生的质疑品格，是帮助他们适应未来社会生活的必要前提[1]。

同时，本次调研发现，我国中小学生的质疑品格亟须提升。首先，在科学认识论信念的测试中，小学生与中学生均表现出在科学知识来源（43.57 分、54.68 分）与确定性（52.18 分、57.79 分）维度得分远低于发展性（86.30 分、85.56 分）与正当性（87.73 分、85.13 分）维度，表明我国中小学生倾向于相信权威，认为科学问题的答案是唯一的，缺乏基于证据和逻辑发表自己见解的意识及科学态度。其次，研究人员揭示了批判性思维涉及的重要倾向要素，其中包括思想开放、求真和好奇心。在态度责任测试中，中小学生的“实事求是”与“追求创新”得分均处于态度责任十个要素中的末位三名，且中学生的好奇心在态度责任的所有测评要素中得分最低。以上结果均表明我国中小学生的质疑品格亟须提升。该现象与我国长期以来将学校教育等同于知识教育，过分关注科学概念、科学事实、科学定律和科学原理的传授，忽视科学本质、科学思维与探究实践能力有关。

2. 科学思维能力发展不足，且探究能力不强

《义务教育科学课程标准（2022 年版）》中将核心素养划分为科学观念、科学思维、探究实践、态度责任四个维度，其中科学思维是核心素养的核心，所有核心素养的形成都依赖积极主动的思维。技术的快速迭代更新意味着仅仅掌握某一门技术已经无法满足不断变化的工作环境，未来的职业工作者必须具备终身学习的能力才能够应对工作中发生的变化。因此，相对于传统上对于完成特定任务所需的专业知识与技术技能（例如编程、云计算）等“硬技能”的关注，高阶思维能力成为科技创新后备人才必备的能力。世界经济论坛（World Economic Forum，WEF）在《2020 年未来就业报告》（The Future of Jobs 2020）中

[1] Wineburg S, McGrew S. Evaluating information: The cornerstone of civic online reasoning, F, 2016.

列出了数字通信与信息技术、能源设施与技术等多个与科学相关的职业领域中未来人才所需的核心能力，其中推理与问题解决能力、批判性思维与分析、分析思维与原创能力是排名前十的关键能力。本次调研结果显示，我国中小学生的科学思维能力均较低。结合学生对科学课堂教学的评价，有 30.67% 的学生表示在课堂上解释自己想法的机会较少，有 35.74% 的学生表示课堂上就科学问题进行论证的机会较少，有 34.36% 的学生表示在课堂上针对调查结果进行辩论的机会较少，应该进一步改进课堂质量以提升学生素养水平。此外，探究实践是学生提升科学思维的重要途径。但本次关于学生核心素养调查的各维度中学生科学探究能力的得分最低，且学生的实验操作自我效能感不足。

3. 学生的内在动机与自我效能感缺乏，且从小学到初中呈下降趋势

内在动机是指纯粹为了从活动本身获得快乐而进行活动的动力，是学生积极参与科学学习、未来从事科学相关职业的核心驱动力（OECD, 2016）[1]。内在动机主要包括好奇心和兴趣。好奇心作为人类的本能，是对探索新事物、挑战不确定事件的强烈渴望，是人类进行探索性和创造性活动时需要具备的重要心理特征。当学习者意识到周围环境中的许多事物都是新奇的，很多都出乎他们的预期，他们就表现出想要观察、探索、询问、操作或摆弄这些事物。兴趣是指人们力求认识、探究自然界奥秘或从事科学活动的心理倾向，总是伴随着良好的情感体验。当一个人对科学和探究产生了兴趣，就会积极、主动地投入到科学学习和探究活动中，大胆探索、废寝忘食、克服困难、力求成功，并得到很大的满足。自我效能感是指个体相信自己有能力组织和执行产生特定成就所需的行动方案。在理论层面，自我效能感高的学生具有更高的志向和目标，会选择更困难的任务，这也是学生面对困难时采取行动或坚持努力

[1] OECD (2016), PISA 2015 Results (Volume I): Excellence and Equity in Education, PISA, OECD Publishing, Paris.

的强大动力。然而，本次调研显示我国中小学生的内在动机与自我效能感仍有一定提升空间，有约三成的中小学生对通过不同渠道学习科学的意愿较低，且中学生的内在动机与自我效能感明显低于小学生。

4. 中学女生与男生的科学能力基本持平，但女生的科学自我效能感与职业期望远低于男生

根据本次调研，小学阶段的女生在科学认识论信念、科学思维、科学探究、自主学习等方面的得分均略低于男生。然而，发展至中学阶段，女生在科学认识论信念、科学思维与科学探究方面的得分已经略高于男生，但在自我效能感、科学兴趣与科学职业期望等方面的得分，女生仍显著低于男生。该结果表明，女生即便有能力，但未来也可能不会从事科学相关职业。

根据以往的研究，由于性别偏见、歧视以及女性在 STEM 领域缺乏包容，即使女性对 STEM 领域有浓厚的兴趣，也不会选择相关的职业。另外，女性有能力和倾向同时关注多个目标，而男性通常只关注一个职业选择。相反，更高的能力或表现信念通常意味着工作上可能需要更少的时间或努力，他们可以有足够的时间照顾家庭（Eccles，2009；Maines，1983）。因此，女性更有可能根据自己的能力或表现信念来选择职业目标，而不是兴趣，在本次调研中女生的科学自我效能感普遍低于男生。

（二）学生科学素养培养的优化路径

1. 加强科学探究过程中的思维活动

科学思维是核心素养的核心，但我国中小学生的科学思维能力普遍偏低。究其根源，在于当前的科学教育领域缺乏关于科学探究的一个普遍接受的理解，尤其是缺少对科学探究的本质思考，造成教师和学生对科学探究存在一定的误解。科学探究是培养学生科学思维能力的重要实践途径，但大部分教师将科学探究看作一种提供自然现象解释的教学手

段，很多学生则将科学探究理解为一套标准化的操作程序，专注于探究过程中操作技能的掌握。本次针对科学教师的素养调查也显示科学教师对科学课程与教学存在很多浅层或错误的理解。因此，要提高学生的科学思维能力，首先要在认识论层面改变教师对科学探究的理解，从而在科学探究教学中关注学生的思维活动。

具体而言，科学探究本质上是由行为、思维和情感活动交互所构成的发现新的因果关系的循环过程，是以情感活动激发积极的思维，是以思维指导行为表现的一种复杂的教学活动。科学探究过程是学生主动参与科学调查，参与到与科学家相同的思维过程和实践活动中，以满足他们的好奇心的理性和逻辑性的活动（NRC，2000）。从表面上看，科学探究活动由一系列外显化、逻辑上相连的实践行为组成，例如提出问题、设计调查、收集或查阅资料、沟通和协商主张等。从本质上看，科学探究的重点是通过高阶思维活动来分析现有的信息和数据，创造、检验和修订科学模型和解释，以创造新的知识。就实践行为而言，在何时选择合适的策略以完成哪些探究行为，不同的行为之间如何衔接以达到最终的目标，均是由学生的思维活动指导的。由此可知，思维活动是科学探究的核心，而情感活动则是积极、主动思维的基础。因此，科学探究过程中，教师需要激活和维持学生的情感活动，使其产生强烈的求知欲，进一步调动学生积极的思维活动，指导实践行为的完成。

2. 实施“显性—反思性教学”

科学本质是科学素养的重要组成部分，美国科学促进会（1989）明确指出需要将科学本质认识纳入科学教育。对于中小学阶段的学生而言，科学本质是“他们对什么是科学、谁在使用科学、科学知识是如何建构的以及由谁建构的这些问题的概念化理解，也是儿童作为学习者在科学生产者和使用者群体中的自我定位”。培养学生对科学本质的认识，是其他素养发展的基础。Chen & Pajares（2010）发现拥有更复杂认识论信念的个体对自己的学习能力和成功完成学习任务更有信心。

提高学习者对科学本质观的理解有三种教学方法：历史教学法、隐性教学法和显性—反思性教学法，显性—反思性教学法被普遍认为是培养学生对科学本质认识的最有效方法。研究者认为，虽然让学生通过真实的科学探究过程自主建构科学观念（即隐性教学法）是培养学生核心素养的重要方法，但仅仅体验隐性的实验探究活动不足以支撑学生对科学本质的全面而深刻的认识。相比之下，在实验探究活动之后，进行显性—反思性的讨论更能增强学生对科学本质的认识，以使科学实验室工作的"不可见"方面对学生"可见"，从而意识到科学探究活动与科学的重要性。

显性—反思性教学不是教师简单地在教学活动中告诉学生科学本质是什么，而是通过让学生反思他们在科学探究中所做的事情和结论来理解科学本质是什么。提问通常被视为一种有效的手段，教师可以通过恰当的问题引导，为学生创造机会讨论科学的产生方式，从而反思自己对科学本质的理解。例如，在对探究结果进行讨论交流时，不同的学生可能得出不同的结论。教师不能直接告诉学生有的观点和做法是错的，而应该问学生：为什么不同的学生得到的答案不同？有没有可能每个人都按照说明进行操作，但没有得到相同的结果？除了有人做错了什么之外，还有哪些其他原因？在科学家的研究中也是如此吗？这些问题进一步引发关于科学的主观性与科学知识的发展性的讨论。

3. 加强自主学习与合作学习有机整合

加强自主学习与合作学习的有机整合，不仅是有效实施探究式教学的必然要求，同时也被证明是提高学生学习兴趣、自我效能感、元认知能力等科学素养的有效途径。自主学习是学习者在内在动机的激发下，激活和控制自身的认知、情感和行为，自主确定学习目标、制订学习计划、实施并监控学习行为、评价学习结果的学习方式或者能力。它能够满足学生对于科学学习的自主需求，且在这样的学习环境中，学生更容易感知自己在科学学习中的价值，从而产生更高的兴趣和能力信念。成功的自主学习需要元认知意识的激活和参与。因此，自主学习可以为学生提供提高元认知的机会。然而，对中小学生而言，自主学习比被动接受知识要困难得多，可能会引发学生的学习焦虑。因此，我们需要将合作学习融入到自主学习中，使学生能够通过相互帮助创造相互依赖的社会凝聚力。元认知提示也是使学习者能够理解并适当应用元认知知识和元认知策略，自主行动并成为学习过程中的核心领导者的关键策略。

此外，科学探究是个体为所学知识建构意义的积极过程。在这个过程中，学生既要基于所处的情境和个人已经具有的前概念来发展自己的理解，亦需通过与他人共同商讨想法来建构社会意义，丰富自己的理解。为了帮助学生完成认知建构（个人建构）和社会建构，教师一方面需要基于学生已有知识经验和认知水平，引导和帮助学生激活和控制自身的认知、情感和行为，激发学生进行独立的高层次思维活动，做好个人准备，确保每个学生都参与到科学探究的过程当中并能够达到最终的学习目标。另一方面，教师需要创设有利于学生进行合作交流的社会文化环境，使学生能够将语言作为工具，来呈现自己所构建的科学解释，并为其可靠性进行辩护。通过师生、生生之间的合作讨论，学生加强了他们在证据、科学知识以及他们所提出的科学解释之间的联系，或是对自己的观点和解释提出疑问。这不仅能促使学生通过进一步深入探究来解决矛盾，同时也能够发展现代人才所必备的合作素养。

第七章

科学教育研究的进展与未来趋势

科学教育研究成果是国家科学教育政策制定与课程教学改革的重要理论和实证依据，加强科学教育研究是促进科学教育高质量发展的必然要求。本章旨在通过定性与定量相结合的方法，从研究机构设立、研究期刊创办、国家课题发布、国内外文献发表等多个视角出发，对我国科学教育研究的变革轨迹与逻辑进行历史回溯，并深刻分析我国科学教育研究取得的成效、面临的主要问题与未来发展趋势，进一步从跨学科科学教育研究平台建立、科学教育资助体系设立、研究方法与范式变革等多个方面为我国科学教育研究发展提出意见建议。

一、科学教育研究平台建设与资金保障

科学教育研究平台建设与资金保障是实施深入、系统的科学教育研究的前提条件。其中，建设科学教育研究机构是集中科研力量，充分整合人才资源与硬件资源，解决我国科学教育重大问题的重要途径。科学教育学术期刊不仅是传播研究成果、引领教育思潮、促进教研创新的重要载体，同时也是提升科学教育学科地位、推动科学教育研究本土化的重要力量。课题支持则是科学教育研究的重要资金来源。因此，本章主要从科学教育研究机构、期刊建设与课题支持三个方面对我国科学教育研究平台建设与资金保障现状进行分析。

（一）科学教育研究机构

科学教育研究机构的成立旨在立足国家教育发展的重大战略需求，利用多种方法手段开展与时俱进的学术研究，促进科学教育的师资培养、课程理念革新与教学实践改革等，推动学术成果的实践转化，最终助力我国科学教育发展。基于此，本章拟在数量统计的基础上，从教育研究与实践探索两个视角对我国科学教育研究机构的建设理念与现状进行剖析。

1. 数量统计

目前我国已有多所大学及科学研究单位成立了科学教育研究所（或研究中心），开展科学教育研究和人才培养工作。1999 年《中共中央、国务院关于深化教育改革全面推进素质教育的决定》出台，明确了素质教育的目标、内容以及保障措施。在此背景下，21 世纪初我国掀起一场空前的课程改革运动，此次课程改革使义务教育阶段形成了专门的综合科学课程，标志着我国科学教育开始进入综合科学课程的整体推进阶

段[1]。2000 年，我国首个科学教育研究机构——广西师范大学科学教育研究所成立。

近年来，由于科技革命、产业革命及教育革命的加速演进，世界面临百年未有之大变局，科学教育在提升全民科学素养、培育创新科技人才以及增强国家科技竞争力方面的重要性也日益凸显。世界各国纷纷围绕培育未来科技创新人才的战略目标，积极开展科学教育研究与变革。解决“科技自立自强的人才自主培养”问题，是建设世界科技强国、实现中华民族伟大复兴的重要根基。在此背景下，我国科学教育研究机构成立的数量于 2019 年以来迅速上升，具体机构及成立时间如表 7-1-1 所示。截至 2024 年 7 月，在网络搜索平台中能够查询到的高校科学教育研究机构已有至少 14 家。

表 7-1-1　高校科学教育研究相关机构名称及成立时间

成立年份	机构名称
2000	广西师范大学科学教育研究所
2007	首都师范大学科学教育研究中心
2008	广东教育学院科学教育研究所
2012	东北大学秦皇岛分校科学教育研究中心
2013	东南大学儿童发展与学习科学教育部重点实验室
2013	华中科学教育与科学传播研究中心
2015	中国科学院科学传播研究中心
2016	重庆师范大学科技教育与传播研究中心
2019	北京师范大学科学教育研究院
2020	陕西师范大学科学教育研究中心
2020	浙江师范大学科学教育研究中心
2022	华东师范大学科学教育研究与教学中心
2023	天津师范大学科学教育中心
2024	福建教育学院科学教育研究中心

[1] 张黎、赵磊磊:《我国科学教育政策的历史演进、变迁逻辑与未来展望》,《教育学术月刊》2023 年第 11 期。

2. 教育研究

目前我国科学教育研究机构主要围绕八个主题展开研究，分别为科学教育政策研究、科学课程与教材、学生科学学习与发展、科学教学理论与方法、科学教育评价与测量、学习环境和支持系统、科学教师专业发展、非正式环境中的科学教育。各研究机构对科学教育研究的几个方面一般均有涉及，但侧重点不同。例如，北京师范大学科学教育研究院较为重视科学教育领域中的教育政策研究，发表了《美国科学教育研究资助体系分析及其启示》[1]《大科学教育新格局：学段一体化建构与实施路径》等研究成果[2]。华东师范大学科学教育研究与教学中心同样重视科学教育政策研究，例如中心成员主持课题“我国科学教育改革战略研究——科学教育有关基本问题”，对科学教育改革的战略问题进行分析；中心还关注学习环境和支持系统等研究问题，如中心成员主持项目“技术增进环境中学生科学概念学习过程研究”，关注在技术赋能科学教育环境下学生的学习规律。重庆师范大学科技教育与传播研究中心主要关注科学教师专业发展，如相关研究人员主持课题“STEM 教育理念下科学教育专业教学模式改革研究”“STEM 教育理念下科学教育专业本科生实践能力培养模式改革研究”等；中心还关注科学教育评价，如主持课题“核心素养视域下小学科学学业测评研究”“核心素养视域下重庆市青少年 STEM 素养测评研究”等。值得关注的是，科学教育是一个跨学科的研究领域，目前很多机构利用人工智能等新型信息技术和手段以及脑科学、心理学等研究技术展开跨学科研究，以解决真实情境下的科学教育问题。例如，陕西师范大学以认知神经科学、信息技术、技术集成等为支撑，借助近红外光脑成像系统、眼动仪、3D 虚拟教学实验系统等研究设备与技术，开展科学教学心理与科学创造力研究。

[1] 陶丹、杨杰、赵芳芳等：《美国科学教育研究资助体系分析及其启示》，《中国科学基金》2024 年第 2 期。

[2] 郑永和、杨宣洋、苏洵：《大科学教育新格局：学段一体化建构与实施路径》，《远程教育杂志》2024 年第 2 期。

3. 实践探索

当前我国各科学教育研究机构主要围绕政府政策咨询、国际合作、中小学科学教育改革、中小学科学教师培训、校外非正式科学教育活动开发五个方面开展实践探索，为我国科学教育质量提升工作赋能。

第一，开展国际科学教育合作，建立国际科学教育合作的有效机制。例如，浙江师范大学科学教育研究中心与非洲科学教育相关机构成立中非科学教育合作中心，就中非科学教育政策与领导力、中非科学教育课程与教学改革、中非科学教师领导力与专业发展、中非科学教育的评价与考试等主题开展研究。

第二，为国家科学教育相关管理部门提供决策咨询，助力科学教育改革。例如，陕西师范大学科学教育研究中心对科学教育的关键要素开展深入研究，进行国际科学课程改革趋势的研究，探索科技创新后备人才的培养途径，以此为依据撰写多项咨询报告并被上级部门采纳。同时在理论与实证研究的基础上，中心主任胡卫平教授主持并研制了《义务教育科学课程标准（2022 年版）》，助力我国科学教育的改革与发展。

第三，开展科学教师在职培训，促进在职科学教师的专业发展。例如，天津师范大学科学教育中心设有教师教育国家级实验教学示范中心，开设有创客（科普）空间、教育技术、心理学、教学技能、微格教学、理科教法六类实验室，承担教师教育培训实验实践等工作，能够有效提高在职科学教师的实验教学素养，促进在职科学教师的专业发展。

第四，与中小学建立合作机制，指导中小学科学课程与教学改革。例如，陕西师范大学科学教育研究中心在全国范围内成立思维型科学探究实践基地，落实《义务教育科学课程标准（2022 年版）》要求的思维型探究教学，目前辽宁省、重庆市、湖南省以及陕西省西安市、广东省深圳市、湖北省武汉市、上海市松江区等多个省市区及温州市北京外国语大学温州附属学校已申请成为思维型科学探究实践基地，系统深入地学习科学探究教学理论并开展教学实践。

第五，与科协、科技馆等部门机构合作，推动非正式科学教育的发展。例如，华中师范大学科学教育与科学传播中心和科技馆等机构合作，开展“培训湖北省各级科技馆馆员和培养高层次的科技馆从业人员，科技场馆展品、展项的策划、研制、采购、推广与评估，省际、国际的交流与合作及相关的科普教育理论研究”等工作，有效推动非正式科学教育的发展。

综上所述，在研究层面我国科学教育研究机构既关注宏观的科学教育政策研究、国际科学教育比较，也关注微观层面的学习环境和支持系统研究，包含了学生的科学学习规律研究、教育教学方法研究、课程与教材开发以及科学教师的专业发展等科学教育的各个要素。在实践探索方面，我国科学教育研究机构通过广泛开展国际合作交流、提供决策咨询、促进教师专业发展、助力非正式科学教育等实践探索，为我国科学教育质量提升贡献重要力量。

虽然我国科学教育研究机构在理论研究、实践探索等多个方面已取得诸多成就，但仍然存在以下提升空间。首先，中小学科学教师职前培养方面。从目前我国中小学科学教师队伍的情况来看，存在数量不够、专业能力不强、地区分配不均等问题，需要科学教育研究机构加强科学教师职前和职后教育，实现科学教师队伍的持续发展[1]。其次，研究方法与手段方面。科学教育问题是一个跨学科、跨领域的研究问题，需要通过多学科的研究方法与手段解决，目前已有一些研究机构开展跨学科研究，借助眼动仪、脑电技术等心理学研究手段以及人工智能等新型计算机技术开展科学教育研究，未来如何将跨学科技术与研究方法等应用到真实科学教育情境中，解决科学教育的现实问题还需要进一步探索。

[1] 朱旭东、张军:《我国科学教师队伍的突出问题与解决路径》,《教育家》2023 年第 48 期。

（二）科学教育期刊

我国科学教育的文章主要发表在综合科学教育期刊、分科科学教育期刊及教育领域的其他相关期刊中。综合科学教育期刊有《中小学科学教育》《小学科学》《科学教育与博物馆》《中国科技教育》《科学传播与科学教育》《湖北教育（科学课）》，具体期刊信息如表 7–1–2 所示。分科科学教育期刊包括生物学科中的《中学生物教学》《生物学通报》《生物学教学》，物理学科中的《物理教学》《物理教师》，化学学科中的《化学教育（中英文）》《化学教学》。教育领域中的其他相关期刊包括《教育研究》《课程 · 教材 · 教法》《人民教育》《外国中小学教育》《全球教育展望》等。

表 7–1–2　综合科学教育期刊的基本信息

创刊时间	主办单位	期刊名称	国内刊号（CN）	国际刊号（ISSN）
2024 年	人民教育出版社	《中小学科学教育》	10–1925/G4	2096–499
2022 年	中国科学技术大学	《科学传播与科学教育》		
2009 年	长春出版社	《小学科学》	22–1388/G4	1674–6317
1986 年	中国青少年科技教育工作者协会	《中国科技教育》	11–4765/N	1671–4350
1985 年	湖北教育报刊社	《湖北教育（科学课）》	42–1033/G4	1003–4390
1979 年	上海科技馆	《科学教育与博物馆》	42–1033/G4	1003–4390

从各期刊的办刊宗旨来看，我国综合科学教育期刊的办刊宗旨有以正式科学教育为主、以非正式科学教育为主、以正式科学教育与非正式科学教育相结合三种类型。

办刊理念以正式科学教育为主的期刊有《小学科学》《湖北教育（科学课）》。《小学科学》的办刊理念为配合小学阶段的科学教学，提高学生科学素养，引导学生认识科学本质，培养良好的科学思维习惯，投入科学实践并形成严谨的科学方法。《湖北教育（科学课）》的办刊宗旨，强调对国家颁布的科学课程标准和各种版本《科学》教材的研究。由此可见,《小学科学》《湖北教育(科学课)》两个期刊均围绕着对正式科学教育的课程教材以及学生学习规律进行研究。

办刊理念以非正式科学教育为主的期刊有《中国科技教育》《科学教育与博物馆》。《中国科技教育》定位为面向科技教育工作者的专业科普读物，助力科技教育工作者了解国内外科技教育进展、科技教育政策和重大科技教育活动最新动态；交流科技教育（教学与活动）工作经验，探讨科技教育工作方法与规律；开发各类科技教育资源（科技教育教学、活动案例，科技教育活动场所及资料、器材等）。《科学教育与博物馆》的办刊理念着力反映自然科学博物馆等有关机构关于科学教育、科学文化与传播以及博物馆学领域的研究成果，旨在加强自然科学博物馆运营管理、收藏研究、展示教育、公众服务等方面的业务水平，提升我国自然科学博物馆人才队伍的专业素养及综合能力。通过办刊宗旨可以看出《中国科技教育》《科学教育与博物馆》两个期刊重视非正式科学教育场域下的国际科技教育进展、场馆管理与运用、开发科技教育资源等，通过非正式科学教育助力科学教育的发展。

办刊理念将正式科学教育与非正式科学教育相结合的期刊有《中小学科学教育》《科学传播与科学教育》。《中小学科学教育》的办刊理念为传播中小学科学教育理念，交流中小学科学教育研究成果，推动我国学校科学教育与社会科学普及衔接联通，服务国家基础学科人才培养。《科学传播与科学教育》是面向科普工作者与科学教育工作者的跨学科期刊，立足于解决科学传播与科学教育问题，探寻二者融合发展的路径，建构科学传播与科学话语体系。由此可见,《中小学科学教育》和《科学传播与科学教育》两个期刊更加关注正式科学教育与非正式科学教育的发展，共同助力我国科学教育的进步。

从期刊开设的栏目看，各期刊虽然重视正式科学教育或非正式科学教育，但均有各自特色。例如《中小学科学教育》开设科学家成长史、科学家精神、科学家论教育等栏目，重视科学家对科学教育的榜样与引领作用。《湖北教育（科学课）》开设自然笔记、教学杂谈、名师工作室的实践等栏目，重视一线科学教师或科技工作者的实践经验分享。《科学传播与科学教育》开设科学前沿、科学伦理、科技政策等栏目，重视反映国际国内科学传播与教育的最新研究成果和学术动态。

通过上述分析可以发现，我国综合科学教育期刊的办刊理念均衡了正式科学教育与非正式科学教育发展的要求，同时期刊各具特色，从多视角助力科学教育发展。但与国际科学教育期刊《International Journal of STEM Education》《Science Education》等以及国内分科科学教育期刊相比，我国综合科学教育期刊的学术影响力还需进一步提升。

（三）研究课题

1. 研究课题数量与经费

国家层面科学教育学相关研究可申请的研究课题包括国家社会科学基金和教育部人文社会科学基金。国家社会科学基金由全国教育规划办公室负责，其设定目的是推动中国特色哲学社会科学学科体系、学术体系、话语体系的建设。教育学在国家社会科学基金中单列，其经费由国家社会科学基金单独切块下达。教育部人文社会科学基金由教育部社会科学司负责，其可申报的学科范围中包含教育学。

（1）国家社会科学基金

2013—2023 年度与科学教育相关的国家社科基金共 88 项，每年度的立项基金数量如图 7.1.1 所示。其中国家重点课题（经费 35 万元）1 项、国家一般项目（经费 20 万元）26 项、国家青年项目（经费 20 万元）7 项、西部项目（经费 20 万元）2 项、教育部重点课题（经费 5 万元）35 项、教育部青年课题（经费 3 万元）17 项，共计经费 961 万元。

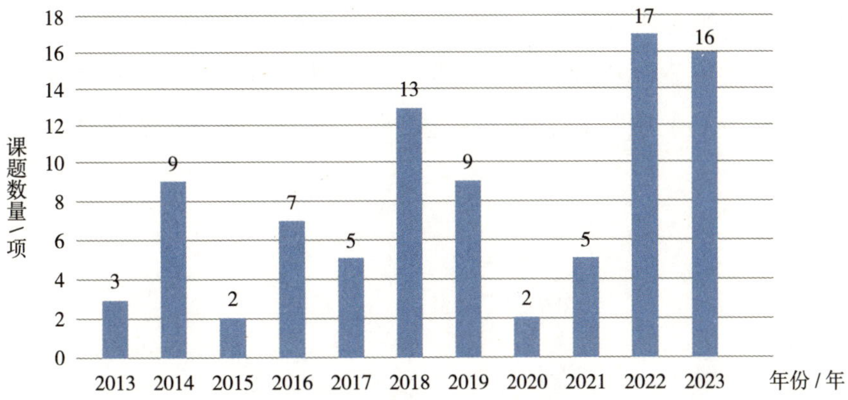

图 7.1.1　2013—2023 年度国家社会科学基金科学教育相关课题数量

（2）教育部人文社会科学基金

教育部人文社会科学基金 2013—2023 年度与科学教育相关课题共 65 项，每年度科学教育相关课题数量如图 7.1.2 所示。其中规划基金项目（资助经费不超过 10 万元）25 项、青年基金项目（资助经费不超过 8 万元）40 项，总计经费不超过 570 万元。

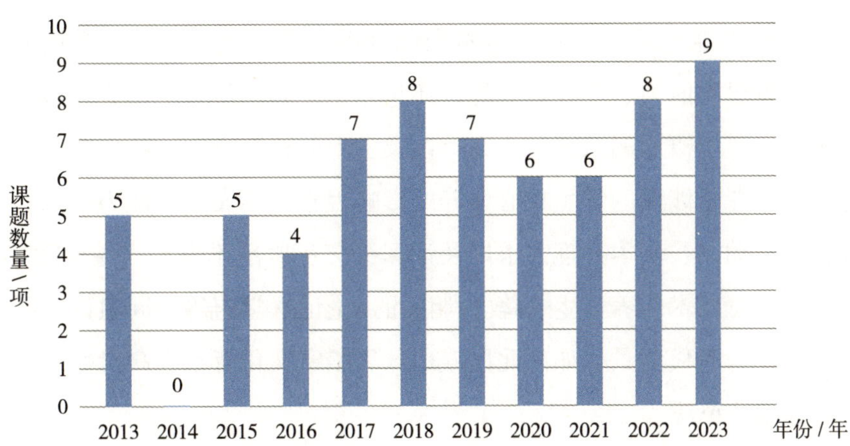

图 7.1.2　2013—2023 年度教育部人文社会科学基金科学教育相关课题数量

2. 研究课题主题分布

2013—2023 年度国家社会科学基金以及教育部人文社会科学基金

中科学教育相关课题共计 152 项。梳理其研究主题发现，研究课题主要分布在“学生素养培养、教育教学评价、课程教材开发、政策制度分析、教师专业发展”五个研究主题，每个研究主题下的课题数量如图 7.1.3 所示。

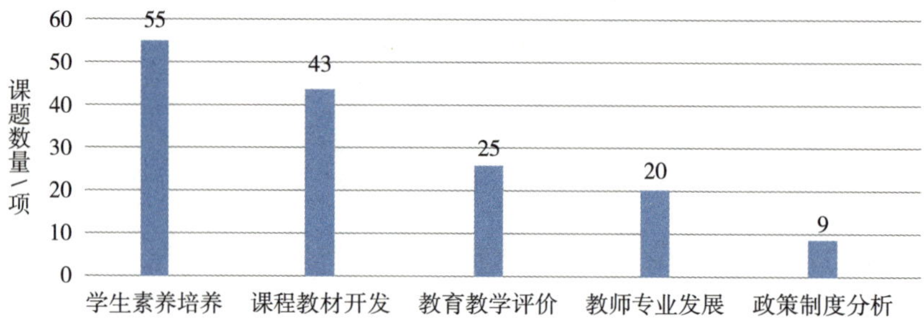

图 7.1.3　科学教育相关研究课题主题分布

研究课题数量最多的主题是“学生素养培养”，共涉及课题数量 55 项。该主题从学生学习的视角出发，主要围绕科学教育要培养学生核心素养的视角展开，研究涉及科学学科中培养学生核心素养的构成要素、影响学生核心素养发展的因素和机制以及相应的培养策略。研究课题涉及的核心素养包括学生对科学本质的理解、科学创造力、科学探究能力、高阶思维能力、工程素养等，还包括学生对科学核心概念理解的学习进阶、科学概念的系统化研究，以及学生的科学志向、科学职业期望等。研究课题涉及的学生核心素养的影响因素包括文化、能力信念、学业情绪、动机、基本心理需求以及计算机交互学习环境等。培养策略涉及应用信息技术培养学生、跨学科学习、论证式学习等。同时研究课题关注文化与时代背景，如西北民族地区、儒家文化背景、高考新政、新一轮课程改革等。

研究课题数量排第二的主题是“课程教材开发”，共涉及课题数量 43 项。该主题从教育教学的视角出发，主要围绕课程与教材的建设与开发。课程建设方面，研究课题主要关注 STEM（STEAM）课程建设，如将传统文化、跨学科素养、人工智能素养、高阶思维、工程教育、物理实验等融入 STEM 课程，关注学生 STEM 课程建设。除此以外还有课题研究人工智能课程体系、科普课程。教材开发方面，研究课题关注科学教材的国际比较、城乡理解视域下教材适切性、插图识别、文化自信要素、社会科学问题以及读本建设等问题。

研究课题数量排第三的主题是“教育教学评价”，共涉及课题数量 25 项。该主题从教育教学评价的视角出发，关注对教学以及学生核心素养等要素的评价。其中，评价过程涉及教学的各个环节，如对科学实验、课堂即时、作业设计、学业测评等进行评价，包括过程性评价和总结性评价。评价要素包括科学推理能力、工程素养、科学探究素养、跨学科素养、计算思维、科学书面表达能力等学生科学素养。评价手段涉及智能技术赋能教育教学评价，同时评价视野关注国际科学素养测评，如有课题分析 PISA 测评数据。

研究课题数量排第四的主题是“教师专业发展”，共涉及课题数量 20 项。该主题主要关注科学教师的教学能力发展与培养。关注教师的教学能力，包括建模教学能力、教学胜任力、课堂教学技能、基于核心素养的教学设计能力等，同时还关注教师的科学素养学科教学知识、跨学科素养。教师培养相关课题包括 STEM 教师合作培养机制、基于课例研究理念的培养模式、虚拟实习的培养模式等。

研究课题数量排第五的主题是“政策制度分析”，共涉及课题数量 9 项。该主题关注教育政策与制度的比较与分析。主要研究课题关注 STEM 教育相关的国际政策比较以及我国本土 STEM 教育政策的建设，如美国 STEM 教育政策的变迁机制研究以及学前儿童 STEM 学习“支持性”生态系统构建。除此之外，有研究课题关注科技高中的孵化与制度创新研究。

二、中国科学教育研究成果发表现状

（一）文章发表数据检索与结果统计

1. 国内文章发表

（1）数据检索方法

21 世纪初，各国际组织与经济体为响应时代变化与未来发展需要，纷纷制定 21 世纪核心素养。我国积极适应国际教育改革发展趋势，应对国际教育竞争。2013 年我国全面开启学生核心素养培育的学术研究、实践探索与政策制定等工作[1]。2014 年教育部研制印发《关于全面深化课程改革落实立德树人根本任务的意见》[2]，提出“教育部将组织研究提出各学段学生发展核心素养体系，明确学生应具备的适应终身发展和社会发展需要的必备品格和关键能力”，这是我国第一个明确提出“核心素养”概念的官方政策文件。因此，本研究以 2013 年为重要时间节点，深入分析十年来我国科学教育研究的相关文献，梳理研究脉络与特点，为后续我国科学教育研究提供参考与借鉴。

在中国知网上，限定主题词为“科学”“STEM”“技术教育”“工程教育”，时间范围选择“2013—2024”，学科选择“中等教育”“初等教育”，检索得到 24485 篇文献。经过相关性筛选，得到 14123 篇文献。最终将筛选得到的 14123 篇文献纳入文献计量学研究，为获得可视化数据，使用 Cite Space 和 Bibliometrix 软件进行分析。文献检索时间为 2024 年 7 月 17 日，具体文献检索与筛选过程如图 7.2.1 所示。

[1] 褚宏启：《核心素养十年路：持续引领基础教育质量提升》，《中小学管理》2022 年第 7 期。
[2]《关于全面深化课程改革落实立德树人根本任务的意见》，教育部，2014 年。

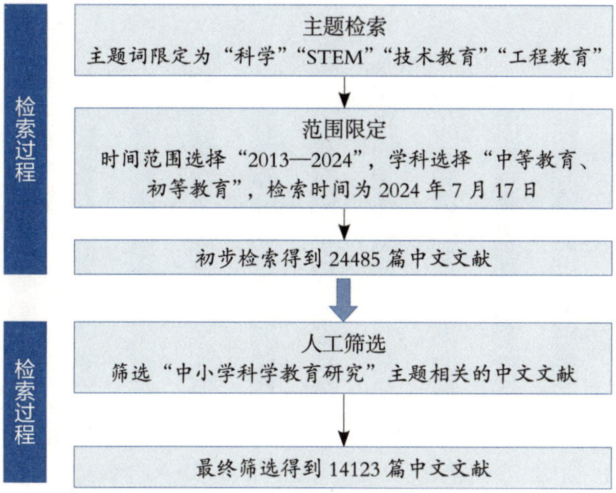

图 7.2.1　中文文献检索流程图

（2）文献发表情况

2013—2023 年我国科学教育领域的大陆学者每年发表的中文期刊的文献数量如图 7.2.2 所示，从图中可以看出，十年来我国科学教育领域发表的中文文献数量呈现出波动上升趋势，其中 2018 年文献发表数量达到顶峰，这可能与 2018 年 1 月，普通高中课程方案和物理、化学、生物等科学科目的普通高中课程标准发布有关[1]。2022 年以来文献发表数量再次呈现出上升趋势，这可能与《义务教育科学课程标准（2022 年版）》[2]的颁布有关。新课程标准的颁布引领着科学教育教学的转向，围绕着科学教育教学的改革，研究者们开展系列的理论与实证研究。2023 年 5 月，教育部等十八部门发布《关于加强新时代中小学科学教育工作的意见》[3]，强调在教育“双减”中做好科学教育加法，可以预见未来我国科学教育研究将呈现出蓬勃发展的态势。

[1]《关于印发〈普通高中课程方案和语文等学科课程标准（2017 年版）〉的通知》，教育部，2017 年。

[2]《关于印发〈义务教育课程方案和课程标准（2022 年版）〉的通知》，教育部，2022 年。

[3]《关于加强新时代中小学科学教育工作的意见》，教育部等十八部门，2023 年。

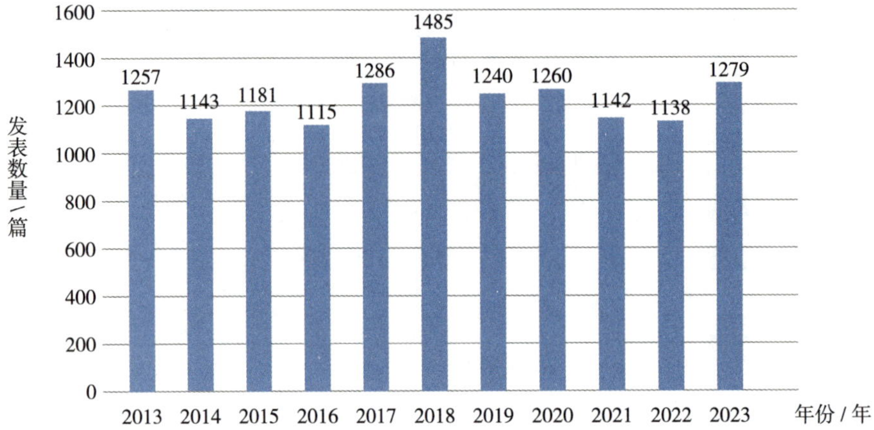

图 7.2.2　2013—2023 年中国大陆学者在中文期刊上发表科学教育文献数量的年度统计

（3）核心作者分布

通过对近十年发表在中国知网上的科学教育领域文章进行统计发现，截至 2024 年 7 月 17 日，发文量最高的 15 位作者为刘恩山、王晶莹、胡卫平、吴俊明、李佩宁、胡扬洋、王祖浩、邢红军、王后雄、郭玉英、陈凯、毕华林、崔鸿、倪娟、姚建欣。具体发文数量如表 7–2–1 所示。

表 7–2–1　近十年科学教育领域中国大陆学者的中文期刊发文量统计

序号	作者姓名	发文数量	序号	作者姓名	发文数量
1	刘恩山	87	9	王后雄	45
2	王晶莹	78	10	郭玉英	43
3	胡卫平	49	11	陈凯	43
4	吴俊明	49	12	毕华林	39
5	李佩宁	48	13	崔鸿	38
6	胡扬洋	48	14	倪娟	38
7	王祖浩	47	15	姚建欣	34
8	邢红军	46			

（4）主要发表期刊

对我国大陆科学教育领域学者发表中文期刊发文数量进行排序，发文量前十名的期刊分别是《生物学教学》《物理教师》《科学大众（科学教育)》《物理教学》《化学教学》《生物学通报》《科学咨询(教育科研)》《化学教育(中英文)》《中学地理教学参考》《中国教育技术装备》。具体发文量如图 7.2.3 所示。

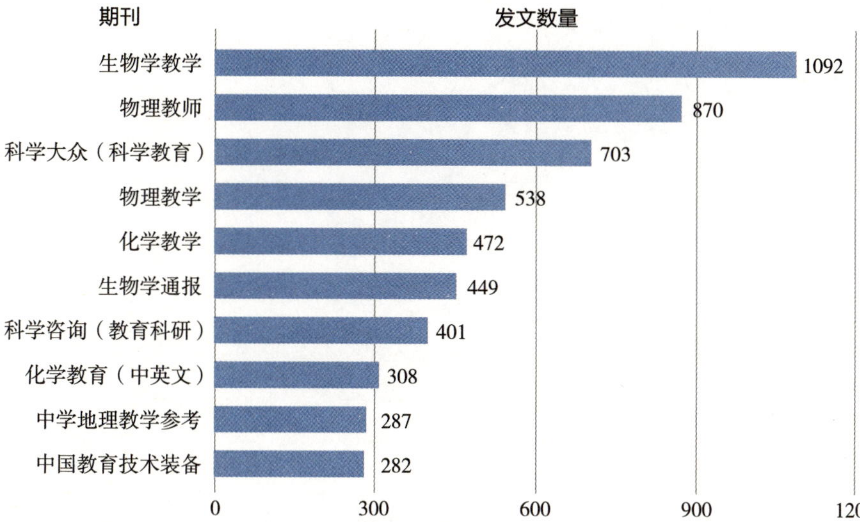

图 7.2.3　我国大陆学者科学教育领域的重要国内期刊发文量统计

布拉德福定律能够使我们确定科学教育研究领域最重要的期刊。如图 7.2.4 所示，阴影区域代表第一个区域，也称为核心期刊，这些期刊是我国国内与科学教育主题最相关和最具影响力的期刊。核心期刊有《生物学教学》《物理教师》《科学大众(科学教育)》《物理教学》《化学教学》《生物学通报》《科学咨询(教育科研)》《化学教育(中英文)》。这些期刊对于发展我国科学教育领域的理论与实践研究方面发挥着重要作用。

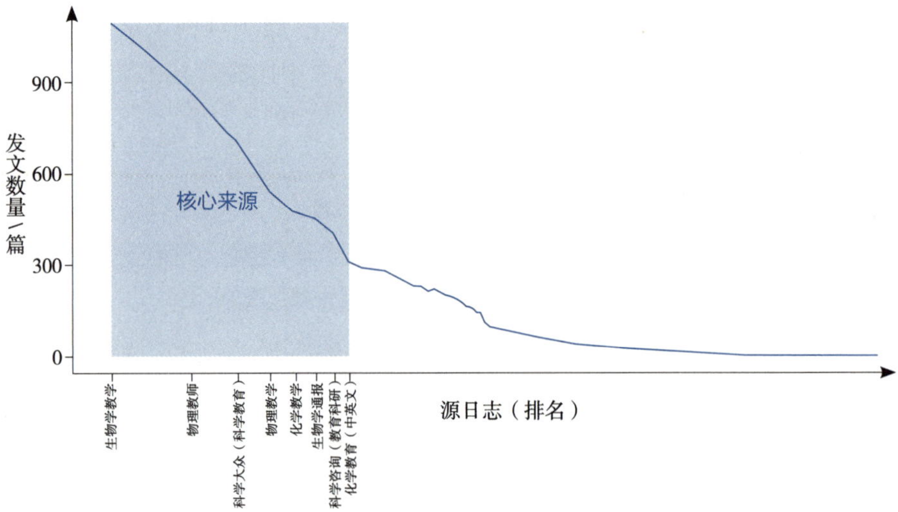

图 7.2.4　我国大陆学者发表文章的核心国内科学期刊

2. 国外文章发表

（1）数据检索方法

在 Web of Science 网站上，检索主题 topic 限定为“science”“scientific”“STEM”“Physics”“chemistry”“biology”“engineering”；限定国家为中国；限定 Web of Science 类别为“教育研究 / 教育科学学科 / 心理学多学

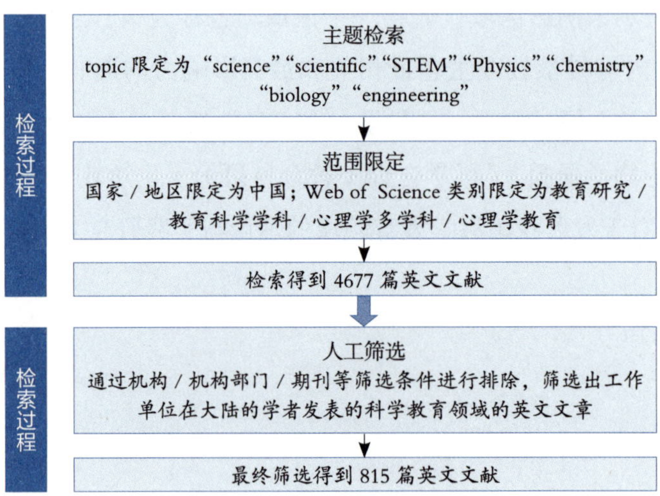

图 7.2.5　英文文献检索流程图

科/心理学教育”，检索得到4677篇文献。通过“机构/机构部门/期刊”等筛选条件进行人工筛选，筛选出工作单位在大陆的学者发表的科学教育领域的英文文章共815篇，检索时间为2024年6月20日，具体检索过程如图7.2.5所示。最终将筛选得到的815篇文献纳入文献计量学研究，为获得可视化数据，使用Bibliometrix软件进行分析。

（2）基本信息描述

通过Bibliometrix软件，对Web of Science数据库中提取到的我国大陆学者发表的科学教育领域文献进行分析，得到文献的总体信息，如表7-2-2所示。研究结果显示，科学教育研究领域的文献年增长率为22.63%，表明国内研究者对该研究领域的重视程度逐年增加。国际合著率为37.18%，表明科学教育领域的研究学者开展国际合作研究比例较高。通过分析整体研究结果，可以发现我国科学教育领域的学者具备较好的国际合作意识，关注的研究主题广泛，并且我国学者对科学教育领域的研究关注呈现上升趋势。

表7-2-2 英文文献统计数据的总体信息

描述	结果
时间跨度	2001—2024
来源（期刊、书籍等）	135
文献数量	815
年增长率（%）	22.63
文献平均年龄	3.5
每篇文献的平均引用次数	8.885
关键词 (ID)	1324
作者关键词 (DE)	2215
作者数量	2315
单一创作文档的作者数量	24
每个文档的合著者	4.28
国际合著率（%）	37.18

（3）文献发表情况

根据对我国大陆学者国际科学教育研究数量的逐年统计结果，我国大陆学者的国际科学教育研究可以分为初步萌芽阶段（2001—2012年）、缓慢增长阶段（2013—2017年）、蓬勃发展阶段（2018年至今）三个阶段。如图7.2.6所示，我国科学教育领域大陆学者发表在英文期刊的年累计数量整体呈现出上升趋势，其中值得关注的是2013年和2018年两个时间节点。2013年之前我国大陆学者发表的科学教育领域英文文章均在10篇以内，表明该阶段我国大陆学者的国际科学教育研究尚处于起步阶段。2013—2017年我国大陆学者发表的英文文章呈现出缓慢增长趋势，增幅相对较小。2018年以后，我国大陆学者发表的英文文章数量呈现出指数增加的趋势，2023年我国大陆学者的英文文章发表数量最多，达到184篇，该阶段我国大陆学者的国际科学教育研究已经呈现出蓬勃发展的态势。

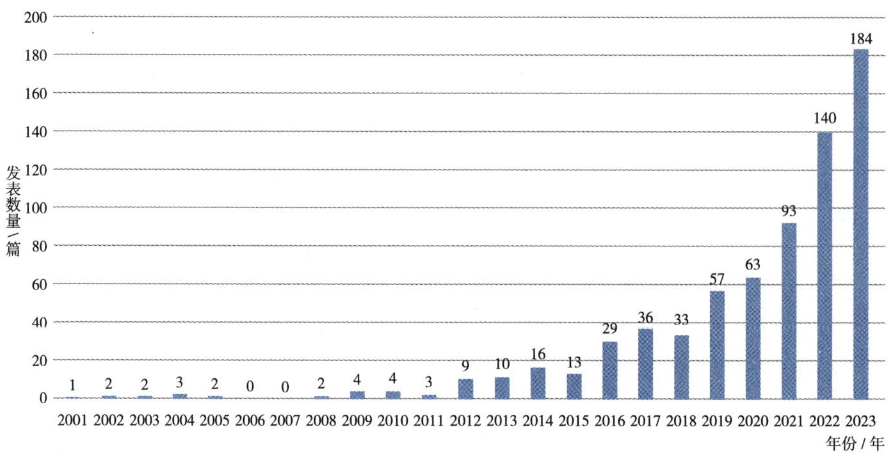

图7.2.6　中国大陆学者在英文期刊上发表科学教育文献数量的年度统计

文献的年平均引用次数，是衡量文献的认可度和影响力的重要指标，年平均引用次数越高，表明文献的认可度和影响力越大。我国科学教育领域学者发表英文文献的年平均引用次数如图7.2.7所示，其中2002年我国大陆学者发表的英文文献的影响力最高，年平均引用次数为 5.11 次。通过检索我国大陆学者发表的高被引文献，发现 2002 年胡卫平等人发表的一项科学创造力测评研究具有较高影响力，被引频次为 1002 次。[1] 2002—2007 年，我国科学教育领域的研究文献影响力呈下降趋势，但 2008 年以后科学教育领域的文章影响力呈现出波动上升的趋势。

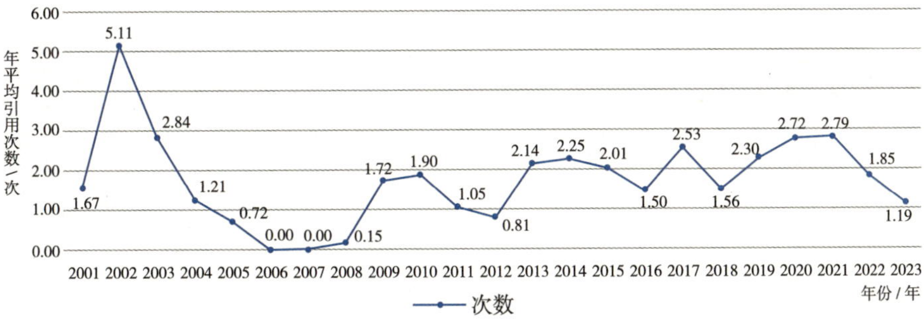

图 7.2.7　中国大陆学者在英文期刊上发表科学教育文献的年平均引用次数

（4）重要文章分析

对我国大陆学者发表的文章按照被引频次进行排序，结果如表 7–2–3 所示，这些高被引论文对科学教育领域的研究产生了重要影响。排在第一的是胡卫平[2]等人发表的一篇题为《中学生科学创造力测验》的文章，总被引 1002 次。该研究开发了科学创造力的结构模型，并在该模型基础上开发了针对中学生的科学创造力测试。排在第二的是蔡苏[3]等人发表的一篇题为《增强现实仿真系统在化学课程中应用的案例研究》的文章，总被引 754 次。该研究以初中化学“物质的组成”为研究对象，设计并开发一套基于探究式的增强现实学习工具，对该工具进行

❶ HU W, ADEY P. 3A scientific creativity test for secondary school students. International Journal of Science Education, 2002, 24(4): 389–403。

❷ 同上。

❸ SU CAI, XU WANG, FENG-KUANG CHIANG. A case study of Augmented Reality simulation system application in a chemistry course. Computers in Human Behavior, 2014, 37: 31–40.

实践应用以探究对学生学习的影响。排在第三的是张丹辉[1]等人发表的一篇题为《ICT 发展水平和使用情况如何影响学生在阅读、数学和科学方面的成绩》的文章，总被引 385 次。该研究利用 TIMSS 2011、PIRLS 2011 和 PISA2012 等大型国际数据库，分析了国家 ICT 发展水平和个体 ICT 使用情况对于四年级和八年级学生的阅读、数学和科学成绩的影响。

表 7-2-3 我国大陆学者发表的科学教育领域高被引论文

序号	总被引	年总被引	作者 / 年份	期刊	DOI
1	1002	7.65	HU WP, 2002	INT J SCI EDUC	10.1080/09500690110098912
2	754	22.64	CAI S, 2014	COMPUT HUM BEHAV	10.1016/j.chb.2014.04.018
3	385	14.90	SKRYABIN M, 2015	COMPUT EDUC	10.1016/j.compedu.2015.02.004

（5）大陆作者分布

G 指数（g-index）是一种衡量科研人员学术成就的指标，利用 Bibliometrix 软件对我国发表在国际科学教育期刊中 G 指数最高的十位作者进行统计，结果如表 7-2-4 所示，其中包括蒋凤光、胡卫平、张丹辉、王晶莹、王祖浩、迟少辉、刘恩山、杨玉琴、钱扬义、王磊十位学者。

表 7-2-4 我国科学教育领域 G 指数最高的十位作者

作者	g 指数
蒋凤光	20
胡卫平	15
张丹辉	13
王晶莹	12
王祖浩	11

[1] SKRYABIN M, ZHANG J, LIU L, et al. How the ICT development level and usage influence student achievement in reading, mathematics, and science. Computers & Education, 2015, 85: 49-58.

续表

作者	g 指数
迟少辉	10
刘恩山	10
杨玉琴	10
钱扬义	9
王磊	8

（6）主要发文期刊

根据我国科学教育领域的大陆学者发文数量排序，发文量前十名的国际期刊如图 7.2.10 所示，具体期刊的信息如表 7–2–5 所示。通过研究结果可以发现：一方面，我国大陆学者在《国际科学教育杂志（*Internationai Journal of Science Education*）》发表了 66 篇关于科学教育的文章，在855次引用中，H指数为15，G指数为26，四项指标均为最高，且该期刊于 2002 年开始发表我国大陆学者的文章。因此该期刊是我国大陆学者发文的国际期刊中最具影响力的期刊；另一方面，《教育和信息技术（*Education and Information Technologies*）》期刊影响因子为 4.8，是发文量排名前十的期刊中影响因子最大的期刊，该期刊于 2022 年开

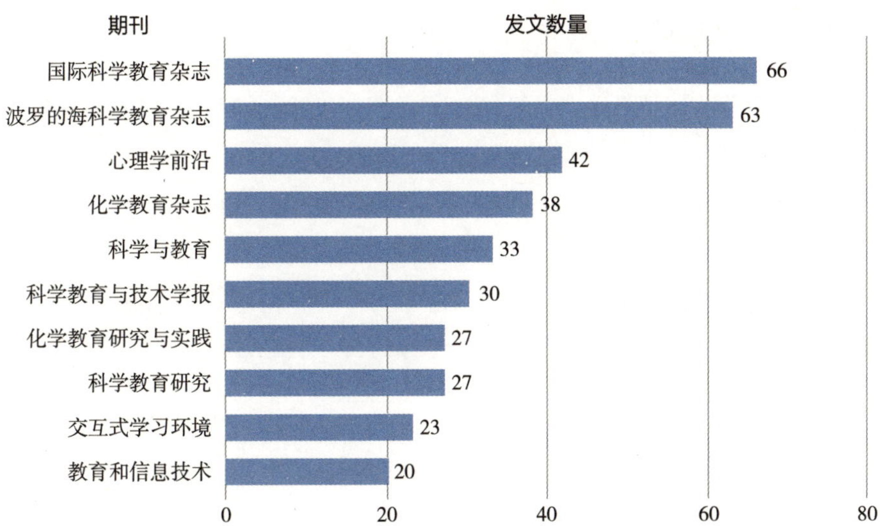

图 7.2.10　我国大陆学者发表文章的科学教育领域重要国际期刊数量分布

始发表我国大陆学者的文章。通过分析以上数据可以发现，近几年我国大陆学者发文期刊的影响因子呈现上升趋势，这表明我国大陆学者在国际科学教育领域越来越具有话语权。

表 7-2-5　我国大陆学者发表文章的科学教育领域的重要国际期刊具体信息

期刊名称	发文数量	H 指数	G 指数	M 指数	总引用次数	初始发文年份	影响因子（2023）
国际科学教育杂志 *INTERNATIONAL JOURNAL OF SCIENCE EDUCATION*	66	15	26	0.652	855	2002	2.2
波罗的海科学教育杂志 *JOURNAL OF BALTIC SCIENCE EDUCATION*	63	5	9	0.385	47	2012	1.1
心理学前沿 *FRONTIERS IN PSYCHOLOGY*	42	8	13	0.889	222	2016	2.6
化学教育杂志 *JOURNAL OF CHEMICAL EDUCATION*	38	6	12	0.286	75	2004	2.5
科学与教育 *SCIENCE & EDUCATION*	33	7	12	0.583	81	2013	2.1
科学教育与技术学报 *JOURNAL OF SCIENCE EDUCATION AND TECHNOLOGY*	30	9	14	0.643	220	2011	3.3
化学教育研究与实践 *CHEMISTRY EDUCATION RESEARCH AND PRACTICE*	27	8	9	0.889	127	2016	2.6
科学教育研究 *RESEARCH IN SCIENCE EDUCATION*	27	7	11	0.318	146	2003	2.2
交互式学习环境 *INTERACTIVE LEARNING ENVIRONMENTS*	23	9	17	1.125	323	2017	3.7
教育和信息技术 *EDUCATION AND INFORMATION TECHNOLOGIES*	20	4	7	1.333	59	2022	4.8

布拉德福定律能够使我们确定科学教育研究领域最重要的期刊。在

图 7.2.11 中，阴影区域代表第一个区域，也称为核心期刊，其中包括与科学教育主题最相关和最具影响力的期刊。因此，我国科学教育领域的大陆学者在撰写英文文章时，可以优先考虑这些期刊。第一区收录的期刊分别是《国际科学教育杂志》(*INTERNATIONAL JOURNAL OF SCIENCE EDUCATIO*)、《波罗的海科学教育杂志》(*JOURNAL OF BALTIC SCIENCE EDUCATION*)、《心理学前沿》(*FRONTIERS IN PSYCHOLOGY*)、《化学教育杂志》(*JOURNAL OF CHEMICAL EDUCATION*)、《科学与教育》(*SCIENCE & EDUCATION*)、《科学教育与技术学报》(*JOURNAL OF SCIENCE EDUCATION AND TECHNOLOGY*)。以上这些期刊对于传播我国大陆学者对科学教育的前沿见解发挥着重要作用。

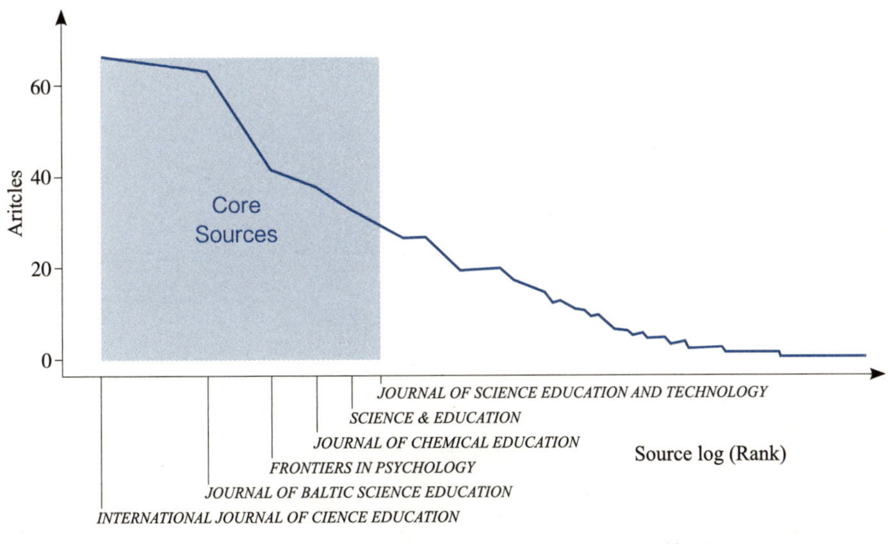

图 7.2.11　我国大陆学者发表文章的国际核心科学期刊

（7）我国大陆学者的国际交流与合作

我国大陆科学教育领域学者的国际合作情况如表 7-2-6 所示。数据显示，中国大陆学者与美国学者的合作频次最高，达到 176 次，远高于其他国家，其次是新加坡、澳大利亚、英国，分别为 33 次、29 次、28 次，与其他国家的合作频次均在 20 次以下。

表 7-2-6　中国大陆学者开展国际科学教育研究的合作国家、频次

合作国家	合作频次
美国	176
新加坡	33
澳大利亚	29
英国	28
德国	13
加拿大	11
韩国	7
荷兰	7
芬兰	6
以色列	6
新西兰	6
俄罗斯	6
土耳其	6
马来西亚	5
南非	5

（二）近十年我国科学教育研究的主题分析

1. 整体统计与分析

利用 Cite Space 软件对我国学者发表在国内期刊中科学教育研究的主题词进行统计，图 7.2.13 显示了国内科学教育领域中最常见的 25 个关键词。除“小学科学、高中物理、初中物理”等具体学科学段关键词以外，近十年国内科学教育研究出现频次最高的关键词分别是：核心素养、科学探究、科学素养、科学思维、教学设计、实验教学、教学策略、课程标准、课堂教学、实验、教学、策略。其中，“核心素养”一词出现频次最高，共出现 1349 次，该研究结果能够体现出我国近十年科学教育研究以发展学生的核心素养为中心。具体来看，高频主题词还

能够反映出科学教育的培养目标重视发展学生科学思维、科学探究能力等科学素养，学生的学习方式重视科学实验与探究。同时，相关研究还重视在课程标准理念下对教学设计及教学策略等教育教学方式的研究。

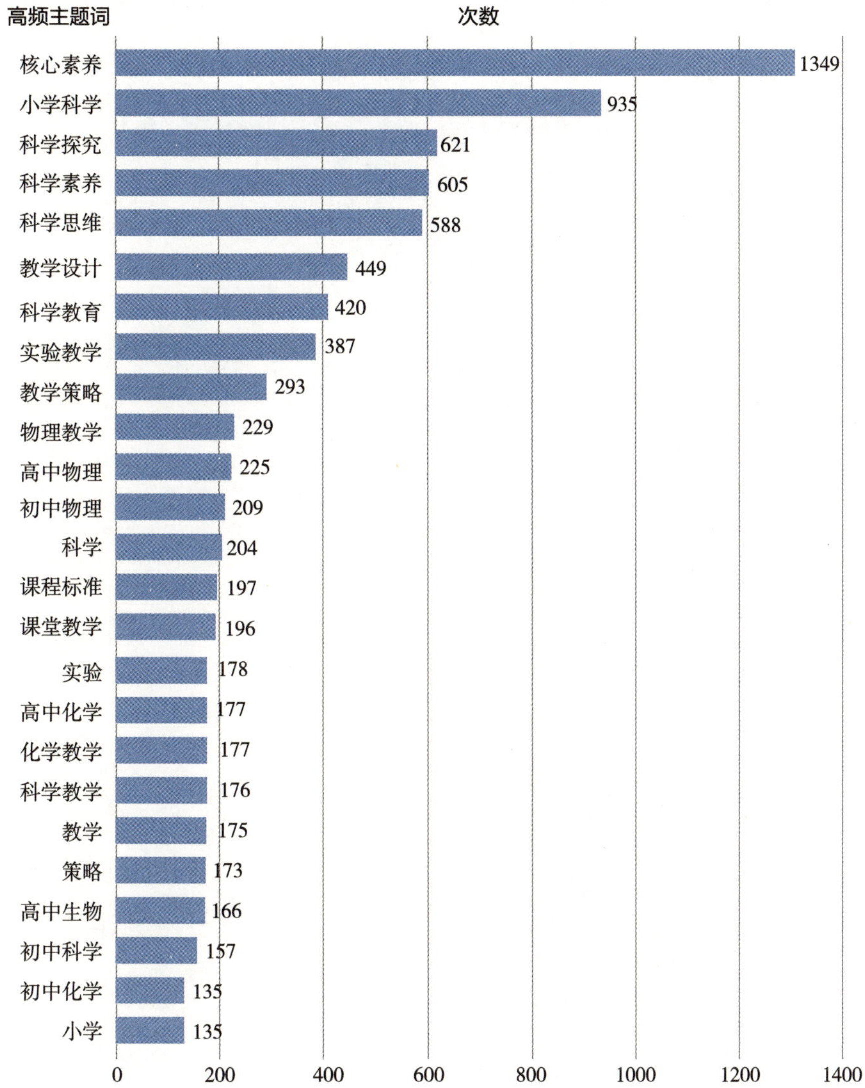

图 7.2.13　中国大陆学者发表的科学教育研究中文期刊中的高频主题词

利用Bibliometrix软件对我国大陆学者发表在国外期刊中科学教育研究的主题词进行统计，图7.2.14显示了科学教育领域中最常见的25个主题词。从整体来看，出现频次最多的主题词是：科学、教育、知识、学生、成就和表现，出现频次介于80—190次之间。该结果能够

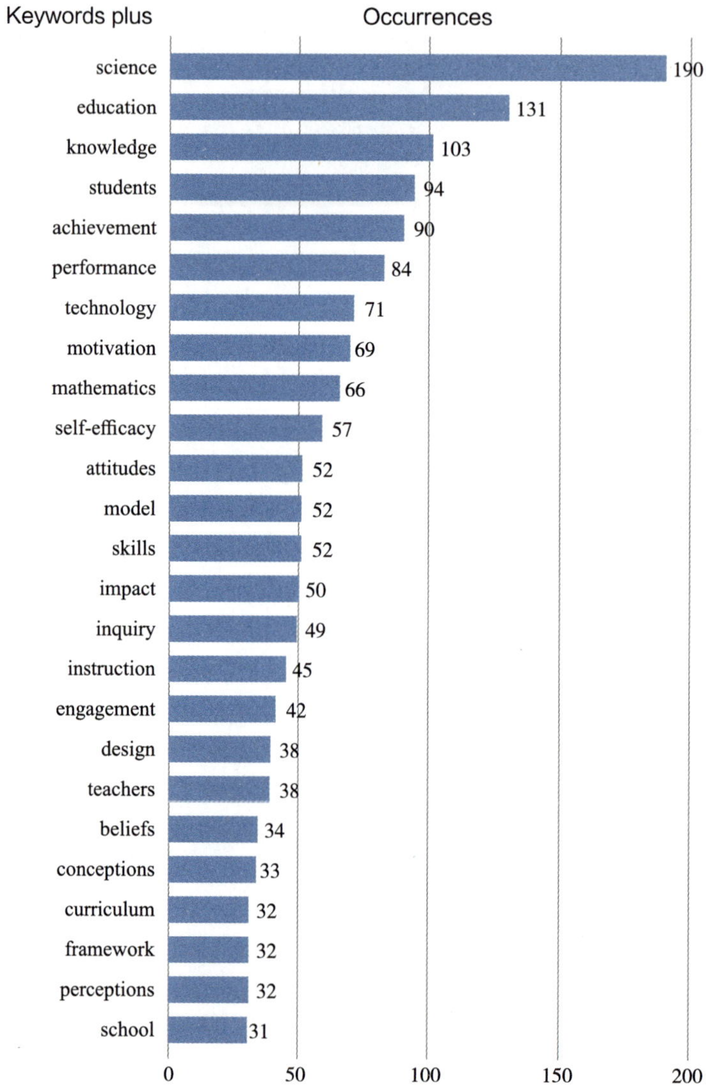

图7.2.14　中国大陆学者发表的科学教育研究英文期刊中的高频主题词

体现出，我国大陆学者发表在国外科学教育期刊中的研究同样围绕着提高学生的科学成就和表现展开。具体来看，对学生素养的培养包含了知识、观念等认知因素，探究、建模等技能因素以及自我效能感、动机等情感因素；教育教学手段方面，研究重视技术对科学教学的影响，关注探究式、引导式和基于设计的教学策略；同时，研究还关注教师、课程、学校等因素对学生发展的影响。

2. 转变趋势分析

对突变词的研究分析能够表征某个时期研究热点的主题词，从而能够总结归纳出随时间变化研究主题的发展趋势。利用 Cite Space 软件对国内科学教育研究主题词进行分析，得到中文文献中科学教育研究影响力较大的前 25 个突变词，如表 7-2-7 所示。

表 7-2-7　中文文献中科学教育研究影响较大的前 25 个突变词

突变词	年份	频率	开始年份	结束年份	2013—2024
探究	2013	26.16	2013	2016	------------
化学实验	2013	22.7	2013	2016	------------
科学课	2013	20.96	2013	2016	------------
科学方法	2013	19.81	2013	2016	------------
教学	2013	18.29	2013	2016	------------
兴趣	2013	17.78	2013	2015	------------
学生	2013	17.66	2013	2015	------------
新课程	2013	15.89	2013	2014	------------
培养	2013	13.97	2013	2015	------------
创新	2013	12.75	2013	2016	------------
素质教育	2013	12.27	2013	2015	------------
实验	2013	11.94	2013	2015	------------
多媒体	2013	11.24	2013	2015	------------
创新能力	2013	10.85	2013	2016	------------
生物教学	2013	10.37	2014	2015	------------

续表

突变词	年份	频率	开始年份	结束年份	2013—2024
问题	2013	11.44	2015	2016	------------
高效课堂	2018	11.43	2018	2021	------------
核心素养	2016	57.16	2019	2022	------------
模型建构	2019	11.6	2019	2024	------------
深度学习	2018	18.23	2020	2024	------------
科学思维	2017	67.1	2021	2024	------------
大概念	2019	16.77	2021	2024	------------
课程思政	2021	15.4	2021	2024	------------
跨学科	2021	15.4	2021	2024	------------
双减	2022	11.03	2022	2024	------------

根据突变词呈现的趋势可以将近十年科学教育研究以 2018 年为时间节点，划分为阶段一（2013—2017 年）和阶段二（2018—2024 年）两个阶段。阶段一研究的热点主题词包括“探究、化学实验、科学课、科学方法、教学、兴趣、学生、新课程、培养、创新、素质教育、实验、多媒体、创新能力、生物教学、问题”。研究主题能够体现出该阶段科学教育的重点：在培养学生素养方面，重视兴趣及创新能力，掌握科学方法；教学与学习方式重视科学实验与探究；教育理念重视素质教育。阶段二研究的热点主题词包括“高效课堂、核心素养、模型建构、深度学习、科学思维、大概念、课程思政、跨学科、双减”。研究主题能够体现出该阶段科学教育重视发展学生的核心素养，培养学生的科学思维，如模型建构能力；重视学生掌握综合的大概念、核心概念而非零散的知识点，建立其对学科知识体系的整体认识；重视“高效课堂、深度学习、跨学科”，并考虑到“课程思政、双减”的教育政策背景。

利用 Bibliometrix 软件对发表在国外科学教育期刊的研究主题词进行分析，得到外文文献中科学教育研究影响力较大的前 24 个突变词，如图 7.2.15 所示。通过结果可以看出，近几年，我国大陆学者发表在国外科学教育期刊的研究热点主题词包括“人工智能、STEM 教育、虚拟

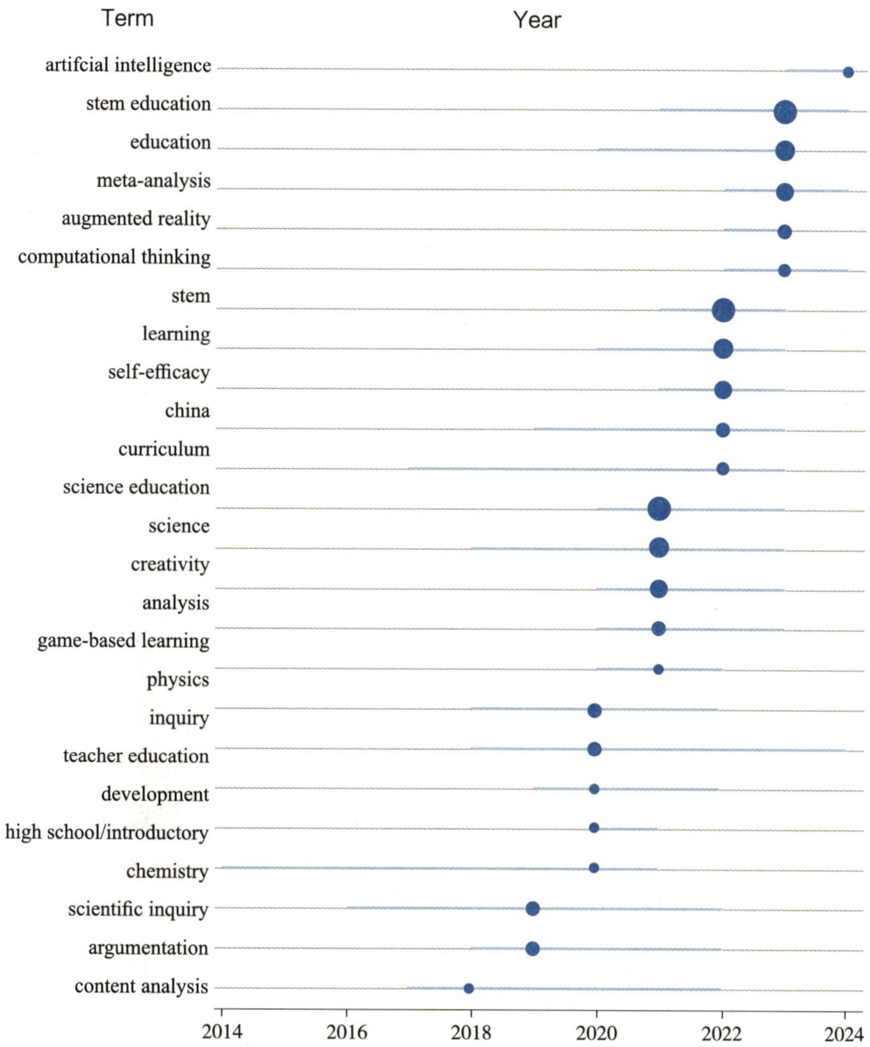

图 7.2.15　中国大陆学者发表文章的国际科学教育期刊的关键词热点趋势

现实、计算思维、自我效能感、创造力、科学探究、论证、基于游戏的学习”等，该结果能够反映出中国大陆的科学教育研究者越来越关注学生高阶思维能力的发展，重视通过人工智能等信息技术赋能科学教学，关注在技术支持学习环境下学生的认知规律，教学方式和理念开始重视 STEM 教育。

根据前期发文趋势分析，对我国大陆学者在国际科学教育期刊中的发文情况划分为三个阶段，即初步萌芽阶段（2001—2012 年）、缓慢增长阶段（2013—2017 年）、蓬勃发展阶段（2018—2024 年），进一步利用 Bibliometrix 软件对三个阶段的研究主题趋势变化进行分析，具体如图 7.2.16 所示。2001—2012 年，相关研究主要关注“科学本质”研究主题，研究较为单一，该阶段我国大陆学者对国际科学教育研究的关注度较少。2013—2017 年，开始广泛关注“增强现实、科学探究、技术、创造力、STEM、探究式学习、动手学习 / 操作”等研究主题。2018—2024 年，在前期研究基础上进一步关注“课程、科学成就、科学素养、基于计算机的学习”。其中，“科学的本质、创造力及 STEM”等有关研究问题得到研究者们的持续关注。

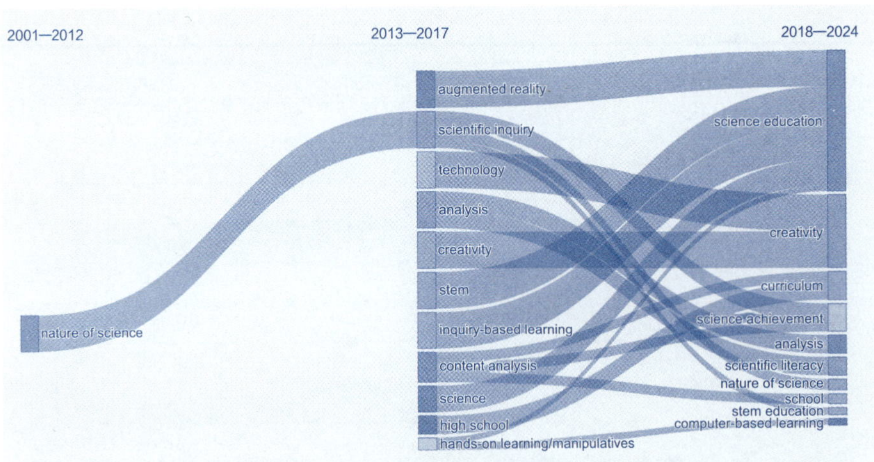

图 7.2.16　中国大陆学者在国际科学教育相关期刊发表的文章研究主题变化趋势

综上所述，近十年来，我国大陆学者的科学教育研究以 2018 年为节点呈现出两个阶段的特征，这与 2018 年普通高中课程方案和课程标准的发布密切相关。课程标准提炼出科学课程要培养的学生核心素养，涵盖科学观念、科学思维、探究实践、态度责任四个方面。同时课程标准还反映了国际科学教育的最新研究成果，如大概念、学习进阶、深度学习、跨学科教学（STEM）等，2018 年以来的科学教育研究中均有体现。

3. 国内外差异分析

基于前面所述，我国科学教育领域的大陆学者发表在国内外科学教育期刊上的研究，在时间上均以 2018 年为节点，呈现出 2013—2017 年和 2018—2024 年两个阶段的特征，这说明大陆学者开展的国内外研究，均受到我国科学教育发展的整体教育理念、政策背景与实践诉求的影响。

在同时期的具体研究主题上，我国大陆学者的国内外研究呈现出共同趋势，也表现出一定的差异性。2013—2017 年，国内外研究均重视科学探究的教学与学习方式的研究，重视对学生的创新能力进行研究，但不同点在于，该时期国内科学教育研究重视学生对科学的学习兴趣，培养学生的科学方法，在教育理念上重视素质教育。国外科学教育研究则更多地开始关注信息技术赋能科学教育，如虚拟现实技术；重视研究跨学科的教育理念，即 STEM 教育；重视研究学生通过动手操作的方式进行科学学习等。2018—2024 年，国内外研究均开始重视在科学学科中发展学生的核心素养，重视学生思维能力的培养，国内研究侧重于发展学生的模型建构等科学思维能力，国外研究重视发展学生的论证等科学思维及计算思维。该时期国内外研究均重视 STEM 教学，重视学科间的有机联系，国内研究更加重视学生将零碎的知识整合形成学科核心概念，从而更有效地实现学科间的迁移应用。国外研究在此基础上更加关注人工智能、虚拟现实技术等新兴信息技术手段对科学教学的重要价值，在学习方式方面关注基于游戏的学习，对学生素养的培养方面还重视发展学生的自我效能感。整体而言，国内科学教育研究主题更加关注课程改革有关文件及课程标准中的教育教学理念对学生素养发展的影响，而国外科学教育研究对学生素养发展的研究则更加深入，如聚焦学生对科学学习的自我效能感。同时国外研究更加关注信息技术的发展对科学教学的环境与教育手段的影响，以及对培养学生科学素养提出的新要求。

除研究主题存在差异以外，我国大陆学者发表在国内外的文章的研究类型也存在差异。Tsai[1] 等人将科学教育领域的研究类型划分为五个类别，分别是实证研究，指定量和定性研究及定量定性结合的混合性研究；立场研究，指论证在某一特定研究领域持有的某观点或立场；理论研究，指论述新的理论或理论框架；综述研究，指总结分析某一研究领域的文献；其他研究，如对某一国家科学课程标准的描述。从研究类型来看，发表在国内的科学教育研究更加重视理论研究，例如对某一概念的历史发展脉络和实践意义的阐释，而发表在国外的研究则更加重视实证研究，重视基于已有研究提出假设，通过严格的数据收集与分析来作出结论。这与国内科学教育研究长期受到思辨影响，而国际上重视“以实证为支撑、依据事实和数据、遵循科学研究范式”有关。

三、我国科学教育研究的热点剖析

通过对我国科学教育研究机构建设理念、科学教育论文发表主题、科学教育相关课题等进行综合分析，可以发现我国科学教育研究热点主要聚焦在整合非正式科学教育与正式科学教育、培养学生高阶科学思维能力、信息技术赋能科学教育、跨学科主题学习等方面，以下围绕各研究热点的现状与问题分别进行深度剖析，以期把握科学教育的未来发展脉络，为科学教育研究提供启示。

（一）重视非正式科学教育与正式科学教育的结合

随着学习生态系统观的形成，非正式科学教育与正式科学教育被置于同等地位，两者之间的有机整合与系统实施开始受到科学教育研究者

[1] Tsai, C., & Lydia Wen, M. Research and trends in science education from 1998 to 2002: a content analysis of publication in selected journals. International Journal of Science Education, 2005, 27(1): 3-14.

们的关注。生态系统观认为学生的科学学习处于一个动态交互的生态系统之中，发生在学校、社区、家庭、科技馆等多种活动场域，学生在课后和假期课程、科学中心和博物馆以及在家中和各种环境中的非正式体验与学校内的正式课堂学习活动经历共同影响着学习者的核心素养[1]。不同于正式的科学教育受限于局限的教室环境、序列性的课程规划、书面化的学习内容和标准化的学业测评，非正式科学教育能够帮助学生在充满“与境性”的探究环境中积累科学探究能力，通过“具象化”的科学概念建立深度的科学理解[2]。2021 年国务院颁布的《全民科学素质行动规划纲要（2021—2035 年）》[3] 以及 2022 年教育部颁布的《义务教育科学课程标准（2022 年版）》，均明确提出要建立校内外科学教育资源有效衔接的机制，引导中小学充分利用科普场所开展科学实践活动，组织高校、企业等相关机构开放优质科学教育活动和资源，鼓励科学家等科技工作者走进校园、开展科技节等科学教育活动，促进科学教育校内外资源整合。

目前我国非正式科学教育与正式科学教育结合的研究主要聚焦于以下研究方向：第一，我国实施现状调查，包括对现有资源建设的现状调查[4]，校内外合作的现状与影响因素调查[5]，学校、政府、科技馆、社会等多主体协同机制调查等。例如，已有研究发现，由于参与主体的复杂性及合作阻力，协同合作过程中容易出现主体参与度不均衡的问题[6]。

---

❶ National Research Council. STEM Learning Is Everywhere: Summary of a Convocation on Building Learning Systems. Washington, DC: The National Academies Press, 2014: 17.

❷ 陈舒、裴新宁:《正式与非正式科学教育组织的协作——美国 K–12 科学教育的经验与启示》,《全球教育展望》2016 年第 1 期。

❸《关于印发全民科学素质行动规划纲要（2021—2035 年）的通知》，中共中央、国务院，2021 年。

❹ 李小勇、吴慧昊:《边疆中小学科普教育资源现状调查与研究——以新疆博尔塔拉州为例》,《科技传播》2023 年第 9 期。

❺ 罗跞、胡芳、宋娴:《馆校合作现状的调研与思考》,《博物院》2021 年第 1 期。

❻ 莎仁高娃、徐开、崔敏杰等:《推动科技馆科学教育创新发展：美国探索馆经验与启示》,《科学管理研究》2022 年第 5 期。

第二，国际比较研究。已有研究除了总结我国本土实践经验以外，还总结他国的成功经验，可为我国校内外科学教育一体化实施的质量提升提供借鉴。例如，有研究基于青少年科技馆独特的职能定位，描述并揭示青少年科技馆协同学校和社会力量推进研学实践课程的具体行动[1]。第三，开发非正式科学教育的课程，包括校内的校本课程和校外的场馆课程等，关注在科学学科的基础上开发STEM课程、人工智能课程等。例如，有研究者围绕科学核心概念[2]、基于核心素养[3]设计场馆课程，开发基于中小学机器人的STEM课程[4]。但目前的非正式科学教育的课程以观摩体验类居多，在与学校科学教育结合方面多重视外在教学形式，忽视核心概念、跨学科概念和探究实践能力的整合，难以实现学生高阶思维能力的发展，同时课程开发呈现零散状态，尚未形成系统衔接各个学段的系统课程[5]。

目前已开展的研究，主要存在以下两方面问题：一方面，非正式科学教育与正式科学教育的整合机制尚不明确。非正式科学教育涉及的参与主体具有多样性，协作过程中涉及的合作机制以及体制机制等问题尚不明确，需要进一步深入研究。另一方面，非正式科学教育与正式科学教育在培养目标和内容上的整合不足，正式科学教育的教学目标与内容紧密围绕科学课程标准展开，关注学生科学观念、科学思维、探究实践、态度责任等核心素养的发展。但非正式科学教育受限于其场馆特征及师资专业性等原因，其培养目标和教学内容与正式科学教育整合不

[1] 于秀楠、徐昌：《馆校社协同开发研学实践课程的机制和路径研究——以北京市东城区青少年科技馆为例》，《科普研究》2023年第4期。

[2] 陈奕喆、严晓梅、王凤英：《基于科学大概念设计场馆课程——落实馆校结合的模式探索》，《科普研究》2023年第4期。

[3] 赵慧勤、张天云：《基于学生核心素养发展的馆校合作策略研究》，《中国电化教育》2019年第3期。

[4] 王学男：《STEM教育创新与实践：中小学机器人课程建设的研究》，《教育科学研究》2022年第11期。

[5] 杨彦军、饶菲菲：《跨学科整合型STEM课程开发案例研究及启示——以美国火星教育项目STEM课程为例》，《电化教育研究》2019年第2期。

足。因此，未来在整合非正式科学教育与正式科学教育的合作模式、机制体制、教学目标与教学内容等方面，还需进一步深入探究。

（二）关注对学生高阶科学思维能力的培养

1980 年以来，受认知心理学理论的影响，研究者们开始关注学生在学习中的认知发展过程，自此高阶思维在科学教育研究中逐渐受到关注。科学高阶思维能力以高阶思维认知过程为基础，是通过运用批判性思维和创造性思维为核心的高层次认知过程进行科学探究和科学问题解决而表现出来的综合素质[1]。世界各国的课程标准都将高阶思维能力作为科学教育的主要目标，我国《义务教育科学课程标准（2012 年版）》也明确提出要培养学生创造性思维、模型建构、推理论证等科学思维能力。

科学建模能力是针对自然现象抽提出主要特征，构建其关系、结构等模型，并运用模型进行科学现象的描述或解释的思维能力。自 20 世纪 80 年代科学建模教学理论产生以来，科学建模能力受到广泛关注，目前国际科学教育领域一般认为科学建模能力包括建模实践能力和建模元认知能力两个维度。我国学者对模型建模思维的研究关注于对学生建模能力的评价及基于建模能力培养的教学研究。对学生建模能力评价方面，主要基于国际上已有的建模能力组成和表现水平研究，建构我国本土化的建模能力测评。如有研究者对科学建模能力的要素模型、过程模型、水平模型进行梳理，总结归纳科学建模测评的内容、测评方式和测评工具等关键问题[2]。还有研究者聚焦于高中学段，根据课程标准的要求，结合科学建模能力的建模实践能力和建模元认知能力两个维度，开发科学建模能力的五级进阶水平模型[3]。对学生建模能力培养方面分为两个层级，即基于模型的教学（model-based teaching）和建模教学

[1] 首新:《小学生的科学高阶思维》，陕西师范大学，2018 年。

[2] 翟小铭、郭玉英:《科学建模能力评述：内涵、模型及测评》,《教育学报》2015 年第 6 期。

[3] 王安民、张正严、刘安巍:《高中生模型建构能力测评框架构建》,《课程 · 教材 · 教法》2022 年第 7 期。

（modeling-based teaching）[1]。前者是对现有模型的使用、评估与修改，后者强调学生经历理论建构与证据协调等高阶认知过程，建构、评估、修改模型。前者对学生的认知水平及实践能力要求较低，后者则是在前者基础上的能力进阶，需要学生具备更高的模型实践能力[2]。如研究者围绕着模型建构、使用、评估和修改的科学建模过程，以化学学科中“燃烧的条件”为教学案例进行设计[3]。

推理论证能力是指基于证据与逻辑，运用分析与综合、比较与分类、归纳与演绎等思维方法，建立证据与解释之间的关系并提出合理见解的思维能力[4]。科学推理强调心智模型的建立和发展，科学论证强调外显的争辩和证明[5]。科学论证在外在形式上表现为辩论，但在内在本质上体现为科学推理[6]。推理论证能力因其能够促使认知过程显性化、促进概念理解和转变、促进批判思维的发展等诸多优点而受到国际大规模科学素养测试[7]以及各国科学课程的重视。我国研究者对推理论证能力的研究聚焦于对推理论证的构成要素进行剖析、评估学生的推理论证能力以及基于推理论证能力开展教学策略研究。科学推理根据推理材料的不同分为控制变量、组合推理、比例推理、关系推理、概率推理[8]。科学论证

[1] Gilbert John, Rosária Justi. Modelling-based teaching in science education. Switzerland: Springer International Publishing, 2016: 57-81.

[2] 姚建欣、刘奕轩：《科学模型认知与实践及其学习进阶》，《课程・教材・教法》2023年第12期。

[3] 傅永超、王祖浩：《基于科学建模的化学教学设计——以“燃烧的条件”为例》，《化学教学》2020年第4期。

[4] 中华人民共和国教育部：《义务教育科学课程标准（2022年版）》，北京师范大学出版社，2022年版。

[5] 詹泽慧、李通德：《科学高阶思维的本质探寻与分层解构》，《远程教育杂志》2024年第3期。

[6] 邓阳、王后雄：《科学教育中融入科学论证的必要性分析——基于科学本体、科学学习和国际比较视角》，《外国中小学教育》2014年第3期。

[7] OECD. PISA 2025 Science Framework. (2023-06-05)［2024-08-16］. https://pisa-framework.oecd.org/science-2025/.

[8] 胡卫平：《科学教育的研究趋势与展望》，《华东师范大学学报（教育科学版）》2007年第4期。

包括反证、质疑、演绎、归纳、隐喻、反驳、口头论证与书面论证等方式[1]。有研究者以物理知识为背景，编制科学推理论证能力测评试题，评估初三学生的科学推理能力水平以及影响路径[2]。科学论证不仅是科学教育培养目标，也是重要的科学教学方法，诸多研究已表明论证式教学有利于学生推理论证思维能力的发展[3]。有研究者以“解密自热包”为例，在教学中实践“证据调用—证据获取—科学论证”的推理论证框架，提炼以证据为核心的教学策略，培养学生的推理论证能力[4]。

综上所述，目前对科学思维的研究多从宏观的视角出发，例如，对不同年龄段学生科学思维能力开发测评工具，以及围绕学生思维能力的发展开发相应的课例。考虑到研究结果的可推广性，未来研究则需要更多地深入课堂中，对师生教学互动过程中科学思维的发生和发展进程进行追踪，描绘学生思维发展的进程，以更好地指导实践教学。

（三）重视信息技术赋能科学教育

信息技术的发展对教育产生了深远影响，2018 年教育部发布《教育信息化 2.0 行动计划》，提出加快教育现代化和教育强国建设，强调信息技术和智能技术融入教育全过程，改进教学[5]。信息技术的发展对科学教育的影响则涵盖了学习目标与内容、教师教学形式以及教学评价等多方面。

关于学生学习内容的改变，人工智能时代背景下，知识生产方式和

❶ 王文婷、刘子忠、张凤英等:《“证据推理与模型认知”素养评价指标建构的研究——基于德尔菲法》,《化学教育（中英文）》2024 年第 5 期。

❷ 王晶莹、陈雨晴、杜蕾等:《初中生科学推理能力在物理学科的表现与影响》,《全球教育展望》2024 年第 7 期。

❸ Osborne, Jonathan F., J. Bryan Henderson, Anna MacPherson, et al. The Development and Validation of a Learning Progression for Argumentation in Science. Journal of Research in Science Teaching, 2016, 53(6): 821–846.

❹ 曾海辉:《基于“证据推理”的化学教学设计——以“解密自热包”为例》,《化学教学》2022 年第 9 期。

❺《教育信息化 2.0 行动计划》,《西部素质教育》2018 年第 14 期。

生产要素的转变，引发了“教什么知识、如何教知识、如何化知识为素养”的教学关键问题。在智能技术的支持下，我们不再靠“死记硬背”的方式获取知识，如何运用知识、创造知识将成为人类思考的问题。因此，在该背景下科学教育需要关注如何培养学生的知识创新与应用能力[1]。

关于教学环境的改变，人工智能（AI）、虚拟现实（VR）等新兴技术的发展使得科学课堂教学的环境发生了深刻的变化，新技术支持下的科学教学课堂具有如下特征：虚实融合的学习环境、支持自然交互的学习活动、支持寓身于境的学习方式[2]。新技术，如扩展现实（XR）技术，是打造沉浸式教学环境的重要支撑，它能够为学习者实时反馈真实的感官体验[3]。人工智能技术（AI）能够扮演虚拟助手等角色，动态而精准识别学生科学学习活动，作出准确反馈，对学习者进行问题诊断。

关于教学评价的改变，传统纸笔测试无法准确、全面地评价学生的高阶能力，难以观测和评价学生与真实情境之间复杂交互的科学探究过程，同时也导致科学探究教学的窄化和异化[4]。近年来计算机交互式测评受到研究者们的关注，是因其测评情境更具真实性、评价高阶科学探究能力信效度更高、评价依据计算机过程数据追踪技术。目前关于计算机交互式测评的研究主要关注三个方面：首先，对 PISA、TIMSS 等国际科学教育计算机交互式测评进行理论介绍[5]；其次，对我国学生参与国际相

[1] 郝祥军、顾小清：《AI 重塑知识观：数据科学影响下的知识创造与教育发展》，《中国远程教育》2023 年第 5 期。

[2] 艾兴、李苇：《基于具身认知的沉浸式教学：理论架构、本质特征与应用探索》，《远程教育杂志》2021 年第 5 期。

[3] 陈凯泉、吴志超、刘宏等：《扩展现实（XR）支撑沉浸式学习的技术路径与应用模式——沉浸式学习研究网络国际会议（iLRN 2020）探析》，《远程教育杂志》2020 年第 5 期。

[4] 田伟、骆方：《科学探究过程的计算机模拟测试：趋势进展与实践启示》，《中国远程教育》2023 年第 2 期。

[5] 杨菁、张军朋：《基于计算机模拟实验的 PISA 2015 交互式测评的特点与启示》，《物理教学》2017 年第 3 期。

关测评的科学探究行为特征等进行分析[1]；最后，开发我国本土化的计算机交互式测评[2]，但已有研究多集中于理论论述层面。

从已开展的研究来看，研究者们大多认同在人工智能时代背景下，对学生科学素养的培养应该关注高阶思维能力而非知识的简单记忆，强调学生在真实情境中解决问题的能力而非知识的简单应用。技术是一把双刃剑，科学教育在发挥其积极作用的同时，也需警惕其负面作用[3]。目前在将人工智能等新兴技术有效融合到科学教学的过程中，如何使技术应用指向学生核心素养的发展，如何更好促进教学过程中师生的行为及思维交互仍待进一步探索，同时开发基于我国本土特征的计算机交互式测评以评估学生的科学素养，未来还需进一步探究。

（四）强化跨学科主题学习，实现科学课堂综合性与实践性

21 世纪以来，人类面临的社会、环境等问题愈加复杂多变，教育面临着必然的转型，为素养而教的呼声日渐高涨，国际一致认为课程综合化改革能够有效促进学生核心素养和综合能力的发展，联合国教科文组织发布的《共同重新构想我们的未来：一种新的教育社会契约》强调，课程应重视生态、跨文化和跨学科学习，支持学生获得和生产知识、培养批判和应用知识的能力[4]。2022 年 4 月，教育部印发《义务教育课程方案（2022 年版）》，明确要求“原则上，各门课程用不少于 10% 的课时设计跨学科主题学习”[5]。《义务教育科学课程标准（2022 年

---

❶ 阳敏、林长春：《大规模计算机交互式测评中科学探究能力表现的实证研究》，《化学教学》2022 年第 6 期。

❷ 李菲茗、张浩、林丽娟等：《计算机交互式评价的开发研究——以科学探究为例》，《中国远程教育》2020 年第 5 期。

❸ 史加祥：《人工智能时代背景下小学科学教育的变革与坚守》，《课程 · 教材 · 教法》2020 年第 4 期。

❹ UNESCO. Reimagining Our Futures Together: A New Social Contract for Education. Paris: UNESCO, 2021: 9.

❺ 中华人民共和国教育部：《义务教育课程方案（2022 年版）》，北京师范大学出版社，2022 年版。

版)》也明确提出科学课程的实施要围绕学科核心概念和跨学科概念，关注知识的内在关联，改变碎片化、割裂式的教学倾向[1]。本章对我国科学教育研究热点词汇的突变分析发现，自2021年以来科学教育领域的"跨学科"研究主题热度较高，且受到研究者们的持续关注。跨学科主题学习是整合两种及以上学科内容开展的主题教学活动，具有综合性、实践性、探究性、开放性等特征[2]。根据研究对象的不同可将科学分为物理学、化学、生物学、天文学等分支学科，因此科学课程本身就是一门综合性基础课程，科学课程中的跨学科学习以科学学科核心概念及跨学科概念为中心[3]。一般而言，学生在现实生活中遇到真实科学问题并非依据学科知识自身的逻辑呈现的，而是需要学生灵活地综合运用已有知识、积极获取新知识来探索解决策略[4]。与之相对照，我国初中及以上学段实施的主流科学课程是分科课程与教学设计，各个学科相互隔离，学科间缺乏必要的联系与整合[5]。因此跨学科主题学习对于帮助学生建立科学核心概念与跨学科概念体系，建立学科知识与已有经验及社会生活的联系方面具有重要作用。

跨学科主题学习的研究目前尚处于起步阶段，研究主题主要聚焦于跨学科主题学习的教学内容组织与设计以及学习方式的落实。跨学科主题学习的教学内容组织与设计主要包括两种形式[6]：一是学科核心概念和跨学科概念，它是学科知识的要素以及不同学科之间的重要关联，例如

[1] 中华人民共和国教育部:《义务教育科学课程标准（2022年版）》，北京师范大学出版社，2022年版。

[2] 吴刚平:《中小学跨学科主题学习的政策意义与实施策略探析》,《湖南师范大学教育科学学报》2024年第2期。

[3] 中华人民共和国教育部:《义务教育科学课程标准（2022年版）》，北京师范大学出版社，2022年版。

[4] 郭华:《跨学科主题学习的意义与特征》,《中国基础教育》2022年第12期。

[5] 课程教材研究所组织:《义务教育科学课程标准2022年版解读》，高等教育出版社，2022年版。

[6] 崔允漷、郭洪瑞:《跨学科主题学习：课程话语自主建构的一种尝试》,《教育研究》2023年第10期。

有研究者围绕着“物质的结构与性质、能的转化与能量守恒、工程设计与物化”等学科核心概念以及“物质与能量、结构与功能”的跨学科核心概念对课程内容进行整合，形成《点亮灯泡，设计风车》的跨学科主题学习设计[1]。二是综合性主题，它反映了学生发展需求和社会需求。例如有研究者以“我在家乡过大年”的学生发展需求为主题，设计基于地理学科为主的跨学科主题探究活动[2]。有研究者以“探寻保护招堤国家湿地公园有效措施”的社会需求为主题，引导学生综合运用地理、生物等多学科知识进行深度探究[3]。跨学科主题学习以建构主义学习观为理论基础，强调以学生为中心的自主建构以及知识经验的结构化和系统化组织。跨学科主题学习主要开展方式包括基于问题的学习和基于项目的学习等方式。基于问题的学习强调学生在具体情境中的问题解决，以问题为导向。例如有研究者以壳寡糖的结构、性质与用途作为逻辑关联的问题链，驱动学生将化学、生物等科学知识与生活实际相结合，发展学生的创新意识[4]。基于项目的学习强调作品、制品、产品等结果，以成果为导向。例如有研究者以“火星探秘”项目为例，从项目规划、项目实施和项目评价三个方面在小学科学教学过程中培育学生的跨学科素养[5]。

目前跨学科主题学习的教学设施与实施仍存在诸多问题，如跨学科主题的选取偏离核心素养、主题设计缺少问题情境[6]，教学评价重视终结

---

[1] 余康妮：《基于科学思维培养的小学科学跨学科教学设计与实践研究》，山东师范大学，2023年。

[2] 孙玮玮：《初中地理跨学科主题式教学的实践探索——以“我在家乡过大年”为例》，《地理教学》2024年第4期。

[3] 黄启艳、何红、黄兴顺：《基于乡土情境的初中地理跨学科主题学习设计——以“招堤国家湿地公园”为例》，《地理教学》2023年第1期。

[4] 张宏、曹君、左婷：《发展核心素养的跨学科问题驱动教学——壳寡糖的抑菌性》，《化学教育（中英文）》2024年第17期。

[5] 虞佳怡：《小学科学跨学科项目化学习实践探索》，《教学与管理》2024年第23期。

[6] 李洪修、崔亚雪：《跨学科教学的要素分析、问题审视与优化路径》，《课程·教材·教法》2023年第1期。

性评价而忽视过程性评价等问题[1]。未来针对跨学科主题学习可深入研究对跨学科课程实施的评价、对学生科学高阶思维能力等核心素养的影响、课堂中师生互动等方面。

四、政策建议

（一）建立跨学科的科学教育研究平台

科学教育的研究问题不仅包括微观层面对科学学习的发生与发展机制、科技拔尖创新人才成长规律等科学学习问题的研究，还包括科学教师高质量专业发展、科学教育课程与教材内容改进等影响学生学习的相关因素研究，以及宏观层面上科学教育改革与政策研究。随着时代发展，科学教育研究还关注人工智能等技术发展对科学教与学的影响。由此可见，科学教育领域研究主题的研究不局限于单一学科领域，而是涉及教育学、学习科学、测量学、数学、工程学、心理学、教育技术、哲学等不同学科领域的整合性研究。这意味着研究者尝试在更为广泛的视野下从多个学科的视角诠释科学教育的某一问题，以提供更为客观准确的证据来解释科学教育现象和问题。同时，科学教育研究者应积极开展跨国、跨领域研究，形成相应的合作机制，高效推动科学教育研究主题的理论与实践研究。

开展科学教育研究，需要打造科学教育研究的合作网络与信息共享平台，鼓励教育学者、科研人员以及来自认知科学、科学史、科学哲学和科学学等领域的专家深化合作，围绕核心科学议题进行深度研究；需要提高科学教育研究机构和学术团体的建设质量，开展科学教育的策略咨询和政策分析，逐渐发展我国独特的科学教育理论框架。

[1] 姚华鑫、叶少斌：《物理跨学科实践教学的现实困境与实施策略》，《教学与管理》2024 年第 22 期。

（二）设立系统的科学教育资助体系

科学教育的高质量发展依赖于科学教育研究，科学教育政策的制定以及大规模、长周期的教学改革均来自于科学教育研究的证据，但目前我国对科学教育研究的资金支持缺乏[1]。目前国际上发达国家均针对科学教育设定专门的资助资金，助力科学教育研究。以美国为例，美国科学教育领域已经形成了由美国联邦政府机构引领、公共慈善机构和私人基金会支持的“三位一体”资助格局。其中美国国家科学基金会（NSF）下专门设立 STEM 教育部（EDU），其目标聚焦于培养下一代 STEM 领域的专业人才，吸引更多的人从事 STEM 相关职业。其中仅 2024 财年，STEM 教育部的财政预算就达 14.96 亿美元，占 NSF 年度总体预算的 13% 左右[2]。

相较于美国成熟的科学教育研究资助体系，我国科学教育研究资助体系尚未建立，对科学教育的基本理论研究、实践探索以及政策制定缺乏系统且稳定的支持。我国的研究资助体系中，无论国家社会科学基金还是教育部人文社会科学基金对科学教育研究的支持均非常有限。根据本研究前期统计，近十年（2013—2023 年），国家社会科学基金对科学教育的资助经费为 961 万元，教育部人文社会科学基金资助的经费不超过 570 万元，且没有专门针对科学教育的专项资助基金。建议在国家层面加强对科学教育研究资助的顶层设计，将科学教育研究纳入国家自然科学基金、国家社会科学基金、教育部人文社会科学基金的专项资助基金中，开展基于我国本土的科学教育理论与实践研究，解决我国科学教育发展过程中的关键问题，为我国未来的科学教育改革提供实证研究

[1] 陶丹、杨杰、赵芳芳等:《美国科学教育研究资助体系分析及其启示》,《中国科学基金》2024 年第 2 期。

[2] U.S.NationalScienceFoundation.FY2024budgetrequest tocongress.(2023-03-13)/[2024-06-17].https://nsf-govresources.nsf.gov/2023-08/NSF%20FY24%20CJ_Entire% 20Rollup_web_%28ERRATA%20v4%29.pdf? VersionId=O1Um6rPm6xnLj80uA05Dm7IwxHUqScDO

依据。

（三）推动研究方法与研究范式与国际接轨

目前国际上科学教育研究形成了“以实证为支撑、依据事实和数据、遵循科学研究范式”的特征[1]。我国科学教育研究者长期受哲学思辨方法的影响，缺乏实证的意识和经验，导致研究结论的信效度有限[2]，这既不利于我国科学研究领域知识体系的建构与研究结论的推广，也不利于与国际科学教育研究接轨。同时，我国的很多科学教育研究都停留在对概念内涵的解读界定层面，深度不足，未成体系[3]，选题宽泛难以开展深入、有价值的研究工作。而国际的研究视角更加聚焦和微观，聚焦于教育现象背后潜在的机制和影响因素，微观的选题能够细致捕捉和描述事物发展的脉络轨迹，从而深入探析问题的本质及发生机制，在此基础上为复杂的科学教育问题提出更为适宜和科学的解决策略和方法[4]。目前我国较多的科学教育研究是对国际科学教育研究进行“学习”和跟踪，而国际科学教育研究成果对于我国本土落实的适切性值得思考。

我国科学教育研究应在吸纳国际经验的前提下，结合我国本土科学教育问题与教育现实，由基于思辨的研究转向基于实证驱动的研究，促使我国高质量科学教育研究体系的建立，推动我国科学教育高质量发展与变革。

---

❶ 翟小铭、郭玉英:《美国科学建模教育研究三十年概述及启示》,《全球教育展望》2015 年第 12 期。

❷ 周丐晓、黄瑄、李诺等:《透视国际科学教育研究发展趋势及其启示——基于美国〈科学教学研究杂志〉（1995—2016 年）的实证分析研究》,《 科普研究》2017 年第 2 期。

❸ 蔡铁权、陈丽华:《我国科学教育研究述评》,《全球教育展望》2011 年第 6 期。

❹ 刘恩山、张颖之:《以科学研究的思路和范式进行生物学教育研究》,《生物学通报》2013 年第 4 期。

附录

附录 1：百年来小学科学课程文件中人与自然目标的表述

年份	文件名称	人与自然相关目标的具体表述
1904	奏定初等小学堂章程	其要义在使知动物植物矿物等类之大略形象质性，并各物与人之关系，以备有益日用生计之用。
1904	奏定高等小学堂章程	其要义在使知动物植物矿物等类之形象质性，并使知物与物之关系，及物与人相对之关系，可适于日用生计及各项实业之用，尤当于农业工业所关重要动植矿等物详为解说，以精密其观物察理之念。
1912	小学校教则及课程表	理科要旨，在使儿童略知天然物及自然现象，领悟其中相互关系及对于人生之关系，兼使联系观察，养成爱自然之心。
1923	新学制课程标准纲要小学自然（包括自然园艺）课程纲要	目的：1. 启发对于自然物和自然现象的基本知识。使明了自然与人生有美术的、经济的、社会的、卫生的各种关系。2. 有欣赏自然，研究自然和爱好田野生活的兴趣。3. 有利用自然和种植、畜养的知能。
1929	小学课程暂行标准小学自然	目标：1. 启发进求理解自然的基本知识，并养成对于科学的研究态度和试验精神。2. 增进利用自然以解决物质和精神生活问题的知能。（附注）物质生活问题：如个人身体的卫生，以及衣、食、住、行等民生需要的满足。精神生活问题：如迷信的破除，正当的宇宙观和人生观的培育等。3. 培养欣赏自然、爱护自然的兴趣和理想。
1932	小学课程标准自然	目标：1. 指导儿童理解自然界的现象，并养成其科学研究和试验的精神。2. 指导儿童利用自然以解决人类生活问题的知能。3. 培养儿童欣赏自然、爱护自然的兴趣和道德。
1936	小学高年级自然课程标准	目标：1. 指导儿童理解自然界的现象，并养成儿童爱护自然和研究科学的精神。2. 指导儿童明了人和自然的关系，并增进儿童利用自然，改进国民生活、国家经济等的知识和能力。3. 指导儿童获得普通的卫生医药常识，并培养儿童努力促成家庭、社会、公众健康和民族健康的理想。
1942	小学高级自然课程标准	目标：1. 指导儿童理解自然界的现象，并养成其研究自然的兴趣。2. 指导儿童明了人生和自然界的关系，并增进其利用自然和改进生活的知能。3. 指导儿童获得普通的卫生医药常识，并了解公共卫生的重要。4. 指导儿童探求科学知识的基本方法。

续表

年份	文件名称	人与自然相关目标的具体表述
1948	高年级自然课程标准	目标：1. 指导儿童理解自然界的现象，使有研究自然的兴趣。2. 指导儿童明了人生和自然界的关系，使有利用自然、改进生活的知能。3. 指导儿童获得生理卫生、公共卫生和日常医药等常识，使有良好的卫生习惯。
1950	小学高年级自然课程暂行标准（初稿）	目标：1. 指导儿童获得基本的自然科学常识；克服对自然的神秘迷信，树立从理解自然以利用自然、改造自然，使适合人类社会要求的观点和信念。2. 指导儿童获得初步的生产常识；增进用科学的思想方法和态度，以观察、研究、实验、创造的兴趣和能力。3. 指导儿童获得简单的生理卫生和普通医药等常识，养成重视个人保健、公共卫生的意识和习惯。
1956	小学自然教学大纲（草案）	说明：小学讲授自然的目的，在教给儿童一些初步的自然科学知识，促进儿童的全面发展。分开来说，有下列诸任务：1. 使儿童对周围自然界最普通的物体和现象获得必要的、初步的具体知识；在这些知识的基础上，使儿童逐渐认识一些他们所能理解的自然现象间的相互联系；了解人能征。2. 培养儿童的辩证唯物主义世界观的基础，破除迷信和偏见。3. 培养儿童的劳动观点、劳动习惯和简单的劳动技能。4. 培养儿童的卫生习惯和保健知能。5. 培养儿童的爱国主义思想。6. 发展儿童的观察力，发展儿童的语言和逻辑思维的能力。
1963	全日制小学自然教学大纲（草案）	小学自然教学的目的，是教给儿童初步的自然常识，指导儿童初步认识自然界和人对自然的利用改造，扩大儿童的知识领域，培养儿童爱科学的品德，为儿童进一步学习和将来参加劳动准备必需的基础。
1977	全日制十年制学校小学自然常识教学大纲（试行草案）	自然常识是小学阶段学生学习自然科学知识的一门主要学科，它对于全面贯彻党的教育方针，从小使学生爱科学、讲科学、用科学，培养又红又专的人才，为在本世纪内把我国建设成为伟大的社会主义的现代化强国具有重要意义。 小学自然常识教学的目的是：教给学生一些浅近的自然科学知识，指导学生初步认识自然界和人对自然界的利用改造，扩大学生的知识领域，同时通过自然常识教学对学生进行政治思想教育，逐步培养学生的辩证唯物主义观点，为学生进一步学习和将来参加三大革命运动打下初步的基础。
1978	全日制十年制学校小学自然常识教学大纲（试行草案）	自然常识是小学阶段学生学习自然科学知识的一门主要学科，它对于全面贯彻党的教育方针，从小使学生爱科学、学科学、用科学，培养又红又专的人才，为在本世纪内把我国建设成为伟大的社会主义的现代化强国具有重要意义。 小学自然常识教学的目的是：教给学生一些浅近的自然科学知识，指导学生初步认识自然界和人对自然界的利用改造，扩大学生的知识领域，同时通过自然常识教学对学生进行政治思想教育，逐步培养学生的辩证唯物主义观点，为学生进一步学习和将来参加三大革命运动打下初步的基础。

续表

年份	文件名称	人与自然相关目标的具体表述
1986	全日制小学自然教学大纲	自然课是对小学儿童进行科学启蒙教育的一门重要基础学科。小学时期是人一生中长知识、长智慧、养成良好的心理品质和行为习惯的重要时期。在这个时期中，对儿童进行自然科学启蒙教育，使他们获得生动具体的自然知识，发展他们爱科学、学科学、用科学的志趣和能力，将对他们未来的成长产生深远的影响。这对于贯彻教育方针，培养有理想、有道德、有文化、有纪律的社会主义公民，提高全民族的科学文化素质，是十分重要的。 小学自然教学的目的是：指导儿童初步认识自然界，初步了解人类对自然界的探索、利用、改造和保护，从而使他们获得基本的自然科学常识，发展爱科学、学科学、用科学的志趣和能力，受到科学自然观、科学态度、爱家乡爱社会主义祖国等的思想熏陶，促进他们的身心健康发展。
1988	九年制义务教育全日制小学自然教学大纲（初审稿）	小学自然是对学生进行科学启蒙教育的一门主要学科。它对于贯彻德、智、体、美全面发展的教育方针，培养有理想、有道德、有文化、有纪律的社会主义公民，提高全民族的科学文化素质，有着十分重要的意义。 小学自然的教学目的是：使学生获得一些生动具体的自然知识，培养他们热爱科学，以及学科学、用科学的能力，发展他们良好的心理品质，同时使他们受到科学自然观、爱家乡爱祖国等思想教育。
1992	九年义务教育全日制小学自然教学大纲（试用）	自然是义务教育小学阶段的一门重要基础学科，担负着向学生进行科学启蒙教育的任务。它对于全面贯彻国家教育方针，使学生在德、智、体等方面发展，提高全民族的科学文化素质，培养有理想、有道德、有文化、有纪律的社会主义建设人才，有着十分重要的意义。 自然的教学目的是：指导学生获得一些浅显的自然科学基础知识，同时培养他们的科学志趣，及学科学、用科学的能力，使他们受到科学自然观、科学态度、爱家乡、爱祖国、爱大自然等思想品德教育，促进他们身心健康发展。
2001	全日制义务教育科学（3—6年级）课程标准（实验稿）	通过科学课程的学习，知道与周围常见事物有关的浅显的科学知识，并能应用于日常生活，逐渐养成科学的行为习惯和生活习惯；了解科学探究的过程和方法，尝试应用于科学探究活动，逐步学会科学地看问题、想问题；保持和发展对周围世界的好奇心与求知欲，形成大胆想象、尊重证据、敢于创新的科学态度和爱科学、爱家乡、爱祖国的情感；亲近自然、欣赏自然、珍爱生命，积极参与资源和环境的保护，关心科技的新发展。

续表

年份	文件名称	人与自然相关目标的具体表述
2017	义务教育小学科学课程标准	小学科学课程要按照立德树人的要求培养小学生的科学素养，为他们的继续学习和终身发展打好基础。 小学科学课程的总目标是培养学生的科学素养，并为他们继续学习、成为合格公民和终身发展奠定良好的基础。学生通过科学课程的学习，保持和发展对自然的好奇心和探究热情；了解与认知水平相适应的科学知识；体验科学探究的基本过程，培养良好的学习习惯，发展科学探究能力；发展学习能力、思维能力、实践能力和创新能力，以及用科学语言与他人交流和沟通的能力；形成尊重事实、乐于探究、与他人合作的科学态度；了解科学、技术、社会和环境的关系，具有创新意识、保护环境的意识和社会责任感。
2022	义务教育小学科学课程标准	科学课程总目标是培养学生的核心素养，为学生的终身发展奠定基础。关于人与自然的具体表述：具有对自然现象的好奇心和探究热情；能大胆提出自己的见解，并基于证据和逻辑得出结论，实事求是；不迷信权威，敢于大胆质疑，追求创新；善于与他人合作和分享，包容不同的观点；热爱自然、珍爱生命，具有保护环境、节约资源、推动生态文明建设和可持续发展的责任感；能对与科学技术相关的社会热点问题作出正确的价值判断，尊重科学，反对迷信；遵守科学与技术应用的公共规范、法律法规和伦理道德，维护自身和他人的合法权益，捍卫国家利益。

附录 2：科学课程标准中内容标准的精细度举例

年份	划分时段	描述精细度举例
1904（初等）	按学年，第一到第五年	第五年　讲人身生理及卫生之大要。
1904（高等）	按学年，第一到第四年	第四年　植物动物之互相关系及与人生之关系……
1912	按学年，第一到第三学年	第三学年　通常物理化学上之现象元素与化合物简易器械之构造作用……
1923	按学年，第一到第六学年	第六学年　1.……。3. 同第五学年。加恒星，行星，卫星，地球自转公转，日食，月食，昼夜，潮，汐等……
1929	按学段，第一二学年、三四学年、五六学年	自然现象　第五六学年　一、……。四、月球盈亏等的研究……
1932	按学段，第一二学年，三四学年、五六学年	自然现象　第五六学年　一、……。五、日、月、地球运行的现象和月球盈亏等的研究……
1936	分领域整体描述	自然现象　一、……。四、日、月、地球运行的现象，如昼夜、日蚀、月蚀、月球盈亏，潮汐等的研究……
1942	按学年，第五学年、第六学年。按学期附教材单元顺序举例	自然现象—天象—二、日、月、地球运行的现象　第六学年　1. 昼夜的发生。2. 四季的发生。3. 月的盈亏。4. 月蚀的发生。5. 日蚀的发生。6. 潮汐的发生。
1948	按学年，第五学年、第六学年	自然现象—地球、日、月　第五学年　1. 地球的构造。2. 岩石、土壤的成因，利用。3. 昼夜、四季的由来。4. 月的盈亏。5. 日蚀、月蚀。6. 星球的种类。
1950	按学年，第五学年、第六学年	一、自然现象自然物　第六学年（一）天文常识：1. 星球和太阳系。2. 昼夜和四季。3. 时和历。4. 月的圆缺（潮、汐）。5. 日蚀和月蚀。6. 地球的成因和构造。
1956	按年级，一年级到六年级	六年级　题目　电（14 课时）摩擦起电，放电，雷电的成因，避雷针。电流，导体和绝缘体。电池、发电机的初步概念。电的应用（电灯，电话，电报，电动机，无线电）。

续表

年份	划分时段	描述精细度举例
1963	按学期，五年级上学期到六年级下学期	六年级下学期 第十部分 宇宙（8课时） 一、地球（3课时） 地球是宇宙中的一个星球。地球有引力。地球的自转和公转。二十四节气。 二、月亮（1课时）月亮的简况。月亮是地球的卫星。月圆缺的成因。三、日食和月食（1课时） 日食和月食的成因。 四、太阳和太阳系（1课时）太阳的简况。太阳系的简况。五、四季星空（1课时） 星座的意义。四季的显著星座。 六、无限的宇宙（1课时） 无限的宇宙简况。
1977、1978	按学期，四年级第一学期到五年级第二学期	五年级 第二学期 一 地壳……十四 地球 地球的（大小和）引力 地球的自转和公转 昼夜和四季 十五 月亮 月亮的概况 月亮圆缺的成因……
1986	按册，第一册到第六册	第一册 宇宙 知识：1. 太阳和影子的关系。2. 太阳的高度，测定太阳高度的方法。能力：3. 会测定太阳的高度。思想教育：4. 介绍圭表和日晷，进行爱国主义教育。第三册 宇宙 知识：1. 星座是星空划分的区域。能力：2. 能在天空中找出大熊座、猎户座、北极星……
1988	按学段，低年级、中年级、高年级	低年级 （九）宇宙 太阳 知识要点：太阳的东升西落 观察、实验、操作：根据太阳在天空中的位置辨认方向 中年级 （九）宇宙 太阳和月亮 知识要点：太阳的概况，太阳的光和热与人类的关系，太阳能的利用。月亮的概况，人类对月亮的探索。 观察、实验、操作：制作太阳灶模型……
1992	按学段，低年级、中年级、高年级	低年级 （八）宇宙 知识要点：太阳东升西落的现象 要求：知道 观察实验操作：根据太阳辨认方向 要求：初步学会 中年级 （八）宇宙 知识要点：太阳的概况 要求：知道 太阳能的利用 要求：知道 月球的概况 要求：知道 人类对月球的探索 要求：了解……
1994	按学段，低年级、中年级、高年级	低年级 （八）宇宙 知识要点：太阳东升西落的现象 要求：知道 观察实验操作：根据太阳辨认方向 要求：初步学会 中年级 （八）宇宙 知识要点：太阳的概况 要求：知道 要点：太阳能的利用 要求：了解 要点：月球的概况 要求：知道
2001	按领域整体描述	五、地球与宇宙 （二）地球与宇宙的具体内容标准 3. 天空中的星体 （1）天空中的星体之一：太阳和月球 具体内容标准：1.7 知道月球是地球的卫星，知道月球每天、每月的运动模式。 活动建议：查找各种资料，分专题向同学展示有关月球的各种知识。

续表

年份	划分时段	描述精细度举例
2017	按领域分学段，1—2 年级，3—4 年级，5—6 年级	三、地球与宇宙科学领域　13. 在太阳系中，地球、月球和其他星球有规律地运动着　学习内容：13.3　月球围绕地球运动，月相每月有规律地变化。　1—2 年级：描述月相的变化现象。　3—4 年级：知道月球是地球的卫星。描述月相变化的规律。活动建议：（3）持续观察、记录一段时间内（上半月）月球在天空中的位置变化和月相变化，学习长期观测的方法；用做游戏等方式，模拟日、地、月三球的运动模式（学习内容 13.3，13.4）。
2022	按核心概念分学段，1—2 年级，3—4 年级，5—6 年级，7—9 年级	（九）宇宙中的地球　内容要求　学段：1—2 年级　学习内容：9.4 月球是地球的卫星　内容要求：③知道每天观察到的月亮形状是变化的。　学段：3—4 年级　学习内容　9.4 月球是地球的卫星　内容要求：③知道月球是地球的天然卫星；通过望远镜观察或利用图片资料，了解月球表面的概况。学段：5—6 年级　学习内容：9.4 月球是地球的卫星　内容要求：④知道新月、上弦月、满月、下弦月四种月相，说明月相的变化情况。　学段：7—9 年级　学习内容：9.4 月球是地球的卫星　内容要求：⑦学会运用三球仪模拟地球、月球和太阳的相对运动，知道日食和月食产生的原因，了解日食和月食是可以预报的。学业要求：1—2 年级　能在教师指导下，通过观察或利用图片资料，知道一个月内月亮形状的变化情况，初步具备分享和交流的能力。　3—4 年级　能在教师引导下，通过望远镜观察，结合图片资料或模拟实验，认识月球表面的概况……　5—6 年级　了解月相的变化情况，具备收集信息、得出结论和交流分享的能力。7—9 年级　能通过观察、动画演示或运用三球仪，认识天体的大小、亮度等特征，解释日食、月食和节气等与天体运动的关系。……教学提示：1. 教学策略建议……2. 学习活动建议……

附录 3：各版本科学课程标准内容标准的结构

2001 年版课标内容标准的结构

领域	概念	内容	标准 / 活动
科学探究	认识科学探究		1.1–1.8
	提出问题		2.1–2.3
	猜想与假设		3.1–3.2
	制订计划		4.1–4.2
	观察、实验、制作		5.1–5.7
	搜集整理信息		6.1–6.2
	思考与结论		7.1–7.3
	表达与交流		8.1–8.3
情感态度与价值观	对待科学学习		1.1–1.6
	对待科学		2.1–2.2
	对待自然		3.1–3.3
	对待科学、技术和社会的关系		4.1–4.3
生命世界	多样的生物	常见的植物	1.1–1.4
		常见的动物	2.1–2.6
		常见的其他生物	3.1–3.3
	生命的共同特征	生物的生命周期	1.1–1.3
		生物的繁殖	2.1–2.3
		生物的基本结构和功能	3.1–3.4
		生物的基本需求	4.1–4.4
		遗传现象	5.1–5.2
	生物与环境	生物对环境的适应	1.1–1.8
		进化现象	2.1–2.3
	健康生活	生理与健康	1.1–1.7
		生长发育	2.1–2.3
		良好生活习惯	3.1–3.3

续表

领域	概念	内容	标准 / 活动
物质世界	物体与物质	物体的特征	1.1–1.4
		材料的性质与用途	2.1–2.3
		物质的变化	3.1–3.3
		物质的利用	4.1–4.3
	运动与力	位置与运动	1.1–1.3
		常见的力	2.1–2.2
		简单机械	3.1–3.2
	能量的表现形式	声音的产生与传播	1.1–1.3
		热现象	2.1–2.3
		光的传播	3.1–3.3
		简单电路	4.1–4.3
		磁现象	5.1–5.2
		能量的转换	6.1–6.2
地球与宇宙	地球的概貌与地球的物质	地球的概貌	1.1–1.5
		岩石、沙、土壤	2.1–2.5
		水	3.1–3.5
		空气	4.1–4.4
	地球运动与所引起的变化	地球运动与天气变化	1.1–1.8
		地球运动与昼夜变化	2.1–2.3
		地球运动与地表变化	3.1–3.5
		地球运动与四季变化	4.1–4.2
	天空中的星体	太阳和月球	1.1–1.8
		太阳系、银河系及宇宙空间	2.1–2.3
		探索宇宙的历史	3.1–3.4

2017 年版课标内容标准的结构

领域	主要概念	学习内容	学段（年级）		
			1—2	3—4	5—6
物质科学领域	1. 物体具有一定的特征，材料具有一定的性能	1.1 物体具有质量、体积等特征。	√	√	
		1.2 材料具有一定的性能。	√	√	√
		1.3 物质一般有三种状态：固态、液态和气态。		√	
		1.4 利用物体的特征或材料的性能，把混合在一起的物体分离。		√	
		1.5 物体在变化时，构成物体的物质可能改变，也可能不改变。		√	√
	2. 水是一种常见而重要的单一物质	2.1 水在自然状态下有三种存在状态。	√	√	√
		2.2 有些物质在水里能够溶解，而有些物质在水里很难溶解。	√	√	
	3. 空气是一种常见而重要的混合物质	3.1 空气具有质量并占有一定的空间，形状随容器而变，没有固定的体积。	√	√	
		3.2 空气是由氮气、氧气、二氧化碳等组成的混合物。		√	√
		3.3 空气的流动是风形成的原因。		√	
	4. 物体的运动可以用位置、快慢和方向来描述	4.1 可以用某个物体相对于另一个物体的方向和距离来描述该物体在某个时刻的位置。	√	√	
		4.2 通常用速度大小描述物体运动的快慢。		√	
		4.3 物体的机械运动有不同的形式。		√	
	5. 力作用于物体，可以改变物体的形状和运动状态	5.1 有的力直接施加在物体上，有的力可以通过看不见的物质施加在物体上。	√	√	√
		5.2 物体运动的改变和施加在物体上的力有关。		√	

续表

领域	主要概念	学习内容	学段（年级）		
			1—2	3—4	5—6
	6. 机械能、声、光、热、电、磁是能量的不同表现形式	6.1 声音因物体振动而产生，通过物质传播。		√	
		6.2 太阳光包含不同颜色的光，光遇到不同的物质时传播方向会发生改变。		√	√
		6.3 热可以改变物质的状态，以不同方式传递，热是人们常用的一种能量表现形式。		√	√
		6.4 电可以在特定物质中流动，电是日常生活中不可缺少的一种能源。		√	
		6.5 磁铁有磁性，可对某些物体产生作用。	√		
		6.6 自然界有多种表现形式的能量转换。		√	√
生命科学领域	7. 地球上生活着不同种类的生物	7.1 生物具有区别于非生物的特征。	√	√	
		7.2 地球上存在不同的动物，不同的动物具有许多不同的特征，同一种动物也存在个体差异。	√	√	
		7.3 地球上存在不同的植物，不同的植物具有许多不同的特征，同一种植物也存在个体差异。	√	√	√
		7.4 细胞是生物体的基本组成单位。			√
		7.5 地球上多种多样的微生物与我们的生活密切相关。			√
	8. 植物能适应环境，可制造和获取养分来维持自身的生存	8.1 植物具有获取和制造养分的结构。	√	√	√
		8.2 植物的一生会经历不同的发展阶段，其外部形态结构也会发生相应的变化。		√	
		8.3 植物能够适应其所在的环境。		√	

续表

领域	主要概念	学习内容	学段（年级）		
			1—2	3—4	5—6
	9. 动物能适应环境，通过获取植物和其他动物的养分来维持生存。	9.1 动物通过不同的器官感知环境。	√	√	
		9.2 动物能够适应季节的变化。		√	
		9.3 动物的行为能够适应环境的变化。			√
	10. 人体由多个系统组成，各系统分工配合，共同维持生命活动	10.1 人体有感知各种环境刺激的器官。	√		√
		10.2 人体具有进行各种生命活动所需的器官。		√	
		10.3 人脑具有高级功能，能够指挥人的行动，产生思想和情感，进行认知和决策。			√
		10.4 脑需要被保护。			√
		10.5 生活习惯和生存环境会对人体产生一定影响。			√
	11. 植物和动物都能繁殖后代，使它们得以世代相传	11.1 生物有生有死；从生到死的过程中，有不同的发展阶段。		√	
		11.2 生物繁殖后代的方式有多种。		√	
		11.3 生物体的后代与亲代非常相似，但也有一些细微的不同。			√
		11.4 有些曾经生活在地球上的植物和动物现在已不复存在，而有些现今存活的生物与它们具有相似之处。			√
	12. 动植物之间、动植物与环境之间存在着相互依存的关系	12.1 动物和植物都有基本生存需要，如空气和水；动物还需要食物，植物还需要光。栖息地能满足生物的基本需要。		√	√
		12.2 动物的生存依赖于植物，一些动物吃其他动物。		√	√
		12.3 动物会给植物的生存带来影响。		√	
		12.4 自然或人为干扰能引起生物栖息地的改变，这种改变对于生活在该地的植物和动物种类、数量可能产生影响。		√	√

续表

领域	主要概念	学习内容	学段（年级）		
			1—2	3—4	5—6
地球与宇宙科学领域	13. 在太阳系中，地球、月球和其他星球有规律地运动着	13.1 地球每天自西向东围绕地轴自转，形成昼夜交替等有规律的自然现象。	√	√	√
		13.2 地球每年自西向东围绕太阳公转，形成四季等有规律的自然现象。	√		√
		13.3 月球围绕地球运动，月相每月有规律地变化。	√	√	
		13.4 太阳系是人类已经探测到的宇宙中很小的一部分，地球是太阳系中的一颗行星。	√	√	√
	14. 地球上有大气、水、生物、土壤和岩石，地球内部有地壳、地幔和地核	14.1 地球被一层大气圈包围着。	√	√	√
		14.2 地球表面有由各种水体组成的水圈。		√	√
		14.3 陆地表面大部分覆盖着土壤，生存着生物。	√	√	
		14.4 地球表面覆盖着岩石。		√	
		14.5 地球内部可以划分为地壳、地幔和地核三个圈层。			√
	15. 地球是人类生存的家园	15.1 地球为人类生存提供各种自然资源。	√	√	√
		15.2 人类生存需要不同形式的能源。			√
		15.3 人类生存需要防御各种灾害，人类活动会影响自然环境。		√	√

续表

领域	主要概念	学习内容	学段（年级）		
			1—2	3—4	5—6
技术与工程领域	16. 人们为了使生产和生活更加便利、快捷、舒适，创造了丰富多彩的人工世界	16.1 人工世界和自然世界不一样。	√	√	
		16.2 工程和技术产品改变了人们的生产和生活。	√	√	√
	17. 技术的核心是发明，是人们对自然的利用和改造	17.1 技术发明通常蕴含着一定的科学原理。		√	√
		17.2 技术包括人们利用和改造自然的方法、程序和产品。	√	√	√
		17.3 工具是一种物化的技术。	√	√	√
	18. 工程的关键是设计，工程是运用科学和技术进行设计、解决实际问题和制造产品的活动	18.1 工程是以科学和技术为基础的系统性工作。		√	√
		18.2 工程的关键是设计。		√	√
		18.3 工程设计需要考虑可利用的条件和制约因素，并不断改进和完善。	√	√	√

2022 年版课标内容标准的结构

核心概念	学习内容	学段（年级）			
		1—2	3—4	5—6	7—9
1. 物质的结构与性质	1.1 物质具有一定的特性与功能	√	√	√	√
	1.2 空气与水是重要的物质	√	√	√	√
	1.3 金属及合金是重要的材料	√			√
	1.4 常见的化合物				√
	1.5 物质由元素组成				√
	1.6 物质由微观粒子构成				√
	1.7 常见物质的分类				√
2. 物质的变化与化学反应	2.1 物质的三态变化		√		√
	2.2 物质的溶解和溶液	√	√		√
	2.3 物质变化的特征		√	√	√
	2.4 化学反应遵守质量守恒定律				√

续表

核心概念	学习内容	学段（年级）			
		1—2	3—4	5—6	7—9
3. 物质的运动与相互作用	3.1 力是改变物体运动状态的原因	√	√	√	√
	3.2 电磁相互作用	√	√		√
	3.3 声音与光的传播		√	√	√
4. 能的转化与能量守恒	4.1 能的形式、转移与转化		√	√	√
	4.2 能源与可持续发展			√	√
5. 生命系统的构成层次	5.1 生物具有区别于非生物的特征	√	√		√
	5.2 地球上存在动物、植物、微生物等不同类型的生物	√	√	√	√
	5.3 细胞是生物体结构与生命活动的基本单位			√	√
	5.4 生物体具有一定的结构层次		√		√
	5.5 人体由多个系统组成	√	√	√	√
	5.6 生态系统由生物与非生物环境共同组成		√	√	√
6. 生物体的稳态与调节	6.1 植物能制造和获取养分来维持自身的生存	√	√	√	√
	6.2 人和动物通过获取其他生物的养分来维持生存	√	√	√	√
	6.3 人体通过一定的调节机制保持稳态			√	√
7. 生物与环境的相互关系	7.1 生物能适应其生存环境		√	√	√
	7.2 生物与环境相互作用、相互协调，实现生态平衡				√
	7.3 人的生活习惯影响机体健康			√	√
	7.4 人体生命安全与生存环境密切相关			√	√
8. 生命的延续与进化	8.1 植物通过多种方式进行繁殖		√		√
	8.2 不同种类动物具有不同的生殖方式和发育过程		√		√
	8.3 人的生命是从受精卵开始的			√	√
	8.4 细菌、真菌、病毒具有不同的繁殖方式				√
	8.5 生物体的遗传信息逐代传递，可发生改变			√	√
	8.6 生物的遗传变异和环境因素的共同作用导致了生物的进化			√	√

续表

核心概念	学习内容	学段（年级）			
		1—2	3—4	5—6	7—9
9. 宇宙中的地球	9.1 地球是一颗行星		√		√
	9.2 地球绕地轴自转	√	√	√	√
	9.3 地球围绕太阳公转	√		√	√
	9.4 月球是地球的卫星	√	√	√	√
	9.5 地球所处的宇宙环境			√	√
	9.6 太空探索拓展了人类对宇宙的认知			√	√
10. 地球系统	10.1 天气和气候	√	√	√	√
	10.2 水循环		√	√	√
	10.3 岩石和土壤	√	√	√	√
	10.4 地球内部圈层和地壳运动			√	√
11. 人类活动与环境	11.1 自然资源		√	√	√
	11.2 自然灾害			√	√
	11.3 人类活动对环境的影响	√	√	√	√
12. 技术、工程与社会	12.1 技术与工程创造了人造物，技术的核心是发明，工程的核心是建造	√	√	√	√
	12.2 技术与工程改变了人们的生产和生活	√	√	√	√
	12.3 科学、技术、工程相互影响与促进	√	√	√	√
13. 工程设计与物化	13.1 工程需要定义和界定	√	√	√	√
	13.2 工程的关键是设计	√	√	√	√
	13.3 工程是设计方案物化的结果	√	√	√	√

附录 4：2001—2022 年版课标内容标准框架比较

年份	知识内容
2001 年版	1. 多样的生物。2. 生命的共同特征。3. 生物与环境。4. 健康生活。5. 物体与物质。6. 运动与力。7. 能量的表现形式。8. 地球的概貌与地球的物质。9. 地球运动与所引起的变化。10. 天空中的星体。
2017 年版	1. 物体具有一定的特征，材料具有一定的性能。2. 水是一种常见而重要的单一物质。3. 空气是一种常见而重要的混合物质。4. 物体的运动可以用位置、快慢和方向来描述。5. 力作用于物体，可以改变物体的形状和运动状态。6. 机械能、声、光、热、电、磁是能量的不同表现形式。7. 地球上生活着不同种类的生物。8. 植物能适应环境，可制造和获取养分来维持自身的生存。9. 动物能适应环境，通过获取植物和其他动物的养分来维持生存。10. 人体由多个系统组成，各系统分工配合，共同维持生命活动。11. 植物和动物都能繁殖后代，使它们得以世代相传。12. 动植物之间、动植物与环境之间存在着相互依存的关系。13. 在太阳系中，地球、月球和其他星球有规律地运动着。14. 地球上有大气、水、生物、土壤和岩石，地球内部有地壳、地幔和地核。15. 地球是人类生存的家园。16. 人们为了使生产和生活更加便利、快捷、舒适，创造了丰富多彩的人工世界。17. 技术的核心是发明，是人们对自然的利用和改造。18. 工程的关键是设计，工程是运用科学和技术进行设计、解决实际问题和制造产品的活动。
2022 年版	1. 物质的结构与性质。2. 物质的变化与化学反应。3. 物质的运动与相互作用。4. 能的转化与能量守恒。5. 生命系统的构成层次。6. 生物体的稳态与调节。7. 生物与环境的相互关系。8. 生命的延续与进化。9. 宇宙中的地球。10. 地球系统。11. 人类活动与环境。12. 技术、工程与社会。13. 工程设计与物化。

附录 5：科学教育相关课题情况

国家社会科学基金 2013—2023 年度科学教育相关课题情况

年份	课题批准号	课题类别	课题名称	申报人姓名	工作单位
2023	BHA230118	国家一般	显化科学本质的高中科学教学模式建构与实践研究	张晓顺	东北师范大学附属中学
	BHA230120	国家一般	表现性评价视域下高中生物学论证教学的应用研究	虞驰	宁波市第四中学
	BHA230126	国家一般	科学家精神融入中小学科学教育的策略创新研究	张正严	西南大学
	BIA230215	国家一般	高水平科技后备人才的成长规律和培养路径研究	刘绪	南方科技大学
	BMA230241	国家一般	教育数字化促进民族地区科学教师“在地”专业发展的机制创新研究	张军	西南大学
	BCA230276	国家一般	基于大语言模型的青少年人工智能教育研究	陈向东	华东师范大学
	CCA230301	国家青年	中小学科技创新后备人才的成长规律与贯通式培养路径研究	闫志仁	安宁中学太平学校
	CHA230304	国家青年	中小学生科学家精神培育的内容建构与教学进路研究	邱德峰	西南大学
	CHA230312	国家青年	普通高中学生科学建模能力培养路径研究	李振文	中国教育科学研究院
	CCA230341	国家青年	新时代面向中小学生人工智能素养提升的 STEM 课程设计研究	张帝	浙江师范大学
	DHA230392	教育部重点	基于跨学科的小学科学融创课程体系建构研究	吴永发	厦门海沧延奎实验小学
	DHA230396	教育部重点	科学文化视角下的中学理科教育增值性评价研究	夏广平	南京师范大学附属中学
	DHA230423	教育部重点	基于跨学科素养培育的小学 STEAM 课程设计与应用研究	吴新宁	湖南科技大学

续表

年份	课题批准号	课题类别	课题名称	申报人姓名	工作单位
2023	EAA230470	教育部青年	中小学工程教育课程建设的国际比较研究	杜文彬	江南大学
	EBA230472	教育部青年	青少年科学教育基本心理需求与学习表现的国际比较研究	张珐	国家开放大学
	EHA230488	教育部青年	科学教师建模教学能力发展现状及提升策略研究	史凡	青岛大学
2022	BIA220085	国家一般	历史制度主义视角下美国STEM教育政策的变迁机制和执行成效研究	王璞	厦门大学
	BHA220114	国家一般	我国义务教育阶段学生科学志向培育困境及优化路径研究	陈云奔	哈尔滨师范大学
	BHA220123	国家一般	青少年科学高阶思维能力培养的国际经验与本土循证创新实践	孔艺	福建师范大学
	BMA220225	国家一般	西部民族地区理科教师专业素养对学生学业成就的增值效应及干预实验研究	杨新荣	西南大学
	BHA220262	国家一般	科技高中的孵化与制度创新研究	方家鸿	浙江金华第一中学
	BHA220271	国家一般	新时代普通高中科技创新后备人才培养模式研究	朱炎	南京市第一中学
	DHA220396	教育部重点	中学生科学推理能力的评价研究	李高峰	陕西师范大学
	DHA220404	教育部重点	中学生科学实验素养评价体系的建构及实施路径研究	马善恒	华中师范大学
	DAA220430	教育部重点	空间认知行为及群体认知网络对STEM教育的影响研究	王文静	长江大学
	DBA220442	教育部重点	高考新政下中小学能力信念对STEM学科选择的影响及干预研究	杨丽娴	福建师范大学
	DCA220450	教育部重点	基于高阶思维发展的小学STEAM课程模型建构与实施路径研究	尚亚丽	长春师范大学

续表

年份	课题批准号	课题类别	课题名称	申报人姓名	工作单位
2022	DHA220483	教育部重点	学业情绪的多源数据表征及其对学习效果的影响——以理科实验教学为中心	陈兴冶	上海市实验学校
	DHA220498	教育部重点	指向核心素养的信息技术与科学教学融合的实践研究	沙琦波	宁波市四眼碶中学
	EHA220536	教育部青年	大概念统摄下的中学物理跨学科实践活动设计与实施研究	林冰冰	福建教育学院
	ECA220552	教育部青年	智能技术赋能的乡村普通高中学生科学素养增值评价机制与实践研究	樊雅琴	天津市教育科学研究院
	EFA220569	教育部青年	基于“干涉”主题的高中生量子论和相对论科普课程开发研究	秦真科	上海市甘泉外国语中学
2021	BHA210153	国家一般	基于拔尖创新人才培养的我国中小学生科学素养评价指标体系构建研究	盖立春	河北师范大学
	BHA210154	国家一般	基于中国农业科技史的中小学科学课程开发研究——“教育重演论”再认识	张红霞	南京大学
	DCA210313	教育部重点	基于优秀传统文化的儿童STEAM课程开发与实践研究	王卓玉	广西师范大学
	DHA210347	教育部重点	指向核心素养的中学化学深度学习教学评价研究	程俊	广东省教育研究院
	ECA210406	教育部重点	劳动育人视域下小学STEAM课程实施路径及环境设计研究	赵铮	天津市教育科学研究院
2020	BCA200087	国家一般	儿童STEAM课程的构建与实践	袁磊	广西师范大学
	CHA200261	国家青年	中小学教师科学素养PCK的进阶发展与作用机制研究	肖洋	华南师范大学

续表

年份	课题批准号	课题类别	课题名称	申报人姓名	工作单位
2019	BHA190133	国家一般	南海区域特色的STEAM教育与教师跨学科素养培育	李翠白	海南师范大学
	BLA190217	国家一般	基于STEAM教育的艺术课程整合现状、问题与对策研究	万竹青	清华大学
	XHA190294	西部项目	青海少数民族地区中学理科教师胜任力研究	郭承育	青海师范大学
	DHA190363	教育部重点	高中物理核心素养测评研究	陈峰	福建幼儿师范高等专科学校
	DHA190442	教育部重点	基于落实学生核心素养的高中化学课堂教学目标设计与实施的研究	赵玉泉	北京市第八十中学
	DHA190443	教育部重点	UbD · LBD：基于跨学科学习的STEMA课程开发与实施范式研究	周华松	杭州市保俶塔实验学校
	DHA190445	教育部重点	高中物理发展性课堂即时评价研究	姜连国	北京市第八十中学
	EHA190515	教育部青年	促进化学核心素养发展的读本建设与应用研究	刘帅	东莞市万江中学
	EHA190519	教育部青年	面向未来高阶能力和智能素养的中学跨学科人工智能课程体系建设与教学研究	武迪	中国人民大学附属中学
2018	BGA180057	国家一般	我国中小学STEM教师合作培养的机制与策略研究	吴慧平	武汉大学
	BCA180089	国家一般	面向STEM教育的教师教学能力的评价与提升研究	赵慧臣	河南大学
	BHA180126	国家一般	中小学STEM教育基本理论与本土实践问题研究	何善亮	南京师范大学
	BHA180145	国家一般	儒家文化背景下中小学生科学素养培养模式构建及其实证研究	万东升	江苏第二师范学院
	BHA180152	国家一般	科学学科教材插图识别障碍及改善策略研究	姚宝骏	江西师范大学

续表

年份	课题批准号	课题类别	课题名称	申报人姓名	工作单位
2018	XHA180288	西部项目	西北民族地区高中生理科学科核心素养培育路径研究	温建红	西北师范大学
	DCA180318	教育部重点	以高校为中心多方协同的STEAM教育模式研究：以安徽省为例	陶佳	安徽师范大学
	DCA180322	教育部重点	基于儿童创造力培养的STEAM实践空间研究	张莉琴	江西科技师范大学
	DHA180360	教育部重点	中学生物学概念系统化内生与实践性裂变研究	王愉鑫	四川省教育科学研究院
	DHA180363	教育部重点	基于STEM教育理念的跨学科学习模式区域实践研究	陈尚宝	深圳市盐田区教育科学研究中心
	DHA180369	教育部重点	STEM教育理念下的中学物理项目学习研究	许静	天津师范大学
	DHA180440	教育部重点	模型认知在普通高中化学教学中的应用研究	雷范军	佛山市高明区纪念中学
	EHA180508	教育部青年	生物学科核心素养导向下的基于科学史经典实验及最新科技文献的探究式教学研究	文可佳	北京市十一学校
2017	BCA170081	国家一般	基于项目的中小学STEAM教育应用模式研究	袁磊	东北师范大学
	DCA170309	教育部重点	STEM项目学生评价工具开发与有效性验证	江丰光	北京师范大学
	DHA170352	教育部重点	高考新政下提升高中生科学素养的策略研究	潘苏东	华东师范大学
	DHA170354	教育部重点	基于教学评一体化的初中化学学业质量云评价研究	吴运来	深圳市教育科学研究院
	DHA170401	教育部重点	基于STEM的高中物理实验教学研究	韩叙虹	北京市第八十中学
2016	DHA160356	教育部重点	基于STEAM理念的中学项目式教学研究	宓奇	中国人民大学附属中学
	DHA160382	教育部重点	基于可视化理论创新高中物理教学实践的研究	张鹪	晋江市侨声中学

续表

年份	课题批准号	课题类别	课题名称	申报人姓名	工作单位
2016	DHA160353	教育部重点	核心素养导向的科学课程课例研究与实践	朱晓燕	南平市普通教育教学研究室
	EHA160438	教育部青年	中学理科教师使用课程材料的研究	陈博	广州大学
	EIA160455	教育部青年	基于“课例研究”理念的职前物理教师培养模式研究	吴登平	广东石油化工学院
	EHA160474	教育部青年	新一轮课改背景下高中生物核心素养的实践研究	肖安庆	深圳市盐田高级中学
	EHA160475	教育部青年	用学术研究成果提升高中生生物科学探究能力的实践研究	姚亭秀	北京市第八十中学
2015	BCA150050	国家一般	青少年科技创新能力培养研究	朱小明	北京师范大学
	CHA150182	国家青年	城乡理解视域下中学理科教科书的适切性研究	于冰	东北师范大学
2014	BHA140112	国家一般	普通高中学生科学素养发展的研究	尤小平	南京市第一中学
	DHA140273	教育部重点	义务教育段学生科学素养评价研究——基于PISA测评数据的分析	严奕峰	南通大学
	DHA140278	教育部重点	基于科学史与科学哲学的科学本质理解之机制研究	黄晓	浙江师范大学
	DHA140284	教育部重点	理科教育中的科学风险认知与决策能力研究	倪娟	江苏省教育科学研究院教研室
	DHA140323	教育部重点	培养中学生物理语言表征问题能力的实践研究	段玉文	上海市嘉定区第二中学
	DHA140328	教育部重点	关于高中生地理图表阅读障碍的研究	舒德全	山东省滨州市教学研究室
	DHA140330	教育部重点	生物学科论证式教学与中学生论证能力的关系研究	许桂芬	福建省厦门第一中学
	ECA140367	教育部青年	移动学习在中学科学课程学习中的应用模式研究	杨文阳	西安石油大学
	EHA140394	教育部青年	中学生科学学业成就影响因素的研究	姜言霞	山东师范大学

续表

年份	课题批准号	课题类别	课题名称	申报人姓名	工作单位
2013	CHA130162	国家青年	我国中学生科学探究的能力发展研究	刘东方	沈阳师范大学
	CHA130163	国家青年	新课程理科教科书中的科学素养研究：内容分析与实施评价	刘瑞	四川师范大学
	DCA130221	教育部重点	促进批判性思维发展的在线学习活动设计	俞树煜	西北师范大学
	DHA130257	教育部重点	高中生科学素养形成机制的实践研究	吴晗清	首都师范大学
	DHA130271	教育部重点	中学化学新课程实验教学创新研究	戢明	河南省基础教育教学研究室
	DHA130272	教育部重点	我国中学生的科学素养对推理能力的影响研究	肖化	华南师范大学
	DHA130273	教育部重点	基于文化重演论的科学课程教学设计的理论与实践研究	王全	南通大学
	DHA130279	教育部重点	构建基于培养创新人才的中学技术课程体系的校本实践研究	何斌	北京市第八十中学
	DHA130282	教育部重点	大中学衔接培养科技创新人才	谭蔚	厦门大学附属科技中学
	DHA130285	教育部重点	促进自主探究——高中物理专题研究性学习实施策略研究	罗翀	福建省三明第一中学

教育部人文社会科学基金 2013—2023 年度科学教育相关课题情况

年份	项目批准号	项目类别	项目名称	申请人	学校名称
2023	23YJC880051	青年基金项目	科学教师跨学科教学胜任力模型建构实证研究	兰彧	北京联合大学
	23YJA880086	规划基金项目	智能技术赋能虚拟科学探究学习过程性评价与动态支持研究	郑娅峰	北京师范大学
	23YJC880019	青年基金项目	基于“证据中心设计”理论的工程素养测评工具开发及应用研究	董泽华	杭州师范大学

续表

年份	项目批准号	项目类别	项目名称	申请人	学校名称
2023	23YJC880010	青年基金项目	基于科学教育的青少年科技创新素养培育研究	陈俊源	湖北工业大学
	23YJA880006	规划基金项目	科学教师跨学科教学能力评价框架构建与应用研究	崔鸿	华中师范大学
	23YJA880074	规划基金项目	科学核心素养导向下中小学进阶式实践性作业设计与增值评价研究	张静	长江大学
	23YJA880022	规划基金项目	学测融合模式下促进科学探究素养的评测研究	李菲茗	浙江师范大学
	23YJC880092	青年基金项目	科技自立自强目标下中小学生原始创新素养培育及支持服务体系研究	首新	重庆师范大学
	23YJAZH077	规划基金项目	工匠精神视域下中小学科学课程与劳动教育有效融合的路径研究	刘翠	江苏师范大学
2022	22YJC880091	青年基金项目	幼小科学衔接关键性能力指标结构与测度研究	熊维	重庆第二师范学院
	22YJC880099	青年基金项目	教育神经科学视域下科学本质认知发展轨迹的模型构建研究	杨杰	华中师范大学
	22YJC880106	青年基金项目	基于C-STEAM的粤港澳大湾区教育协同创新机制研究	詹泽慧	华南师范大学
	22YJAZH143	规划基金项目	数字化背景下培育青年科技人才科学创造力的关键要素与路径优化研究	张光曦	浙江工业大学
	22XJC880004	青年基金项目	中小学科学教师学科教学知识（PCK）形成的生活史研究	牛丹	广西师范大学
	22XJC880010	青年基金项目	虚拟仿真实验教学中动机对科学概念理解的影响机制及干预研究	徐晶晶	陕西师范大学
	22XJC880002	青年基金项目	STEM教育对数字经济高质量发展影响机制研究	陈昊	西南财经大学
	22YJC880072	青年基金项目	学前儿童STEM学习“支持性”生态系统构建与实践路径研究	汪超艺	浙江师范大学

续表

年份	项目批准号	项目类别	项目名称	申请人	学校名称
2021	21YJA880049	规划基金项目	幼儿园 STEAM 教育优质项目资源开发与应用研究	彭杜宏	苏州科技大学
	21YJC880077	青年基金项目	新一轮科技革命背景下中小学生工程素养的培养路径研究	魏晓东	杭州师范大学
	21YJC880098	青年基金项目	在线同伴互评中学习者批判性思维发展模型构建与应用研究	张涛	河南科技学院
	21YJC880026	青年基金项目	虚拟仿真科学实验中人机交互对学习效果的影响研究：眼动与脑波的证据	洪澄瑜	华中师范大学
	21YJC880085	青年基金项目	面向虚拟仿真实验的自然人机协同交互模型研究	雍玫	兰州交通大学
	21XJJA880001	规划基金项目	新疆高校理科师范生科学素养及改善研究	刘永泉	新疆师范大学
2020	20YJA880057	规划基金项目	数据驱动的 STEAM 教育精准评价模型构建与实践研究	吴永和	华东师范大学
	20YJC880127	青年基金项目	中国青少年 STEM 职业期望状况及影响因素研究	张颖之	首都师范大学
	20YJC880030	青年基金项目	STEM 课程中计算思维能力多元评估模型及应用策略研究	胡萍	铜仁学院
	20YJC880090	青年基金项目	美国大学协会本科 STEM 教育的系统变革研究	王嘉铭	西安外国语大学
	20YJA880004	规划基金项目	我国科学教科书“文化自信”要素的深度研究	迟少辉	华东师范大学
	20YJC880080	青年基金项目	基础教育科学课程中“跨学科素养”的框架建构及测评研究	宋歌	河南师范大学
2019	19YJA880091	规划基金项目	小学科学教育中 STEAM 与创客整合的路径研究	郑旭东	华中师范大学
	19YJC880033	青年基金项目	基于虚拟实习的 STEM 教师教育创新模式与应用研究	胡艺龄	华东师范大学

续表

年份	项目批准号	项目类别	项目名称	申请人	学校名称
2019	19YJA880045	规划基金项目	面向社会－科学问题的理科课程内容转化机制及其实证研究	孟献华	南通大学
	19YJC880017	青年基金项目	初中理科教材中科学推理的国际比较研究	董博清	河北师范大学
	19YJC880015	青年基金项目	文化生态视野下藏族中学生理科学业成就的影响机制研究	党宝宝	西北师范大学
	19YJA880084	规划基金项目	面向中小学科学教育的跨平台协同式AR/MR教学环境的研究与构建	张燕翔	中国科学技术大学
	19YJC880085	青年基金项目	核心素养视域下小学科学学业测评研究	王俊民	重庆师范大学
2018	18YJC880094	青年基金项目	指向21世纪核心素养的STEAM课程群的构建与实践研究	谢丽	长江大学
	18YJA880018	规划基金项目	STEM视角下跨学科学习的前瞻性研究	高潇怡	北京师范大学
	18YJA880096	规划基金项目	基于学习进阶的小学STEM课程分层整合模式研究	肖化	华南师范大学
	18YJA880108	规划基金项目	中小学生STEM学习效果的影响因素及其作用机制研究	姚继军	南京师范大学
	18YJC880115	青年基金项目	创新型STEM教师培养的探索性研究	袁智强	湖南师范大学
	18YJA880103	规划基金项目	跨学科视角下的中小学科学核心概念学习进阶研究	严文法	陕西师范大学
	18YJC880128	青年基金项目	以提高创造力为目标的初中科学课堂“心流体验式”教学模式研究	张葳	上海师范大学
	18YJC880055	青年基金项目	融合模糊综合评判的科学推理能力评价研究	刘世玉	中国海洋大学
2017	17YJA880021	规划基金项目	学科融合：STEAM教育国际比较及启示研究	高威	北京工业大学

续表

年份	项目批准号	项目类别	项目名称	申请人	学校名称
2017	17YJC880001	青年基金项目	在STEM课程中设计图示化支架提升协作问题解决能力的实证研究	蔡慧英	江南大学
	17YJC880073	青年基金项目	中学理科教师个体知识构成、发展及评价的实证研究	刘艳超	沈阳师范大学
	17YJA880088	规划基金项目	核心素养导向的科学课程高中学业水平考试实施策略与命题研究	俞如旺	福建师范大学
	17YJC880140	青年基金项目	4—12年级学生科学推理能力的发展研究	周少娜	华南师范大学
	17YJC880016	青年基金项目	青少年科学书面表达能力的评价与监测研究	邓阳	华中师范大学
	17YJC880068	青年基金项目	德国生物课对促进我国生物教师专业发展的适配性研究	刘宁	天津师范大学
2016	16YJCZH075	青年基金项目	“中国制造”战略背景下的中学理科技术教育研究	亓英丽	山东师范大学
	16YJC880097	青年基金项目	整合工程设计的初中科学课堂结构研究	占小红	华东师范大学
	16YJA880043	规划基金项目	基于学科核心素养的高中生物学教学设计与教师培训改革实验研究	王健	北京师范大学
	16XJA880006	规划基金项目	科学史融入中学理科课堂教学模式的理论与实践研究	张凤英	内蒙古师范大学
2015	15YJA880085	规划基金项目	西部藏汉地区双语理科教学模式与评估体系研究	徐永琳	西北民族大学
	15YJC880103	青年基金项目	中学生科学核心素养的测评框架与标准研究	许桂清	华南师范大学
	15YJCZH157	青年基金项目	学生科学素养的文化影响机制与教育路径研究	万东升	江苏第二师范学院
	15YJC880039	青年基金项目	培养蒙汉双语师范生化学课堂教学技能的课程群教学改革与实践	李玉珍	内蒙古师范大学
	15XJJC880002	青年基金项目	新疆南疆少数民族中学生科学素养调查研究	刘永泉	新疆师范大学

续表

年份	项目批准号	项目类别	项目名称	申请人	学校名称
2013	13YJC880121	青年基金项目	义务教育 STEM 校本课程的开发与应用研究	钟柏昌	南京师范大学
	13YJCZH254	青年基金项目	科学素养视角下我国中学化学教科书变革的实证研究	张世勇	赣南师范学院
	13YJA880022	规划基金项目	基于科学概念学习进阶的教学设计模型研究	郭玉英	北京师范大学
	13YJA880075	规划基金项目	绩效视域下农村中小学科学课程教学改革的跟进研究	王慧君	河南大学
	13XJA880005	规划基金项目	西部少数民族学生科学学习困难成因及对策研究	许应华	重庆师范大学

参考文献

中文文献

[1]《教育信息化 2.0 行动计划》，《西部素质教育》，2018（14）。

[2]《锐意进取　改革创新　长春师范学院科学教育专业简介》，《长春师范学院学报》，2012（31）。

[3] 艾兴，李苇：《基于具身认知的沉浸式教学：理论架构、本质特征与应用探索》，《远程教育杂志》，2021（39）。

[4] 安雪慧：《我国中小学教师资格证制度改革及影响研究》，《清华大学教育研究》，2024（45）。

[5] 包水梅，陈秋萍：《我国拔尖创新人才培养的治理困境及其突破——基于整体性治理理论的分析》，《厦门大学学报（哲学社会科学版）》，2024（74）。

[6] 蔡铁权，陈丽华：《我国科学教育研究述评》，《全球教育展望》，2011（40）。

[7] 曾海辉：《基于“证据推理”的化学教学设计——以“解密自热包”为例》，《化学教学》，2022（09）。

[8] 陈尔寿：《中国学校地理教育史略》，人民教育出版社，2013 年。

[9] 陈凯泉，吴志超，刘宏，严莉莉：《扩展现实（XR）支撑沉浸式学习的技术路径与应用模式——沉浸式学习研究网络国际会议（iLRN2020）探析》，《远程教育杂志》，2020（05）。

[10] 陈璐，莫德云，周小燕：《科学教育专业实验课程设置调查与分析》，《创新创业理论研究与实践》，2021（21）。

[11] 陈舒，裴新宁：《正式与非正式科学教育组织的协作——美国 K-12 科学教育的经验与启示》，《全球教育展望》，2016（45）。

[12] 陈奕喆，严晓梅，王凤英：《基于科学大概念设计场馆课程——落实馆校结合的模式探索》，《科普研究》，2023（18）。

[13] 褚宏启：《核心素养十年路：持续引领基础教育质量提升》，《中小学管理》，2022（07）。

[14] 崔明明，郝富军：《教育、科技、人才工作一体化背景下我国科学教育政策演进逻辑与调适路径研究》，《国家教育行政学院学报》，2023（06）。

［15］崔允漷，郭洪瑞：《跨学科主题学习：课程话语自主建构的一种尝试》，《教育研究》，2023（10）。

［16］崔允漷：《追问“核心素养”》，《全球教育展望》，2016（05）。

［17］戴妍，杨雨薇：《我国拔尖创新人才培养政策的变迁逻辑与未来展望——历史制度主义分析》，《高校教育管理》，2024（18）。

［18］邓阳，王后雄：《科学教育中融入科学论证的必要性分析——基于科学本体、科学学习和国际比较视角》，《外国中小学教育》，2014（03）。

［19］翟小铭，郭玉英：《科学建模能力评述：内涵、模型及测评》，《教育学报》，2015a（11）。

［20］翟小铭，郭玉英：《美国科学建模教育研究三十年概述及启示》，《全球教育展望》，2015b（44）。

［21］丁邦平，罗星凯：《论科学教育研究与科学教育改革》，《教育研究》，2008（2）。

［22］丁邦平：《科学教育学科建设三题》，《中国教育学刊》，2010（01）。

［23］丁邦平：《我国科学教育改革需要立法保障》，《科学与社会》，2017（07）。

［24］董志浩，南潮，刘瑶瑶：《教师反馈和同伴反馈对英语专业学生写作自我效能感影响的对比研究》，《湖北师范大学学报（哲学社会科学版）》，2019（39）。

［25］杜彬恒：《基础学科拔尖创新人才自主培养的实践经验》，《北京教育（高教）》，2023（12）。

［26］樊琪：《科学学习心理学：科学课程的教与学》，中国轻工业出版社，2022。

［27］范杰：《我国化学教育的发展及其启示》，《人民教育》，1983（3）。

［28］傅永超，王祖浩：《基于科学建模的化学教学设计——以“燃烧的条件”为例》，《化学教学》，2020（4）。

［29］顾明远：《再论教育本质和教育价值观——纪念改革开放40周年》，《教育研究》，2018（39）。

［30］关松林：《区域内义务教育师资均衡配置：问题与破解》，《教育研究》，2013（34）。

［31］郭德侠，王玉，刘晶：《“双减”背景下中小学教师的工作“负荷”与“减负”治理的实践路径》，《教育与教学研究》，2024（06）。

［32］郭华：《跨学科主题学习的意义与特征》，《中国基础教育》，2022（12）。

［33］郭元婕：《科学文化及其对科学教育的影响》，《教育研究》，2006（6）。

［34］科学技术部等八个部门：《关于加强国家科普能力建设的若干意见》。

［35］国务院：《国家教育事业发展“十三五”规划》。

［36］国务院：《国务院关于印发全民科学素质行动规划纲要（2021—2035年）的通知》。

[37] 国务院:《全民科学素质行动规划纲要(2021—2035年)》。

[38] 国务院:《全民科学素质行动计划纲要(2006—2010—2020年)》。

[39] 国务院:《国家中长期教育改革和发展规划纲要(2010—2020年)》。

[40] 郝祥军,顾小清:《AI重塑知识观:数据科学影响下的知识创造与教育发展》,《中国远程教育》,2023(05)。

[41] 侯怀银,刘璐瑶:《新时代科学教育学学科建设探讨》,《云南师范大学学报》(哲学社会科学版),2024(02)。

[42] 后慧宏,师欢欢:《中小学科学教师专业发展的国际比较研究——基于TALIS2018数据的分析》,《比较教育学报》,2024(03)。

[43] 胡久华,李燕,侯文群:《中美科学教师资格认证考试形式及内容的比较研究》,《外国中小学教育》,2016(01)。

[44] 胡卫平,辛兵:《科技创新后备人才:拔尖创新人才培养的主体工程》,《基础教育参考》,2023(02)。

[45] 胡卫平:《教师教学能力评价初探》,《中国考试》,2021(10)。

[46] 胡卫平:《科学教育的研究趋势与展望》,《华东师范大学学报(教育科学版)》,2007(04)。

[47] 胡卫平:《深入理解科学思维有效实施课程标准》,《课程·教材·教法》,2022a(08)。

[48] 胡卫平:《在探究实践中培育科学素养——义务教育科学课程标准(2022年版)解读》,《基础教育课程》,2022b(10)。

[49] 胡咏梅,刘雅楠,翟东升:《我国高校学科教学论教师队伍建设的现状、问题及对策》,《教育学报》,2023(05)。

[50] 黄启艳,何红,黄兴顺:《基于乡土情境的初中地理跨学科主题学习设计——以"招堤国家湿地公园"为例》,《地理教学》,2023(01)。

[51] 教育部:《义务教育科学课程标准(2022年版)》,北京师范大学出版社,2022。

[52] 教育部:《义务教育课程方案(2022年版)》,北京师范大学出版社,2022。

[53] 教育部:《关于高等学校国家重点实验室和教育部重点实验室向中小学生开放的意见》。

[54] 教育部等十八部门:《关于加强新时代中小学科学教育工作的意见》。

[55] 教育部:《关于建立中小学科普教育社会实践基地开展科普教育的通知》。

[56] 教育部:《关于实施基础学科拔尖学生培养计划2.0的意见》。

[57] 教育部:《关于推荐首批全国中小学科学教育实验区、实验校的通知》。

[58] 教育部:《教育部关于全面深化课程改革落实立德树人根本任务的意见》。

[59] 教育部:《教育部关于印发〈普通高中课程方案和语文等学科课程标准

（2017 年版）〉的通知》。

［60］教育部:《教育部关于印发义务教育课程方案和课程标准（2022 年版）的通知》。

［61］教育部:《科技馆活动进校园工作“十三五”工作方案》。

［62］教育部:《全日制义务教育科学（7—9 年级）课程标准（实验稿）》。

［63］教育部:《全日制义务教育科学（3—6 年级）课程标准（实验稿）》。

［64］教育部:《学位授予和人才培养学科目录设置与管理办法》。

［65］教育部:《义务教育小学科学课程标准（2017 年版）》，北京师范大学出版社，2017。

［66］靳玉乐，董小平:《论学校课程的规划与实施》，《西南大学学报（社会科学版）》，2007（05）。

［67］科技部:《2000—2005 年科学技术普及工作纲要》。

［68］科技部:《国家科学技术普及“十二五”专项规划》。

［69］科技部等五个部门:《2001—2005 年中国青少年科学技术普及活动指导纲要》。

［70］课程教材研究所:《20 世纪中国中小学课程标准 · 教学大纲汇编自然 · 社会 · 常识 · 卫生卷》，人民教育出版社，2001。

［71］课程教材研究所组织:《义务教育科学课程标准 2022 年版解读》，高等教育出版社，2022。

［72］李波:《科学教育专业课程设置的理论与实践研究》，四川师范大学，2005。

［73］李菲茗，张浩，林丽娟，黄怡:《计算机交互式评价的开发研究——以科学探究为例》，《中国远程教育》，2020（05）。

［74］李洪修，崔亚雪:《跨学科教学的要素分析、问题审视与优化路径》，《课程 · 教材 · 教法》，2023（01）。

［75］李家清:《新理念地理教学论（第二版）》，北京大学出版社，2013。

［76］李小红，陈晨，李珍，陈滕心:《学校氛围对初中科学教师工作满意度的影响研究：基于 TALIS 数据的跨层中介和调节模型》，《教师教育研究》，2023（01）。

［77］李小勇，吴慧昊:《边疆中小学科普教育资源现状调查与研究——以新疆博尔塔拉州为例》，《科技传播》，2023（09）。

［78］李新乡，张军朋:《物理教学论》，科学出版社，2009。

［79］李政涛:《概念研究为什么重要？——构筑教育学建设与发展的概念基石》，《华东师范大学学报（教育科学版）》，2024（08）。

［80］李中国:《科学课教师培养现状概述》，《中国教师》，2008（10）。

［81］李忠康:《论二十一世纪初中国高等师范教育的转型》，《山西师大学报（社会科学版）》，2002（01）。

[82] 梁倩梅:《多中心治理理论下社区教育融入社区治理研究》,《教育观察》,2023(34)。

[83] 廖伯琴:《科学教育学》,科学出版社,2013。

[84] 林崇德,胡卫平:《思维型课堂教学的理论与实践》,《北京师范大学学报(社会科学版)》,2010(01)。

[85] 林崇德:《21世纪学生发展核心素养研究》,北京师范大学出版社,2016。

[86] 林崇德:《构建中国化的学生发展核心素养》,《北京师范大学学报(社会科学版)》,2017a(01)。

[87] 林崇德:《学生发展核心素养:面向未来应该培养怎样的人?》,《中国教育学刊》,2016(06)。

[88] 林崇德:《中国学生核心素养研究》,《心理与行为研究》,2017b(02)。

[89] 林长春:《化学课程与教学论学科建设的回顾与反思》,《重庆师范大学学报(自然科学版)》,2004(01)。

[90] 林长春:《科学教育本科专业建设亟待研究的若干问题》,《高等理科教育》,2009(05)。

[91] 林长春:《时代呼唤我国设置科学教育本科专业》,《教师教育研究》,2003(06)。

[92] 刘畅:《多中心协同治理理论视域下的市域社会治理现代化路径研究》,中共广东省委党校,2023。

[93] 刘德华:《科学教育的人文价值》,四川教育出版社,2003。

[94] 刘恩山,张颖之:《以科学研究的思路和范式进行生物学教育研究》,《生物学通报》,2013(04)。

[95] 刘露,曹雯雯:《师范类专业认证背景下教师教育课程的问题表征与优化策略》,《林区教学》,2022(08)。

[96] 刘芸,唐智松,汪先平,白小石:《科学课程实施的困境与破解》,《西南师范大学学报(自然科学版)》,2013(03)。

[97] 罗跞,胡芳,宋娴:《馆校合作现状的调研与思考》,《博物院》,2021(01)。

[98] 骆炳贤:《物理教育史》,湖南教育出版社,2000。

[99] 潘士美,张裕灵,李玲:《义务教育学生科学素养及其关键影响因素研究——来自PISA、TIMSS和NAEP的国际测评经验》,《外国教育研究》,2018(10)。

[100] 裴娣娜:《我国学校科学教育的政策与改革思路》,《课程·教材·教法》,2003(07)。

[101] 钱颖一:《批判性思维与创造性思维教育:理念与实践》,《清华大学教育研究》,2018(04)。

[102] 曲洁:《义务教育改革与发展的政策工具研究》,复旦大学,2013。

［103］曲铁华，龚旭凌:《中小学减负政策：历史回溯、演进逻辑与实践优化》,《中国人民大学教育学刊》，2023（05）。

［104］阙维明，张锦智:《现代科技管理辞典》，广东高等教育出版社，1986。

［105］莎仁高娃，徐开，崔敏杰，刘炯，李伟，张璐:《推动科技馆科学教育创新发展：美国探索馆经验与启示》,《科学管理研究》，2022（05）。

［106］尚俊杰，石祝:《用优秀的科学教师赋能未来》,《光明日报》，2022（15）。

［107］史培军，宋长青，葛道凯等:《中国地理教育：继承与创新》,《地理学报》,2003（01）。

［108］史加祥:《人工智能时代背景下小学科学教育的变革与坚守》,《课程·教材·教法》，2020（04）。

［109］首新:《小学生的科学高阶思维：结构、测评及培养》，陕西师范大学，2018。

［110］苏金柱:《将“英才教育”作为国家战略实施》,《民主》，2021（05）。

［111］孙绵涛:《关于国家教育政策体系的探讨》,《教育研究》，2001（03）。

［112］苏敏，耿森林，杨明等:《我校科学教育专业建设中问题和对策研究》,《科技视界》，2012（03）。

［113］孙玮玮:《初中地理跨学科主题式教学的实践探索——以“我在家乡过大年”为例》,《地理教学》，2024（04）。

［114］孙元涛，陈港:《共同富裕时代教育价值的内敛与提升——马克思人的全面发展理论的时代性转化》,《教育研究》，2023（12）。

［115］陶丹，杨杰，赵芳芳，袁正，陶扬，王晔，郑永和:《美国科学教育研究资助体系分析及其启示》,《中国科学基金》，2024（02）。

［116］田伟，骆方:《科学探究过程的计算机模拟测试：趋势进展与实践启示》,《中国远程教育》，2023（02）。

［117］田雪葳，王晶莹，宋倩茹，孔凡贵，韦立君:《STEM 导向的当代国际科学教育研究图景——基于 NARST 2020 年会的文本挖掘》,《现代远距离教育》，2021（01）。

［118］万东升，魏冰:《我国科学教师教育：问题、挑战与路径选择》,《高等理科教育》，2017（01）。

［119］万文佳:《国际比较中探析我国教师资格认定标准的问题》,《教育与教学研究》，2011（09）。

［120］王爱菊，徐文彬:《如何培养小学全科教师——我国小学全科教师培养模式的分析与思考》,《北京教育学院学报》，2022（04）。

［121］王安民，张正严，刘安巍:《高中生模型建构能力测评框架构建》,《课程·教材·教法》，2022（07）。

［122］王殿军:《普及与提高：中小学科学教育的双重使命》,《中国基础教育》,

2022（10）。

［123］王嘉毅:《开辟新时代中小学科学教育新赛道》,《中小学科学教育》，2024（01）。

［124］王鉴，刘莹:《再论课程实施的实践逻辑》,《教育研究》，2022（10）。

［125］王晶莹，陈雨晴，杜蕾，江润杰，刘文科，高守宝:《初中生科学推理能力在物理学科的表现与影响》,《全球教育展望》，2024（07）。

［126］王晶莹:《强教必先强师：紧抓科学教育的“牛鼻子”》,《中国教师报》，2022（13）。

［127］王康友，李秀菊:《中国科学教育发展报告（2017 年版）》，社会科学文献出版社，2017。

［128］王明宇:《高质量小学全科教师职前培养——芬兰“研究本位”小学全科教师培养模式研究》,《外国教育研究》，2023（07）。

［129］王树槐，覃声清，游振华:《为基础教育的发展提供新动力——怀化师专设置“综合专业”改革课程体系纪实》,《湖南教育》，2001（04）。

［130］王爽，刘善槐，房婷婷:《面向 2035 的乡村教师队伍需求结构预测与建设规划》,《中国教育学刊》，2021（10）。

［131］王文婷，刘子忠，张凤英，向红:《“证据推理与模型认知”素养评价指标建构的研究——基于德尔菲法》,《化学教育（中英文）》，2024（05）。

［132］王晓生:《小学科学教师队伍建设：价值使命、现实羁绊与实践路径》,《中国教育学刊》，2023（06）。

［133］王学男:《STEM 教育创新与实践：中小学机器人课程建设的研究》,《教育科学研究》，2022（11）。

［134］王颖，范佳萍，李倩倩:《美国科学教育战略举措的经验与启示》,《智库理论与实践》，2023（05）。

［135］王正青，米娜瓦尔 · 米尔哈力:《数字化转型背景下 G7 成员国数字教育政策比较研究——基于政策主体、工具与主题的三维分析》,《中国电化教育》，2024（02）。

［136］魏冰:《“科学素养”探析》,《比较教育研究》，2000（S1）。

［137］魏淑华:《教师职业认同研究》，西南大学，2008。

［138］魏壮伟，李玉华:《再论我国化学教学论的学科发展史》,《化学教育》，2010（06）。

［139］吴刚平:《中小学跨学科主题学习的政策意义与实施策略探析》,《湖南师范大学教育科学学报》，2024（02）。

［140］吴小波:《科学教育特色专业建设研究》，上海师范大学，2011。

［141］夏雪梅:《课程标准的实施：我们需要检测些什么》,《课程 · 教材 · 教

法》，2010（08）。

［142］肖磊，靳玉乐：《中国新课程改革的检视：异域学者的观点》，《课程·教材·教法》，2013（06）。

［143］谢恭芹：《中国近现代小学科学课程演变研究》，首都师范大学，2008。

［144］徐显龙，国洪琦，江鑫广，张天琦：《我国 K-12 工程教育的角色定位、价值取向和实现路径》，《中国电化教育》，2023（12）。

［145］薛海平，张诗雅：《“双减”背景下义务教育教师工作负担水平及结构研究》，《中国教育学刊》，2024（07）。

［146］燕艳，张祥沛，徐宜兰：《生物学教学论（第三版）》，科学出版社，2019。

［147］阳敏，林长春：《大规模计算机交互式测评中科学探究能力表现的实证研究》，《化学教学》，2022（06）。

［148］杨菁，张军朋：《基于计算机模拟实验的 PISA 2015 交互式测评的特点与启示》，《物理教学》，2017（03）。

［149］杨彦军，饶菲菲：《跨学科整合型 STEM 课程开发案例研究及启示——以美国火星教育项目 STEM 课程为例》，《电化教育研究》，2019（02）。

［150］杨兆山，时益之：《素质教育的政策演变与理论探索》，《教育研究》，2018（12）。

［151］姚华鑫，叶少斌：《物理跨学科实践教学的现实困境与实施策略》，《教学与管理》，2024（22）。

［152］姚建欣，刘奕轩：《科学模型认知与实践及其学习进阶》，《课程·教材·教法》，2023（12）。

［153］姚振东，凌辉，张建人，文雅静，阳子光，宁童：《中小学教师工作压力、工作满意度与职业幸福感的关系》，《中国健康心理学杂志》，2016（08）。

［154］于海波，王宇琪，彭佳：《选拔方式、工作特征对义教阶段乡村青年教师职业认同的影响——基于 18 省 35 县调查的实证研究》，《当代教师教育》，2024（02）。

［155］于秀楠，徐昌：《馆校社协同开发研学实践课程的机制和路径研究——以北京市东城区青少年科技馆为例》，《科普研究》，2023（04）。

［156］余灿，谌舒山：《我国劳动教育政策工具的选用及改进策略——基于政策文本的分析》，《教师教育学报》，2023（02）。

［157］余康妮：《基于科学思维培养的小学科学跨学科教学设计与实践研究》，山东师范大学，2023。

［158］虞佳怡：《小学科学跨学科项目化学习实践探索》，《教学与管理》，2024（23）。

［159］臧宁，梁玥，李蓓蕾，曹洪健，周楠：《初中教师主观感知到的工作压力与客观承担的工作负荷对其职业倦怠感的影响：工作满意度的中介作用》，第二十二届全

国心理学学术会议，中国浙江杭州，2019。

［160］詹泽慧，李通德：《科学高阶思维的本质探寻与分层解构》，《远程教育杂志》，2024（03）。

［161］张宏，曹君，左婷：《发展核心素养的跨学科问题驱动教学——壳寡糖的抑菌性》，《化学教育（中英文）》，2024（17）。

［162］张会亮：《我国科学教育政策的梳理分析》，《科普研究》，2017（04）。

［163］张继平：《农村中小学教师结构性缺编的政策性思考——以宜昌地区教育为例》，《中国教育学刊》，2012（10）。

［164］张佳静：《民国前期大学地理教育研究》，陕西师范大学，2009。

［165］张建人，阳子光，凌辉：《中小学教师工作压力、工作满意度与职业倦怠的关系》，《中国临床心理学杂志》，2014（05）。

［166］张黎，赵磊磊：《我国科学教育政策的历史演进、变迁逻辑与未来展望》，《教育学术月刊》，2023（11）。

［167］张玉华：《促进国家课程政策落实的学校课程规划：编制与实施》，《中国教育学刊》，2023（06）。

［168］赵慧勤，张天云：《基于学生核心素养发展的馆校合作策略研究》，《中国电化教育》，2019（03）。

［169］赵涑沂：《我国物理教学论硕士研究生教育的状况及发展研究》，辽宁师范大学，2009。

［170］郑永和，杨宣洋，苏洵：《大科学教育新格局：学段一体化建构与实施路径》，《远程教育杂志》，2024（02）。

［171］郑永和，杨宣洋，王晶莹，李佳，卢阳旭，李书惠，杨玉静，张晓琳：《我国小学科学教师队伍现状、影响与建议：基于31个省份的大规模调研》，《华东师范大学学报》（教育科学版），2023（04）。

［172］中共中央、国务院：《关于深化教育改革全面推进素质教育的决定》。

［173］中华人民共和国第十届全国人民代表大会常务委员会：《中华人民共和国义务教育法（主席令第五十二号）》。

［174］中国教育学会：《中国教育学会科学教育分会简介》。

［175］中国学位与研究生教育学会：《研究生教育科专业简介及其学位基本要求》。

［176］周丐晓，黄瑄，李诺，刘恩山：《透视国际科学教育研究发展趋势及其启示——基于美国《科学教学研究杂志》（1995—2016年）的实证分析研究》，《科普研究》，2017（02）。

［177］朱才朝，张发栋，黄琼，刘一钉：《整体性治理与高校有组织科研协同创新能力研究》，《中国高校科技》，2024（04）。

［178］朱旭东，袁丽：《教师资格考试政策实施的制度设计》，《教育研究》，2016

（05）。

［179］朱旭东，张军:《我国科学教师队伍的突出问题与解决路径》,《教育家》，2023（48）。

［180］朱雁:《从视频研究透视课堂教学对学生学习的影响及其路径——基于 GTI 视频研究上海数据的实证分析》,《全球教育展望》，2021（01）。

［181］左成光:《小学生科学推理能力及其影响因素研究》，西南大学，2018。

英文文献

［1］Abd-El-Khalick F, BouJaoude S, Duschl R, Lederman N G, Mamlok-Naaman R, Hofstein A, Niaz M, Treagust D, et al. *Inquiry in science education: International perspectives*, Science Education, 2004, 88(3): 397-419.

［2］Alan Ü, Erdoğan S. *Of Course Scientists Haven't Seen Dinosaurs on the Beach: Turkish Kindergartners' Developing Understanding of the Nature of Science Through Explicit–Reflective Instruction*, Early Childhood Education Journal, 2018, 46(6): 695-706.

［3］Allen M, Webb A W, Matthews C E. *Adaptive Teaching in STEM: Characteristics for Effectiveness*, Theory Into Practice, 2016, 55(3): 217-224.

［4］Alake-Tuenter E, Biemans H J A, Tobi H, Wals A E J, Oosterheert I, Mulder M. *Inquiry-Based Science Education Competencies of Primary School Teachers: A literature study and critical review of the American National Science Education Standards*, International Journal of Science Education, 2012, 34(17): 2609-2640.

［5］Archer L, DeWitt J, Osborne J, Dillon J, Willis B, Wong B. *"Doing" science versus "being" a scientist: Examining 10/11-year-old schoolchildren's constructions of science through the lens of identity*, Science Education, 2010, 94(4): 617-639.

［6］Bailin S, Case R, Coombs J R, Daniels L B. *Conceptualizing critical thinking*, Journal of curriculum studies, 1999, 31(3): 285-302.

［7］Bandura A.: Self-efficacy: The exercise of control, Macmillan, 1997.

［8］Beauchamp C, Thomas L. *Understanding teacher identity: an overview of issues in the literature and implications for teacher education*, Cambridge Journal of Education, 2009, 39(2): 175-189.

［9］Beggs J, Murphy C. : Primary science in the UK: a scoping study. Final report to the Wellcome Trust, London: Wellcome Trust Beijaard, D., van Driel, J., and Verloop, 2005.

［10］Benson P. *Autonomy in language teaching and learning*, Language Teaching, 2007, 40(1): 21-40.

［11］Berzonsky M D, Kuk L S. *Identity Status, Identity Processing Style, and the*

Transition to University, Journal of Adolescent Research, 2000, 15(1): 81-98.

[12] Borg S, Edmett A. *Developing a self-assessment tool for English language teachers*, Language Teaching Research, 2019, 23(5): 655-679.

[13] BOZ Y, AYDEMIR M, AYDEMIR N. *4th, 6th, and 8th Grade Turkish Elementary Students' Epistemological Beliefs*, Ilkogretim Online, 2011, 10(3).

[14] Brundiers K, Barth M, Cebrián G, Cohen M, Diaz L, Doucette-Remington S, Dripps W, Habron G, et al. : Key competencies in sustainability in higher education—toward an agreed-upon reference framework, Sustainability Science, 2020.

[15] Cairns D, Areepattamannil S. *Teacher-Directed Learning Approaches and Science Achievement: Investigating the Importance of Instructional Explanations in Australian Schools*, Research in Science Education, 2022, 52(4): 1171-1185.

[16] Câmpean A, Bocos M, Roman A, Rad D, Crisan C, Maier M, Tausan-Crisan L, Triff Z, et al.: *Examining Teachers' Perception on the Impact of Positive Feedback on School Students*, Education Sciences, 2024, 14(3).

[17] Cardador M T, Damian R I, Wiegand J P. *Does More Mean Less?: Interest Surplus and the Gender Gap in STEM Careers*, Journal of Career Assessment, 2020, 29(1): 76-97.

[18] Catalano A, Asselta L, Durkin A. *Exploring the Relationship between Science Content Knowledge and Science Teaching Self-Efficacy among Elementary Teachers*, iafor Journal of Education, 2019, 7(1): 57-70.

[19] Chastenay P. *From Geocentrism to Allocentrism: Teaching the Phases of the Moon in a Digital Full-Dome Planetarium*, Research in Science Education, 2016, 46(1): 43-77.

[20] Chen J A, Pajares F. *Implicit theories of ability of Grade 6 science students: Relation to epistemological beliefs and academic motivation and achievement in science*, Contemporary Educational Psychology, 2010, 35(1): 75-87.

[21] Choung H, Newman T P, Stenhouse N. *The role of epistemic beliefs in predicting citizen interest and engagement with science and technology*, International Journal of Science Education, Part B, 2020, 10(3): 248-265.

[22] Cicuto C A T, Torres B B. *Implementing an Active Learning Environment To Influence Students' Motivation in Biochemistry*, Journal of Chemical Education, 2016, 93(6): 1020-1026.

[23] Conley A M, Pintrich P R, Vekiri I, Harrison D. *Changes in epistemological beliefs in elementary science students*, Contemporary Educational Psychology, 2004, 29(2): 186-204.

[24] Daniel O, Awokoya J O. *Effect of Cooperative Learning Teaching Strategy on the Reduction of Students' Anxiety for Learning Chemistry*, Journal of Turkish Science Education, 2010, 7(1).

[25] DeBoer G E. The History of Science Curriculum Reform in the United States[C] //, 2014.

[26] Duijnhouwer H, Prins F J, Stokking K M. *Feedback providing improvement strategies and reflection on feedback use: Effects on students' writing motivation, process, and performance*, Learning and Instruction, 2012, 22(3): 171-184.

[27] Duit, R.: *Science Education Research Internationally*: *Conceptions, Research Methods, Domains of Research, Eurasia Journal of Mathematics,* Science and Technology Education, 2007（1）.

[28] Edgerly H, Kruse J, Wilcox J. *Investigating Elementary Teachers' Views, Implementation, and Longitudinal Enactment of Nature of Science Instruction*, Science & Education, 2023, 32(4): 1049-1073.

[29] Elder A D. : An exploration of fifth-grade students' epistemological beliefs in science and an investigation of their relation to science learning, University of Michigan, 1999.

[30] Elder A D. Characterizing fifth grade students' epistemological beliefs in science [C] //Personal epistemology.Routledge,2012:347-363.

[31] Ennis R H. A taxonomy of critical thinking dispositions and abilities [C] // Teaching thinking skills: Theory and practice. New York, NY, US:W H Freeman/Times Books/ Henry Holt & Co,1987:9-26.

[32] Ernest P. *The knowledge, beliefs and attitudes of the mathematics teacher: A model*, Journal of education for teaching, 1989, 15(1): 13-33.

[33] Falloon G, Hatzigianni M, Bower M, Forbes A, Stevenson M. *Understanding K-12 STEM Education: a Framework for Developing STEM Literacy*, Journal of Science Education and Technology, 2020, 29(3): 369-385.

[34] Fan K, See B H. *How do Chinese students' critical thinking compare with other students?: A structured review of the existing evidence*, Thinking Skills and Creativity, 2022, 46: 101-145.

[35] Fischer C, Fishman B, Dede C, Eisenkraft A, Frumin K, Foster B, Lawrenz F, Levy A J, et al.: *Investigating relationships between school context, teacher professional development, teaching practices, and student achievement in response to a nationwide science reform*, Teaching and Teacher Education, 2018, 72: 107-121.

[36] Foster C, Francome T, Hewitt D, Shore C. *Principles for the design of a fully-*

resourced, coherent, research-informed school mathematics curriculum, Journal of Curriculum Studies, 2021, 53(5): 621-641.

[37] Gao Y. *An emerging giant of science: Achievements and challenges of STEM education in China*, The age of STEM, 2014: 47-66.

[38] Gess-Newsome J, Taylor J A, Carlson J, Gardner A L, Wilson C D, Stuhlsatz M A M. *Teacher pedagogical content knowledge, practice, and student achievement,* International Journal of Science Education, 2019, 41(7): 944-963.

[39] Gilbert J K, Justi R. Modelling-based Teaching in Science Education[C] //,2016

[40] Green H J, Hood M. *Significance of Epistemological Beliefs for Teaching and Learning Psychology: A Review*, Psychology Learning & Teaching, 2013, 12(2): 168-178.

[41] Guerriero S. : Teachers' pedagogical knowledge: What it is and how it functions, 2017

[42] Hardy I, Decristan J, Klieme E. *Adaptive teaching in research on learning and instruction*, Journal for educational research online, 2019, 11(2): 169-191.

[43] Hendrickson P. *Effect of Active Learning Techniques on Student Excitement, Interest, and Self-Efficacy*, Journal of Political Science Education, 2021, 17(2): 311-325.

[44] Hodson D. *Re-thinking Old Ways: Towards A More Critical Approach To Practical Work In School Science*, Studies in Science Education, 1993, 22(1): 85-142.

[45] Honey M, Pearson G, Schweingruber H A. : STEM integration in K-12 education: Status, prospects, and an agenda for research, National Academies Press Washington, DC, 2014（500）.

[46] Hsu P L, van Eijck M, Roth W M. *Students' Representations of Scientific Practice during a Science Internship: Reflections from an activity-theoretic perspective*, International Journal of Science Education, 2010, 32(9): 1243-1266.

[47] Hu W, Adey P. *A scientific creativity test for secondary school students*, International Journal of Science Education, 2002, 24(4): 389-403.

[48] Kahle J B. Systemic Reform: Research, Vision, and Politics[C] //,2013.

[49] Khishfe R, Abd-El-Khalick F. *Influence of explicit and reflective versus implicit inquiry-oriented instruction on sixth graders' views of nature of science*, Journal of Research in Science Teaching, 2002, 39(7): 551-578.

[50] Kim H J. *Exploring Pre-Service Teachers' Beliefs about English Teaching Competence, Perceived Competence, and Actual Competence*, Journal of Pan-Pacific Association of Applied Linguistics, 2019, 23(2): 1-19.

[51] Koerber S, Mayer D, Osterhaus C, Schwippert K, Sodian B. *The Development of Scientific Thinking in Elementary School: A Comprehensive Inventory*, Child Development,

2015, 86(1): 327-336.

[52] Kunter M, Baumert J. The COACTIV research program on teachers' professional competence: Summary and discussion [C] //Cognitive activation in the mathematics classroom and professional competence of teachers: Results from the COACTIV project. Springer,2013:345-368.

[53] Kunter M, Klusmann U, Baumert J, Richter D, Voss T, Hachfeld A. *Professional competence of teachers: effects on instructional quality and student development*, Journal of Educational Psychology, 2013, 105(3): 805.

[54] Kupermintz H. *Teacher Education and the Development of a Moral Professional Identity*, Journal of Research in Science Teaching, 2001, 38(7): 781-792.

[55] Lederman N G, Lederman J S. *Teaching and learning nature of scientific knowledge: Is it Déjà vu all over again?*, Disciplinary and Interdisciplinary Science Education Research, 2019, 1(1): 6.

[56] Lee W W S, Chan C K K. *Relationships Among Epistemic Beliefs, Perception of Learning Environment, Study Approaches and Academic Performance: A Longitudinal Exploration with 3P Model*, The Asia-Pacific Education Researcher, 2018, 27(4): 267-276.

[57] Liang J-C, Min-Hsien L, Chin-Chung T. *The Relations Between Scientific Epistemological Beliefs and Approaches to Learning Science Among Science-Major Undergraduates in Taiwan*, Asia-Pacific Education Researcher (De La Salle University Manila), 2010, 19(1).

[58] Liu E, Liu C, Wang J. *Pre-service Science Teacher Preparation in China: Challenges and Promises*, Journal of Science Teacher Education, 2015, 26(1): 29-44.

[59] Liu M, Hu W, Jiannong S, Adey P. *Gender Stereotyping and Affective Attitudes Towards Science in Chinese Secondary School Students*, International Journal of Science Education, 2010, 32(3): 379-395.

[60] Luera G R, Otto C A. *Development and evaluation of an inquiry-based elementary science teacher education program reflecting current reform movements*, Journal of Science Teacher Education, 2005, 16(3): 241-258.

[61] Lupión-Cobos T, Hierrezuelo-Osorio J, Cruz-Lorite I, Blanco-López Á. *Key factors in the reform of competence-based science teaching in Spain. A case study with secondary school teachers involved in a training programme focusing on context-based approach*, Research in Science & Technological Education, 2024, 42(2): 315-335.

[62] Martinhansen L. *Examining ways to meaningfully support students in STEM*, International Journal of STEM Education, 2018, 5(1): 1-6.

[63] Ning H K. *The Bifactor Model of the Junior Metacognitive Awareness Inventory*

(Jr. MAI), Current Psychology, 2017, 38(2): 367-375.

[64] Novak E, Soyturk I, Navy S L. *Development of the science teaching anxiety scale for preservice elementary teachers: A Rasch analysis*, Science Education, 2022, 106(3): 739-764.

[65] Olson S, Labov J B. STEM Learning Is Everywhere: Summary of a Convocation on Building Learning Systems[C] //, 2014.

[66] Osborne J F, Henderson J B, MacPherson A, Szu E, Wild A, Yao S-Y. *The development and validation of a learning progression for argumentation in science*, Journal of Research in Science Teaching, 2016, 53(6): 821-846.

[67] Özbay H E, Köksal M S. *Middle School Students' Scientific Epistemological Beliefs, Achievements in Science and Intellectual Risk-Taking*, Science & Education, 2021, 30(5): 1233-1252.

[68] Ozkal K, Tekkaya C, Cakiroglu J, Sungur S. *A conceptual model of relationships among constructivist learning environment perceptions, epistemological beliefs, and learning approaches*, Learning and Individual Differences, 2009, 19(1): 71-79.

[69] Ozkal K, Tekkaya C, Sungur S, Cakiroglu J, Cakiroglu E. *Elementary Students' Scientific Epistemological Beliefs in Relation to Socio-Economic Status and Gender*, Journal of Science Teacher Education, 2010, 21(7): 873-885.

[70] Östman J R L L. *Expressions of agency within complex policy structures: science teachers' experiences of education policy reforms in Sweden*, International Journal of Science Education, 2018.

[71] Pedaste M, Mäeots M, Siiman L A, De Jong T, Van Riesen S A, Kamp E T, Manoli C C, Zacharia Z C, et al.: *Phases of inquiry-based learning: Definitions and the inquiry cycle*, Educational Research Review, 2015, 14: 47-61.

[72] Penuel W, Fishman B J, Gallagher L P, Korbak C, Lopez-Prado B. *Is Alignment Enough? Investigating the Effects of State Policies and Professional Development on Science Curriculum Implementation*, Science Education, 2009, 93(4): 656-677.

[73] Porter A C, Smithson J, Blank R, Zeidner T. *Alignment as a Teacher Variable*, Applied Measurement in Education, 2007, 20(1): 27-51.

[74] Pritchard A, Woollard J. : Psychology for the classroom: Constructivism and social learning, Routledge, 2013.

[75] Pruitt, Stephen L. *The Next Generation Science Standards: The Features and Challenges*, Journal of Science Teacher Education, 2014, 25(2): 145-156.

[76] Rozgonjuk D, Konstabel K, Barker K, Rannikmäe M, Täht K. *Epistemic beliefs in science, socio-economic status, and mathematics and science test results in lower*

secondary education: a multilevel perspective, Educational Psychology, 2023, 43(1): 22-37.

[77] Ruffman T, Perner J, Olson D R, Doherty M. *Reflecting on Scientific Thinking: Children's Understanding of the Hypothesis-Evidence Relation*, Child Development, 1993, 64(6): 1617-1636.

[78] Ryder J, Lidar M, Lundqvist E, Östman L. *Expressions of agency within complex policy structures: science teachers' experiences of education policy reforms in Sweden*, International Journal of Science Education, 2018, 40(5): 538-563.

[79] Rutherford F J. *The role of inquiry in science teaching*, Journal of Research in ence Teaching, 1964, 2(2): 80-84.

[80] Sachs J. Teacher education and the development of professional identity: learning to be a teacher 1 [C] //Connecting policy and practice.Routledge,2005:5-21.

[81] Schommer M. *Effects of beliefs about the nature of knowledge on comprehension*, Journal of Educational Psychology, 1990, 82(3): 498.

[82] Schutz P A, DeCuir J T. *Inquiry on Emotions in Education*, Educational psychologist, 2002, 37(2): 125-134.

[83] Shalem Y. What binds professional judgment?: The case of teaching[C] // Knowledge, expertise and the professions.Routledge,2014:93-105.

[84] Skryabin M, Zhang J, Liu L, Zhang D. *How the ICT development level and usage influence student achievement in reading, mathematics, and science*, Computers & Education, 2015, 85: 49-58.

[85] Smyrnaiou Z, Foteini M, Kynigos C. *Students' Constructionist Game Modelling Activities as Part of Inquiry Learning Processes*, Electronic Journal of e-Learning, 2012, 10(2): 235-248.

[86] Spillane J P. *External reform initiatives and teachers' efforts to reconstruct their practice: The mediating role of teachers' zones of enactment*, Journal of Curriculum Studies, 1999, 31(2): 143-175.

[87] Tanas J, Fulmer G. *A content analysis of alignment messages to the Next Generation Science Standards*, Disciplinary and Interdisciplinary Science Education Research, 2023, 5(1): 5.

[88] Tschannen-Moran M, Hoy A W, Hoy W K. *Teacher efficacy: Its meaning and measure*, Review of Educational Research, 1998, 68(2): 202-248.

[89] Tsai C C, Lydia Wen M. *Research and trends in science education from 1998 to 2002: a content analysis of publication in selected journals*, International Journal of Science Education, 2005, 27(1): 3-14.

[90] Tucel Deprem S T, Çakıroğlu J, Öztekin C, Kıngır S. *Effectiveness of Argument-*

Based Inquiry Approach on Grade 8 Students' Science Content Achievement, Metacognition, and Epistemological Beliefs, International Journal of Science and Mathematics Education, 2023, 21(4): 1057-1079.

[91] Vartuli S. *Beliefs: The heart of teaching*, YC Young Children, 2005, 60(5): 76.

[92] Walls L. : A critical hermeneutic study: Third grade elementary African American students' views of the nature of science, Purdue University, 2009.

[93] Waters-Adams S. *The Relationship between Understanding of the Nature of Science and Practice: The influence of teachers' beliefs about education, teaching and learning*, International Journal of Science Education, 2006, 28(8): 919-944.

[94] Wilkins J L M. *The relationship among elementary teachers' content knowledge, attitudes, beliefs, and practices*, Journal of Mathematics Teacher Education, 2008, 11(2): 139-164.

[95] Wysession, Michael E. *The Next Generation Science Standards: A potential revolution for geoscience education*, Earth's Future, 2014, 2(5): 299-302.

[96] Wysession M E, LaDue N, Budd D A, Campbell K, Conklin M, Kappel E, Lewis G, Raynolds R, et al.: *Developing and Applying a Set of Earth Science Literacy Principles*, Journal of Geoscience Education, 2012, 60(2): 95-99.

[97] Yeh Y-F, Jen T-H, Hsu Y-S. *Major Strands in Scientific Inquiry through Cluster Analysis of Research Abstracts*, International Journal of Science Education, 2012, 34(18): 2811-2842.

[98] Young M, Muller J. *On the powers of powerful knowledge*, Review of Education, 2013.

[99] Zimmerman B J. Theories of self-regulated learning and academic achievement: An overview and analysis [C] //Self-regulated learning and academic achievement. Routledge, 2013:10-45.

[100] Zimmerman C. *The development of scientific thinking skills in elementary and middle school*, Developmental Review, 2007, 27(2): 172-223.